Siegfried Schumann

# Individuelles Verhalten

W0038930

Siegfried Schumann

# Individuelles Verhalten

Möglichkeiten der Erforschung durch
Einstellungen, Werte und Persönlichkeit

**WOCHEN
SCHAU
STUDIUM**

Bibliografische Information der Deutschen Nationalbibliothek

Die Deutsche Nationalbibliothek verzeichnet diese Publikation in der
Deutschen Nationalbibliografie; detaillierte bibliografische Daten
sind im Internet unter http://dnb.d-nb.de abrufbar.

© by WOCHENSCHAU Verlag
Schwalbach/Ts. 2012


www.wochenschau-verlag.de

Titelgestaltung: Ohl Design
Gedruckt auf chlorfreiem Papier
Gesamtherstellung: Wochenschau Verlag
ISBN 978-3-89974762-1

# INHALT

# Vorwort

In den Kapiteln 1 bis 3 des vorliegenden Buches sind die aus Sicht der Sozialwissenschaften wichtigsten Ansätze der Persönlichkeits-, Werte- und Einstellungsforschung in ihren Grundzügen beschrieben. Sie alle dienen in der wissenschaftlichen Forschung an zentraler Stelle dazu, menschliches Verhalten zu erklären. Die empirische Prüfung entsprechender Hypothesen basiert auf Messungen. Kapitel 4 thematisiert den Prozess der Entstehung der zugehörigen Daten. Da die betreffenden Hypothesen in aller Regel kausaler Natur sind, beschäftigt sich Kapitel 5 mit den wichtigsten Möglichkeiten, Kausalhypothesen zu prüfen.

Kapitel 6 und 7 beinhalten Beispiele aus der Forschung, an denen sich die Praxis-Relevanz der in den Kapiteln 1 bis 5 erörterten Punkte demonstrieren lässt. Kapitel 6 zeigt anhand der Autoritarismusforschung, dass innerhalb ein und desselben Forschungsgebiets fast alle der in Kapitel 1 angesprochenen, für die empirische Forschung relevanten Paradigmen der Persönlichkeitspsychologie (mit Ausnahme des humanistischen) als Grundlage der theoretischen Argumentation dienen können. Die einzelnen Ansätze der Autoritarismusforschung konzentrieren sich dabei jeweils relativ stark auf *eines* der Paradigmen.

Ein anderes Bild ergibt sich in Kapitel 7 für die empirische Wahlforschung – dem zweiten Praxisbeispiel. Die hier vorgestellten (ausgewählten) Ansätze unterscheiden sich erstens hinsichtlich der jeweils schwerpunktmäßig betrachteten „Einflussgrößen" auf menschliches Verhalten: Nach einem Modell von Smith (1968; vgl. Kap. 1.1) sind dies neben „Persönlichkeitsprozessen und -dispositionen" (sozialpsychologischer Ansatz) die „soziale Umwelt als Kontext der Entwicklung der Persönlichkeit und der Aneignung von Attitüden" (mikrosoziologischer Ansatz), „entfernte soziale Antezedenzien" (makrosoziologischer Ansatz) sowie die „unmittelbare Situation", in der das Verhalten stattfindet (ökonomische Ansätze). Die Ansätze der empirischen Wahlforschung konzentrieren sich zweitens in der Regel nicht auf ein einziges Paradigma der Persönlichkeitspsychologie als Argumentationsgrundlage, wie dies bei der Autoritarismusforschung der Fall ist, sondern sie ziehen meist mehrere Paradigmen gleichzeitig heran. Hieraus ergibt sich die Frage, mit welchen Konsequenzen ein solches Vorgehen verbunden ist.

Kapitel 8 enthält – neben einer ausführlicheren Zusammenfassung der wichtigsten Argumentationsstränge des Buches – einen Vorschlag zum Umgang mit dieser Situation. Offen bleiben muss dabei die Frage, inwiefern menschliches Verhalten *prinzipiell* erklärbar bzw. vorhersagbar ist.

Ich danke Herrn Benjamin Hertlein für die Erstellung des Literaturverzeichnisses sowie für das parallele Korrekturlesen des Textes. Etwaige Fehler hat selbstverständlich der Verfasser zu vertreten.

**1**

# WICHTIGE PARADIGMEN DER PERSÖNLICHKEITSPSYCHOLOGIE

## 1.1 VORBEMERKUNGEN[1]

Eines der wichtigsten Anliegen der empirischen Einstellungs-, Werte- und Persönlichkeitsforschung besteht darin, individuelles menschliches Verhalten zu erklären (vgl. zum Beispiel: Fishbein/Ajzen 2010 oder Caprara u.a. 2006). Dem Verhalten kann dabei ein Prozess bewusster Informationsverarbeitung zugrunde liegen, es kann aus eher unbewussten Beweggründen heraus erfolgen oder beides kann in mehr oder minder großem Umfang zutreffen.

Nachdem nicht auszuschließen ist, dass selbst bei Verhaltensweisen, denen ein explizites Kalkül zur Erreichung eines bestimmten Zieles zugrunde liegt, eine „unbewusste Komponente" im Spiel ist (die etwa bestimmt, welches Ziel zu erreichen ist oder die den Prozess der „Informationsverarbeitung" beeinflusst), wird im vorliegenden Text auf eine Unterscheidung zwischen „Handeln" und „Verhalten" verzichtet und lediglich letzterer Terminus („Verhalten") verwendet. Menschliches Verhalten dürfte in aller Regel sowohl auf bewusste als auch auf unbewusste Beweggründe zurückzuführen sein, wobei

---

1 Die Kapitel 1.1 bis 1.7 wurden auf Grundlage der Kapitel 3 sowie 4.1 aus dem im Oldenbourg Verlag erschienenen vergriffenen Werk „Persönlichkeitsbedingte Einstellungen zu Parteien" (Schumann 2001) erstellt. Die Übernahme der entsprechenden Passagen erfolgt mit freundlicher Genehmigung des Verlags.

allerdings Art und Stärke dieser Einflüsse offenbar großen Variationen unterworfen sind – von Situation zu Situation, bei gegebener Situation von Mensch zu Mensch und vermutlich zudem bei ein und demselben Menschen von Zeitpunkt zu Zeitpunkt.

Ferner klaffen, was das Verhalten betrifft, Selbst- und Fremdwahrnehmung oft weit auseinander. Ein Einkauf im Supermarkt etwa dürfte in der Wahrnehmung des Individuums weitestgehend als wohlüberlegte Handlung empfunden werden. Andererseits sind Supermärkte mit erheblichem Aufwand in vielerlei Hinsicht daraufhin konzipiert, den Besucher unbewusst zu Käufen zu animieren. So wird etwa der Kunde zwangsweise an möglichst vielen Regalen vorbei geleitet, die Beleuchtung wechselt von Abteilung zu Abteilung (z.B. zartes Rot in der Fleischabteilung, um die Ware schmackhafter erscheinen zu lassen) ebenso wie die Hintergrundmusik (Kaufhäuser haben oft eigene Musikredakteure, welche die einzelnen Abteilungen unterschiedlich „bedienen" – wobei selbst innerhalb einer Abteilung die Musik nach Wochentag und Uhrzeit variiert werden kann) und vieles mehr. Auch wenn derartige, unbewusste Beeinflussung kollektiv Wirkung zeigt, ist die Stärke des Effekts individuell vermutlich unterschiedlich. Nicht umsonst hassen Supermarktbetreiber beispielsweise (angeblich) Kunden mit fertigen Einkaufszetteln.

Einigkeit dürfte bei den meisten Theoretikern darin bestehen, menschliches Verhalten (V) ganz allgemein als eine Funktion der Person (P) und der Umwelt (U) zu betrachten, wie es in knapper Form schon in Kurt Lewins „Verhaltensformel": $V = f(P, U)$ zum Ausdruck kommt. „P" und „U" beeinflussen sich hierbei wechselseitig, d.h. die Person wirkt auf die Umwelt ein und die Umwelt auf die Person. Ein Modell des Psychologen Brewster Smith (zur Analyse poltischen Verhaltens) aus dem Jahre 1968, das bis heute nichts von seiner Aktualität verloren hat, breitet diesen Gedanken weiter aus. Das Modell wurde 1973 von Jürgen W. Falter aufgegriffen und differenziert. Die Abbildungen 1.1-1 und 1.1-2 mögen als Orientierungshilfe zur Einordnung der Überlegungen der nachfolgenden Kapitel dienen. Auch wenn das Modell speziell zur Erklärung politischen Verhaltens konzipiert wurde, kann es ebenso als Hintergrund für die Erklärung „menschlichen Verhaltens" allgemein verwendet werden.

*Abbildung 1.1-1:   Grundmodell zur Analyse (politischen) Verhaltens*

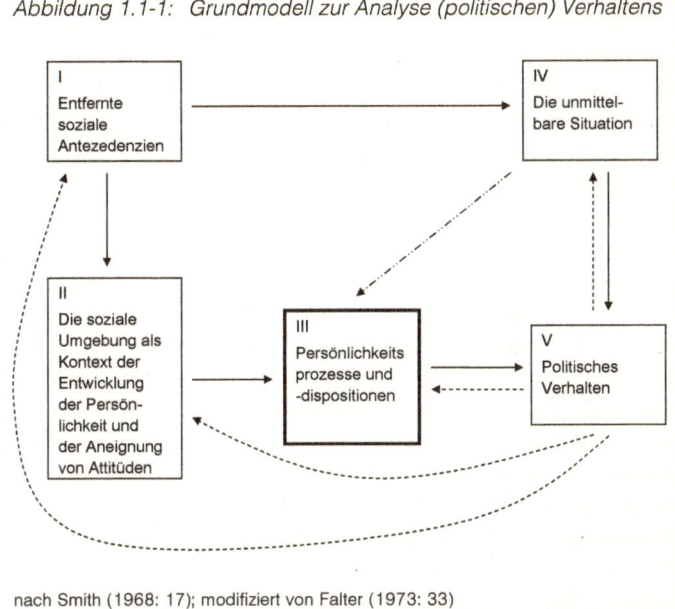

nach Smith (1968: 17); modifiziert von Falter (1973: 33)

Abbildung 1.1-1 zeigt den zentralen Stellenwert von „Persönlichkeits-prozessen und -dispositionen" für die Erklärung des (politischen) Verhaltens. Sie stellen einen der beiden direkten Einflüsse auf das Verhalten dar (Block III). Den zweiten direkten Einflussfaktor bildet die „unmittelbare Situation" (Block IV).

Aus Abbildung 1.1-2 ist ersichtlich, dass unter „Persönlichkeitspro-zesse und -dispositionen" zum einen „Überzeugungen, Werthaltungen und Verhaltensabsichten" fallen. Dieser Teil des Modells wird in den Kapiteln 2 und 3 thematisiert. Zum anderen ist eine „Kernpersönlich-keit" in Rechnung zu stellen, welche ihrerseits die eben genannten Größen des Modellteils beeinflusst. Diese „Kernpersönlichkeit" kann nach dem Modell sogar direkt Einfluss auf die Entscheidung, ein bestimmtes Verhalten an den Tag zu legen, haben. Die in Kapitel 1 behandelten Paradigmen der Persönlichkeitspsychologie beschäftigen sich mit Vorstellungen zu dieser „Kernpersönlichkeit".

*Abbildung 1.1-2: Persönlichkeitsstruktur und -prozesse*
*(Ausdifferenzierung von „Block III" aus*
*Abbildung 1.1-1)*

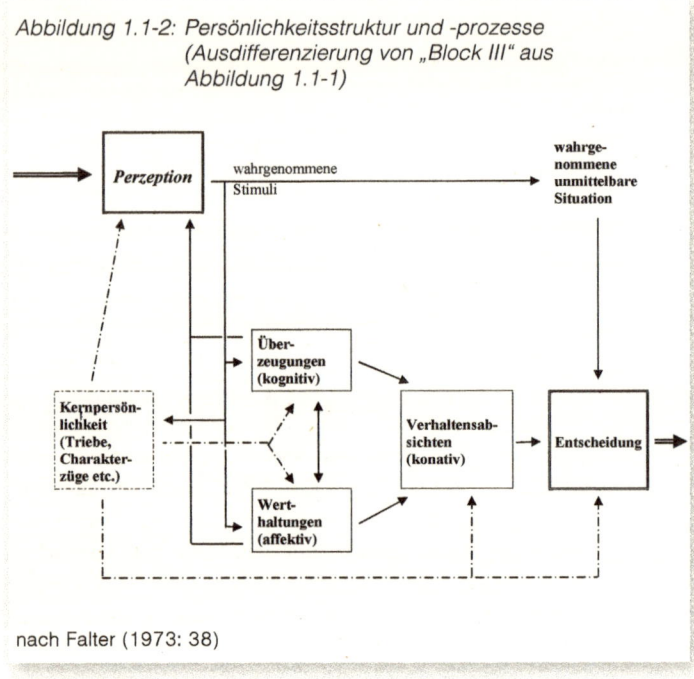

nach Falter (1973: 38)

Von großer Wichtigkeit ist der Einfluss der Kernpersönlichkeit auf die Perzeption, da nach dem sog. „Thomas-Theorem" nicht eine „objektiv gegebene" Situation verhaltensrelevant ist, sondern die Situation, so wie sie von der betreffenden Person subjektiv wahrgenommen wird. Hierzu ist allerdings zu bemerken, dass durchaus „objektive" Merkmale der Situation denkbar sind, welche einer Person nicht bewusst sind, ihr Verhalten jedoch dennoch beeinflussen.

In Kapitel 1 dieses Buches, das sich mit den unterschiedlichen Auffassungen bezüglich der „Kernpersönlichkeit" befasst, werden das psychoanalytische Paradigma, das behavioristische, das Eigenschafts-, das Informationsverarbeitungs- und das humanistische Paradigma im

Überblick vorgestellt.[2] Im Rahmen des Eigenschaftsparadigmas ist faktorenanalytischen Ansätzen – insbesondere dem Big Five-Ansatz – aufgrund der zentralen Bedeutung für die nachfolgenden Kapitel ein eigener Abschnitt gewidmet.

Es wird gezeigt, dass sich hinter „Persönlichkeit" ganz verschiedene Vorstellungsinhalte verbergen können. Dies hat Konsequenzen. Je nach Paradigma liegen menschlichem Verhalten unterschiedliche Prozesse und Gegebenheiten zugrunde. Auch den dem Verhalten vorgelagerten „Einstellungen" und „Werten" werden je nach Paradigma unterschiedliche theoretische Stellenwerte und jeweils unterschiedliche Funktionen zugeschrieben. Pervin u.a. (2005: 48) machen diesen Punkt deutlich, wenn sie schreiben: „Alle Persönlichkeitstheorien gehen davon aus, dass Faktoren innerhalb des Organismus und Ereignisse in der Umgebung des Individuums wichtig sind bei der Determinierung des Verhaltens. Die Theorien unterscheiden sich jedoch hinsichtlich der Bedeutung, die sie den inneren und äußeren Determinanten beimessen". Zu betonen ist, dass je nach Paradigma diese „Determinanten" ganz unterschiedlicher Natur sein können.

In Kapitel 1.7 wird zusätzlich das dynamisch-interaktionistische Paradigma vorgestellt, welches allerdings aufgrund der mit ihm verbundenen Restriktionen im Bereich der empirischen Forschung kaum eine Rolle spielt. Wohl aber werden entsprechende Betrachtungen aus theoretischer Sicht bei der Prüfung von Kausalhypothesen (Kap. 5) relevant, sofern „prozesshafte Einflüsse" untersucht werden.

Kapitel 6 zeigt am Beispiel der Autoritarismusforschung – in der vier der fünf forschungsrelevanten Paradigmen in nennenswertem Ausmaß zur Anwendung kamen – welche Konsequenzen für die Erklärung menschlichen Verhaltens mit den Sichtweisen der einzelnen Paradigmen verbunden sind. Auch für die Erforschung von Einstellungen und Werthaltungen (vgl. Kapitel 2 und 3) hat es Konsequenzen, auf Grundlage welches Paradigmas (oder Menschenbilds) man argumentiert.

---

2 Die vorgestellte Einteilung orientiert sich – bis auf das „humanistische Paradigma" – an einem Vorschlag von Asendorpf (2007).

*Tabelle 1.1-1:*  *Persönlichkeitsmerkmale, Werthaltungen,*
*Einstellungen: Unterschiede und Gemeinsamkeiten*

|  | Persönlichkeits-merkmale (im engeren Sinne) | Wert-haltungen | Einstel-lungen |
|---|---|---|---|
| **Anzahl** | wenige | (sehr) wenige | sehr viele |
| **vererbt?** | in Anteilen* | ? (eher nein) | nein*** |
| **erlernt?** | in Anteilen | in der Regel | in der Regel |
| **konstruiert?** | nein | eventuell | eventuell |
| **Objektbezug? (wertend)** | kein Objekt-bezug** | hypothetische Konstrukte oder weite Objektklas-sen | konkrete Objekte oder enge Objekt-klassen |
| **Veränderbar?** | kaum | ja, aber schwer | eher leicht |
| **Sind dem Merkmalsträ-ger bewusst?** | nicht unbedingt | in der Regel ja | ja |
| **Einfluss auf ...** | Werthaltungen (Einstellungen)**** (Verhalten) | Einstellungen Verhalten | Verhalten |

*      *Die Schätzungen das Anteils der so erklärbaren Variation liegen – von*
*Merkmal zu Merkmal unterschiedlich – bei etwa 1/3 bis 2/3.*

**     *aber: ev. „Situationsbezug" (zeitlich stabile Reaktionsprofile)*

***    *Abgesehen eventuell von wenigen, sozialwissenschaftlich irrelevanten*
*Ausnahmen (z.B. Spinnenphobie).*

****   *Theoretische Überlegungen zur Beeinflussung von Einstellungen zu*
*Parteien finden sich in Schumann (2001: 65-70).*

Geht es um die Erklärung menschlichen Verhaltens unter psychologischen Gesichtspunkten, bewegt man sich in aller Regel im Bereich
der differentiellen Psychologie. Untersucht wird weder eine Person
in ihrer Einzigartigkeit (idiographischer Ansatz) noch wird nach Ei-

genschaften geforscht, die alle Menschen gleichermaßen aufweisen (universelle Fragestellungen); im Mittelpunkt des Interesses stehen vielmehr Eigenschaften, hinsichtlich derer die Menschen (in großen Populationen) unterschiedliche Ausprägungen aufweisen.

Die hierbei untersuchten Eigenschaften können unterschiedlichster Natur sein. Für die weiteren Ausführungen dieses Buches ist es wichtig, „Persönlichkeitsmerkmale" im engeren Sinne von „Werthaltungen" und „Einstellungen" zu unterscheiden. Tabelle 1.1-1 fasst die diesbezüglichen Unterschiede (und Gemeinsamkeiten) überblicksartig zusammen. Mit „Werthaltungen" und „Einstellungen" befassen sich die Kapitel 2 und 3 eingehender.

## 1.2 Das psychoanalytische Paradigma

Die ursprünglich von Sigmund Freud (1856-1939) entwickelte Technik der Psychoanalyse und die ihr zugrunde liegenden theoretischen Vorstellungen, wie sie etwa bei Pervin (2005: 106-212) oder bei Schneewind (1996: 172-202) ausführlich dargestellt sind, wurden im Laufe der Zeit teils erheblich modifiziert, zum Beispiel von Alfred Adler (1870-1937), welcher der Kompensation von Minderwertigkeitsgefühlen einen zentralen Stellenwert zuschrieb, von Carl Gustav Jung (1875-1961), der sich intensiv mit dem „kollektiven Unbewussten" beschäftigte oder von Erich Fromm (1900-1980), der den psychoanalytischen Ansatz mit einer dialektisch-materialistischen Orientierung verband. Trotzdem „... lässt sich ein Kern von Grundannahmen über menschliches Erleben und Verhalten und ein grundlegender methodischer Ansatz ausmachen, der unter Psychoanalytikern von Freud an bis heute zumindest mehrheitsfähig war und immer noch mehrheitsfähig ist", wie es Asendorpf (2007: 16) formuliert. Im folgenden Abschnitt sind diese Grundannahmen, sofern sie für die Fragestellung dieses Buchs relevant sind, dargestellt.

### Grundannahmen im psychoanalytischen Paradigma

Für die Prüfung der Frage, inwieweit aus psychoanalytischer Sicht Persönlichkeitsmerkmale (politisches) Verhalten beeinflussen könnten, sind die folgende Punkte von grundlegender Bedeutung:

- Das psychoanalytische Paradigma nimmt angeborene Triebe (im

Sinne körperlicher Spannungszustände) an, die gewissermaßen das Reservoir an psychischer Energie bilden, die dem Menschen zur Verfügung steht.[3] Bei der „Entladung" von Trieben fließt psychische Energie. Die Entladung (Triebbefriedigung) muss dabei nicht auf direktem Weg erfolgen. Die Energie kann auch „umgeleitet" oder „umgewandelt" werden (siehe weiter unten). Generell bilden der Fluss und die Verarbeitung psychischer Energie die Grundlage des Seelenlebens, das heißt der im Menschen ablaufenden psychischen Prozesse.[4] Die Triebe sind in der psychischen Instanz des „Es" angesiedelt (siehe unten). Freud beschäftigte sich vor allem mit dem Sexual- und später mit dem Aggressionstrieb, wobei er annahm, die Energien des Sexualtriebs (Libido) und des Aggressionstriebs könnten (und würden in der Regel) in einem bestimmten Verhältnis vermischt auftreten.

- Das psychoanalytische Paradigma nimmt ferner die psychischen Instanzen „Ich", „Es" und „Über-Ich" an. Das Es repräsentiert, wie gesagt, im Wesentlichen die Triebe. Es ist dem Lustprinzip unterworfen, das heißt, es strebt nach direkter Triebbefriedigung (die als Lust empfunden wird) und vermeidet Schmerz. Das Über-Ich repräsentiert im Wesentlichen Normen und Werte, die in der frühen Kindheit meist von den Eltern (oder von anderen Vorbildern an deren Stelle) übernommen und im wahrsten Sinne des Wortes verinnerlicht wurden. Das Über-Ich stellt eine besondere Instanz im Ich dar und fordert vom Ich die Einhaltung der besagten Normen. Das Ich schließlich vermittelt zwischen den Forderungen des Es, des Über-Ichs und der Außenwelt und ist damit dem Realitäts-prinzip unterworfen. In Bezug auf die Außenwelt hat das Ich die Möglichkeit, sich anzupassen, sich – soweit möglich – unliebsamen Situationen zu entziehen oder zu versuchen, die Außenwelt aktiv zu beeinflussen und in die gewünschte Richtung zu verändern.
- Das psychoanalytische Paradigma geht von einer zentralen Rolle

---

3  Die psychische Energie wird als „... Quelle der Motivation menschlicher Handlungen" (Zimbardo 1995: 485) betrachtet.

4  Hierzu zählen auch das Wahrnehmen und das Denken!

der Angstverarbeitung bei der Charakterentwicklung aus.[5] Danach entsteht immer dann Angst[6], wenn das Ich durch Reize, die es nicht (mehr) bewältigen kann, überflutet wird. Solche Reize können aus dem Es, dem Über-Ich oder aus der Außenwelt kommen. Im ersten Fall spricht man von „neurotischer Angst", im zweiten von „moralischer Angst" oder „Gewissensangst" und im dritten Fall von „Realangst". Mit dem Begriff „Realangst" ist dabei nicht nur die Angst gemeint, die entsteht, wenn das Ich von Reizen aus der Außenwelt überflutet wird, die eine reale Gefahr anzeigen. Es genügt, wenn die Reize im Sinne des Thomas-Theorems (vgl. Kap. 1.1) subjektiv als Gefahr oder als Anzeichen für eine drohende Gefahr interpretiert werden.

• Dem Ich stehen aus psychoanalytischer Sicht eine ganze Reihe von Abwehrmechanismen zur Verfügung, um mit der Angst fertig zu werden. Die wichtigsten Mechanismen zur Abwehr neurotischer Ängste sind die Verdrängung angsterregender Impulse aus dem Bewusstsein[7], Verschiebung, Projektion und Reaktionsbildung.

---

5   Ein zweiter, davon weitgehend unabhängiger Argumentationsstrang betont die zentrale Rolle der oralen (etwa erstes Lebensjahr), der analen (etwa zweites/drittes Lebensjahr) und der phallischen Phase (etwa viertes bis sechstes Lebensjahr) sowie der in diesen Phasen vorherrschenden Konflikte und deren Lösung für die Entwicklung des Charakters. In Schneewind (1996: 181-186) sind diese Phasen, wie auch die darauf folgende Latenzphase und die genitale Phase, ausführlicher dargestellt. Da die Phasenlehre allerdings erstens heftig umstritten ist und zweitens für unsere Fragestellung kaum von Bedeutung ist, wird sie hier nicht weiter diskutiert.

6   Der Begriff „Angst" bezieht sich, im Gegensatz zur „Furcht", nicht auf ein bestimmtes Objekt.

7   Die verdrängten Impulse müssen allerdings weiterhin „in Schach gehalten" werden, wofür das Ich Energie aufzuwenden hat. Bei (vorübergehender) Ich-Schwäche, zum Beispiel im Traum, in völlig entspanntem Zustand oder unter dem Einfluss von Drogen besteht die Möglichkeit, dass sie wieder ins Bewusstsein gelangen. Ferner beeinflussen sie weiterhin Kognition und Affekt. „Eine Person ist sich möglicherweise der verdrängten Vorstellungen nicht mehr bewusst, spürt aber weiterhin die mit dem verdrängten Material verbundenen Gefühle. Diese „unerklärliche Erregung" oder dieser „Affekt *ohne angemessene Kognitionen*" können auf vielfältige Weise „verkleidet" ihren Ausdruck finden. Beispielsweise kann die verdrängte Feindseligkeit gegen einen Elternteil als generelle Rebellion gegen Autoritäten ausgedrückt werden; verdrängte sexuelle Strebungen können erklären, warum

Bei der *Verschiebung* wird das „eigentliche" Objekt der Triebbe-friedigung durch ein anderes ausgetauscht. Treten beispielsweise aggressive Impulse auf, die gegen eine mächtige Person gerichtet sind (und deren Befriedigung für das Ich mit unannehmbaren Sank-tionen verbunden wäre), dann können diese aggressiven Impulse auf andere Objekte, etwa Mitglieder schwacher Minderheiten, verschoben werden. Bei der *Projektion* werden angsterregende Impulse auf andere Personen projiziert. Treten beispielsweise ag-gressive Impulse gegenüber einer Person auf, die anzugreifen das Über-Ich zunächst verbietet, dann werden die eigenen aggressiven Impulse dieser Person unterstellt (auf sie projiziert). Nun kann das Ich die aggressiven Impulse gegen diese Person wenden, da es sich selbst angegriffen fühlt. Bei der *Reaktionsbildung* werden angsterregende Impulse ins Gegenteil verkehrt. Im genannten Beispiel wäre man etwa ganz besonders freundlich zu der Person, gegenüber der „eigentlich" aggressive Impulse auftreten. Wei-tere wichtige Abwehrmechanismen, die – im Gegensatz zu den bisher besprochenen – in erster Linie zur Abwehr von Realangst dienen, stellen die *Verleugnung* von angsterregenden Impulsen bzw. angsterregenden Reizen aus der Außenwelt (im Sinne eines „nicht wahrhaben Wollens") oder die *Rationalisierung* (Umdeutung) unakzeptablen eigenen Verhaltens dar. Das psychoanalytische Paradigma kennt eine ganze Reihe weiterer Abwehrmechanismen wie etwa die Sublimierung, die Regression, die Kompensation, die Identifikation oder die Isolierung. Solche Abwehrmechanismen sind in Pervin u.a. (2005: 128-140) ausführlich sowie in Asendorpf (2007: 19-22) oder Zimbardo (1995: 488) im Überblick beschrieben.[8] Für die nachfolgende Argumentation sind sie von untergeordneter Bedeutung und werden daher hier nicht weiter thematisiert.

---

sich jemand einer Sauberkeitskampagne anschließt, deren Ziel es ist, die Pornographie auszurotten, wofür es „notwendig" ist, dass er das anstößige Material sorgfältig prüft" (Zimbardo 1995: 488-489).

8   Jeder Mensch hat nach der psychoanalytischen Vorstellung unannehmbare Triebimpulse und setzt dagegen solche Abwehrmechanismen ein. Werden sie jedoch derart massiv eingesetzt, dass damit ein Großteil der psychischen Energie gebunden wird, liegt eine Neurose vor.

• Ein letzter wichtiger Punkt im psychoanalytischen Paradigma ist
die Annahme von drei Ebenen des Seelenlebens – der bewussten,
der vorbewussten und der unbewussten Ebene. Ein Großteil der
psychischen Prozesse spielt sich nach dieser Vorstellung auf der
unbewussten Ebene ab und ist daher unserer bewussten Wahrnehmung und Kontrolle entzogen. Dies gilt insbesondere für das
Es, aber auch für Teile des Ichs und des Über-Ichs. Teilweise spielt
sich das Seelenleben auch in einem „Graubereich" zwischen der
unbewussten und der bewussten, nämlich auf der vorbewussten
Ebene ab. Entsprechende Prozesse und Inhalte sind zwar nicht
bewusst, können aber mit relativ geringer Anstrengung bewusst
gemacht werden.

### KRITIK AM PSYCHOANALYTISCHEN PARADIGMA

Aus Sicht der empirisch-analytischen Forschung wurde am psychoanalytischen Paradigma erhebliche Kritik geäußert. Die wichtigsten
Argumente sind nachfolgend ausgeführt.

• Eine zentrale Stellung bei der Entwicklung des Charakters nehmen
nach Freud frühkindliche Erfahrungen ein. Freud beobachtete jedoch
nicht Kinder von ihren frühen Jahren an bis hin zum Abschluss ihrer
Charakterentwicklung, sondern befragte Erwachsene und versuchte
so, deren Erfahrungen während ihrer frühen Kindheit zu rekonstruieren.
Dieses Verfahren erscheint, insbesondere aufgrund der zu erwartenden
Fehler und Verzerrungen, aus empirischer Sicht wenig angemessen.

• Weiter wurde der theoretische Ansatz in erster Linie zum Einsatz im
klinischen Bereich für die Behandlung von Neurosen entwickelt.[9]
Inwieweit er auf „Normalbürger" generalisierbar ist, bleibt eine zu
diskutierende Frage. Die genannte Ausrichtung könnte zum Beispiel
die zentrale Stellung des Sexual- und des Aggressionstriebs und
die Vernachlässigung anderer möglicher Triebe bei Freud erklären.
Sie könnte auch die starke Betonung unbewusster Prozesse und
die weitgehende Vernachlässigung rationaler Prozesse erklären.

---

9  Zudem entstand er in erster Linie bei der Arbeit mit Patienten der Mittel-
und Oberschicht im späten 19. und frühen 20. Jahrhundert (vgl. Pervin
u.a. 2005: 111 und 209).

- Aus psychoanalytischer Sicht werden oft Therapieerfolge als Bestätigung des Ansatzes gewertet, was in mehrfacher Hinsicht problematisch ist. Erstens besteht der Verdacht, dass zumindest ein Teil der Therapieerfolge auf Spontanremissionen oder allein auf die Tatsache, dass dem Patienten Aufmerksamkeit und Zuwendung entgegengebracht wird, zurückzuführen sein könnten.[10] Eysenck (1980: 117) weist hierauf energisch hin. Zweitens könnten insofern Scheinbestätigungen auftreten, als sich Therapeut und Patient im Laufe der Therapiesitzungen irgendwann in einem interaktiven Prozess auf solche Deutungen einigen, die dem psychoanalytischen Paradigma entsprechen.[11] Wenn beide daran zu glauben beginnen, erhöht sich die Wahrscheinlichkeit von „self-fulfilling prophecies".[12]
- Zentrale Begriffe wie etwa „psychische Energie", „neurotische Angst" oder „Projektion" beziehen sich auf theoretische Konstrukte, die nur äußerst schwer oder überhaupt nicht operationalisierbar sind. Ohne eine Operationalisierung können jedoch Aussagen, in denen diese Begriffe enthalten sind, nicht „an der Realität scheitern", was dem Hauptprinzip der empirisch-quantitativen Forschungsmethodologie widerspricht.[13] Der Ansatz kann mit anderen Worten auch aus diesem Grund kaum einer empirischen Prüfung unterzogen werden.
- Der theoretische Ansatz kann aus zwei weiteren Gründen kaum „an der Realität scheitern". Erstens lassen sich aus psychoanalytischer Sicht so gut wie alle Phänomene (im Nachhinein) „erklären"[14], es

---

10 Da es aus ethischen Gründen nicht vertretbar ist, mit Kontrollgruppen zu arbeiten (das heißt, einen Teil der Patienten unbehandelt zu lassen bzw. ihnen lediglich Aufmerksamkeit zu schenken und deren Entwicklung zu studieren), ist dieser Verdacht nicht ohne weiteres zu entkräften.

11 Damit hätten sie sich auf eine Deutung der Wirklichkeit geeinigt, die allerdings nicht unbedingt eine Entsprechung in der „Wirklichkeit" haben muss.

12 Glaubt der Patient beispielsweise erst einmal daran, einen Autoritätskonflikt zu haben, dann erhöht sich damit die Wahrscheinlichkeit, in Situationen, in denen er mit Autoritäten in Kontakt kommt, entsprechend zu empfinden und zu reagieren, was das Ergebnis der Analyse scheinbar bestätigt.

13 Mehr hierzu findet sich zum Beispiel in Schumann (2011: 1-15).

14 Insbesondere sind nicht erwartungskonforme Phänomene oft als „Reaktionsbildung" interpretierbar! Für eine auf den Ansatz der „autoritären Persönlichkeit" bezogene Kritik vgl. Oesterreich (1996: 92).

ist jedoch kaum vorgesehen, Prognosen abzugeben – die an der Realität scheitern könnten.[15] So kann zum Beispiel die Tatsache, dass bestimmte Personen in derselben Situation ganz bestimmte Abwehrmechanismen bevorzugen, „... bestenfalls diagnostiziert, nicht aber aus bestimmten Entwicklungsbedingungen vorausgesagt werden" (Asendorpf 2007: 21). Zweitens besteht, damit zusammenhängend, die Gefahr der Immunisierung. Asendorpf (2007: 22) gibt das Beispiel eines Patienten, der in einer Therapiesitzung mit den Deutungen seiner freien Assoziationen durch den Therapeuten konfrontiert wird. Die Deutung geschieht aufgrund der Annahmen des psychoanalytischen Paradigmas. Stimmt der Patient der Deutung des Therapeuten zu, dann wird dies als Bestätigung der Annahmen gewertet. Stimmt er ihnen nicht zu, dann wird dies vom Therapeuten als „Widerstand"[16] interpretiert und ebenfalls als Bestätigung der Annahmen gewertet (vgl. auch Grünbaum 1988: 436-444).[17]

- In einigen wenigen Bereichen ist eine empirische Prüfung der Annahmen möglich. Bei solchen Prüfungen erwiesen sich einerseits zentrale Konzepte, wie etwa Freuds „Phasenlehre" oder das permanente Streben nach „Spannungsreduktion", als nicht haltbar – oft sind Stimulation und Spannung erwünscht (vgl. Pervin u.a. 2005: 207)! In diesen Fällen scheiterte der Ansatz an der Realität. Andererseits: Teilweise konnten die Annahmen bestätigt und die Forschung weiter vorangetrieben werden. Dies gilt insbesondere für die Vorstellung, ein Großteil der psychischen Prozesse laufe unbewusst ab sowie für die Annahme von Abwehrmechanismen gegen bedrohliche innere Impulse und/oder äußere Reize.[18]

---

15 Vgl. hierzu auch die Kritik in Eysenck (1973: 380).

16 Das psychoanalytische Paradigma geht davon aus, dass dann, wenn man sich mit zentralen Konflikten auseinandersetzen muss, das Ich dieser Auseinandersetzung besonders heftigen Widerstand entgegensetzt. Trifft die Deutung des Analytikers einen solchen „wunden Punkt", treten entsprechend heftige Widerstände auf – die Deutung wird abgelehnt.

17 Dass der Ansatz in weiten Bereichen nicht an der Realität scheitern kann bedeutet wohl gemerkt nicht, dass er empirisch falsch ist! Er entzieht sich dort lediglich einer empirischen Prüfung.

18 Nähere Ausführungen zu diesen Punkten finden sich bei Asendorpf (2007:

IMPLIKATIONEN FÜR DIE ERKLÄRUNG (POLITISCHEN) VERHALTENS

Pervin u.a. (2005: 207) stellen zu Recht klar: „Keine andere Persön-lichkeitstheorie erklärt auch nur annähernd ein derart breites Spektrum menschlicher Verhaltensweisen wie die psychoanalytische Theorie". Andererseits sieht jedoch Asendorpf (2007: 22) ebenfalls zu Recht „... eine klare Parallele zwischen Alltagspsychologie und Psychoana-lyse: Beide sind sehr erklärungsmächtig. Das ist aber ... nicht unbedingt ein Qualitätsmerkmal einer Theorie; auch unklare Begriffsbildung und mangelnde empirische Verankerung können über widersprüchliche Aussagen die Erklärungsmächtigkeit einer Theorie fördern".

Möchte man im Rahmen des psychoanalytischen Paradigmas Zusammenhänge zwischen Persönlichkeitsmerkmalen und (poli-tischem) Verhalten erklären, ergeben sich aus Sicht der empirisch-analytischen Forschung eine Reihe von Konsequenzen meist eher unerfreulicher Natur.

- Im psychoanalytischen Paradigma finden rationale Prozesse so gut wie keine Beachtung. Daher werden auch die angesprochenen Zusammenhänge nach dieser Sichtweise in erster Linie auf unbe-wusste Prozesse zurückzuführen sein. Unser Verhalten ist nach dem psychoanalytischen Paradigma letztlich durch (unbewusste) Triebe motiviert. Zimbardo (1995: 486) schreibt in diesem Zu-sammenhang: „Wir sind fähig zu handeln, ohne dass wir wüssten, warum und ohne direkten Zugang zu den wahren Gründen unserer Handlungen". Ähnliche Einschränkungen gelten für die „... kreativen und selbstverwirklichenden Bemühungen des Menschen" (Pervin u.a. 2005: 209) – eine Kritik, die aus Sicht des humanistischen Paradigmas (Kap. 1.8) geäußert wird.

---

23-27). Übrigens konnten auch andere Hypothesen Freuds, wie beispiels-weise seine Vorstellung von der Funktion „Freudscher Versprecher", mit positivem Ergebnis experimentell geprüft werden (vgl. Zimbardo 1995: 487). Mit der experimentellen Prüfung von Freuds psychoanalytischem Ansatz beschäftigten sich intensiv Eysenck und Wilson (1973) in einem von ihnen herausgegebenen Sammelband, der 1979 auch in deutscher Sprache erschienen ist, sowie Fisher und Greenberg (1977) und Kline (1981).

- Ganz allgemein hat das Ich zwischen den Ansprüchen des Über-Ichs und des Es auf der einen Seite sowie der Außenwelt (d.h. der unmittelbaren Situation, in der das Verhalten stattfindet) auf der anderen Seite zu vermitteln. Offen ist, inwieweit und auf welchem Wege das Ich dieses Ziel (insbesondere die Vermeidung von Angst, die durch den Kontakt mit der Außenwelt entstehen kann) erreicht.

- Differentiell psychologisch gesehen stellt nach dem psychoanalytischen Paradigma die typische Triebdynamik einer Person ihr wichtigstes Merkmal zur Unterscheidung von anderen Personen oder Personengruppen dar. Unter der „typischen Triebdynamik" ist allerdings – wie oben gezeigt – ein hochkomplexes System zu verstehen, so dass diese „Variable" nahezu unendlich viele Ausprägungen annehmen kann. Daher dürfte der einzige gangbare Weg darin bestehen, eine oder einige wenige dieser Ausprägungen (oder Ausprägungsgruppen) als besonders wichtig einzustufen[19] und für diese – unter Vernachlässigung der übrigen möglichen Ausprägungen – Einflüsse auf (politisches) Verhalten zu untersuchen. Von besonderer Bedeutung dürften dabei Art und Stärke der Es-Ansprüche, die Stärke des Ichs und seine bevorzugten Abwehrmechanismen sowie die Stärke des Über-Ichs und die Art seiner Ansprüche sein.

- Aufgrund der Schwierigkeit, zentrale Begriffe des psychoanalytischen Paradigmas zu operationalisieren, sind ferner erhebliche Messprobleme zu erwarten. Auch wenn es zum Beispiel möglich ist, bestimmte Einstellungen oder Verhaltensweisen – wie etwa die Aggressivität gegenüber Fremden – zu messen, ist kaum feststellbar, ob diese Aggressivität als mehr oder weniger direkte Entladung des Aggressionstriebs anzusehen oder in erster Linie auf eine Verschiebung zurückzuführen ist (oder ob sie beispielsweise erlernt ist). Mit anderen Worten: Selbst wenn es gelingen sollte, solche Phänomene, die nach psychoanalytischer Auffassung aus einer bestimmten Triebdynamik resultieren, zu messen, ist damit

---

19 Entweder hinsichtlich der Häufigkeit ihres Auftretens und/oder der bei ihrem Auftreten resultierenden Konsequenzen.

noch nicht gesagt, dass die dahinterliegenden psychoanalytischen Vorstellungen zutreffen. Es könnten auch ganz andere Ursachen dazu geführt haben, dass die beobachteten Phänomene auftreten. Auf diesen Punkt anspielend betonten auch Pervin u.a. (2005: 207), dass „... scheinbar ähnliche Verhaltensweisen sehr unterschiedliche Vorgeschichten haben und sehr ähnliche Motive zu völlig unterschiedlichen Verhaltensweisen führen können".

Auf den in Kapitel 6.2 ausführlicher beschriebenen Versuch der Berkeley-Gruppe, das psychoanalytische Paradigma zur Erklärung der Einstellung gegenüber dem Nationalsozialismus in Deutschland (und damit verbundenem Verhalten) nutzbar zu machen, treffen alle genannten Punkte zu. Rationale Prozesse finden so gut wie keine Beachtung. Es wird ein ganz bestimmter „autoritärer Charakter" oder eine „autoritäre Persönlichkeit"[20] (mit einem veräußerlichten Über-Ich, angsterregenden Es-Trieben und einem schwachen Ich) angenommen, der bzw. die dazu prädestiniert, die nationalsozialistische Bewegung zu unterstützen oder zumindest gutzuheißen. Das Nichtvorhandensein eines autoritären Charakters führt nach Ansicht der Berkeley-Gruppe dazu, dass der Nationalsozialismus nicht unterstützt wird. Ein inhaltlich definierter „Gegentyp" zum autoritären Charakter wird nicht angenommen, was daraus resultieren dürfte, dass nach dem psychoanalytischen Ansatz eine Vielzahl von nicht-autoritären Charakterformen anzunehmen ist.[21] Die Übernahme nationalsozialistischer bzw. faschistischer Vorstellungen unterstützt nach dem Ansatz der Berkeley-Gruppe das schwache Ich bei der Wahrnehmung seiner Aufgaben entscheidend, allerdings ist nicht klar definiert, welche Prozesse im Einzelfall ablaufen. Zur Messung eines „autoritären Charakters" wurde in erster Linie die F-Skala eingesetzt, wobei (unter anderem) die beschriebenen messtechnischen Probleme auftraten.

---

20 Die beiden Begriffe werden in der Autoritarismusdiskussion weitgehend synonym gebraucht.

21 Eysenck (1981: 197-198) sieht zwar im „Gegentypus" von Jaensch (1938) einen Gegenpol zum „autoritären Charakter", begründet dies jedoch außerhalb des psychoanalytischen Paradigmas.

## 1.3 Das behavioristische Paradigma

Den Ausgangspunkt des auf John B. Watson (1878-1958) zurückgehenden behavioristischen Paradigmas, das Anfang bis Mitte des zwanzigsten Jahrhunderts vor allem in den USA eine dominierende Rolle in der psychologischen Forschung spielte, bildet die Forderung, ausschließlich beobachtbares Verhalten in beobachtbaren Situationen als Grundlage der wissenschaftlichen Forschung und damit auch der Theoriebildung zu verwenden. Der menschliche (und gegebenenfalls tierische) Organismus wurde damit als „black box" betrachtet, über dessen intern ablaufende Prozesse aus wissenschaftlicher Sicht keine Aussagen gemacht werden können.[22] Anders als der Patient (oder Klient) im psychoanalytischen Paradigma ist der Mensch im behavioristischen Paradigma nicht aktiv an der Erhebung der zu analysierenden Daten (im weitesten Sinne) beteiligt.

Auch für das behavioristische Paradigma lassen sich einige Grundannahmen formulieren, die den „Kern" des Paradigmas bilden. Die entsprechenden, nachfolgend aufgeführten Aussagen sind – gemäß dem Erkenntnisinteresse der vorliegenden Arbeit – auf Menschen als „Analyseobjekte" bezogen, obwohl diese Einschränkung des Geltungsbereichs nicht notwendigerweise erfolgen muss.

### Grundannahmen im behavioristischen Paradigma

• Nach dem behavioristischen Paradigma wird der Mensch als weitgehend „unbeschriebenes Blatt" geboren, das, was sein Verhalten betrifft, lediglich über einige angeborene Reflexe verfügt und ansonsten zunächst nur ungerichtete Spontanaktivität zeigt (vgl. auch Asendorpf 2007: 29).

• Abgesehen hiervon ist nach dieser Sichtweise menschliches Verhalten (einschließlich einiger physiologischer Vorgänge) erlernt. Drei grundlegende Lernmechanismen wurden sehr ausführlich

---

22 Dies erscheint insofern problematisch, als sich die Strategie, aus direkten Beobachtungen auf (nicht direkt beobachtbare) theoretische Konstrukte zu schließen und hieraus entsprechende Modellvorstellungen zu entwickeln, in vielen Wissenschaftsbereichen (zum Beispiel in der Atomphysik, in der Genetik oder in der Astronomie) als außerordentlich fruchtbar erwiesen hat.

untersucht, nämlich das auf Iwan Petrowitsch Pawlow (1849-1936) zurückgehende klassische Konditionieren, das von Burrhus Frederic Skinner (1904-1990) eingehend erforschte operante Konditionieren sowie das Beobachtungslernen oder Nachahmungslernen, mit dem sich Albert Bandura intensiv beschäftigte. Beim Beobachtungslernen werden Reaktionen auf bestimmte Reize durch entsprechende Beobachtungen bei anderen Menschen erlernt.[23]

- Die betreffenden Lerngesetze gelten nach behavioristischer Vorstellung universell, das heißt, interindividuelle Unterschiede bezüglich der Lerngesetze treten nach dem behavioristischen Paradigma nicht auf. Ferner gelten die Lerngesetze unabhängig vom Inhalt des involvierten Reizes und der Art der Reaktion (vgl. auch Asendorpf 2007: 30).

- Lernen beruht aus dieser Sicht auf der Herstellung von Verbindungen (über zeitliche Nähe) zwischen Reizen, denen ein Mensch ausgesetzt ist, und seinen Reaktionen hierauf.

KRITIK AM BEHAVIORISTISCHEN PARADIGMA

Seit den siebziger Jahren des vorigen Jahrhunderts wuchs allerdings die Kritik am behavioristischen Paradigma, wenngleich die Gültigkeit der Lerngesetze im Labor als experimentell gut bestätigt gilt und kaum angezweifelt wird. Im Gegenteil: Mit der Entdeckung von „Spiegelneuronen"[24] konnten im Falle des Beobachtungslernens in den 1990er Jahre sogar physiologische Belege für Lernvorgänge ausfindig gemacht werden. Der zentrale Kritikpunkt lautet vielmehr,

---

23 Klassisches und operantes Konditionieren sind ausführlich in Spada u.a. (1998: 323-372) beschrieben, Beobachtungslernen in Halisch (1998: 373-402).

24 Spiegelneurone „... gestatten ... unserem Gehirn, die beobachteten Bewegungen mit unseren eigenen in Beziehung zu setzen und dadurch deren Bedeutung zu erkennen" (Rizzolatti u.a.: 2008: 14). Das Spiegelneuronensystem liegt offenbar „... unserer Fähigkeit zugrunde ..., nicht nur als individuelle, sondern auch und vor allem als gesellschaftliche Subjekte zu handeln. Mehr oder weniger komplizierte Formen der Nachahmung, des Lernens sowie der gestischen und sogar verbalen Kommunikation finden tatsächlich eine genaue Entsprechung in der Aktivierung bestimmter Spiegelschaltungen" (Rizzolatti u.a.: 2008: 15).

dass menschliches Verhalten offenbar nicht *ausschließlich* so zustande kommt, wie es im behavioristischen Paradigma angenommen wird, sondern dass es nach den vorliegenden Erkenntnissen auch durch andere Einflüsse (sehr oft entscheidend) mitbestimmt wird. Die Argumente im einzelnen:

- Ein erster Block von Kritikpunkten betrifft die externe Validität von Lernexperimenten (vgl. hierzu Kap. 5.7). Die Laborexperimente sind asymmetrisch angelegt. Der Experimentator bestimmt, welchen Reizen der lernende Organismus bei welchem Verhalten ausgesetzt wird. In diesem Sinne werden die Ergebnisse auch interpretiert, was jedoch nicht *notwendigerweise* geschehen muss. Beispielsweise könnte man umgekehrt argumentieren, dass eine Ratte den Experimentator konditioniert, indem sie ihn dazu bringt, immer dann, wenn sie einen Hebel drückt, ein bestimmtes Verhalten zu zeigen – nämlich, ihr Futter zu geben (vgl. Asendorpf 2007: 31). Diese Argumentation mag im genannten Beispiel wenig relevant erscheinen, im täglichen Leben von Menschen ist sie jedoch eher der Regelfall als die Ausnahme. Menschen interagieren, beispielsweise eine Mutter mit ihrem Kind. Verursacht das mütterliche Erziehungsverhalten das Verhalten des Kindes (in diesem Fall würde das Kind „lernen"), verursacht das Verhalten des Kindes den mütterlichen Erziehungsstil (in diesem Fall würde die Mutter „lernen") oder wirken beide Mechanismen gleichzeitig und beeinflussen einander, wie im dynamisch-interaktionistischen Paradigma (vgl. Kap. 1.7) angenommen? Letzteres erscheint am wahrscheinlichsten, dieser Fall hat allerdings mit der Laborsituation kaum mehr etwas gemeinsam.[25] Ferner können im Gegensatz zum Lernexperiment „im realen Leben" Drittvariablen (etwa das Verhalten des Vaters) den Zusammenhang beeinflussen oder gar erst generieren.

- Menschen sind ferner in der Regel nicht, wie im behavioristischen Paradigma angenommen, ausschließlich „Opfer", die in bestimmten Situationen mehr oder weniger komplexen Reizkonstellationen ausgesetzt sind. Vielmehr suchen sie oft aktiv

---

25 Vgl. hierzu auch Spada u.a. (1998: 360).

bestimmte Situationen auf, meiden andere oder versuchen, die Situation, in der sie sich befinden, aktiv zu beeinflussen, um sie in ihrem Sinne zu verändern. Auch damit ergeben sich erhebliche Unterschiede zu den Laborsituationen, in denen die Lerngesetze entwickelt wurden.

- Ein zweiter Block von Kritikpunkten stützt sich auf Verhaltensbeobachtungen, die mit den Lerngesetzen kaum erklärbar sind. Ein Beispiel von Eibl-Eibesfeldt (1997: 85): „Viele Jungvögel und Jungsäuger laufen bei Gefahr zur Mutter. Erteilt man ihnen dafür elektrische Strafreize, so bekräftigt dies die Folgereaktion – die Kleinen folgen der Mutter nur mit größerer Intensität. Das gilt auch für uns Menschen. Von den Eltern misshandelte Kinder erweisen sich als besonders fest an ihre Eltern gebunden“. Oder: „Straft man einen Hahn, wann immer er imponiert, dann gewöhnt man ihm das ab. Straft man ihn aber, wann immer er submissives Verhalten zeigt, dann wird er nur noch submissiver: Der Strafreiz bekräftigt in diesem Fall die Antwort“ (ders. 1997: 85).

- Es konnten zudem artspezifische Prädispositionen, bestimmte Dinge (zu bestimmten Zeitpunkten der Entwicklung) besonders leicht und dauerhaft zu lernen, nachgewiesen werden. Ein Beispiel hierfür wäre etwa das Erlernen der Sprache (vgl. z.B. Eibl-Eibesfeldt 1997: 85) oder die experimentell oft untersuchte Prägung bei Tieren (vgl. z.B. Eibl-Eibesfeldt 1997: 83-84). Solche artspezifischen Prädispositionen könnten beispielsweise „... erklären, warum Menschen in Mitteleuropa viel öfter pathologische Angst vor Schlangen zeigen als vor Autos, obwohl für sie Autos viel gefährlicher sind als Schlangen ...“ (Asendorpf 2007: 33). Auch beim Erwerb von Geschmacksaversionen bestimmen offenbar artspezifische Prädispositionen, dass die Reaktionen (z.B. Übelkeit, Erbrechen etc.) mit den „richtigen“, das heißt auf die eingenommene Speise bezogenen Reizen (Geschmack, Geruch der Speisen etc.) in Verbindung gebracht werden. Sie werden beispielsweise nicht mit der Temperatur im Lokal, in dem gegessen wurde oder mit der Person, die zugegen war, als die Beschwerden auftraten, in Verbindung gebracht (vgl. Spada u.a. 1998: 361). Vergleichbares gilt übrigens auch für Tiere: „Vorgegebene Programme legen fest, was womit assoziiert wird. Körperlicher Schmerz z.B. wird mit den beim Einsetzen des Schmerzes gegenwärtigen Reizen assoziiert, körperliche Übelkeit dagegen mit dem, was das Tier einige Stunden vorher verzehrte (Eibl-Eibesfeldt 1997: 84).

- Abraham H. Maslow, einer der führenden Vertreter des humanistischen Paradigmas (vgl. Kap. 1.8), brachte insbesondere zwei Kritikpunkte gegen die „Überbewertung des rein assoziativen Lernens" vor: „Im allgemeinen zeigen die Befriedigungsphänomene, zum Beispiel Appetitverlust nach Sättigung, Änderung der Quantität und des Typs der Verteidigungsbereitschaft nach der Befriedigung des Sicherheitsbedürfnisses und so fort 1. ein *Verschwinden* infolge größerer Übung (oder Wiederholung, Anwendung, Praxis) und 2. ein *Verschwinden* mit größerer Belohnung (oder Zufriedenheit, Lob oder Verstärkung)" (Maslow 1996: 91).

- Maslow kritisiert ferner an gleicher Stelle: „Außerdem widersprechen nicht nur die Befriedigungsphänomene ... den Gesetzen der Assoziation ..., sondern eine Überprüfung zeigt auch, dass willkürliche Assoziation nur in einer sekundären Art und Weise einbezogen ist. Jede Definition des Lernens, die einfach nur die Änderung im Zusammenhang zwischen Reiz und Antwort betont, muss daher unzureichend sein".

- Zeisel (1975: 138) bemängelt die Unmöglichkeit, „komplexe Kategorien" zu untersuchen oder in der Forschung Triangulationsstrategien einzusetzen.

- Besonderer Stellenwert kommt einer Kontroverse zwischen Burrhus Frederic Skinner und Noam Chomsky zu Beginn der 1960er Jahre zu. Der Behauptung Skinners, der Spracherwerb könne nach den gängigen lerntheoretischen Grundsätzen erklärt werden, widersprach Chomsky heftig (und überzeugend) und leitete damit maßgeblich die „kognitive Wende" in der Psychologie mit ein.

- Über die Lerngesetze hinaus wurden eine Reihe weiterer Grundannahmen des behavioristischen Paradigmas in Zweifel gezogen, so zum Beispiel die Universalität der Lerngesetze. „Lernen ist generell persönlichkeitsabhängig. Unterschiedliche Menschen lernen nicht gleich schnell – eine Binsenweisheit für jeden Lehrer. Intelligenzunterschiede, Unterschiede im Vorwissen, in Lernstrategien und

Unterschiede in der Lernmotivation beeinflussen die Lernleistung" (Asendorpf 2007: 34). All diese Eigenschaften müssten aus Sicht des behavioristischen Paradigmas erlernt worden sein, was unwahrscheinlich erscheint, wenngleich das Gegenteil empirisch kaum zu belegen sein dürfte.

- Ferner ein schwerwiegendes Argument: „Neugeborene entsprechen in keinster Weise einem „unbeschriebenen Blatt", sondern zeigen von der ersten Minute an deutliche Persönlichkeitszüge, die behavioristisch bestenfalls durch Annahmen über pränatales Lernen erklärt werden könnten" (Asendorpf 2007: 32).

- Ein weiteres Bündel von Kritikpunkten stammt aus dem Bereich der Hirnforschung. Die Erklärung menschlichen Verhaltens aufgrund einiger weniger, universell wirkender Lerngesetze ist zwar auf den ersten Blick sehr elegant und sparsam, die (angenommene) Entwicklungsgeschichte unseres Gehirns von dem eines Reptils bis hin zu dem eines Säugers macht eine solche einfache Verhaltenserklärung jedoch unwahrscheinlich. Nach Eysenck (1980: 55-58) trägt unser Gehirn noch immer die Spuren dieser Entwicklung. Er schreibt hierzu in Anlehnung an MacLean (1973): „Das Resultat ist die bemerkenswerte Verknüpfung dreier Gehirntypen, die ihrer Struktur und ihrer Chemie nach radikal verschieden und in evolutionärem Sinn durch zahllose Generationen voneinander getrennt sind. ... wir haben eine Verknüpfung dreier Biocomputer, von denen jeder seine besondere Art der Intelligenz, des Zeitsinns, des Gedächtnisses, der Motorik und anderer Funktionsweisen aufweist" (Eysenck 1980: 56).[26]

- Aus der Sicht der Forschung zu neuronalen Netzwerken erscheint die Möglichkeit einer derart einfachen Verhaltenserklärung ebenfalls unwahrscheinlich. Nach Spitzer (1996: 257) „... lässt sich ... das Gehirn eher als Zusammenschluss einer ganzen Reihe unterschiedlich strukturierter und verschalteter Module verstehen". Spitzer schreibt, in Anlehnung an Eichenbaum (1993), weiter: „Man muss davon ausgehen, dass im Verlauf der Evolution unterschiedliche Anforderungen an Gehirne gestellt waren. Dies führte zur Entwick-

---

26 Vgl. auch Zimbardo (1995: 136-137).

lung unterschiedlicher biologischer Netzwerktypen innerhalb des Zentralnervensystems" (Spitzer 1996: 319).

- Asendorpf schreibt zu dem Thema zusammenfassend, dass „... die menschliche Informationsverarbeitung in einem Nervensystem abläuft, das in viele relativ eigenständig arbeitende Teilsysteme untergliedert ist, die z.T. nach unterschiedlichen Prinzipien funktionieren. Das ist evolutionsbiologisch und neuroanatomisch verständlich. Unser Nervensystem ist in einem Jahrmillionen dauernden Entwicklungsprozess entstanden, in dessen Verlauf „alte" Strukturen modifiziert und durch „jüngere" Strukturen überlagert wurden (vgl. Birbaumer & Schmidt 2006). Ältere und jüngere Strukturen können sich deshalb erheblich in Prinzipien der Informationsverarbeitung unterscheiden, auch wenn sie miteinander in vielfältiger Weise Informationen austauschen können" (ders. 2007: 67-68).

- Als Beleg für die Richtigkeit der Annahmen des behavioristischen Paradigmas werden oft die Erfolge der Verhaltenstherapie, in der ganz bestimmte, erwünschte Verhaltensweisen für ganz bestimmte Situationen erlernt werden, herangezogen. Dieser Schluss ist allerdings genauso wenig zwingend wie der Schluss von den Erfolgen der Psychotherapie auf die Richtigkeit der Annahmen des psychoanalytischen Paradigmas (vgl. Kapitel 3.1).[27] Ferner folgt aus der erfolgreichen Anwendung der Verhaltenstherapie zur Verhaltensmodifikation in bestimmten „Problemsituationen" nicht zwingend, dass jedes Verhalten entsprechend beeinflusst werden kann.

- Selbst wenn die behavioristische Sichtweise zuträfe und das Verhalten – sagen wir einer vierzigjährigen Frau – ausschließlich aus ihren bis dahin durchlaufenen Lernprozessen resultierte, wäre dies aufgrund des damit verbundenen extremen Aufwands kaum nachweisbar. Derartige Hypothesen sind mit anderen Worten praktisch nicht empirisch prüfbar – womit sie (zumindest in der Praxis) auch

---

27 Unter „Erfolg" ist in diesem Falle zu verstehen, dass in den betreffenden Situationen das gewünschte Verhalten auftritt (bzw. unerwünschtes Verhalten nicht auftritt) oder im Falle der Psychoanalyse, dass Krankheitssymptome wie gewünscht verschwinden.

nicht an der Realität scheitern können. Sie entsprechen so gesehen nicht dem empirisch-analytischen Wissenschaftsverständnis.

- Bei einer (hypothetischen) Prüfung, wie im vorstehenden Punkt beschrieben, träte ferner das Problem auf zu entscheiden, *welche* Segmente des sich stetig verändernden Umfelds des Menschen Lerneffekte zeitigen und welche Segmente des stetigen Stroms von Verhaltensweisen eines Menschen als Resultat des Lernens zu betrachten sind. An dieser Stelle tritt der Unterschied zwischen dem „realen Leben" und einer experimentellen Situation nochmals deutlich zutage.
- Ein letzter Punkt noch im Vorgriff auf das nächste Kapitel, der nicht – wie bisher – menschliches Verhalten, sondern menschliche Eigenschaften betrifft: Wenn der Begriff „Eigenschaft" im Sinne eines theoretischen Konstrukts, welches über die Reaktionen einer Person in bestimmten Situationen zu erschließen ist, definiert wird, dann sollten menschliche Eigenschaften erlernt sein. Selbst wenn ein solcher Nachweis im Labor gelänge, würde dies allerdings noch keineswegs bedeuten, dass die Eigenschaften einer Person „im normalen Leben" ebenfalls so entstehen.

IMPLIKATIONEN FÜR DIE ERKLÄRUNG (POLITISCHEN) VERHALTENS

- Da menschliches Verhalten, wie oben dargestellt, bis auf Reflexe und anfängliche ungerichtete Spontanaktivität generell erlernt ist, wird es letztlich als eine Funktion von Art und Ausprägung der Umweltreize über die Zeit (bis hin zum Zeitpunkt der Beobachtung) angesehen.
- Aus differentiell psychologischer Sicht können Menschen in vergleichbaren Situationen durchaus (systematisch) unterschiedlich reagieren. Diese Unterschiede sind ggf. erlernt.
- Menschliches Verhalten ist dabei durch Anwendung der Lerngesetze nahezu beliebig manipulierbar.
- Auch im behavioristischen Paradigma (wie im psychoanalytischen Paradigma) spielen rationale Prozesse kaum eine Rolle. Planvolles Handeln, dessen Zielsetzung über die aktuelle Situation hinausgeht, ist im Rahmen dieses Paradigmas kaum erklärbar. Gleiches gilt etwa für die Entstehung (und Verfolgung) von Ideen.
- Prozesse, die in einem Organismus ablaufen (und aus der Sicht

anderer Paradigmen Verhalten erklären könnten!), werden aus
dem theoretischen Ansatz ausgeblendet (da der Organismus als
„black box" betrachtet wird) und nicht weiter thematisiert.

## 1.4 DAS EIGENSCHAFTSPARADIGMA

Der Grundgedanke des Eigenschaftsparadigmas besteht darin, den
in der Alltagspsychologie gebräuchlichen Begriff der „Eigenschaften"
von Personen soweit zu präzisieren, dass er den Anforderungen
der empirischen wissenschaftlichen Forschung genügt und damit
entsprechend verwendet werden kann. Pathologische und nicht
verhaltensrelevante physiologische Eigenschaften sowie körperliche
Merkmale werden dabei üblicherweise nicht berücksichtigt. Der
Ansatz geht auf die Arbeiten von William Stern (1871-1938) und
Gordon W. Allport (1897-1967) zurück und ist bis heute von zentraler
Bedeutung – nicht nur im Rahmen der Persönlichkeitspsychologie,
sondern auch beispielsweise in der Einstellungs- und Werteforschung
(vgl. Kap. 2 und 3) oder im Zusammenhang mit Überlegungen zum
Thema „Messen" (vgl. Kap. 4). In den 1970er Jahren war der Ansatz
in der Persönlichkeitspsychologie, insbesondere aufgrund einer Kritik Walter Mischels (1968), heftig umstritten. „Mischel wies anhand
vieler Beispiele darauf hin, dass die transsituative Konsistenz des
Verhaltens gering sei, wenn Verhalten in realen Situationen untersucht
werde; selten überschreite sie die „magische Grenze" von .30. Dies
widerspreche der grundlegenden Annahme des Eigenschaftsparadigmas, dass eine Eigenschaft das Verhalten in vielen Situationen
in vergleichbarer Weise beeinflusse. Tatsächlich seien individuelle
Besonderheiten im Verhalten hoch situationsspezifisch; damit seien
Eigenschaften und der ganze Persönlichkeitsbegriff des Eigenschaftsparadigmas eine Fiktion" (Asendorpf 2007: 58). Diese Diskussion
brachte dem Ansatz jedoch eher neue Impulse als ihm ernsthaft zu
schaden.[28] Zusammenfassend bemerkt Asendorpf: „Dieser Angriff
auf das Eigenschaftsparadigma war letztlich heilsam für die Persönlichkeitspsychologie, weil er dazu zwang, die Beziehung zwischen

---

28 Einen ausführlichen Überblick über die Debatte gibt Krahé (1999: 10-40;
   vgl. auch Krahé 1990: 15-37).

Situation und Persönlichkeit genauer zu überdenken. ... Der Schlüssel zur Lösung des Problems liegt ... im stabilen Situationsprofil einer Person" (Asendorpf 2007: 58). Der Unterschied zwischen „stabilen Situationsprofilen" und „transsituativer Konsistenz" wird später in diesem Kapitel thematisiert.

Obwohl in neueren Ansätzen im Rahmen des Eigenschaftsparadigmas weiterhin meist von transsituativer Konsistenz ausgegangen wird, schreiben Sader und Weber (1996: 102) mit Blick auf den neueren Forschungsstand: „Mittlerweile haben sich die Eigenschaften von den für sie aufreibenden 70er Jahren erholt, in denen es wenig opportun erschien, für das traditionelle Eigenschaftskonzept zu votieren. In der Persönlichkeitspsychologie der 90er Jahre hingegen werden Eigenschaften wieder mit derselben Selbstverständlichkeit benutzt wie ehedem ...". Das Eigenschaftsparadigma wird nun aus der Sicht der differentiellen, variablenorientierten Persönlichkeitspsychologie (vgl. Kap. 1.1) beschrieben.

### GRUNDANNAHMEN IM EIGENSCHAFTSPARADIGMA

Das Eigenschaftsparadigma geht von einigen zentralen Grundannahmen aus, die der nachfolgenden Aufzählung zu entnehmen sind.

- Zunächst zur Verwendung des Begriffs „Eigenschaft": Der Begriff „Eigenschaft" wird im einfachsten Fall im Sinne eines theoretischen Konstrukts verwendet, welches über stabile Beziehungen zwischen den Situationen (als komplexen Reizkonstellationen), in denen sich eine Person im Zeitverlauf befindet, und den Reaktionen der Person in diesen Situationen definiert ist. Damit liegt zunächst lediglich eine Beschreibung vor, die durch den waagerechten Pfeil in Abbildung 1.4-1 symbolisiert ist.

- Allerdings wird auch die Ansicht vertreten, bestimmte Eigenschaften hätten eine „biophysische Grundlage" in dem Sinne, dass angebbar sei, aufgrund welcher Merkmale des Trägers der Eigenschaft in einer gegebenen Situation eine ganz bestimmte Reaktion erfolgt (senkrechter Blockpfeil in Abbildung 1.4-1). Damit wären Eigenschaftsausprägungen im Prinzip (mit geeigneten Methoden) auch direkt messbar. Eysenck (vgl. Kapitel 2.4 und 6.4) vertritt zum Beispiel über weite Strecken eine solche Position, von der Sader u.a. (1996: 102) schreiben: „Ansätze,

*Abbildung 1.4-1:  Eigenschaft als theoretisches Konstrukt*

**Eigenschaft
(Ausprägung)**

Bestimmung                                                      Bestimmung

Σ    **Situation** ──────────────────▶ **Reaktion**

Beispiel:
Einladung zum Essen
Chef lädt ein
Speisen: typisch vietnamesisch
Jeder Gast muss 15 Min. des Abends gestalten
Termin überschneidet sich mit anderer Einladung
Verhältnis zum Chef sehr positiv
Chef ist leicht beleidigt
Frau des Chefs attraktiv
viele „einflussreiche" Gäste
 u.s.w.

Beispiel:
Zusage
Angst, sich zu blamieren
Lust auf „Fremdartiges"
Angst vor „Selbstdarstellung"
schlechtes Gewissen wg. Absage
Freude über Anerkennung
Angst, etwas falsch zu machen
Entwickeln v. Verhaltensvorsätzen
Planung, Kontakte zu knüpfen
u.s.w.

die den Eigenschaften und damit der Persönlichkeit eine biologische Grundlage zuschreiben, haben seit einigen Jahren Konjunktur, und es ist zweifellos eine Denkrichtung, die die Persönlichkeitspsychologie der 90er Jahre weiterhin mit beeinflussen wird".

• Nach dieser Denkrichtung können Persönlichkeitseigenschaften (Traits) ganz bestimmte Funktionen zugeschrieben werden. Stemmler u.a. (2011: 53) zum Beispiel schreiben: „Als reale Struktur haben die Eigenschaften die Funktion, die wahrgenommen Reize aus der Umwelt auf die durch sie vermittelte „funktionelle" Bedeutung für das Individuum zu analysieren und zu klassifizieren sowie darauf äquivalente Reaktionen zu produzieren. Dem Verhalten wird damit Richtung und Konsistenz verliehen; den Eigenschaften kommt auf diese Weise eine motivationale Komponente zu". Nach dieser Sicht ergibt sich eine Verbindung zum Informationsverarbeitungsparadigma (Kap. 1.6). Ferner wird nochmals deutlich, dass Eigenschaften nach dieser theoretischen Vorstellung die eingangs angesprochenen stabilen Beziehungen *erzeugen.* Die Eigenschaft erklärt nun, weshalb in einer bestimmten Situation ein bestimmtes Verhalten auftritt.

- Verwendet man den Eigenschaftsbegriff rein deskriptiv (waagerechter Pfeil in Abbildung 1.4-1), ist eine *Prognose* von Verhalten durch (Persönlichkeits-) Eigenschaften nicht oder allenfalls mit weitreichenden Zusatzannahmen – etwa im Falle selbsteingeschätzter Ausprägungen von Persönlichkeitseigenschaften in Verbindung mit dem Attraktionsparadigma von Byrne (1971, 1997) – möglich. Im Normalfall könnte man lediglich (theorielos!) „die Definition fortschreiben" und erwarten, dass in Situationen, die für die Eigenschaftsdefinition herangezogen wurden, auch künftig der Definition entsprechendes Verhalten auftreten wird – was allerdings keineswegs der Fall sein muss. Schließlich ist bei reiner Deskription noch nichts darüber gesagt, *weshalb* (aufgrund welcher Eigenschaft) in einer bestimmten Situation eine bestimmte Reaktion erfolgt. Wenn jemand bis heute immer dann, wenn die Möglichkeit bestand, Geld auszugeben, zurückhaltend war, dann kann das unterschiedliche Gründe haben. Zum Beispiel kann die Person generell geizig sein, sie kann über nur wenig Geld verfügen oder sie kann als besondere Form von Altruismus für die teure Ausbildung ihrer Kinder sparen. Diese drei Möglichkeiten entsprächen drei unterschiedlichen Eigenschaften (bzw. deren jeweiliger Ausprägung) im oberen Teil von Abbildung 1.4-1. Ist bisherige Finanzknappheit der Grund, wird die Person nach einem erheblichen Lottogewinn vermutlich eher Freunde, Verwandte und Bekannte zu einem rauschenden (d.h. teuren) Freudenfest einladen als wenn es sich um einen chronischen Geizhals handelt.

- Situationen und auch Reaktionen sind in aller Regel – wie im unteren Teil von Abbildung 1.4-1 angedeutet – komplexer Natur. Es muss bestimmt werden, welche Ausschnitte hieraus als „Situation" und welche als „Reaktion" zu betrachten sind (gestrichelte Pfeile in Abbildung 1.4-1).

- Nach Asendorpf (2007: 36) ist eine Situation im genannten Zusammenhang „... derjenige Ausschnitt der aktuellen Umwelt einer Person, der Einfluss auf ihr aktuelles Verhalten ausübt". Der

Situationsbegriff ist dabei deutlich breiter gefasst als im behavioristischen Paradigma. Gleiches gilt für den Reaktionsbegriff. „Neben konkreten Reaktionen ... sind auch qualitative Aspekte komplexer Reaktionen eingeschlossen wie die Qualität der Lösung einer komplexen Aufgabe oder der Grad, in dem eine Mitteilung eine versteckte Drohung enthält" (Asendorpf 2007: 36).[29]

- Zu klären ist ferner, wer im Rahmen der Definition einer (Persönlichkeits-) Eigenschaft den betreffenden „Ausschnitt der aktuellen Umwelt einer Person" definiert – der Forscher oder die betroffene Person. Zunächst gilt, dass im Sinne des Thomas-Theorems „verhaltensrelevant" die Situation aus der jeweils subjektiven Sicht des Trägers einer Eigenschaft (mit einer bestimmten Ausprägung) ist, nicht eine „objektive" Situation, wie sie von einem externen Beobachter „festgestellt" bzw. empfunden wird. Allerdings müssen der betreffenden Person die für sie handlungsrelevanten Aspekte der Umwelt nicht unbedingt bewusst sein.

- Die genannten stabilen Beziehungen zwischen Situationen und Reaktionen (s.o.) manifestieren sich in den meisten Fällen in einer mittleren Tendenz über viele Situationen (in Abbildung 1.4-1 durch „$\sum$" angedeutet), ein bestimmtes Verhalten (relativ zu einer Bezugsgruppe) mehr oder weniger stark ausgeprägt zu zeigen – etwa Hilfe zu leisten oder andere zu kritisieren. Sie können sich jedoch auch in individuellen Besonderheiten in der Tendenz, in ganz bestimmten Situationen ein bestimmtes Verhalten zu zeigen, manifestieren. Beispiele wären etwa höfliches Verhalten im persönlichen Umgang mit anderen, nicht jedoch als Autofahrer im Straßenverkehr oder eine „autoritäre" Person, die sich Vorgesetzten gegenüber unterwürfig zeigt und Untergebenen gegenüber

---

29 Fasst man die Begriffe „Situation" und „Reaktion" *nicht* breiter als im behavioristischen Paradigma und geht man davon aus, dass die stabilen Beziehungen zwischen Situationen und Reaktionen erlernt sind, so können Eigenschaften auch lerntheoretisch interpretiert werden – wenngleich sie letztlich der „black box" zuzuordnen sind. Bestehen die Reaktionen aus beobachtbarem Verhalten, so spricht man in diesem Zusammenhang von „Verhaltensgewohnheiten" (vgl. hierzu auch Stemmler u.a. 2011: 48-50). Allerdings werden diese Begriffe oft auch ohne lerntheoretischen Bezug verwendet.

aggressiv. Einmal liegt transsituative Konsistenz vor, im zweiten Fall sind die Situationsprofile zeitlich stabil.

- Aus dem vorangegangenen Punkt folgt bezüglich der eingangs angesprochenen Kritik Walter Mischels: „Die transsituative Inkonsistenz des Verhaltens spricht ... nicht gegen den Eigenschaftsbegriff ..." (Asendorpf 2007: 60).

- Eigenschaften stellen aus Sicht der differentiellen Persönlichkeitspsychologie (Kap. 1.1) Variablen dar, hinsichtlich derer jede Person eine bestimmte Ausprägung aufweist.

- Eigenschaftsausprägungen werden als zumindest mittelfristig zeitlich stabil angenommen (vgl. auch Tab. 1.1-1), langfristige Veränderungen jedoch nicht völlig ausgeschlossen[30].

- Was die Definition von (Persönlichkeits-) Eigenschaften betrifft, sind auch andere Sichtweisen möglich. Barbara Krahé (1999: 56-66) etwa beschreibt das Eigenschaftskonzept – ausgehend vom dynamisch-interaktionistischen Paradigma (vgl. Kapitel 1.7) – aus konstruktivistischer Sicht. Sie bezeichnet ihren Ansatz als „Modern Interactionism" und stimmt mit anderen Autoren darin überein, ihn als „natural bridge between social psychology and personality psychology" (Krahé 1999: 5) zu sehen. Hiernach gibt es keine „objektiven" (Persönlichkeits-) Eigenschaften unabhängig vom Beobachter und vom kulturellen und historischen Kontext, in dem sich Akteur und Beobachter befinden (Krahé 1999: 58). Dieser theoretische Ansatz ist allerdings in der empirischen Forschungspraxis schwer umzusetzen. Insbesondere ist es dabei kaum möglich, (Persönlichkeits-) Eigenschaften zur Verhaltenserklärung heranzuziehen. Aus diesem Grund wird die genannte Sichtweise im vorliegenden Überblick nicht weiter thematisiert.

PERSÖNLICHKEITSEIGENSCHAFTEN

- Als „Persönlichkeitseigenschaften" werden im differentiellen Ansatz hoch generalisierte Eigenschaften bezeichnet, und zwar solche, hinsichtlich derer sich die Personen einer bestimmten Population (in den Ausprägungen) unterscheiden. Als eine Teilmenge der

---

30 Conley (1984 und 1984a) liefert eine Übersicht über Paneluntersuchungen zur langfristigen Stabilität verschiedener Persönlichkeitseigenschaften.

Eigenschaften werden auch Persönlichkeitseigenschaften als Variablen betrachtet, die unterschiedliche Ausprägungen annehmen können.

- Betrachtet man eine Persönlichkeitseigenschaft als Variable, hinsichtlich derer jeder Mensch eine bestimmte Ausprägung aufweist und versucht man, diese Ausprägung jeweils mit einem Variablenwert zu messen, so unterstellt man in der Regel transsituative Konsistenz des Verhaltens (siehe oben). Ein Beispiel hierfür sind die diversen Inventare zur Messung der „Big Five" (vgl. Kap. 1.5).

- Als Persönlichkeitseigenschaften können allerdings auch transsituativ inkonsistente Verhaltensdispositionen betrachtet werden. Beispiele hierfür finden sich etwa im Rahmen der Autoritarismusforschung (vgl. Kap. 6). Es geschieht jedoch in der Fordchungspraxis relativ selten, dass situationsspezifische Verhaltensdispositionen als Persönlichkeitseigenschaften angesehen werden.

- Die Variablenwerte sind insofern populationsabhängig, als ihre Höhe nur in Bezug auf eine Referenzgruppe interpretierbar ist (vgl. Asendorpf 2007: 39). Auch in der Alltagspsychologie wählen wir intuitiv angemessene Referenzpopulationen, sind uns dessen jedoch normalerweise nicht bewusst. Wenn wir beispielsweise von den mathematischen Fähigkeiten eines Schülers der zweiten Klasse sprechen, dann beziehen wir die Ausprägung dieser Fähigkeiten in der Regel auf die Fähigkeiten von Zweitklässlern und nicht auf die Fähigkeiten von Schülern der zehnten Klasse oder von Erwachsenen. Wir gehen intuitiv davon aus, dass die mathematischen Fähigkeiten zwischen den Altersgruppen variieren und berücksichtigen dies bei der Wahl der Referenzgruppe. Asendorpf (2007: 39) schreibt in Anbetracht der Tatsache, dass sich die Aussagen der Persönlichkeitspsychologie immer nur auf Individuen vergleichbaren Alters und Menschen mit gleichem kulturellen Hintergrund beziehen in aller Deutlichkeit: „Deshalb gibt es streng genommen keine Aussage über „die Eigenschaft" oder „die Persönlichkeit" eines Menschen, sondern nur Aussagen relativ zu einer bestimmten Referenzpopulation, der die Person angehört".

- In der wissenschaftlichen Psychologie wie in der Alltagspsychologie zieht man für unterschiedliche Fragestellungen unterschiedliche

Referenzgruppen heran. Hierzu nochmals Asendorpf (2007: 39): „Wir vergleichen z.B. die Aggressivität eines 20-jährigen deutschen Skinheads normalerweise mit der Aggressivität gleichaltriger deutscher Männer heutzutage, nicht mit der Aggressivität heutiger 80-jähriger deutscher Männer oder 20-jähriger Männer vom Stamme der Mundurucú-Indianer zu Beginn des 20. Jahrhunderts (berüchtigte Kopfjäger im Amazonas-Gebiet ...)".

- Unter der „Persönlichkeit" versteht man aus der Sicht des Eigenschaftsparadigmas die organisierte Gesamtheit der Persönlichkeitseigenschaften eines Menschen. Guilford (1959: 4; zit. nach Fisseni 2003: 321) schreibt beispielsweise knapp und klar: „An individual's personality is his unique pattern of traits".

## Zur Messung von Persönlichkeitseigenschaften

- Die Datenerhebung im Rahmen der differentiellen Persönlichkeitspsychologie erfolgt meist durch den Einsatz von Persönlichkeitsinventaren. Dabei wird eingeschätzt, wie stark bei der Zielperson eine (oder mehrere) Eigenschaft(en), etwa „Aggressivität" oder „Extraversion", im Vergleich zu den Mitgliedern einer Referenzpopulation ausgeprägt sind. Die Einschätzung wird meist durch die betreffende Person selbst vorgenommen (Selbsteinschätzung). Theoretisch kann sie auch von anderen Beurteilern durchgeführt werden, aufgrund des damit verbundenen Aufwands kommt dies jedoch in der sozialwissenschaftlichen Forschungspraxis kaum vor.
- Die genannte Art der Datenerhebung ist sehr leicht zu handhaben und erfreut sich daher großer Beliebtheit. Sie ist jedoch mit Schwierigkeiten verbunden. Vor allem werden nicht explizit Situationen und Reaktionen erfasst und aus deren Zusammenhang auf Eigenschaftsausprägungen geschlossen, sondern diese Aufgabe hat der Beobachter „intuitiv" zu erledigen. Dies hat zwar den Vorteil, dass er von ihm als solche erkannte Besonderheiten der Situation und/oder der Reaktion mit berücksichtigen kann. Es hat jedoch den Nachteil, dass in der Regel nicht nachvollziehbar ist, aufgrund welcher Beobachtungen (als „Datenbasis") der Beobachter bestimmte Ausprägungen einer Persönlichkeitseigenschaft erschließt, ob und wie seine Wahrnehmung beeinflusst wird,

welche Prozesse er für von ihm wahrgenommene Zusammenhänge verantwortlich macht, welche Referenzgruppe er wählt und wie er dazu kommt, einen bestimmten Messwert anzugeben. Gemessen werden streng genommen nicht Eigenschaftsausprägungen, sondern individuelle Urteile über Eigenschaftsausprägungen. Diese Urteile über Eigenschaftsausprägungen basieren ferner oft auf alltagspsychologischen Erwägungen, deren Haltbarkeit nicht weiter wissenschaftlich untersucht wird.

- Hinzu kommt, dass im Falle der Selbsteinschätzung diese erheblich von entsprechenden Fremdeinschätzungen abweichen kann.

- Die genannten Probleme kann man vermeiden, indem man konkretes Verhalten in konkreten Situationen erfasst und entsprechende Daten als Basis für die Ermittlung von Eigenschaftsausprägungen verwendet. Allerdings ist dieses Verfahren sehr aufwändig und es ist in mehrerlei Hinsicht nur begrenzt oder überhaupt nicht anwendbar: Erstens ist subjektives Erleben prinzipiell nicht beobachtbar. Zweitens ist eine Verhaltensbeobachtung in vielen Fällen entweder aufgrund der geschützten Privatsphäre nicht zu vertreten oder technisch mit vertretbarem Aufwand nicht machbar. Bei Laboruntersuchungen stellt sich drittens die Frage der Generalisierbarkeit der ermittelten Ergebnisse. Bei Recall-Fragen (zum Verhalten in konkreten, zurückliegenden Situationen) schließlich sind die in Kapitel 4.4 besprochenen Schwierigkeiten zu berücksichtigen.

- Einen Kompromiss stellen Situations-Reaktions-Inventare dar, bei denen mit Hilfe von Fragebogen hypothetische Reaktionen in hypothetischen Situationen erfragt werden. Allerdings können die entsprechenden Auskünfte verzerrt sein, etwa durch Antwortstile – z.B. den, sozial erwünschte Reaktionen zu zeigen oder über verschiedene Situationen konsistente Reaktionen anzugeben (vgl. Kap. 4.5), durch selektive Wahrnehmung, durch die nachträgliche Interpretation von Wahrnehmungen oder einfach durch Erinnerungsverzerrungen. Ein Vorteil von Situations-Reaktions-Inventaren besteht dagegen darin, dass die Komplexität der Situation und auch der Reaktion „künstlich" auf das für die Fragestellung Relevante beschränkt werden kann.

- Ein großer Teil der vorstehend genannten Probleme wird dann irrelevant,

wenn man nicht an einer „objektiven" Messung von Eigenschaftsausprägungen interessiert ist, sondern daran, welche Eigenschaftsausprägungen eine Person sich selbst (subjektiv) zuschreibt. Schon aus
diesem Grund sollte explizit geklärt und bei der Messung berücksichtigt
werden, ob Persönlichkeitseigenschaften quasi „objektiv" und „von
außen" gemessen werden sollen, oder ob Einschätzungen der eigenen
Person hinsichtlich bestimmter Eigenschaften zu erfragen sind.

### KRITIK AM EIGENSCHAFTSPARADIGMA IM HINBLICK AUF PERSÖNLICHKEITSEIGENSCHAFTEN

- Es besteht zumindest die Gefahr, dass der Begriff der „Persönlichkeitseigenschaft" zirkulär definiert wird – nämlich dann, wenn man
  nicht (wie in der obigen Darstellung geschehen) zwischen „Eigenschaften" und dem „Verhalten" unterscheidet. In einem Beispiel von
  Stemmler u.a. (2011: 52) wird die Tatsache, dass jemand stiehlt,
  dadurch erklärt, dass er ein Dieb sei, was wiederum aus seinem
  Verhalten erschlossen wird. Gegen das Argument, „Persönlichkeitseigenschaften" seien lediglich als ein Produkt zirkulärer Definitionen
  anzusehen, sprechen allerdings die Möglichkeit von (prüfbaren)
  Langzeit-Verhaltensprognosen, die Ergebnisse von Vererbungsstudien sowie die Möglichkeit, Verhalten vorherzusagen, das in der
  Definition nicht auftaucht (vgl. auch McCrae/Costa 1995: 243).
- Da zunächst offen ist, welche Situationen (in denen sich eine Person im Zeitverlauf befindet) und welche Reaktionen der Person
  ein theoretisches Konstrukt (eine Persönlichkeitseigenschaft) als
  „Klammer" verbinden soll, besteht die Gefahr, dass die Suche nach
  Persönlichkeitseigenschaften stark in der Alltagspsychologie verwur-
  zelt bleibt. Speziell an den „Big Five" (vgl. Kap. 1.5) wurde kritisiert,
  dass sie aus Ähnlichkeiten in der alltagspsychologischen Bewer-
  tung erschlossen werden. „Was sich nach alltagspsychologischer
  Wahrnehmung ähnlich sieht, muss sich ... nach wissenschaftlichen
  Kriterien noch lange nicht ähneln. Walfische scheinen Thunfischen
  ähnlicher als Menschen zu sein, obwohl nach biologischen Kriterien
  Walfische Menschen ähnlicher sind ..." (Asendorpf 2007: 158).
  Ähnlich äußerte sich auch Ostendorf (1990: 6). Gegen diesen
  Einwand spricht allerdings die Tatsache, dass auch für das MMPI

(Minnesota Multiphasic Personality Inventory) die Fünf-Faktoren-Struktur ermittelt wurde. Dieses Instrument wurde empirisch/kriteriumsbezogen konstruiert und unterscheidet sich damit von der Entwicklungstechnik her von den üblicherweise verwendeten Tests grundlegend (vgl. hierzu auch Bartussek 1996: 87).

• Gelegentlich wird die Gefahr einer Verwischung der Grenze zwischen Persönlichkeitseigenschaften und Einstellungen thematisiert. Einige Autoren wie Mummendey (1999: 31-32 und 194) vertreten die Auffassung, Einstellungen könnten als Persönlichkeitsmerkmale aufgefasst werden. Roghmann vertritt eine ähnliche Ansicht, wenn er schreibt: „Ferner dürfte eine vollkommen getrennte Behandlung von Persönlichkeitsstrukturen und Einstellungsstrukturen nicht mehr gerechtfertigt sein. Eine begriffliche Erfassung müsste persönliche Anlagen als Grundeinstellungen in einer Theorie der Einstellung enthalten oder Grundeinstellungen in einer Theorie der Persönlichkeit" (ders. 1966: 18-19). Eine derartige Auffassung liegt auf den ersten Blick nahe. Ein Vergleich mit Kapitel 2.2 zeigt, dass Persönlichkeitseigenschaften formal ähnlich definiert sind wie Einstellungen. Beide werden in der Regel als theoretische Konstrukte aus Reiz-Reaktions-Zusammenhängen erschlossen. Allerdings werden im Falle der Einstellungen diese Konstrukte aus wesentlich spezielleren Reizen und Reaktionen erschlossen als im Falle von Persönlichkeitseigenschaften. Einstellungen beziehen sich auf ganz bestimmte Objekte und beinhalten Wertungen. Beide Merkmale treffen auf Persönlichkeitseigenschaften nicht zu. Persönlichkeitseigenschaften müssen dagegen zumindest mittelfristig zeitlich stabil sein. Diese Zusatzanforderung gilt für Einstellungen in dieser Strenge nicht. Sie können sich kurzfristiger ändern. Es spricht ferner vieles dafür, dass zumindest einige Persönlichkeitseigenschaften eine biologische Grundlage aufweisen und dass diese vererbt werden kann. Zumindest letzteres dürfte für Einstellungen – etwa zu Parteien – kaum zutreffen.[31] Schließlich weist zum Beispiel das

---

31 Einstellungen, die sich nicht auf Objekte aus dem sozialen oder politischen Bereich beziehen (wie etwa die Einstellung zu Schlangen), könnten dagegen durchaus genetisch bedingt sein.

faktorenanalytisch gewonnene hierarchische Modell der Struktur sozialer Einstellungen von Eysenck (vgl. Kapitel 2.4 und 6.4) auf der obersten Abstraktionsstufe nicht die von ihm ansonsten untersuchten Persönlichkeitseigenschaften Extraversion, Neurotizismus und Psychotizismus auf. Diese Punkte mögen genügen, um zu zeigen, dass es sinnvoll ist, Persönlichkeitseigenschaften und Einstellungen nicht nur vom Abstraktionsniveau her zu unterscheiden (vgl. zu dieser Unterscheidung auch Tabelle 1.1-1 in Kapitel 1).

- Persönlichkeitseigenschaften sind, wie Eigenschaften generell, zunächst einmal deskriptive Konstrukte. Bloße deskriptive Konstrukte können jedoch nicht zur Verhaltenserklärung herangezogen werden. Sader und Weber (1996: 121) schreiben hierzu: „Nur wenn angenommen wird, Eigenschaften seien mehr als eine deskriptive Kategorie, nämlich Repräsentanten biologischer Vorgänge, würde es Sinn machen, Verhalten mit ihnen zu erklären. So könnte Eysenck sagen, ein Mensch suche das Abenteuer, weil er extravertiert sei, damit meint er aber genaugenommen, weil der Mensch ein niedriges Erregungsniveau und daher Bedürfnis nach Stimulation habe. Es sind die physiologischen Prozesse, die das Verhalten erklären können, nicht die imaginäre Größe „Eigenschaft", in diesem Falle „Extraversion". In neuerer Zeit mehren sich die Stimmen, die für eine – zumindest teilweise – biologische Fundierung von Persönlichkeitseigenschaften sprechen (vgl. z.B. McCrae/Costa 1995: 238, 248). Ein wichtiges Argument hierfür sind die Ergebnisse aus Vererbungsstudien.

- Schreibt man Persönlichkeitseigenschaften eine biophysische Grundlage (im oben genannten Sinne) zu, bleibt meist unklar, über *welche Prozesse* ggf. Persönlichkeitseigenschaften dazu führen, dass in bestimmten Situationen bestimmte (Verhaltens-) Reaktionen auftreten (vgl. auch McCrae/Costa 1995: 244).

- Der Ansatz, menschliches Verhalten als eine Funktion der Situation, in der sich die Person befindet, und ihrer Persönlichkeitseigenschaften anzusehen, ist vermutlich zu sparsam. Insbesondere planvolles Handeln ist in diesem Ansatz nur mit Mühe (über die Annahme zusätzlicher Einflussfaktoren) zu integrieren. McCrae und Costa (1995: 235) nennen darüber hinaus zusätzliche Einflussgrößen wie Rollen, Fähigkeiten, Erwartungen und Gewohnheiten.

- Im einfachsten Fall wird hingegen angenommen, die Reaktion in einer bestimmten Situation sei (zumindest im Großen und Ganzen) nur durch *eine* Eigenschaft beeinflusst. Weitere Eigenschaften werden quasi als „Störvariable" betrachtet, deren Einflüsse sich im günstigsten Fall tendenziell „herausmitteln". Eine solche Sicht der Dinge birgt Probleme, wie nachfolgendes Beispiel zeigt.

- Nehmen wir folgenden „Ausschnitt der aktuellen Umwelt, der Einfluss auf das aktuelle Verhalten einer Person ausübt" (Asendorpf 2007: 36): Eine Person wird eingeladen, sich auf einer öffentlichen Veranstaltung hypnotisieren zu lassen und anschließend – ebenfalls öffentlich – über ihre Erfahrungen zu berichten und zu diskutieren. Betrachtet man zunächst die Persönlichkeitseigenschaft „Offenheit für Erfahrung", dann ist anzunehmen, dass die Person umso eher hierzu bereit sein wird, je stärker die Eigenschaft „Offenheit für Erfahrung" bei ihr ausgeprägt ist. Betrachtet man allerdings zusätzlich die Eigenschaft „Extraversion", so wird auch bei zwei Personen mit gleichen Ausprägungen für die Eigenschaft „Offenheit für Erfahrung" in der gleichen Situation eine erste Person mit hoher Ausprägung der Eigenschaft „Extraversion" vermutlich eher zustimmen (aufgrund der Möglichkeit, sich öffentlich zu präsentieren) als eine zweite Person mit geringer Ausprägung der Eigenschaft „Extraversion" (aufgrund des Zwangs, sich öffentlich zu präsentieren zu müssen). Eventuell wird letztere Person aufgrund der Öffentlichkeit der Veranstaltung (trotz hoher Ausprägung der „Offenheit für Erfahrung") überhaupt nicht zustimmen. In anderen Situationen, in denen das Verhalten der Person(en) von der Ausprägung der Eigenschaft „Offenheit für Erfahrung" abhängt, mag „Extraversion" keinen zusätzlichen Einfluss ausüben oder das Verhalten in entgegengesetzter Richtung beeinflussen. Für eine Beeinflussung in entgegengesetzter Richtung könnte man die Situation im genannten Beispiel so abwandeln, dass die Hypnose nicht öffentlich durchgeführt wird, sondern von einer sehr guten Freundin, mit der die Person sich ohnehin oft trifft, mit der sie gerne diskutiert und in deren Gegenwart sie sich wohl fühlt.

Betrachtet man jetzt zusätzlich die Eigenschaft „Extraversion", so wird bei zwei Personen mit gleichen Ausprägungen für die Eigenschaft „Offenheit für Erfahrung" in der gleichen Situation eine erste Person mit geringer Ausprägung der Eigenschaft „Extraversion" vermutlich eher an dem Versuch teilnehmen als eine zweite Person mit hoher Ausprägung der Eigenschaft „Extraversion".

Mit anderen Worten: Werden *mehrere* Eigenschaften (genauer: deren Ausprägungen) als verhaltensrelevant erachtet, stellt sich die Frage, in welcher Weise diese Kombination von Eigenschaftsausprägungen das Verhalten aus theoretischer Sicht beeinflussen sollte.

- Wie langfristige Veränderungen von Persönlichkeitseigenschaften zustande kommen, wird im Rahmen des Eigenschaftsparadigmas kaum thematisiert.
- Normalerweise möchte man in der empirischen Forschung die Ausprägung einer Persönlichkeitseigenschaft mit einer einzigen Zahl beschreiben. In diesem Fall geht der Situationsbezug von Eigenschaften in aller Regel verloren. Dieses Vorgehen setzt die (weitgehende) transsituative Konsistenz (siehe oben) von Verhaltensweisen voraus. Die Erfassung von Persönlichkeitseigenschaften, welche sich auf transsituativ inkonsistente Verhaltensweisen beziehen, durch eine einzige Maßzahl ist dagegen mit erheblichen Problemen behaftet, wie etwa die Diskussion um die F-Skala als Instrument zur Erfassung einer „autoritären Persönlichkeit" zeigt (vgl. Kap. 6.2).
- Schließlich liefert das Eigenschaftsparadigma im Wesentlichen lediglich den Rahmen für (Persönlichkeits-) Theorien, die dann in weiten Teilen noch auszuarbeiten sind (vgl. z.B. Saucier u.a. 1996: 24, 42 oder McCrae u.a. 1996: 64-78).

IMPLIKATIONEN FÜR DIE ERKLÄRUNG (POLITISCHEN) VERHALTENS

- In der Regel werden Eigenschaften von Menschen über stabile Beziehungen zwischen Situationen und Verhaltensweisen (als Reaktionen) definiert. Eigenschaften haben so gesehen generell einen Verhaltensbezug. Verwendet man den Eigenschaftsbegriff nur deskriptiv, ist eine Prognose von Verhalten durch (Persönlichkeits-) Eigenschaften in aller Regel nicht möglich. Im Normalfall könnte man lediglich (theorielos!) „die Definition fortschreiben" und erwarten, dass in Situationen, die der Definition entsprechen, auch künftig der Definition entsprechendes Verhalten auftreten wird. Allerdings dürften rein deskriptive Eigenschaftsdefinitionen – wie weiter oben dargelegt – in der Praxis kaum vorkommen.

- Ferner ist zu bedenken: Auch wenn man die deskriptive Ebene nicht verlässt, können in manchen Fällen (Persönlichkeits-) Eigenschaften – allerdings mit weitreichenden Zusatzannahmen – zur Erklärung von Verhaltensweisen herangezogen werden, die nicht Bestandteil der Definition sind. So könnte man zum Beispiel nach dem „Attraktionsparadigma" von Byrne (1971, 1997) erwarten, dass Politiker, Künstler oder andere Personen des öffentlichen Lebens umso positiver eingeschätzt werden (mit entsprechenden Konsequenzen im Verhalten), je geringer die Unterschiede zwischen den dieser Person zugeschriebenen Persönlichkeitseigenschaften und den eigenen wahrgenommen werden.

- *Weshalb* in bestimmten Situationen eine bestimmte Reaktion erfolgt, kann mit Zusatzannahmen erklärt werden. Diese können unterschiedlichen Paradigmen zuzuordnen sein.

- Wird einer Eigenschaft eine biophysische Grundlage (im eingangs genannten Sinne) zugesprochen, so kann sie – zumindest theoretisch – auch unabhängig von Situations-Reaktions-Beobachtungen gemessen und zur Verhaltenserklärung herangezogen werden. Die Ausprägung der Eigenschaft *erklärt* dann, weshalb in bestimmten Situationen bestimmte Verhaltensweisen auftreten. Eine entsprechende Theorie Hans Jürgen Eysencks postuliert beispielsweise, dass die „Sedationsschwelle" (der Punkt, ab dem sich nach Einnahme sedierender Substanzen – wie z.B. Alkohol – Auswirkungen im Verhalten feststellen lassen) bei Extravertierten tiefer liegen sollte als bei Introvertierten (vgl. zum sog. „Drogenpostulat" z.B. Stemmler u.a. (2011: 291-292).

- *Breit angelegte* Eigenschaften (wie die in Kap. 1.5 zu besprechenden „Big Five") sind – zumindest ohne weitreichende Zusatzannahmen – tendenziell nicht gut geeignet, menschliches Verhalten in ganz bestimmten, konkreten Situationen (wie zum Beispiel das Wählerverhalten an einem bestimmten Wahlsonntag) zu prognostizieren.

Nach dem Aggregationsprinzip repräsentieren sie lediglich über viele Situationen gemittelte Verhaltenstendenzen (vgl. beispielsweise Ajzen 1996: 45-61 oder Ajzen u.a. 1980: 91).

- Da Persönlichkeitseigenschaften in aller Regel als nicht direkt beobachtbare theoretische Konstrukte zu betrachten sind, hat die Validierung dieser Konstrukte besonderes Gewicht. Dies gilt insbesondere im Rahmen der Verhaltenserklärung, wo man sich in der Regel von der deskriptiven Ebene lösen muss.

- Aufgrund ihrer zumindest mittelfristigen zeitlichen Stabilität können Persönlichkeitseigenschaften ohne Zusatzannahmen kaum zur Erklärung kurzfristiger Veränderungen von Verhaltensdispositionen herangezogen werden.

## 1.5 FAKTORENANALYTISCHE ANSÄTZE IN DER PERSÖNLICHKEITSPSYCHOLOGIE

Seit den 1930er Jahren entwickelte sich der Ansatz, Persönlichkeitseigenschaften auf faktorenanalytischem Weg[32] zu erschließen. Joy Peter Guilford, Raymond B. Cattell und Hans-Jürgen Eysenck trieben die entsprechenden Forschungen maßgeblich voran. Eine Darstellung ihrer Ansätze würde den Rahmen der vorliegenden Arbeit bei weitem sprengen und muss aus diesem Grund unterbleiben. Überblicksdarstellungen finden sich für die drei genannten Autoren in Bartussek (1996: 51-77), aus einer etwas anderen Perspektive in Fisseni (2003: 321-409) sowie in Stemmler u.a. (2011: 244-279), für Cattell zusätzlich in Schneewind (1996: 243-289) und für Eysenck zusätzlich in Asendorpf (2007: 179-183).

Der Einsatz faktorenanalytischer Techniken setzt voraus, dass empirisch ermittelte Korrelationen zwischen einer Reihe von Variablen auf den Einfluss „hinter ihnen liegender" latenter – das heißt nicht mehr oder weniger „direkt" beobachtbarer bzw. messbarer – Variablen zurückzuführen sind. Eine derartige Kausalitätsannahme ist bei Zusammenhängen keineswegs selbstverständlich (vgl. Kap. 5.4). Empirisch

---

32 Auf auf Persönlichkeitseigenschaften bezogene Darstellungen faktorenanalytischer Methoden finden sich zum Beispiel in Stemmler u.a. (2011: 73-92) oder in Schneewind (1996: 210-243).

ermittelte Korrelationen müssen nicht unbedingt durch den Einfluss von „Hintergrundvariablen", seien sie nun latent oder manifest, vermittelt sein. Meist bemüht man sich in der Forschungspraxis im Gegenteil, derartige „Scheinkorrelationen" so gut wie möglich auszuschließen. Die zentrale Idee faktorenanalytischer Techniken besteht nun darin, die genannten latenten Variablen, „Faktoren genannt", sowie ihre Ausprägung bei einzelnen Individuen auf rechnerischem Wege (aus der Korrelationsmatrix der ursprünglichen Variablen, für die Messwerte vorliegen) zu erschließen.

Für das geschilderte Problem kann allerdings keine eindeutige Lösung gefunden werden. Zusatzannahmen sind zu treffen, etwa ob die latenten Variablen (Faktoren) voneinander unabhängig oder (möglicherweise) miteinander korreliert sind, ob – und wenn ja, wie – sie rotiert werden oder, auf wie viele Faktoren die Korrelationen zwischen den manifesten Variablen (im wesentlichen) zurückgeführt werden sollen. Je nach gewählter Methode können für ein und dieselbe Interkorrelationsmatrix manifester Variablen unterschiedliche Faktorenstrukturen ermittelt werden. Auch ist das Ergebnis einer Faktorenanalyse natürlich von den einbezogenen manifesten Variablen abhängig.[33] Zusätzlich stellen einmal extrahierte Faktoren zwar (rechnerisch gebildete) neue Variablen dar, für die jede untersuchte Person Variablenwerte (Faktorscores) zugewiesen bekommt, jedoch ist die *inhaltliche* Bedeutung eines Faktors (und damit auch der Faktorscores) zunächst unbestimmt. Sie muss erschlossen werden, was in einem ersten Schritt durch die Interpretation der Korrelationen der Faktorscores mit den Werten der manifesten Ausgangsvariablen geschehen kann. Die genannten Korrelationen werden Faktorladungen genannt. Allerdings kann dieses subjektive Verfahren bei unterschiedlichen Beurteilern durchaus zu unterschiedlichen Interpretationen führen. Aufgrund der genannten Punkte ist es nicht verwunderlich, dass Guilford, Cattell und Eysenck (wie auch viele weitere Forscherinnen und Forscher) teilweise recht unterschiedliche Faktorenstrukturen ermittelten.

---

33 Hans Jürgen Eysenck argumentierte beispielsweise gegenüber dem Verfasser, er könne aus einem beliebigen Itempool einen Faktor „Religiosität" extrahieren, wenn nur ein genügend großer Anteil entsprechender Items (zusätzlich) in den Itempool aufgenommen würde.

Die Entwicklung im Rahmen des faktorenanalytischen Ansatzes bis etwa zur Jahrtausendwende charakterisiert ein Zitat von Bartussek (1996: 77): „In den achtziger Jahren herrschte der Eindruck vor, dass fünfzig Jahre faktorenanalytischer Persönlichkeitsforschung nur ein Bild der Verwirrung und kaum Konsistenzen in der Befundlage erbracht hätten ... . Dieser Eindruck ergab sich hauptsächlich aus der Analyse der Befunde, die mit Fragebogendaten gewonnen worden waren. Zu Beginn der neunziger Jahre jedoch ist ein deutlicher Optimismus feststellbar, dass die gesuchte Konvergenz verschiedener faktorenanalytisch begründeter Gesamtsysteme der Persönlichkeit gefunden werden und in einem Modell aus fünf breiten Persönlichkeitsfaktoren auf höherem Abstraktionsniveau bestehen könnte ...“. Goldberg (1993: 26) schreibt in diesem Zusammenhang: „... the scientific study of personality dispositions, which has been cast into doldrums in the 1970s, is again an intellectual vigorous enterprise“.

Auf die angesprochenen fünf Persönlichkeitsfaktoren, die als die „Big Five“ bezeichnet werden[34] („Big“ bedeutet dabei, dass es sich um sehr „breite“ Dimensionen handelt), greift mittlerweile auch die sozialwissenschaftliche Forschung außerhalb des engeren Bereichs der Persönlichkeitspsychologie verstärkt zurück, da sich ihr Einbezug in vielen Bereichen, beispielsweise der politikwissenschaftlichen Forschung, als lohnend erwiesen hat (vgl. z.B. Caprara u.a. 1999; Schoen 2007; Schoen/Schumann 2007 oder Schumann/Schoen (Hrsg.) 2005). Aufgrund ihrer zentralen Stellung werden sie im Folgenden kurz besprochen. Detailliertere Darstellungen bieten Stemmler u.a. (2011: 267-279), Asendorpf (2007: 152-159) Bartussek (1996: 77-92) oder Krahé (1999: 42-49). Einen Überblick zur Geschichte des Fünf-Faktoren Modells geben zum Beispiel De Raad (2000: 5-14) oder Digman (1996). Vgl. zur Fünf-Faktoren Theorie auch McCrae/Costa (1996, 1999) und Costa/McCrae (1998). Saucier und Goldberg (1996) thematisieren die Unterschiede zwischen dem lexikalischen

---

34 Wie bei Borkenau und Ostendorf (1998: 203) wird auch in der vorliegenden Arbeit nicht zwischen den „Big Five“ des lexikalischen Ansatzes und Costa und McCraes Fünf-Faktoren Modell unterschieden, da diese Unterscheidung für die weitere Argumentation von geringer Bedeutung sein dürfte.

Ansatz mit den „Big Five" und dem „Fünf-Faktoren-Modell" der psychometrischen Trait-Forschungstradition.

## DER BIG FIVE-ANSATZ (UND DAS INNOVATIVE AN IHM)

Den Durchbruch hin zu einer konsistenteren Befundlage brachte die Verwendung des lexikalischen Ansatzes (vgl. z.B. De Fruyt u.a. 2000; De Raad 2000; Goldberg 1993; John u.a. 1988; John 1990, Renner 2005: 61-64 oder Ostendorf u.a. 1994), der wiederum auf der Sedimentationshypothese aufbaut. Letztere besagt, dass Merkmale, die besonders wichtig für den sozialen Umgang von Menschen miteinander sind, sich auch in der Sprache in Form entsprechender Wörter niederschlagen müssten. „Je wichtiger ein solches Merkmal ist, umso eher werden ein oder mehrere Wörter dafür in der natürlichen Sprache vorhanden sein" (Stemmler u.a. 2011: 267).[35]

Man könnte nun – zumindest theoretisch – alle Wörter einer Sprache (daher: „lexikalischer Ansatz"), die sich auf solche Merkmale beziehen, ermitteln, sie einer (einfachen) Zufallsstichprobe von Personen aus dem betreffenden Sprachraum vorlegen und diese bitten, entweder sich selbst oder eine andere Person hinsichtlich der Begriffe einzuschätzen. Betrachtet man die Einschätzung hinsichtlich eines Begriffs jeweils als Variable, so könnten diese Variablen faktorenanalysiert werden. Als Ergebnis erhielte man Faktoren, welche die wichtigsten Merkmalsdimensionen repräsentierten und als Persönlichkeitseigenschaften – zumindest im beschreibenden Sinne – interpretiert werden könnten. Das Verfahren hätte den Vorteil, dass die Auswahl der Variablen, die einer Faktorenanalyse unterzogen werden, nicht mehr weitgehend vom Forscher abhinge und damit bei unterschiedlichen Forschern keine Unterschiede in der Faktorenstruktur, die auf deren (mehr oder weniger subjektive) Auswahl zurückzuführen sind, auftreten könnten.

Dieser Grundgedanke wird im lexikalischen Ansatz verfolgt. Man

---

35 Saucier und Ostendorf (1999: 615) fassen die Grundidee des lexikalischen Ansatzes folgendermaßen zusammen: „The lexical hypothesis assumes that a) the most distinctive, significant, and widespread phenotypic attributes tend to become encoded as single words in the conceptual reservoir of language and b) the degree of representation of an attribute in language tends to correspond with the relative importance of the attribute ...".

arbeitet jedoch nur mit (mehr oder weniger gut) angenäherten Zufallsstichproben aus der Grundgesamtheit der in Frage kommenden Begriffe, da die Vorgabe aller Begriffe zur Einschätzung in der Praxis schon von ihrer schieren Anzahl her kaum machbar ist.[36] Die Ziehung einer (angenäherten) Zufallsstichprobe verändert – das ist ein entscheidender Punkt – das Ergebnis einer anschließenden Faktorenanalyse nicht wesentlich. Auch in diesem Fall kann man auf die wichtigsten Merkmalsdimensionen schließen.

Inzwischen liegen eine Reihe von Forschungsergebnissen aus unterschiedlichen Sprachräumen vor. Im Englischen, Deutschen und Holländischen ergab sich dabei (mit leichten Abwandlungen) die bereits angesprochene Fünf-Faktoren-Struktur (vgl. Asendorpf 2007: 156) – ebenso wie zum Beispiel in Polen und Tschechien (vgl. De Raad 2000: 56). Für den deutschen Sprachraum führte Ostendorf (1990) umfangreiche Untersuchungen durch. Ostendorf stand dem Fünf-Faktoren-Modell dabei ursprünglich skeptisch gegenüber (vgl. a.a.O.: 2, 9, 14). Zum Abschluss seiner Arbeit schreibt er jedoch: „Die Untersuchungen bestätigen die strukturelle Validität des Fünf-Faktoren-Modells im deutschen Sprachraum, sowie die Robustheit der Faktoren über verschiedene Variablenstichproben, Ratingverfahren, Beurteilergruppen und verschiedene Methoden der Faktorenanalyse" (a.a.O.: 197).

Angleitner bezeichnet[37] die Faktoren als „Extraversion", „Verträglichkeit", „Gewissenhaftigkeit", „Emotionale Stabilität vs. Neurotizismus" und „Offenheit für Erfahrungen" (vgl. auch Abbildung 1.5-1).[38] Borkenau und Ostendorf (1993) übertrugen das „NEO Five-Factor-Inventory" (NEO-FFI) von Costa und McCrae (1989, 1992) zur Erfassung der „Big Five" ins Deutsche. Zur Geschichte des NEO-FFI: „Von den Autoren der amerikanischen Originalversion des NEO-FFI wurde zunächst ein Persönlichkeitsmodell mit nur drei großen Bereichen individueller

---

36 Ferner werden oft bestimmte Begriffsgruppen ausgeschlossen, etwa Intelligenz (im engeren Sinne), Fähigkeiten, körperliche Merkmale, stark wertende Begriffe, Einstellungen, Werthaltungen oder Begriffe, die sich auf Sexualität beziehen, (vgl. hierzu Asendorpf 2007: 155).

37 In einer persönlichen Mitteilung; zit. aus Amelang u.a. (1997: 360).

38 Übersichten über die Benennung der jeweiligen Faktoren finden sich in Bartussek (1996: 82-83) oder in Krahé (1999: 45).

Unterschiede vorgeschlagen, nämlich Neurotizismus, Extraversion und Offenheit für Erfahrung (Costa & McCrae 1980). Daher stammt auch der Name NEO. ... Später erweiterten Costa und McCrae dieses Persönlichkeitsmodell durch die zusätzliche Berücksichtigung von Verträglichkeit und Gewissenhaftigkeit auf fünf Merkmalsbereiche. Sie trugen damit der faktorenanalytischen Befundlage Rechnung" (Borkenau u.a. 1993: 10). Weitere Messinstrumente (und die Inter-korrelation ihrer Messwerte) werden in Lang u.a. (2005) vorgestellt.

Loehlin (1992) und McCartney u.a. (1990) zeigen mit verschie-denen Schätzmethoden, dass ein nicht unerheblicher Teil der Varianz der Big-Five Messwerte als genetisch bedingt anzusehen ist. Mit Ausnahme von „Neurotizismus" (wofür die Schätzungen sehr weit auseinanderliegen) wird der genetische Varianzanteil auf etwa zwischen dreißig und fünfzig Prozent geschätzt. Asendorpf (2007: 337-345) gibt einen Überblick über die Ergebnisse sowie eine Kurzdarstellung der verwendeten Schätzmethoden.

Verschiedene Autoren versuchen zu zeigen, „... dass das Fünf-Faktoren-Modell allumfassend ist in dem Sinne, dass die fünf Faktoren (eventuell zuzüglich einer Leistungsdimension „Intelligenz") genügen, um die mit den verschiedensten Tests gemessenen Merkmalsbereiche zu erfassen. Demnach würden diese Tests entweder nur Ausschnitte aus der Gesamtpersönlichkeit, anders „rotierte" Merkmale (eventuell auf differenzierterer, weniger abstrakter Ebene) oder einfach ähnliche Faktoren unter anderen Namen erfassen" (Bartussek 1996: 86).[39] Die Ergebnisse aus zwölf in Bartussek (1996: 86-87) aufgeführten Untersuchungen vermitteln „... tatsächlich den Eindruck, dass mit Fragebogentests aus den verschiedensten Forschungstraditionen Persönlichkeitsbereiche erfasst werden, die auch durch das Fünf-Faktoren-Modell abgedeckt werden können" (a.a.O.: 87).

Dies gilt auch für das MMPI (Minnesota Multiphasic Personality Inventory), das nicht theoriegeleitet, sondern empirisch kriteriumsbe-zogen konstruiert wurde und sich damit von der Entwicklungstechnik

---

39 Hierüber entstand allerdings eine Kontroverse zwischen Eysenck (1991), Costa/McCrae (1992), Eysenck (1992a), Costa/McCrae (1992a), Eysenck (1992b) und Costa/McCrae (1995).

her von den angesprochenen Tests grundlegend unterscheidet (vgl. hierzu auch Bartussek 1996: 87). Bartussek stellt weiter fest: „Fragebogentests, die nicht Persönlichkeits-, sondern Temperamentsmerkmale zu erfassen suchen (Merkmale der Konstitution als Grundlage der Persönlichkeit ...), scheinen auch vor allem den durch die „Big Five" erfassten Persönlichkeitsbereich zu messen" (a.a.O.: 90). Sader u.a. (1996: 19) berichten ferner, um ein zusätzliches Beispiel zu geben, dass sich in einer Untersuchung bei den (offenen!) Antworten auf die Frage, welche Eigenschaften einem Menschen helfen könnten, mit Stress besonders gut umzugehen, ebenfalls (wenn auch nicht im Wortlaut) die „Big Five" wiederfinden ließen.

Trotz aller anfänglich festgestellten Konsistenz zeigten sich allerdings in neuerer Zeit zwei Probleme: Erstens konnten mittels der lexikalischen Methode nicht in allen Sprachen übereinstimmende Faktoren gefunden werden. Im Italienischen und Ungarischen beispielsweise ergaben sich nur einige der fünf Faktoren (vgl. Asendorpf 2007: 155 und De Raad 2000: 53-56). Zweitens wurde die Anzahl der sinnvollerweise zu extrahierenden Faktoren diskutiert. Die Bandbreite der Vorschläge reicht dabei von „Big Three" bis zu „Big Seven" (vgl. Asendorpf 2007: 155-156 oder Stemmler u.a. 2011: 275).

KRITIK SPEZIELL AN DEN „BIG FIVE"

In Ergänzung zur generellen Kritik am Eigenschaftsparadigma (vgl. Kap. 1.4) wurde Kritik am Big Five-Ansatz insbesondere in drei Punkten geübt:

- Ein erstes Argument richtet sich generell gegen die Analyse von Sprache. Saucier und Goldberg (1996) fassen das Argument folgendermaßen zusammen: „Imagine, how primitive would be science of physics, chemistry, physiology, or ... (fill in the blank) if that discipline had restricted its constructs to those found in natural language" (a.a.O.: 33). Sie liefern allerdings auch das Gegenargument: „However, unlike physics, chemistry, physiology, or ... (fill in the blank), person judgments are central to the science of personality; our perceptions of ourselves and others form an integral component of the phenomena to be explained by our scientific discipline. Moreover, language serves two functions in this regard: (1) It serves as the only repository of the set of perceptible individual differences ,that are of sufficient social significance, of sufficiently widespread occurrence, and of sufficient distinctiveness' (Norman, 1967, p. 2) to be retained in our collective memory; and (2) language also later serves to constrain our descriptions, if not to some extent our very perceptions, by providing the semantic units necessary for communication to occur" (a.a.O.: 33-34).

- Auch wird bemängelt, das für den Niederschlag in Sprache zentrale Kriterium der „Wichtigkeit" eines Persönlichkeitsmerkmals sei unklar (vgl. z.B. Stemmler u.a. 2011: 267).

- Ferner wäre beispielsweise vom Standpunkt Eysencks aus (vgl. Kap. 6.4) einzuwenden, dass wichtige Konstrukte nicht unbedingt als solche erkannt und entsprechend sprachlich repräsentiert sein müssen. Dieses Argument richtet sich wohl gemerkt zwar gegen die Sedimentationshypothese, nicht jedoch generell gegen die Analyse von Sprache.

- Amelang u.a. (1997: 361) sahen zweitens in unterschiedlichen Bereichen das Problem der Generalisierbarkeit lexikalisch gewonnener Persönlichkeitstaxonomien: „Probleme könnten ... mögliche Unterschiede zwischen verschiedenen Sprachgemeinschaften bezüglich der ihnen eigenen Beschreibungsbegriffe bereiten oder auch der Wandel von Sprache über die Zeit" (vgl. auch Ostendorf 1990: 6; Stemmler u.a. 2011: 267). Renner (2005) thematisiert den Punkt der Generalisierbarkeit von Forschungsergebnissen über sehr unterschiedliche Kulturkreise hinweg noch konsequenter – allerdings im Zuge der Erforschung von „Werten" anstelle von „Persönlichkeitsmerkmalen" (vgl. Kap. 3.6).

- Generell ist zum zweiten Punkt anzumerken, dass immer dann, wenn – wie z.B. von Stemmler u.a. (2011: 278-279) – interkulturelle Universalität postuliert wird, die Übersetzung von Erhebungsinstrumenten ein (je nach der Größe kultureller Differenzen mehr oder minder gewichtiges) Problem in sich birgt, schon da sich Sprachen nicht wirklich 1:1 übersetzen lassen (vgl. Kap. 4.10). Überzeugender ist die parallele, voneinander unabhängige Entwicklung von Instrumenten nach dem lexikalischen Ansatz in unterschiedlichen Kulturen und der anschließende Nachweis der

Äquivalenz der ermittelten Strukturen sowie der auf dieser Basis entwickelten Instrumente, etwa durch Untersuchungen an bilingualen Personen, die in beiden Kulturkreisen „zuhause sind". Gerade hier können allerdings die oben genannten Probleme der mangelnden Replizierbarkeit auftreten.

- Drittens schließlich birgt die Beschränkung auf wenige „breite" Faktoren die Gefahr, dass wichtige Einzelaspekte innerhalb eines Faktors „vermischt" werden. Saucier und Ostendorf (1999: 614) bringen dies auf die Formel: „ Broadbandwidth constructs ... sacrifice fidelity to gain efficiency". Graduell abgemildert wird dieses Problem allerdings durch die Annahme einzelner Facetten innerhalb der fünf einzelnen Faktoren.

- Schließlich wird gelegentlich über die Anzahl der sinnvollerweise zu berücksichtigen Faktoren diskutiert, was in der Natur der faktorenanalytischen Methode liegt (vgl. Kap. 5.4).

*Abbildung 1.5-1:  Inhaltliche Beschreibung der „Big Five"*
*(zit. aus: Borkenau u.a. 1993: 27-28)*

**Neurotizismus.** Die Skala erfasst individuelle Unterschiede in der emotionalen Stabilität und der emotionalen Labilität (Neurotizismus) von Personen. ... Der Kern der Dimension liegt in der Art und Weise, wie Emotionen, vor allem negative Emotionen, erlebt werden. Personen mit einer hohen Ausprägung in Neurotizismus geben häufiger an, sie seien leicht aus dem seelischen Gleichgewicht zu bringen. Im Vergleich zu emotional stabilen Menschen berichten sie häufiger, negative Gefühlszustände zu erleben und von diesen manchmal geradezu überwältigt zu werden. Sie berichten über viele Sorgen und geben häufig an, z.B. erschüttert, betroffen, beschämt, unsicher, verlegen, nervös, ängstlich und traurig zu reagieren. Sie neigen zu unrealistischen Ideen und sind weniger in der Lage, ihre Bedürfnisse zu kontrollieren. Emotional stabile Menschen haben diese Probleme kaum, sie beschreiben sich selbst als ruhig, ausgeglichen, sorgenfrei, und sie geraten auch in Stresssituationen nicht so schnell aus der Fassung. Der Prototyp lässt sich durch nichts aus der Ruhe bringen.

**Extraversion.** Extravertierte sind gesellig, doch Geselligkeit ist nicht der einzige Aspekt dieser Dimension. Personen mit hohen Punktwerten in der Skala beschreiben sich zusätzlich auch als selbstsicher, aktiv, gesprächig, energisch, heiter und optimistisch. Extravertierte mögen Menschen, sie fühlen sich in Gruppen und auf gesellschaftlichen Versammlungen besonders wohl, sie lieben Aufregungen und neigen zu einem heiteren Naturell. Die Charakterisierung einer typisch introvertierten Person fällt weniger leicht, da Introversion zum Teil eher als ein Fehlen von denn als Gegensatz zu Extraversion angesehen werden muss (Costa & McCrae, 1992b, S. 15). So sind Introvertierte eher zurückhaltend als unfreundlich, eher unabhängig als folgsam, eher ausgeglichen als unsicher oder phlegmatisch. Introvertierte leiden nicht notwendigerweise unter sozialer Ängstlichkeit, das Hauptcharakteristikum ist vielmehr der Wunsch, allein zu sein. Wenn ihnen auch nicht die überschäumende Lebhaftigkeit des Extravertierten eigen ist, so sind Introvertierte doch nicht unglücklich oder pessimistisch. ...

**Offenheit für Erfahrungen.** Die Skala erfasst das Interesse an, und das Ausmaß der Beschäftigung mit neuen Erfahrungen, Erlebnissen und Eindrücken. Personen mit hohen Punktwerten geben häufig an, dass sie ein reges Phantasieleben besitzen, ihre eigenen Gefühle, positive wie negative, akzentuiert wahrnehmen und an vielen persönlichen und öffentlichen Vorgängen interessiert sind. Sie beschreiben sich als wissbegierig, intellektuell, phantasievoll, experimentierfreudig und künstlerisch interessiert. Sie sind eher bereit, bestehende Normen kritisch zu hinterfragen und auf neuartige soziale, ethische und politische Wertvorstellungen einzugehen. Sie sind unabhängig in ihrem Urteil, verhalten sich häufig unkonventionell, erproben neue Handlungsweisen und bevorzugen Abwechslung. Personen mit niedrigen Punktwerten neigen demgegenüber eher zu konventionellem Verhalten und zu konservativen Einstellungen. Sie ziehen Bekanntes und Bewährtes dem Neuen vor, und ihre emotionalen Reaktionen sind eher gedämpft.

**Verträglichkeit.** Ebenso wie Extraversion ist Verträglichkeit in erster Linie eine Dimension, die interpersonelles Verhalten beschreibt. Ein zentrales Merkmal von Personen mit hohen Werten in der Skala ist ihr Altruismus. Sie begegnen anderen mit Verständnis, Wohlwollen und Mitgefühl, sie sind bemüht, anderen zu helfen und überzeugt, dass diese sich ebenso hilfsbereit verhalten werden. Sie neigen zu zwischenmenschlichem Vertrauen, zur Kooperativität, zur Nachgiebigkeit, und sie haben ein starkes Harmoniebedürfnis. Personen mit niedrigen Punktwerten beschreiben sich im Gegensatz dazu als antagonistisch, egozentrisch und misstrauisch gegenüber den Absichten anderer Menschen. Sie verhalten sich eher kompetitiv als kooperativ. ...

**Gewissenhaftigkeit.** In verschiedenen Persönlichkeitstheorien spielt das Konzept der Impulskontrolle eine wichtige Rolle. ... Doch daneben gibt es eine zweite Art der Selbstkontrolle, die sich auf den aktiven Prozess der Planung Organisation und Durchführung von Aufgaben bezieht. Diese ist die Grundlage der Dimension Gewissenhaftigkeit. Personen mit hohen Punktwerten in der Skala beschreiben sich als zielstrebig, ehrgeizig, fleißig, ausdauernd, systematisch, willensstark, diszipliniert, zuverlässig, pünktlich, ordentlich, genau und penibel. ... Personen mit niedrigen Punktwerten beschreiben sich eher als nachlässig, gleichgültig und unbeständig, sie verfolgen ihre Ziele also mit geringerem Engagement.

### ZUR POLARITÄT DER „BIG FIVE"

Im Rahmen des Eigenschaftsparadigmas – und somit auch bei den Big Five – stellt sich grundsätzlich die Frage, ob die jeweiligen „Eigenschaften" als uni- oder als bipolare Konstrukte anzusehen sind. Die Frage ist oft – zum Beispiel im Falle von „Extraversion" – nicht leicht zu beantworten, wie folgendes Zitat aus Abbildung 1.5-1 belegt: „Die Charakterisierung einer typisch introvertierten Person fällt weniger leicht, da Introversion zum Teil eher als ein Fehlen von denn als Gegensatz zu Extraversion angesehen werden muss" (siehe Abbildung 1.5-1).

Die Beantwortung der Frage nach der Polarität hat Konsequenzen. Es macht einen Unterschied, ob unter „Introversion" eine spezielle, von „Extraversion" zu unterscheidende Qualität, die in unterschiedlich starker Ausprägung auftreten kann, zu verstehen ist oder lediglich die „Abwesenheit von Extraversion" (im Sinne eines „Privativums" – wie „Kälte" oder „Dunkelheit"). Im ersten Fall wäre es prinzipiell vorstellbar, dass jemand sehr gerne im Mittelpunkt gesellschaftlicher Veranstaltungen steht und es gleichzeitig liebt, für sich alleine zu sein. Es müsste dann belegt (und begründet) werden, dass (und weshalb) „Extraversion" und „Introversion" sich gegenseitig ausschließen. Im zweiten Fall ist so nicht zu argumentieren.

Für den Fall der „echten Bipolarität" bietet sich die Annahme an, eine derartige Konstellation sei ggf. auf die Ausprägung einer (uni-polaren) Eigenschaft, der eine biophysische Existenz zugeschrieben wird, zurückzuführen, wobei die Merkmalsausprägung auf dieser „Drittvariablen" darüber entscheidet, ob und in welchem Ausmaß eine Merkmalsausprägung zum einen oder zum anderen Pol des bipolaren Konstrukts hin festzustellen ist. Um ein – zugegebener-maßen „hinkendes" – Beispiel zur Illustration zu nennen: Von der Temperatur (als unipolarem Merkmal) an einem bestimmten Ort wird es abhängen, ob und in welcher „Pracht" und Größe sich entweder

Blumen oder Eisblumen entwickeln. Gleichzeitig werden sich Blumen und Eisblumen nicht entwickeln.

## 1.6 DAS INFORMATIONSVERARBEITUNGSPARADIGMA

Der grundlegende Ansatz des Informationsverarbeitungsparadigmas besteht darin, den Menschen als informationsverarbeitendes System zu betrachten. Aus dieser Perspektive wird angenommen, dass menschliches Verhalten und Erleben auf Informationsverarbeitung im Nervensystem beruht. Dieses kann über Rezeptoren Reize aus der Umwelt und dem eigenen Körper empfangen und in andere Informationen umwandeln, die u.a. verantwortlich für bewusstes Erleben sind. Vor allem kann es über motorische Aktivität Informationen auf die Umwelt übertragen (Verhalten). Dabei nutzen diese Prozesse Informationen, die die aktuelle Situation überdauern: das Wissen (nach Asendorpf 2007: 64)[40]. Den Menschen erreicht eine Vielzahl von Informationen und es stellt sich die Frage, wie diese Informationen verarbeitet werden und zu welchen Reaktionen sie über welche Mechanismen letztlich führen. Diese Frage wird in unterschiedlichen theoretischen Ansätzen im Rahmen des Informationsverarbeitungsparadigmas unterschiedlich beantwortet.

Relativ klar ist, dass es sich zumindest bei der Verarbeitung von Informationen aus der „Umwelt" um einen ausgeprägten „Defizitprozess" handelt. Donsbach (1991: 32) etwa schreibt hierzu: „Der Mensch ist in der Lage, über seine Sinnesorgane $10^9$ bit/sec an Informationen aufzunehmen. ... das menschliche Gehirn [kann jedoch] nur etwa $10^2$ bit/sec ... verarbeiten". Damit wird eine Informationsauswahl im Verhältnis $1:10^7$ getroffen. Donsbach (1991: 32) beschreibt den Wahrnehmungsprozess daher explizit als einen „... Defizitprozess, bei dem eine Voranalyse der auftreffenden Reize und eine Selektionsentscheidung unterhalb der Schwelle des Bewusstseins stattfindet".

An diesen ersten Schritt schließt sich die eigentliche Verarbeitung der Information an. Es existiert eine Fülle von Modellen der Informationsverarbeitung, die hier nicht im Detail diskutiert werden können

---

40 Der vorstehende Teil des Absatzes enthält Zitate aus Asendorpf (2007: 64). Lediglich der Satzbau wurde verändert.

und müssen – eine detaillierte Darstellung findet sich zum Beispiel in Asendorpf (2007: 64-81, auch 82-95) oder in Spada (1998: 25-280, 403-449 und 561-595). Einige Grundannahmen lassen sich jedoch auch für dieses Paradigma formulieren.

### GRUNDANNAHMEN IM INFORMATIONSVERARBEITUNGSPARADIGMA

Die für die Fragestellungen der vorliegenden Arbeit relevanten Grundannahmen des Informationsverarbeitungsparadigmas sind folgende:

- Der Mensch wird, wie gesagt, als informationsverarbeitendes System betrachtet. Das Erleben und Verhalten von Menschen beruht auf der Verarbeitung von Information. Die zu verarbeitenden Informationen können dabei entweder aus der Umwelt oder aus dem „System Mensch" selbst stammen (nach Asendorpf 2007: 64).

- Ein Großteil der Informationsverarbeitung verläuft unbewusst, wobei der Raum, der solchen unbewussten Prozessen zugewiesen wird, zwischen den verschiedenen Informationsverarbeitungsmodellen differiert (vgl. hierzu zusammenfassend: Asendorpf 2007: 68).

- Asendorpf (2007: 69) schreibt zusammenfassend über Informationsverarbeitungsprozesse: Sie „... lassen sich in impulsive und reflektive Prozesse gliedern, die parallel ablaufen und Verhalten als gemeinsame Endstrecke haben. Impulsive Prozesse nutzen assoziative Strukturen und führen ständig und automatisch zu Verhaltensimpulsen und Gedächtnisbildung über ausgeführtes Verhalten. Phasenhaft zugeschaltete reflektive Prozesse verarbeiten propositionale Strukturen und sind Voraussetzung für die rationale Analyse und Reflektion; sie können zu willentlichem Verhalten und langanhaltenden Denk- und Handlungsprozessen führen. Beide Systeme können unterschiedliches, teilweise auch widersprüchliches Verhalten anregen".

- Hinsichtlich der Verhaltensinitiierung lassen sich drei Arten unterscheiden: „Das Verhalten kann willentlich gesteuert werden ..., automatisiert worden sein ..., [oder] spontan erfolgen, ohne dass es sich um automatisiertes Verhalten handelt. Viele Verhaltensweisen unterliegen allen drei Kontrolltypen" (Asendorpf 2007: 69).

- „Im Rahmen des Informationsverarbeitungsparadigmas können individuelle Besonderheiten im Erleben und Verhalten im Prinzip auf drei verschiedenen Quellen beruhen:

- auf der Architektur des informationsverarbeitenden Systems,
- auf Parametern informationsverarbeitender Prozesse,
- auf Wissen" (Asendorpf 2007: 69).

- Die grundlegenden Strukturen[41] zur Informationsverarbeitung sind nach gängiger Lehrmeinung im Laufe der Evolution entstanden, genetisch verankert und damit universell. Menschen unterscheiden sich hinsichtlich dieser grundlegenden Strukturen nicht. Damit ist jedoch der Ablauf der Informationsverarbeitung keineswegs völlig determiniert. Dies resultiert schon daraus, dass die Ausprägung vererbter Merkmale zwischen den Menschen variieren kann. Sehr einfache Beispiele hierfür wären etwa die Haarfarbe oder die Blutgruppe.

- Unterschiede in der Art und Weise der Informationsverarbeitung sowie in Organisation und Umfang des individuellen Wissens – sowohl des (deklarativen) Faktenwissens als auch des (prozeduralen) Wissens über erfolgversprechende bzw. „funktionierende" Vorgehensweisen – können als Persönlichkeitseigenschaften aufgefasst werden, sofern sie sich zumindest mittelfristig als zeitlich stabil erweisen. Beispiele hierfür wären etwa unterschiedliche Problemlöse- oder Handlungskontrollstile sowie Unterschiede im Selbstkonzept. Damit lässt sich das Informationsverarbeitungsparadigma gut mit dem Eigenschaftsparadigma kombinieren und für die differentielle Persönlichkeitspsychologie nutzbar machen.

- Ein Vorteil des Informationsverarbeitungsparadigmas besteht darin, „... dass Eigenschaftskonstrukte operationalisiert werden können, die keine Entsprechung in der Alltagspsychologie haben; damit kann das Korsett der Alltagspsychologie schneller gesprengt werden" (Asendorpf 2007: 72).

- Zwei weitere, damit zusammenhängende Unterschiede: „Im Informationsverarbeitungsparadigma gibt es eine Methode der Persönlichkeitserfassung, die im Eigenschaftsparadigma nicht verwendet wird: den Vergleich des Verhaltens mit dem Verhalten eines komplexen kognitiven Modells" (Asendorpf 2007: 76-77).

---

41 Die einzelnen Ansätze innerhalb des Informationsverarbeitungsparadigmas unterscheiden sich zum Teil erheblich hinsichtlich der angenommenen Strukturen.

Und es ist im Informationsverarbeitungsparadigma möglich, wesentlich komplexere Eigenschaften zu operationalisieren – bis hin zu kompletten Wissenssystemen (Asendorpf 2007: 79).

- Ferner spricht sehr viel dafür, dass der Ablauf von Informationsverarbeitungsprozessen durch aktives Eingreifen seitens des Menschen beeinflussbar ist, etwa die Organisation von Wissen (und damit verbunden die Gedächtnisleistung) durch Lerntraining oder die Herstellung neuer Verbindungen im Zustand tiefer Entspannung, wie er zum Beispiel durch autogenes Training erreicht werden kann, um nur einige wenige Beispiele zu nennen. Auch Temperamentseigenschaften und Motive dürften Informationsverarbeitungsprozesse beeinflussen. Auch aus diesen Gründen sind interindividuelle Unterschiede bei der Informationsverarbeitung zu erwarten.

KRITIK AM INFORMATIONSVERARBEITUNGSPARADIGMA

- Gegen einfache Modelle der Informationsverarbeitung spricht die bereits in Kapitel 1.3 angesprochene Tatsache, dass das menschliche Gehirn offenbar – bildlich gesprochen – eine Verknüpfung mehrerer Biocomputer darstellt, die nicht perfekt aufeinander abgestimmt sind und sich im Gegenteil teilweise gegenseitig stören können.
- Eine (längerfristige) Veränderung von Eigenschaften, die mit informationsverarbeitenden Prozessen und deren Parametern zusammenhängen, ist im Rahmen des Informationsverarbeitungsparadigmas nur schwer erklärbar – wenngleich nicht prinzipiell unmöglich. Zum Beispiel weisen neuronale Netzwerke im Laufe einer Trainingsphase durchaus unterschiedliche Eigenschaften auf – etwa bei der Simulation des Spracherwerbs, wobei sich die Eigenschaften so verändern, wie dies bei Kindern während des Spracherwerbs zu beobachten ist.[42]
- Handeln, insbesondere planvolles Handeln und die Entwicklung von Zielsetzungen hierfür, sind im Rahmen des Informationsverarbeitungsparadigmas nur mit Zusatzannahmen erklärbar.

---

42 Spitzer (1996: 30-33) schildert ein entsprechendes Beispiel.

IMPLIKATIONEN FÜR DIE ERKLÄRUNG (POLITISCHEN) VERHALTENS

- Menschliches Verhalten (sowie der Erwerb und die Veränderung von verhaltensrelevanten politischen Einstellungen und Werten) beruht auf Informationsverarbeitungsprozessen – die gegebenenfalls näher zu spezifizieren sind. Erst danach kann versucht werden, menschliches Verhalten zu erklären. Als Beispiel für solche Spezifikationen, bei denen allerdings unbewusste Prozesse weitgehend ausgeklammert bleiben, können unterschiedliche Rational-Choice Ansätze dienen – sofern keine „Als-Ob-Perspektive" vertreten wird (vgl. Kap. 7.5).

- Unabhängig von der gewählten Spezifikation muss zur Erklärung menschlichen Verhaltens im Rahmen des Informationsverarbeitungsparadigmas in aller Regel auf die Ausprägung weiterer, individuell unterschiedlich ausgeprägter Parameter hinsichtlich der bevorzugten Art der Informationsverarbeitung und des Ausmaßes sowie der Organisation von Wissen zurückgegriffen werden.

- Die Informationsverarbeitung beruht offenbar auf (parallel verlaufenden) impulsiven und reflektiven Prozessen. Sie erfolgt großenteils unbewusst. Eine direkte Messung von Informationsverarbeitungsprozessen ist kaum möglich (auch nicht über bildgebende Verfahren). Von daher sind erhebliche Messprobleme zu erwarten. Als Versuche, solche Probleme zumindest teilweise in den Griff zu bekommen, können beispielsweise die Technik des „evaluativen Primings" oder der Implicit Association Test (vgl. z.B. Haddock u.a. 2007: 210-212) sowie die RTR-Messung (vgl. Kap. 5.6) angesehen werden, wie auch – vorwiegend für reflektive Prozesse – die Technik des „lauten Mitdenkens" bei der Lösung von Aufgaben (vgl. z.B. Sudman u.a. 1996: 18).

- Da im Normalfall unterschiedliche verhaltensrelevante Informationsverarbeitungsprozesse parallel ablaufen, ist zu erwarten, dass sie sich gegenseitig „stören" können. Dies dürfte Verhaltensprognosen erschweren.

## 1.7 DAS DYNAMISCH-INTERAKTIONISTISCHE PARADIGMA

Die Modellvorstellungen des dynamisch-interaktionistischen Paradigmas finden in erster Linie bei der Erklärung der Stabilisierung oder Veränderung von Eigenschaften über einen längeren Zeitraum hinweg

Anwendung.[43] Mit dem Adjektiv „dynamisch" wird hervorgehoben, dass durch die gegenseitige Beeinflussung von Person und Umwelt „ganze Ketten von Ursache-Wirkungs-Zusammenhängen" (Sader u.a. 1996: 101) entstehen können. Es handelt sich beim dynamisch-interaktionistischen Paradigma um eine einerseits inhaltlich offene, andererseits jedoch von ihrer Struktur her sehr komplexe Modellvorstellung über die Einflüsse, die solche Veränderungs- oder Stabilisierungstendenzen zur Folge haben. Eine Überblicksdarstellung findet sich zum Beispiel in Asendorpf (2007: 97-110) oder in Krahé (1999: 67-98).

### Grundannahmen im dynamisch-interaktionistischen Paradigma

Asendorpf (2007: 97) nennt die drei Grundannahmen des dynamisch-interaktionistischen Paradigmas:

- „Die Organisation des Verhaltens einer Person und die Organisation ihrer Umwelt sind mittelfristig konstant.
- Personen und Umwelt können sich langfristig ändern.
- Diese Änderungen beruhen auf Veränderungsprozessen innerhalb der Person und der Umwelt und auf Einflüssen der Umwelt auf die Person und umgekehrt".

Abbildung 1.7-1 verdeutlicht diese Abhängigkeiten nochmals aus einem etwas anderen Blickwinkel: Betrachten wir zu einem beliebigen Zeitpunkt t eine Person und ihre Umwelt (gestrichelter Kreis), so ist die Person durch ihren eigenen Zustand zum vorhergehenden Zeitpunkt t-1 und durch den Zustand der Umwelt zum vorhergehenden Zeitpunkt t-1 beeinflusst. Sie beeinflusst weiter sowohl ihren eigenen Zustand als auch den der Umwelt zum nachfolgenden Zeitpunkt t+1. Entspre-

---

43 Der *mechanische* Interaktionismus „... geht von der Vorstellung aus, dass sich eine Eigenschaft erst dann manifestiert, wenn eine ‚passende' Situation vorliegt. ... Weiß man um den kritischen situativen Kontext, so ist es möglich, Verhalten vorherzusagen. So sehen Wright und Mischel (1987) Eigenschaften als ‚konditionale' Konzepte, d.h. es werden nicht länger generelle Aussagen über Verhalten gemacht, sondern es werden die situativen Bedingungen angegeben, unter denen ein bestimmtes Verhalten realisiert wird ... . Der *dynamische* Interaktionismus geht noch einen Schritt weiter. Hier wird betont, daß sich die handelnde Persönlichkeit, ihr Verhalten und die Umwelt, in der sie agiert, durch ihren gegenseitigen Einfluss ständig ändern können" (Sader u.a. 1996: 101).

chendes gilt für die Umwelt. Sie ist durch ihren eigenen Zustand zum vorhergehenden Zeitpunkt t-1 und durch den Zustand der Person zum vorhergehenden Zeitpunkt t-1 beeinflusst. Sie beeinflusst weiter sowohl ihren eigenen Zustand als auch den der Person zum nachfolgenden Zeitpunkt t+1. Über welche konkreten Mechanismen die Beeinflussung jeweils erfolgt und welche konkreten Eigenschaften jeweils von der Beeinflussung betroffen sind, ist offen. Dass sowohl die Person als auch deren Umwelt zum Zeitpunkt t durch ihren eigenen Zustand zum vorhergehenden Zeitpunkt t-1 beeinflusst werden, bewirkt deren mittelfristige Stabilität. Längerfristig können jedoch Veränderungen der Person durch den Einfluss der Umwelt und Veränderungen der Umwelt durch den Einfluss der Person auftreten.

Die Zeitintervalle zwischen t und t+1, t+1 und t+2 usw. können beliebig kurz gewählt werden. Damit wird deutlich, dass die Modellvorstellung des dynamisch-interaktionistischen Paradigmas auf Prozesse aufmerksam macht, die praktisch „parallel" verlaufen. Versteht man unter „Umwelt" die unmittelbare Umwelt, in der sich eine Person befindet, dann wird diese permanent durch die Person beeinflusst, während gleichzeitig die Person permanent durch die Umwelt beeinflusst wird.

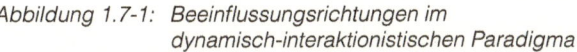

*Abbildung 1.7-1: Beeinflussungsrichtungen im dynamisch-interaktionistischen Paradigma*

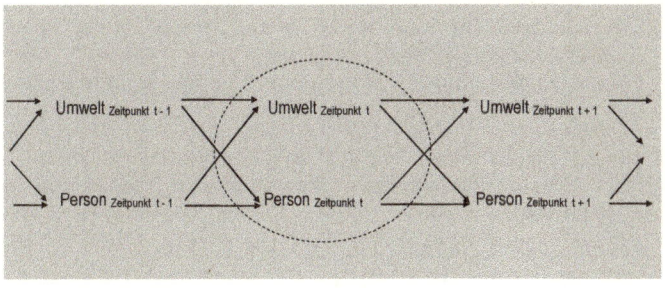

(aus: Schumann 2001: 87)

Die „Umwelt" wird meist in Anlehnung an Bronfenbrenner (1979) je nach ihrer „Entfernung" vom Individuum in ein „Mikrosystem", ein „Mesosystem", ein „Exosystem" und ein „Makrosystem" eingeteilt, wobei nur das Mikrosystem *direkten* Einfluss auf das Individuum hat. Von den weiter entfernt liegenden Systemen gehen nur über die zwischen ihnen und dem Individuum liegenden Systeme vermittelte Einflüsse auf das Individuum aus.

Der entscheidende Punkt, in dem sich das dynamisch-interaktionistische Paradigma von allen anderen besprochenen Paradigmen unterscheidet, besteht in der Betonung des Einflusses des Individuums auf die Umwelt (von der das Individuum seinerseits beeinflusst wird!). Das Individuum hat (zumindest prinzipiell) die Möglichkeit zur aktiven Gestaltung seiner Umwelt. Es kann sie nach eigenen Vorstellungen verändern oder es kann Umwelten, die seinen Vorstellungen entsprechen, herstellen, falls diese noch nicht existieren. Ferner kann es bestimmte Umwelten bevorzugt aufsuchen und andere Umwelten meiden, womit sich aus individueller Sicht die Umwelt verändert.

Diesen Aspekt betont Krahé (1999: 70-71), wenn sie (in Anlehnung an Magnusson und Endler) die folgenden vier Punkte – frei übersetzt – als zentral für den Ansatz des modernen Interaktionismus nennt:

- Das Verhalten in einer bestimmten Situation ist das Resultat eines kontinuierlichen Interaktions- und Rückkopplungsprozesses zwischen dem Individuum und den Situationen, mit denen es über die Zeit konfrontiert ist.
- Das Individuum spielt eine aktive Rolle in diesem Interaktionsprozess und verfolgt bestimmte Absichten.
- Kognitive und motivationale Faktoren stellen auf Seiten des Individuums die wesentlichen Determinanten für das Verhalten dar.
- Auf situationaler Seite ist die (psychologische) Bedeutung der Situationen für das Individuum die wesentliche Determinante für das Verhalten.

KRITIK AM DYNAMISCH-INTERAKTIONISTISCHEN PARADIGMA

Am dynamisch-interaktionistischen Paradigma werden vor allem zwei Dinge kritisiert:

- Erstens sind, wie gesagt, die Prozesse, über die Beeinflussungen stattfinden, zunächst völlig offen. Das Modell hat also eher heuristischen Charakter und ist nicht direkt in der wissenschaftlichen Forschung umsetzbar. Hierzu sind weitreichende Zusatzannahmen notwendig.

- Positiv gewendet könnte man allerdings formulieren, das dynamisch-interaktionistische Paradigma stelle einen Rahmen dar, in den unterschiedliche theoretische Ansätze zur Erklärung menschlichen Verhaltens eingeordnet werden können.

- Zweitens: Selbst gesetzt den Fall, es gelänge, das Modell in die Praxis umzusetzen, dürften entsprechende Forschungen in der Regel derart aufwändig sein, dass sie aufgrund des damit verbundenen Aufwands kaum durchführbar wären.

- Erschwerend kommt hinzu, dass im Rahmen des dynamisch-interaktionistischen Paradigmas in der Regel längerfristige Entwicklungen untersucht werden, was den Aufwand nochmals potenziert. Damit aber können entsprechende Hypothesen in der Praxis kaum an der Realität scheitern, womit eine der zentralen Forderungen der empirischen Forschungsmethodologie verletzt ist.

IMPLIKATIONEN FÜR DIE ERKLÄRUNG (POLITISCHEN) VERHALTENS

Aus dem dynamisch-interaktionistischen Paradigma kann, abgesehen von den bereits angesprochenen Punkten, deshalb kein expliziter Beitrag zur Erklärung (politischen) Verhaltens aus Persönlichkeitseigenschaften abgeleitet werden, weil sowohl Persönlichkeitseigenschaften als auch (politisches) Verhalten Merkmale einer Person sind, deren gegenseitige Abhängigkeit im Modell (vgl. Abbildung 1.7-1) nicht thematisiert wird.

Wohl aber lässt sich eine Gefahr, die insbesondere dann auftritt, wenn die genannte Fragestellung mit Hilfe eines Ex-Post-Facto-Designs (vgl. Kap. 5.2) untersucht wird, deutlich erkennen. Es könnte sein, dass empirisch (im Rahmen einer Umfrage) ermittelte bivariate Zusammenhänge zwischen Persönlichkeitseigenschaften und (politischem) Verhalten über Umwelteinflüsse, die beide Variablen beeinflussen, vermittelt sind. Mit anderen Worten: Drittvariablen wie zum Beispiel das Alter[44], das Geschlecht[45], Kirchen- oder Gewerkschaftsbindung[46] usw. sind zu kontrollieren.

Ferner zeigt sich in aller Deutlichkeit ein Problem, das in Kapitel 5 wieder aufgegriffen wird: Es fällt im Rahmen des dynamisch-interaktionistischen Paradigmas aufgrund der sich überlagernden Einflüsse und der auftretenden Rückkoppelungen außerordentlich schwer, Kausalhypothesen hinsichtlich (politischen) Verhaltens zu formulieren. Klare Ursache-Wirkungs-Zusammenhänge sind in der Regel allenfalls für sehr kurze Zeitintervalle anzunehmen, nicht jedoch für die „Gesetzmäßigkeiten", auf die sich sozialwissenschaftliche Kausalhypothesen normalerweise beziehen. Hier wird in der Regel lediglich angenommen, dass das (politische) Verhalten einer Person zum Zeitpunkt t durch Eigenschaften der betreffenden Person zum Zeitpunkt t-1 und durch die „Umwelt" zum Zeitpunkt t-1 beeinflusst wird – wobei unter „Zeitpunkt" meist genauer ein Zeitintervall zu verstehen ist, das groß genug ist, um auch Raum für Wechselwirkungen zu bieten.

Nach einer gängigen Vorstellung der empirischen Wahlforschung wird etwa die Intention zum Zeitpunkt t, eine bestimmte Partei zu wählen, durch die Parteiidentifikation des Akteurs zum Zeitpunkt t-1 sowie dessen Beurteilung der Kandidaten der Partei und der Beurteilung der Haltung der Partei zu wichtigen politischen Issues zu diesem „Zeitpunkt" erklärt (vgl. Kap. 7.4). Die „pausenlose gegenseitige Beeinflussung" zwischen der Person (Parteiidentifikation; Beurteilung der Kandidaten; Beurteilung der Haltung der Partei zu wichtigen politischen Issues)

---

44 Die Alterskohorten unterscheiden sich zumindest hinsichtlich der Einflüsse, die von der entfernteren Umwelt ausgehen.

45 Eine „geschlechtstypische Umwelt" kann (unter anderem) zur Erklärung des „psychologischen Geschlechts" inklusive der damit verbundenen Einstellungen und Verhaltensweisen herangezogen werden (vgl. z.B. Asendorpf 2007: 420).

46 Es ist zu vermuten, dass Personen mit einer engen Bindung an die Kirche beziehungsweise die Gewerkschaften systematisch entsprechende Situationen aufsuchen, einen entsprechenden Freundeskreis aufbauen, sich systematisch entsprechend engagieren etc., womit sie partiell anderen Umwelteinflüssen ausgesetzt sind als ihre Mitmenschen.

und der Umwelt (z.B. Kommunikation im Familien-, Freundes- und Bekanntenkreis, beeinflusst durch – quotenabhängige – Medienbericht- erstattung etc.), auf der im dynamisch-interaktionistischen Paradigma der Focus liegt, wird hingegen nur am Rande thematisiert.

## 1.8 Das humanistische Paradigma

Eine ganz andere Sicht auf den Menschen und sein Verhalten als in den bisher betrachteten Paradigmen wird im humanistischen Paradigma ver- treten. Zimbardo (1995: 492) fasst treffend zusammen: „Humanistische Ansätze zum Verständnis der Persönlichkeit sind gekennzeichnet durch das besondere Interesse an der *Integrität der individuellen Persönlich- keit,* an *bewusster Erfahrung* und am *Entwicklungspotential.* Persön- lichkeitstheoretiker wie Carl Rogers und Abraham Maslow betonen das angeborene Streben nach Selbstverwirklichung als Organisator all der unterschiedlichen Kräfte, deren Zusammenspiel ununterbrochen das erschafft, was eine Person ausmacht" (Hervorhebungen im Original). Dieser „Kern" humanistisch orientierter Ansätze verweist auf eine stark idiographisch, am einzelnen Individuum orientierte Sichtweise – im Gegensatz zu den bisher vorgestellten, im Wesentlichen an allgemeinen Gesetzmäßigkeiten interessierten (nomothetischen) Ansätzen. Eine Übersicht zur „humanistischen Psychologie" – nebst der Vorstellung wichtiger Vertreter – findet sich in Fisseni (2003: 191-242). An dieser Stelle mag es genügen, die wichtigsten Grundannahmen humanistisch orientierter Ansätze darzustellen.

### Grundannahmen im humanistischen Paradigma

Zimbardo (1995: 492) charakterisiert humanistische Theorien als „holistisch", „dispositionell", „phänomenologisch", „existentialistisch" und „optimistisch, was die Natur des Menschen betrifft". Im Einzelnen:
- Der Mensch wird als „Ganzheit" betrachtet, die mehr als die Summe ihrer „Teile" darstellt (vgl. z.B. Rogers 1978: 421). Von daher wäre es problematisch, lediglich einzelne „Teile" zu untersuchen. „Das Ganze ergibt sich nicht aus der Addition der Teile, sondern ist „vor den Teilen" gegeben. Das Ganze erklärt die Teile; die Teile jedoch, nur summiert, erklären nicht die Ganzheit" (Fisseni 2003: 194). In der Gestaltpsychologie etwa wird dieses Prinzip anhand von

Wahrnehmungsprozessen demonstriert. „Humanistische Theorien sind *holistisch,* weil sie die einzelnen Handlungen der Menschen immer durch Bezugnahme auf dessen Gesamtpersönlichkeit erklären" (Zimbardo 1995: 492; Hervorhebungen im Original).

- „Humanistische Theorien sind *dispositionell,* weil sie sich auf die angeborenen Qualitäten einer Person konzentrieren, die einen bedeutenden Einfluss darauf haben, welche Richtung das Verhalten nehmen wird. ... Die *Disposition* im Sinne der *humanistischen Psychologie* erfüllt die Persönlichkeit mit einer einheitlichen Neigung, sich zu verwirklichen, so dass sie ihren natürlichen Ausdruck in der gesunden Persönlichkeit finden kann" (Zimbardo 1995: 492; Hervorhebungen im Original). Mit „Disposition" in diesem Sinne ist also keine zeitlich (weitgehend) stabile Eigenschaft im Sinne des Eigenschaftsparadigmas (Kap. 1.4) gemeint und auch keine „frühkindliche Prägung" im Sinne des psychoanalytischen Paradigmas (Kap. 1.2).
- Dem humanistischen Paradigma liegt ein grundsätzlich positiv-optimistisches Menschenbild zugrunde. Beispielsweise meint Rogers bezüglich irrationalem, unsozialem und zerstörerischem Verhalten sich und anderen gegenüber, „... dass der Mensch sich möglicherweise zeitweilig so verhält, aber er ist dann neurotisch und reagiert nicht wie ein reifes menschliches Wesen. Wenn der Mensch ohne Hemmungen agieren, freiwillig Erfahrungen machen und seiner Natur gemäß reagieren kann, ist er ein positives und soziales Lebewesen, dem man vertrauen kann und das sich konstruktiv verhält" (Pervin 1993: 196; vgl. auch: Pervin u.a. 2005: 218).
- Mit Blick auf die „Situation" ist damit festzuhalten: „Situative Bedingungen werden oftmals als Hindernisse und Barrieren gesehen. Einmal von negativen situativen Bedingungen befreit, sollte die Neigung zur Selbstverwirklichung die Menschen aktiv dazu anleiten, lebenserweiternde Situationen aufzusuchen" (Zimbardo 1995: 492).
- „Humanistische Theorien sind *phänomenologisch,* denn sie betonen den *Bezugsrahmen des Individuums,* die *subjektive* Wirklichkeitsauffassung einer Person, nicht die objektive oder Beobachterperspek-

tive" (Zimbardo 1995: 492; Hervorhebungen im Original). Auf die Situation bezogen, in der sich eine handelnde Person sieht, könnte man formulieren, dass dem bereits mehrfach angesprochenen „Thomas-Theorem" eine zentrale Stellung zukommt. „Um das Verhalten einer Person zu verstehen, muss man die Art und Weise kennen, wie sie Umstände und Ereignisse erlebt. Denn nicht die Umwelt an sich, sondern ihre kognitive Repräsentanz in der Person bestimmt das Verhalten" (Fisseni 2003: 217 über „Vorannahmen" bei Carl Rogers). „Häufig hat die Wahrnehmung natürlich einen hohen Grad an Übereinstimmung mit der Realität, aber wichtig ist die Erkenntnis, dass nicht die Realität, sondern die Wahrnehmung entscheidend ist für das Verhalten" (Rogers 1978: 426).

- Ferner betonen humanistische Theorien – *phänomenologisch* – das „Hier und Jetzt". „Einflüsse aus der Vergangenheit sind nur insoweit wichtig, als sie die Person in die Situation gebracht haben, in der sie sich nun befindet" (Zimbardo 1995: 492). Rogers legt beispielsweise Wert auf die Feststellung, dass in seinem Motivations-Konzept „... alle wirksamen Elemente in der Gegenwart existieren. Verhalten wird nicht durch etwas „verursacht", das in der Vergangenheit stattfand" (Rogers 1978: 426).

- „Schließlich sind humanistische Theorien von Theoretikern wie Rollo May (1975) als „existentialistisch" charakterisiert worden. Sie konzentrieren sich auf die bewussten, höheren geistigen Prozesse, die die gegenwärtigen Erlebnisse der Person interpretieren und es ihr ermöglichen, sich den täglichen Anforderungen der Existenz zu stellen oder sich von ihnen überwältigen zu lassen. Diese Theorien sind einzigartig in ihrer Betonung der *Freiheit,* die sie von den Behavioristen wie auch von den Psychoanalytikern trennt, deren begriffliche Rahmen ausgesprochen deterministisch sind" (Zimbardo 1995: 492; Hervorhebung im Original).

- „Die Existenzphilosophie hebt hervor, dass der einzelne seine Existenz vollzieht, indem er seine Freiheit gebraucht, um durch Entscheidungen zu seiner Einmaligkeit und Eigentlichkeit zu finden. Darum ist der einzelne nicht von einem allgemeinen Gesetz her zu verstehen, sondern nur aus seiner einmaligen geschichtlichen Situation. ..." (Fisseni 2003: 197).

KRITIK AM HUMANISTISCHEN PARADIGMA

Auch an den Grundannahmen des humanistischen Paradigmas kann Kritik geübt werden. Nachfolgend einige wichtige Punkte:

- Zentrale Begriffe, wie etwa „Selbstverwirklichung", „Selbstkonzept" oder „Sinnfindung", sind relativ unscharf definiert. Was genau ist beispielsweise unter „Selbstverwirklichung" zu verstehen, über welche Prozesse und in welche Richtung entwickelt sie sich und was beeinflusst diesen Prozess gegebenenfalls? Zudem weisen die Begriffe, ähnlich wie im Rahmen des psychoanalytischen Paradigmas, meist keinen direkten empirischen Bezug auf und entziehen sich damit weitgehend einer Messung.

- Das humanistische Menschenbild lässt sich kaum überprüfen, weil es auf Annahmen beruht, die kaum widerlegbar sind (vgl. auch Fisseni 2003: 192). Dies bedeutet allerdings – wie im psychoanalytischen Paradigma (Kap. 1.2) – nicht notwendigerweise, dass diese Annahmen falsch seien.

- Im Falle des „Selbstkonzepts" wird diskutiert, ob der Mensch – wie im humanistischen Paradigma angenommen – *ein* „Selbst" aufweist oder mehrere. Sowohl bei „multiplen Persönlichkeiten" als auch in weit weniger spektakulären Fällen ergeben sich Anhaltspunkte für letztere Alternative (vgl. Pervin u.a. 2005: 225-226).

- „Humanistische Theorien haben auch Probleme damit, die besonderen Eigenschaften von einzelnen Menschen zu erklären" (Zimbardo 1995: 493). Gerade dieser Punkt wäre aus Sicht der differentiellen Persönlichkeitspsychologie von Bedeutung. Unterschiedliche Individuen könnten schließlich auf durchaus unterschiedliche Art und Weise in der Lage sein, sich „selbst verwirklichen".

- Der Einfluss der Umwelt auf menschliches Erleben und Verhalten ist aus Sicht des humanistischen Paradigmas sehr eng begrenzt. Sie wird oft praktisch nur als mögliche Quelle von Restriktionen betrachtet, innerhalb derer sich der Mensch mehr oder weniger ungehindert selbst entfalten kann – oder auch nicht, falls die Restriktionen zu stark sind. Die „Anreiz-Seite" der Umwelt wird eher selten thematisiert.

- Im Zusammenhang mit dem begrenzten Einfluss der Umwelt auf menschliches Erleben und Verhalten sowie der Betonung des „Hier und jetzt" wird insbesondere kritisiert, dass das humanistische Paradigma „... die einzigartige Geschichte der Person und die Einflüsse der Vergangenheit sowie die entwicklungsbezogenen Aspekte der Persönlichkeit außer Acht lasse" (Zimbardo 1995: 493).

• Psychoanalytiker kritisieren die Konzentration der humanistischen Theorie auf die gegenwärtige bewusste Erfahrung. Sie behaupten, die Macht des Unbewussten werde im Rahmen dieses Ansatzes nicht erkannt" (Zimbardo 1995: 493). Auch wenn man nicht den psychoanalytischen Standpunkt vertritt, bleibt das Problem, dass unbewusste Prozesse (etwa im Bereich der Wahrnehmung), die durchaus Relevanz für das Erleben und Verhalten aufweisen können, weitgehend ausgeblendet werden. Vollständig ausgeblendet werden unbewusste Prozesse allerdings nicht, wie die Beispiele der ange-nommenen „Abwehrprozesse" (Verleugnung und Verzerrung) bei Zuständen der Inkongruenz zwischen „Selbst" und „Erfahrung" oder der Aufrechterhaltung von „Konsistenz" bei den Selbstwahrnehmungen (Selbstkonsistenz) belegen (vgl. Pervin u.a. 2005: 228-231).

• Ein oftmals geäußerter Kritikpunkt besteht darin, im Rahmen des humanistischen Paradigmas könnten kaum Prognosen darüber gemacht werden, wie ein bestimmter Mensch sich in einer ganz bestimmten Situation verhalten werde. Aus Sicht der empirischen Forschung ist dieser Kritikpunkt allerdings – wie nachfolgend dargestellt – zu relativieren.

### Implikationen für die Erklärung (politischen) Verhaltens

• Fisseni (2003: 191) beginnt ein umfangreiches Kapitel über die humanistische Psychologie mit dem Zitat: „"Humanistisch" heißt eine Richtung der Psychologie, die annimmt, das Individuum strebe „von sich aus" zu Selbstwahrnehmung und Selbstverwirklichung, zu sinnvollem und verantwortlichem Handeln (Quitmann 1991)". An diesem Zitat wird zunächst der enge Verhaltensbezug im hu-manistischen Paradigma deutlich.

• Andererseits zeigt sich das bereits erwähnte Problem, dass eine Verhaltensprognose in einer konkreten Situation schwer möglich ist – insbesondere, falls „Selbstverwirklichung" in vielerlei Art und Weise erfolgen kann. Zudem ist kaum nachvollziehbar, welche Restriktionen (und vielleicht auch „Gelegenheiten") eine Person in einer gegebenen Situation erkennt.

- Ein zusätzliches, allerdings „generelles" Problem bezüglich der Verhaltenserklärung spricht Maslow (1996: 83) an, wenn er schreibt: „Klinische Psychologen haben längst beobachtet, dass ein bestimmtes Verhalten ein Kanal für verschiedene Impulse sein kann. Oder, um es in einer anderen Art und Weise zu sagen, ist Verhalten meistens überdeterminiert oder multimotiviert" und weiter: „... nicht jedes Verhalten [ist] motiviert. Es gibt viele andere Verhaltensdeterminanten als nur Motive" (Maslow 1996: 83-84).

- Sollte es allerdings möglich sein, für die mit einer bestimmten Situationen verbunden Handlungsalternativen festzustellen, in welchem Grad sie die „Selbstentfaltung" des Akteurs gestatten (ohne dass dabei interindividuelle Differenzen auftreten), dann könnte man – in Analogie zum Rational Choice Ansatz (vgl. Kap. 7.5) – zumindest bei „gesunden" Menschen annehmen, dass diejenige Handlungsalternative gewählt wird, die den größten individuellen Nutzen (im Sinne der „Selbstentfaltung") verspricht.[47]

- Auf diese Weise sind – unter den genannten Bedingungen und Einschränkungen – auch im Rahmen des humanistischen Paradigmas Verhaltensprognosen möglich. Eine derartige Sichtweise stünde mit einer der zentralen Thesen von Carl Rogers (der fünften) in Einklang: „Verhalten ist grundsätzlich der zielgerichtete Versuch des Organismus, seine Bedürfnisse, wie sie in dem so wahrgenommenen Feld erfahren wurden, zu befriedigen" (Rogers 1978: 424; vgl. auch a.a.O.: 439). Die Thesen drei und vier, auf die sich diese Aussage direkt bezieht, lauten: „Der Organismus reagiert auf das Wahrnehmungsfeld als ein organisiertes Ganzes" (a.a.O.: 421) und: „Der Organismus hat eine grundlegende Tendenz, den

---

47 Hierzu Maslow (1996: 86): „... würde ich dann einfach sagen, dass ein gesunder Mensch primär von seinen Bedürfnissen motiviert ist, seine vollen Fähigkeiten und Potentionalitäten zu entwickeln und zu verwirklichen. Wenn ein Mensch irgendwelche anderen Grundbedürfnisse in einer aktiven, chronischen Art und Weise hat, ist er einfach nicht gesund".

Erfahrungen machenden Organismus zu aktualisieren, zu erhalten und zu erhöhen" (a.a.O.: 422).

• In der Regel geht man davon aus, dass die (wahrgenommene) Situation kaum eigenständigen Einfluss auf menschliches Verhalten hat, sondern in erster Linie eine gegebene Tendenz zur Selbstver- wirklichung hemmt oder nicht hemmt.

• Ein letzter Punkt betrifft sich selbst erfüllende Prophezeiungen: „Menschen, die beispielsweise glauben, sie seien sympathisch, verhalten sich so, dass andere sie nett finden, während Personen, die sich selbst für unsympathisch halten, sich möglicherweise so verhalten, dass andere sie nicht mögen (Curtis/Miller 1986). Im positiven wie im negativen Sinne wird ihr Selbstkonzept mögli- cherweise durch das Verhalten anderer aufrechterhalten, welches ursprünglich wiederum durch ihr eigenes Selbstkonzept beeinflusst wurde" (Pervin u.a. 2005: 233).

Auf das humanistische Paradigma wird in der Praxis der empirischen Erforschung menschlichen Verhaltens in unterschiedlichen Zusammen- hängen zurückgriffen – wenngleich dies auf den ersten Blick nicht immer offensichtlich ist. So diente etwa die Bedürfnishierarchie von Abraham Maslow als Ausgangspunkt des „Postmaterialismus-Ansatzes" (vgl. Kap. 3.3) zur Erforschung des Wertewandels (und damit verbundener Verhaltensänderungen) in entwickelten Industrienationen. Insbeson- dere qualitative Methoden der empirischen Forschung berufen sich ferner über weite Strecken auf die Grundsätze des humanistischen Paradigmas. So sind beispielsweise beim „Narrativen Interview" deut- liche Parallelen zur „klientenzentrierten Gesprächspsychotherapie" von Carl Rogers erkennbar.

# VERHALTENSERKLÄRUNG DURCH EINSTELLUNGEN[1]

## 2.1 VORBEMERKUNGEN

„Einstellungen" gehören zu den wichtigsten Konzepten nicht nur der Sozialpsychologie, sondern auch vieler anderer, angrenzender Forschungsbereiche (wie etwa der Politikwissenschaft). Ihre zentrale Stellung resultiert aus der Annahme, Einstellungen könnten dazu herangezogen werden, menschliches Verhalten – und damit auch politisches Verhalten – zu erklären (vgl. z.B. Fishbein u.a. 2010: 75 und 255).

Die Geschichte der Einstellungsforschung ist bewegt und kann hier nur kurz skizziert werden. Eine etwas ausführlichere Darstellung findet sich z.B. in Maio u.a. (2010: 3-10). Nach einer zusammenfassenden Darstellung älterer Einstellungsdefinitionen von Thomas Leithäuser „... verstand man „Einstellung" von Charles Darwin ausgehend zunächst als ein klar definierbares physiologisches Phänomen. „Einstellung" war bestimmt als die „physiologische Bereitschaft des Körpers, in bestimmter Weise zu handeln" (Meinefeld 1977: 12). Um die Jahrhundertwende fußte die Forschungsrichtung der Würzburger experimentellen Schule der Psychologie auf dieser Konzeption. „Bewusstseinslage" und „Einstellung" sollten in Laborexperimenten

---

1 Kapitel 2 wurde auf Grundlage von Kapitel 2 aus dem im Oldenbourg Verlag erschienenen vergriffenen Werk „Persönlichkeitsbedingte Einstellungen zu Parteien" (Schumann 2001) erstellt. Die Übernahme der entsprechenden Passagen erfolgt mit freundlicher Genehmigung des Verlags.

exakt gemessen werden. Doch misslang eine Vereinheitlichung dieser
Begriffe. Der Versuch von Thomas und Znaniecki in den USA (1918)
in ihrer Arbeit über die Lage der polnischen Bauern in Europa, den
Begriff der Einstellung ... methodisch zu fassen, war erfolgreicher.
Sie lösten seine Bindung an physiologische Prozesse. Einstellung ist
nach ihnen ein „geistiger Zustand ohne intrinsisch physiologischen
Inhalt ..." (Leithäuser 1979: 137; Hervorhebungen im Original). Die
Lösung dieser Bindung ist heute in der Einstellungsforschung allge-
mein akzeptiert.

Einstellungen werden in aller Regel als theoretische Konstrukte im
Sinne des Eigenschaftsparadigmas (vgl. Kap. 1.4) betrachtet. Damit
stellt sich allerdings weiterhin empirisch die Frage, inwieweit als solche
definierte Einstellungen und insbesondere entsprechende affektive
Reaktionen (siehe unten) auf physiologischen Prozessen beruhen.
Eagly und Chaiken (1998: 269) schreiben in diesem Zusammenhang
explizit: „That attitudes are inferred from observables and thus have
the status of a hypothetical construct does not preclude localizing
attitudinal processes in particular structures or processes of the brain or
otherwise understanding the neural mechanisms underlying attitudinal
processes". Analog zu den Ausführungen zum Eigenschaftsparadigma
der Persönlichkeitspsychologie sei an dieser Stelle zudem darauf
hingewiesen, dass Einstellungen nur dann zur Erklärung menschlichen
Verhaltens herangezogen werden können, wenn man ihnen eine „biophysische Grundlage" zuerkennt. Als reine Beschreibungen können
sie zur Verhaltenserklärung nicht herangezogen werden.

Einstellungen wird – unabhängig von der verwendeten Einstellungsdefinition – ein Bezug auf bestimmte Objekte (im weitesten Sinne)
zugeschrieben, verbunden mit einer bewertenden Komponente, die
mehr oder weniger „stark" ausgeprägt sein kann. Sie gelten in der
Literatur meist als „erlernt" (vgl. z.B. Fishbein u.a. 2010: 224). In
der neueren Literatur wird auch die Ansicht vertreten, sie könnten
„konstruiert" werden. Auch wird – meist implizit – argumentiert,
Einstellungen könnten auf bestimmte Werthaltungen oder Persönlichkeitseigenschaften zurückzuführen sein (vgl. Kap. 2.4). Man schreibt
ihnen ferner in der Regel mittelfristige zeitliche Stabilität zu, auch
wenn sie als leichter veränderbar erachtet werden als Werthaltungen

oder gar Persönlichkeitseigenschaften (vgl. Tabelle 1.1-1). Dissens herrscht allerdings in der Frage der Dimensionalität von Einstellungen.

Überblicksdarstellungen zur Einstellungsforschung finden sich zum Beispiel in Haddock/Maio (2007: 188-223) und Stroebe (2007) oder in Asendorpf (2007: 254-258). Eine Anmerkung zur Nomenklatur: Der besseren Lesbarkeit halber wird im Folgenden nicht konsequent zwischen „Einstellung" und „Ausprägung einer Einstellung" unterschieden. Was gemeint ist, sollte sich jeweils aus dem Text ergeben.

## 2.2 EINSTELLUNGSDEFINITIONEN

Ein erster, auf der Arbeit von Rosenberg und Hovland 1960 aufbauender Ansatz geht von drei Einstellungsdimensionen aus – einer affektiven, einer kognitiven und einer verhaltensbezogenen (konativen). Genau genommen handelt es sich um eine Gruppe von Ansätzen um diesen „harten Kern", die im gegenseitigen Vergleich durchaus Unterschiede aufweisen (vgl. für einen ersten Überblick z.B. Schiefele 1990: 5-7).

Ein neueres Modell in dieser Tradition stellen Eagly und Chaiken (1993) vor. Sie definieren „Einstellung" (attitude) folgendermaßen: „Einstellung ist eine psychologische Tendenz, die sich durch die mehr oder weniger positive oder negative Bewertung eines bestimmten Objekts ausdrückt. ... ‚psychologische Tendenz' bezieht sich dabei auf einen inneren Zustand der Person und ‚Bewertung' auf alle Klassen bewertender Reaktionen, seien sie offen oder verdeckt, kognitiv, affektiv oder verhaltensbezogen".[2]

Bewertende Reaktionen der kognitiven Art sind Gedanken oder Vorstellungen bezüglich des Einstellungsobjekts. Diese Gedanken werden auf der theoretischen Ebene oft als „Überzeugungen" betrachtet, wobei Überzeugungen als Zusammenhänge oder Verbindungen, die Personen zwischen dem Einstellungsobjekt und verschiedenen Eigenschaften herstellen, aufgefasst werden (Fishbein & Ajzen 1975).

---

2  Originalzitat: *„Attitude is a psychological tendency that is expressed by evaluating a particular entity with some degree of favor or disfavor. ... psychological tendency refers to a state that is internal to the person, and evaluating refers to all classes of evaluative responding, whether overt or covert, cognitive, affective, or behavioral"* (Eagly u.a. 1993: 1; Hervorhebungen im Original).

Diese kognitiven bewertenden Reaktionen beinhalten sowohl verdeckte Reaktionen, die auftreten, wenn diese Zusammenhänge erschlossen oder wahrgenommen werden, als auch sichtbare Reaktionen, indem man seine Meinung verbal ausdrückt. Die mit dem Einstellungsobjekt verbundenen Eigenschaften werden positiv oder negativ bewertet und können daher von Psychologen auf einem Bewertungskontinuum verortet werden".[3]

„Bewertende Reaktionen der affektiven Art bestehen aus Empfindungen, Stimmungen, Gefühlen und Aktivitäten des sympathischen Nervensystems, die das Einstellungsobjekt bei einem Menschen auslöst. Diese affektiven Reaktionen können ebenfalls zwischen „extrem positiv" und „extrem negativ" schwanken und daher auf einem Bewertungskontinuum verortet werden".[4]

„Verhaltensbezogene (oder konative) bewertende Reaktionen bestehen aus sichtbarem Verhalten, das Personen in Bezug auf das Einstellungsobjekt zeigen. Da auch diese Reaktionen zwischen „extrem positiv" und „extrem negativ" liegen, können sie ebenfalls hinsichtlich ihrer Bedeutung auf einem Bewertungskontinuum verortet werden. Man kann auch davon ausgehen, dass verhaltensbezogene Reaktionen Handlungsabsichten beinhalten, die sich nicht unbedingt in sichtbarem Verhalten äußern".[5]

---

3  Originalzitat: „Evaluative responses of the cognitive type are thoughts or ideas about the attitude object.These thoughts are often conceptualized as *beliefs,* where beliefs are understood to be associations or linkages that people establish between the attitude object and various attributes (Fishbein & Ajzen 1975). These cognitive evaluative responses include the covert responses that occur when these associations are inferred or perceived as well as the overt responses of verbally stating one's beliefs. The attributes that are associated with the attitude object express positive or negative evaluation and therefore can be located by psychologists on an evaluative continuum ..." (Eagly u.a. 1993: 11; Hervorhebung im Original).

4  Originalzitat: „Evaluative responses of the affective type consist of feelings, moods, emotions, and sympathetic nervous system activity that people experience in relation to attitude objects. These affective responses can also range from extremely positive to extremely negative and therefore can be located on an evaluative dimension of meaning" (Eagly u.a. 1993: 11).

5  Originalzitat: „Evaluative responses of the behavioral (or conative) type consist of the overt actions that people exhibit in relation to the attitude

Abbildung 2.1-1 veranschaulicht den Grundansatz der Autorinnen. Man erkennt im Grunde den in Abbildung 1.4-1 dargestellten Ansatz des Eigenschaftsparadigmas: In bestimmten Situationen (Kontakt mit einem Stimulus) werden regelmäßig bestimmte, bewertende Reaktionen (kognitiv, affektiv, verhaltensbezogen) beobachtet. Hieraus schließt man auf eine Einstellung in bestimmter Ausprägung.

*Abbildung 2.2-1: Einstellung als ein erschlossener Zustand, wobei die bewertenden Reaktionen in drei Klassen (kognitive, affektive und verhaltensbezogene) unterteilt sind.[6]*

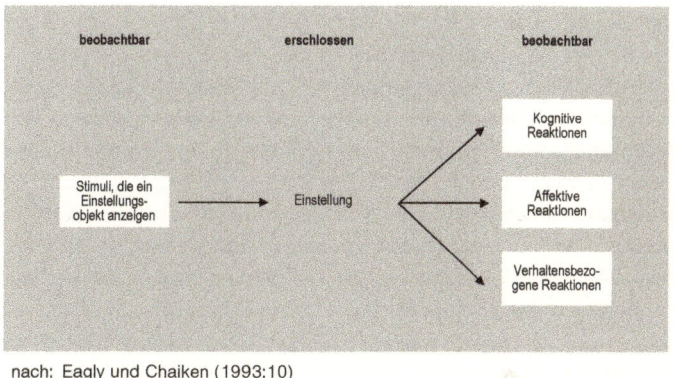

nach: Eagly und Chaiken (1993:10)

Aus den oben genannten Zitaten ist eine Schwierigkeit unmittelbar ersichtlich: Der Grad, in dem kognitive Reaktionen, affektive Reaktionen und verhaltensbezogene Reaktionen positiv oder negativ gefärbt sind, muss empirisch nicht zwingenderweise übereinstimmen – auch wenn dies im dreidimensionalen Ansatz meist unterstellt wird. Eagly und

---

object. Because these responses also range from extremely positive to extremely negative, they too can be located on an evaluative dimension of meaning. ... Behavioral responses also can be regarded as encompassing *intentions* to act that are not necessarily expressed in overt behavior" (Eagly u.a. 1993: 12; Hervorhebung im Original).

6   Überschrift im Original: „Attitude as an inferred state, with evaluative responses divided into three classes (cognitive, affective, and behavioral)".

Chaiken (1993: 3) betrachten Einstellungen beispielsweise – etwas abweichend von üblichen Sprachgebrauch – explizit als „intervenierende Variablen", die Einfluss auf die beobachteten kognitiven, affektiven und verhaltensbezogenen Reaktionen bezüglich eines Einstellungsobjekts ausüben. Damit ist ein hoher Grad an Übereinstimmung zwischen diesen Reaktionen (hinsichtlich der durch sie ausgedrückten Wertungen) anzunehmen (vgl. a.a.O.: 12). Man spricht in diesem Zusammenhang vom „Konsistenztheorem".

Die Annahme ist jedoch keineswegs zwingend. Im Extremfall könnten die Bewertungen sogar gegenläufig sein. Ein und derselbe Reiz kann beispielsweise positive affektive und negative kognitive Reaktionen hervorrufen. Ein Beispiel hierfür wäre ein Kind, das von seinen Eltern einerseits geliebt wird, das aber andererseits ein schweres Verbrechen begangen hat, von dem die Eltern wissen und das sie verabscheuen. Die Ausprägung einer Einstellung dem Kind gegenüber ist einem derartigen Fall nicht mehr ohne weiteres eindimensional messbar und es stellt sich die Frage, wie aus den unterschiedlichen Reaktionen einerseits eine „Gesamt-Einstellung" zu ermitteln ist und andererseits Prognosen für das weitere Verhalten dem Einstellungsobjekt gegenüber abzuleiten sind. Eine wichtige Frage ist beispielsweise, ob die Ausprägungen der affektiven, der kognitiven und der verhaltensbezogenen Komponente in Kombination miteinander einheitlich das Verhalten beeinflussen, oder ob jede der Komponenten die ihr entsprechenden Verhaltensäußerungen beeinflusst (vgl. hierzu auch Meinefeld 1977: 27-28). Abgeschwächt wird dieses Problem allerdings durch die Tatsache, dass aus Sicht der Konsistenztheorien (vgl. Kapitel 2.3 und 2.4) starke Unterschiede zwischen den Reaktionen hinsichtlich der Bewertung des Objekts (als dissonante Konstellationen) eher eine Ausnahme darstellen und zeitlich instabil sein dürften.

Eine zweite Schwierigkeit betrifft Verhaltensreaktionen, die als Basis für die Ermittlung einer Einstellung dienen: Verhaltensreaktionen müssen nicht unbedingt Ausdruck einer Einstellung sein, wie am Beispiel von instrumentellen Verhaltensweisen deutlich wird. Dies erschwert zunächst den Schluss von verhaltensbezogenen Reaktionen (gegenüber dem Einstellungsobjekt) auf Einstellungen. Aus positiven

Verhaltensreaktionen ist beispielsweise nicht unbedingt auf positive Einstellungen zu schließen. Positive Verhaltensreaktionen gegenüber einer Person, von der man abhängig ist, müssen nicht unbedingt auf einer positiven Einstellung ihr gegenüber basieren. Diese Schwierigkeit betrifft in den meisten Fällen auch kognitive und affektive Reaktionen, da diese in der Regel ebenfalls aus Verhaltensreaktionen erschlossen werden. Das Paradebeispiel hierfür sind Antworten im Rahmen von Umfragen, die etwa durch Effekte der „sozialen Erwünschtheit" beeinflusst sein können.

Mit der Heranziehung „verhaltensbezogener Reaktionen" (neben affektiven und kognitiven) zur Erschließung von Einstellungen ist eine dritte Schwierigkeit verbunden: Wie einleitend bereits erwähnt, basiert die Bedeutung des Einstellungskonzepts auf der Vorstellung, Einstellungen würden einen Beitrag zur Erklärung menschlichen Verhaltens leisten. Wenn nun Einstellungen als „erklärende Variablen" ihrerseits eine verhaltensbezogene Komponente aufweisen, besteht zumindest die Gefahr, bei der Verhaltenserklärung zirkulär zu argumentieren. Ein Beispiel: Die Tatsache, dass jemand einem Bettler kein Geld spenden möchte, wird auf eine negative Einstellung diesem „Objekt" gegenüber zurückgeführt. Gleichzeitig wird aus der „Verweigerungshaltung" auf eben diese negative Einstellung geschlossen.

Solche Schwierigkeiten vermeidet ein anderer Ansatz in zwei Fällen ganz und in einem Fall tendenziell. Er stützt sich in erster Linie auf eine affektive Komponente – allerdings mit einer Akzentverschiebung hin zur „Bewertung"[7] – und wird als „eindimensionaler Ansatz"

---

7    Stahlberg und Frey (1996: 221) formulieren: „Diese zweite Definitionsklasse [gemeint sind eindimensionale Definitionen; d. Verf.] sieht die affektive Einstellungskomponente als den einzig relevanten Indikator für die bewertende Natur der Einstellungen an. Sie benutzt daher die Ausdrücke Affekt und Bewertung als gleichbedeutend ... . Einstellungen stehen demnach für den Affekt, der durch ein Einstellungsobjekt hervorgerufen wird, d.h. seine positive oder negative Bewertung" (vgl. auch a.a.O.: 222). Ähnlich setzen Fazio und Petty (2008: XV) „Einstellungen" (attitudes) gleich mit „likes and dislikes". Vgl. hierzu aber auch Zanna/Rempel (2008: 9), nach deren Definition die Begriffe „affect" und „overall evaluations" streng voneinander zu trennen sind – allerdings mit der Konsequenz, dass gegenüber ein und demselben Einstellungsobjekt aus dieser Sicht auch mehr als eine

bezeichnet (wobei genau genommen auch hier wieder eine Gruppe von Ansätzen um einen „harten Kern" gemeint ist). In diesem Ansatz werden Einstellungen als eindimensionale Konstrukte, die sich nur auf die affektive-wertende Dimension beziehen – und nicht auf die Trias: „kognitive, affektive und verhaltensbezogene Reaktion" – aufgefasst. Ein „Konsistenztheorem" wird damit gegenstandslos. Mögliche zirkuläre Argumentationen im Rahmen der Verhaltenserklärung sind insofern ausgeschlossen, als der eindimensionale Ansatz keine Verhaltenskomponente enthält. Affektive Reaktionen können schließlich – wenn auch mit einigem Aufwand bei der Messung sowie mit Zusatzannahmen – zumindest im Prinzip physiologisch gemessen werden. Damit kann im eindimensionalen Ansatz der Schluss von Verhaltensreaktionen auf „Einstellungen" umgangen werden.

Grob skizziert stellt sich der prominenteste eindimensionale Ansatz folgendermaßen dar: Martin Fishbein, der Begründer des Ansatzes, betrachtete Einstellungen ursprünglich als „erlernte Dispositionen, auf ein Objekt oder eine Klasse von Objekten positiv oder negativ zu reagieren"[8] – wobei in späteren Veröffentlichungen die Einschränkung auf „Lernprozesse" zum Erwerb von Einstellungen fallen gelassen wird. Martin Fishbein und Icek Ajzen definieren dann 2010 – ähnlich wie Eagly und Chaiken: „We define attitude as a latent disposition or tendency to respond with some degree of favorableness or unfavorableness to a psychological object" (Fishbein u.a. 2010: 76). Von Einstellungen unterscheidet Fishbein streng Überzeugungen (beliefs)[9]

---

Einstellung entwickelt werden kann (a.a.O.: 10; vgl. hierzu auch Dinauer/Fink 2005: 3). Für eine Trennung der Begriffe „Einstellung" und „Affekt" sprechen sich auch Fishbein u.a. (2010: 77-79) aus.

8 Originalzitat: „Attitudes are learned predispositions to respond to an object or class of objects in a favourable or unfavourable way" (Fishbein 1965: 107; vgl. hierzu auch ders. 1967b: 389). In Fishbein (1963: 233) sind Einstellungen definiert als „the evaluative dimension of a concept".

9 Eine absolut treffende Übersetzung für „belief" im Sinne Fishbeins ist mir nicht bekannt. Die Übersetzung „Überzeugung" wurde in erster Linie gewählt, um die Abgrenzung zum affektiven Bereich hervorzuheben. Überzeugungen müssen jedoch im Ansatz von Fishbein keineswegs „felsenfest" sein, wie das deutsche Wort vermutlich impliziert. Alternativ zu der hier gewählten Übersetzung, die beispielsweise auch Six und Schäfer (1985: 23) oder

als „... Hypothesen bezüglich der Natur dieser Objekte und der ihnen gegenüber angebrachten Handlungsweisen".[10]

Die eindimensionale Einstellungsdefinition zieht er einer dreidimensionalen insbesondere aus folgenden Gründen vor: Zum ersten sind, wie gesagt, Affekt, Kognition und Verhalten bezüglich eines Objekts nicht notwendigerweise hoch korreliert (vgl. Fishbein 1965: 107 oder Fishbein u.a. 1967: 185). Die sich hieraus ergebenden Schwierigkeiten wurden weiter oben besprochen. Fishbein verzichtet auf eine entsprechende Konsistenzannahme (auch wenn er Konsistenz nicht grundsätzlich ausschließt). Zum zweiten erfolge die Messung von Einstellungen in der Forschungspraxis in der Regel mit Instrumenten, die in erster Linie die affektive (wertende) Komponente erfassen. Die eindimensionale Einstellungsdefinition „harmoniere" deutlich besser mit diesen Techniken der Einstellungsmessung als eine dreidimensionale (vgl. Fishbein 1965: 108). Daneben verspreche eine eindimensionale Einstellungsdefinition, sofern sie allgemein akzeptiert wird, eine Vereinheitlichung der Forschungslandschaft und – damit verbunden – die bessere Vergleichbarkeit von Forschungsergebnissen aus unterschiedlichen Studien (vgl. Fishbein u.a. 1972: 488, 494).

Fishbein argumentiert in seinem theoretischen Ansatz folgendermaßen (vgl. Fishbein 1963: 233-234 oder Fishbein 1965: 117):

- Ein Individuum verbindet viele Überzeugungen mit einem Einstellungsobjekt, das heißt, das Einstellungsobjekt wird mit bestimmten Merkmalen und Eigenschaften in Verbindung gebracht.
- Mit jedem dieser Merkmale und Eigenschaften ist eine wertende Reaktion, das heißt eine Einstellung, verbunden.
- Diese wertenden Reaktionen summieren sich auf[11], wobei eine

---

Hartmann und Wakenhut (1995: 33) verwenden, findet sich oft auch die Übersetzung „Meinung" – zum Beispiel bei Herkner (1996: 183), bei Schiefele (1990: 12) oder bei Stahlberg u.a. (1996: 221). Vgl. zum Problem der Übersetzung auch Six u.a. (1985: 23).

10 Originalzitat: „Beliefs ... are hypothesis concerning the nature of these objects and the types of actions that should be taken with respect to them" (Fishbein 1965: 107).

11 Auf die Diskussion darüber, ob die Bildung von Summenwerten oder die Bildung von Durchschnittswerten angebrachter ist, wird an dieser Stelle

Gewichtung mit der Stärke der Überzeugung stattfindet. Mit „Stärke der Überzeugung" ist die subjektiv wahrgenommene Wahrscheinlichkeit der Verbindung gemeint.

- Die aufsummierte wertende Reaktion wird mit dem Einstellungsobjekt verbunden.
- Schließlich löst das Einstellungsobjekt bei künftigen Gelegenheiten diese summierte wertende Reaktion aus. Das Individuum hat eine entsprechende Einstellung zu diesem Objekt.

Die Einstellung eines Individuums gegenüber einem Objekt kann durch folgende Funktion vorhergesagt werden – wobei statt „ist gleich" besser „direkt proportional" gesetzt werden sollte (vgl. auch Ajzen 1996: 32):

$$\text{Einstellung zu dem Objekt} = \sum_{i=1}^{N} B_i \cdot a_i$$

$B_i$ ist dabei die Stärke der Überzeugung „i" bezüglich des Objekts. Damit ist die Wahrscheinlichkeit dafür, dass das Einstellungsobjekt mit einem anderen Objekt „$x_i$" verbunden ist, gemeint. Die Verbindung kann „assoziativ" oder „disassoziativ" sein. Als Beispiele für assoziative Relationen nennt Fishbein „ist", „hat", „beinhaltet", „liebt", „bringt hervor" oder „impliziert" und als Beispiele für disassoziative Relationen „vermeidet", „hasst", „behindert", „vereitelt", „zerstört" und „ist unvereinbar mit" (vgl. Fishbein 1965: 112). Die (positive oder negative) Bewertung von $x_i$ – das heißt die Einstellung gegenüber $x_i$ – drückt „$a_i$" aus. Fishbein (1965: 112) nennt „$a_i$" auch den „evaluativen Aspekt" der Überzeugung bezüglich des Objekts – und sieht dabei ausdrücklich auch eine „neutrale" Bewertung vor (vgl. Fishbein 1965: 112). „N" schließlich bezeichnet die Anzahl der involvierten Überzeugungen. Nach der oben dargestellten Funktion kann der Ansatz als auf einem „Erwartung x Wert-Modell" basierend betrachtet werden und fällt damit unter das Informationsverarbeitungsparadigma der Persönlichkeitspsychologie (vgl. Kap. 1.6).

---

nicht eingegangen, da der Ansatz von Fishbein lediglich dargestellt werden soll. Auf die betreffende Diskussion verweist bereits Fishbein (1965: 117). Vgl. hierzu auch Fishbein und Ajzen (1972: 507-509). Herkner (1996: 183, 319-321) zeigt die wichtigsten Unterschiede.

Allerdings sind nach Fishbein Überzeugungen (genauer gesagt: deren Stärke und die entsprechende Bewertung) nicht einseitig als Determinanten von Einstellungen anzusehen, sondern Einstellungen beeinflussen umgekehrt auch Überzeugungen. Einstellungen und Überzeugungen stehen mit anderen Worten in einer dynamischen Beziehung zueinander (vgl. Fishbein 1965: 119 und Fishbein u.a. 1967: 186). Dieser Punkt weist darauf hin, dass Einstellungen offenbar nicht ausschließlich erlernt sind, sondern auch konstruiert werden können. Und er unterstreicht, dass hinsichtlich kognitiver Prozesse „kausale Abhängigkeiten" allenfalls als grob vereinfachende Vorstellungen anzusehen sind. (Zu „punktuellen" Einflüssen vs. „prozesshaften Beeinflussungen" vgl. auch Kap. 5).

Derzeit herrscht Uneinigkeit darüber, welchem der beiden Ansätze – dem drei- oder dem eindimensionalen – der Vorzug zu geben sei.[12] Aus Sicht des Verfassers überwiegen die Vorteile des eindimensionalen Ansatzes:

- Mit dem eindimensionalen Ansatz wird, wie oben dargestellt, das „Konsistenzproblem" (bezüglich einer affektiven, einer kognitiven und einer verhaltensbezogenen Einstellungskomponente) vermieden.

- Ebenfalls vermieden wird eine bisher noch nicht angesprochene Schwierigkeit: Sowohl die kognitive als auch die verhaltensbezogene „Einstellungsdimension" ist in aller Regel in sich wiederum mehrdimensional – außer, man verbindet mit einem Objekt nur eine einzige Kognition bzw. nur eine einzige Verhaltenstendenz oder -absicht. Damit können innerhalb der beiden Dimensionen nochmals Konsistenzprobleme auftreten, was einerseits auf theoretischer Ebene zu einer nochmaligen Komplizierung führt und andererseits die Messung zusätzlich erschwert. Diese Probleme

---

12 Vgl. hierzu Stahlberg und Frey (1996: 222) oder Schiefele (1990: 17). Stahlberg und Frey (1996) betonen zusätzlich, es gebe Belege dafür, dass die Dimensionalität von Einstellungen vom jeweiligen Einstellungsobjekt (und den zugehörigen Meinungen) abhinge. Ferner sei „... anzunehmen, dass kognitive Komplexität, Ambiguitätstoleranz und andere Variablen individueller Unterschiede mit der jeweiligen Struktur der persönlichen Einstellung verbunden sind" (a.a.O.: 222).

vermeidet der eindimensionale Ansatz von Fishbein. In ihm können alle einzelnen „Bestandteile" der kognitiven Einstellungskomponente des dreidimensionalen Modells unabhängig voneinander integriert werden. Eine verhaltensbezogene Einstellungskomponente fehlt.

- Der Ansatz zeichnet sich ferner aus theoretischer Sicht durch große analytische Klarheit aus. So liegt ihm eine explizite Vorstellung über die „innere Struktur" einer Einstellung (in formaler Hinsicht) zugrunde. Aus Sicht des dreidimensionalen Konzepts stützt er sich in erster Linie auf die affektive Komponente (wenngleich, wie gesagt, mit einer Akzentverschiebung hin zur „Wertung"), der auch im dreidimensionalen Konzept eine herausgehobene Stellung attestiert wird (vgl. z.B. Lavine et al. 1998). Die kognitive Komponente ist integrierbar und das Verhalten einer Person ist klar von ihrer Einstellung gegenüber dem betreffenden Objekt getrennt, da eine verhaltensbezogene Komponente im eindimensionalen Ansatz fehlt. Damit entfallen die erwähnten Probleme bei der Verhaltenserklärung.

- Die Annahme einer „inneren Struktur" von Einstellungen erlaubt die Untersuchung der Frage, ob sich hinter ein und derselben „Gesamt-Einstellung" unterschiedliche Strukturen verbergen können – mit Konsequenzen für die Hypothesenbildung, etwa was die Veränderbarkeit von Einstellungen betrifft (vgl. z.B. Schumann 2009: 212).

- Der Ansatz von Fishbein ist mit dem Ansatz von Zaller zur Analyse der öffentlichen Meinung sowie den Ausführungen in Kapitel 4.5 insofern vereinbar, als er (der Ansatz Fishbeins) eine Konstruktion von Einstellungen kurz vor ihrer Äußerung nicht ausschließt (vgl. hierzu Zaller 1998: 34-39). Damit kann neben der „inneren Struktur" von Einstellungen auch deren Konstruktion auf Basis des Ansatzes theoretisch fundiert untersucht werden. In diesem Zusammenhang wird das Ergebnis des in Kapitel 4.6 geschilderten „Experiments" zur Konstruktion von Einstellungen nachvollziehbar.

- Mit dem Reasoned Action Ansatz (vgl. Fishbein/Ajzen 2010: 20-25 sowie Kapitel 2.6) stehen leistungsfähige, kompatible theoretische Ansätze zur Verhaltenserklärung zur Verfügung, in welchen Einstellungen als externe Einflussfaktoren ausdrücklich berücksichtigt werden können. Sie haben sich in den unterschiedlichsten Forschungsbereichen empirisch außerordentlich gut bewährt, sind also nicht speziell auf die Erklärung politischen Verhaltens hin ausgerichtet, obwohl sie auch hier gut einsetzbar sind. Mit anderen Worten ist ihr Geltungsbereich vergleichsweise groß.

- Ein weiterer Vorteil betrifft die Möglichkeit einer theoriekonformen eindimensionalen Messung: Nachdem aus Sicht des dreidimensionalen Ansatzes nicht vorab bekannt ist, ob bei einer Einstellung gegenüber einem Objekt die Konsistenzannahme erfüllt ist oder nicht, kann eine theoriekonforme Messung eigentlich nur darin bestehen, (mindestens) drei Einzelmessungen durchzuführen und die drei Komponenten einzeln zu erfassen. „Mindestens" – weil zumindest die kognitive und vielleicht auch die verhaltensbezogene Komponente ihrerseits oft mehrdimensional sein dürften. Zudem müsste die Art der Verrechnung der drei oder mehr Messwerte zu einem „Gesamt-Einstellungswert" festgelegt werden. Solche Schwierigkeiten vermeidet der eindimensionale Ansatz.

- In der Praxis werden Einstellungen, auch bei dreidimensionaler Konzeption, aus ökonomischen Gründen oft eindimensional (z.B. über „Skalometerfragen") gemessen. Eine eindimensionale Konzeption vermeidet nicht nur das Problem der nicht theorieadäquaten Messung. Durch die Möglichkeit, Skalomterfragen als theoriekonforme Messinstrumente zu verwenden, fördert sie zudem die Vergleichbarkeit von Forschungsergebnissen aus verschiedenen Studien.

Ein Diskussionspunkt betrifft die normalerweise angenommene Bipolarität von Einstellungen. Fishbein und Ajzen (2010: 76) schreiben: „We define attitude as a latent disposition or tendency to respond with some degree of favorableness or unfavorableness to a psychological object. ... attitudes are evaluative in nature, ascribing to individuals a position on a unitary evaluative dimension with respect to an object, a dimension that ranges from negative to positive through a neutral point. There is widespread consensus among contemporary theorists and investigators engaged in basic research on attitudes that an attitude´s essential characteristic is its bipolar evaluative dimension". Die Bipolarität der angesprochenen wertenden Dimension ist formal gesehen keine Selbstverständlichkeit. Man könnte argumentieren, positive Bewertungen und negative Bewertungen ein und desselben Einstellungsobjekts schlössen sich nicht unbedingt gegenseitig aus, weshalb es angebrachter sei, von zwei getrennten (jeweils unipolaren) Bewertungsdimensionen auszugehen anstatt von einer bipolaren (vgl. z.B.: Haddock u.a. 2007: 195-197).

Betrachten wir beispielsweise das Merkmal „Sympathie, die einem Politiker entgegengebracht wird", eindimensional bipolar gemessen unter Vorgabe der Pole „ist mir sympathisch" (Sympathie) und „ist mir unsympathisch" (Antipathie), wobei die Antwort zwischen den Werten „+5" (extreme Sympathie) und „-5" (extreme Antipathie) abzustufen ist. Sollten sich „Sympathie" und „Antipathie" tatsächlich empirisch als sich gegenseitig ausschließende Größen erweisen, kann das Merkmal für praktische Zwecke als „eindimensional" und „bipolar" aufgefasst werden. Die genannte Voraussetzung ist allerdings nicht selbstverständlich. Das Wort „Hassliebe" steht im Duden und deutet bereits darauf hin, dass „Sympathie" und „Antipathie" einem Objekt gegenüber durchaus eigenständige, voneinander unabhängige Merkmale sein könnten. Man könnte jetzt argumentieren, die eindimensional bipolare Messung erfasse eine „Projektion" der Kombination der Merkmalsausprägungen bei den beiden (unabhängigen) Dimensionen auf eine Dimension. Dann jedoch entstünde das Problem, dass sich hinter ein und demselben Messwert unterschiedliche Merkmalskombinationen verbergen könnten, die schon aus theoretischen Gründen nicht „in einen Topf geworfen" werden sollten. Hinter dem „Neutralpunkt" (0) beispielsweise könnte sich „völliges Desinteresse" (weder Sympathie noch Antipathie) verbergen oder aber sowohl sehr große Sympathie als auch gleichzeitig sehr große Antipathie – entsprechend der oben angesprochene „Hassliebe".

Wie im obige Zitat von Fishbein u.a. (2010: 76) erwähnt, besteht allerdings weitgehende Übereinstimmung in der Ansicht, im Falle von Einstellungen wäre von einer eindimensional-bipolaren Bewertungsdimension auszugehen. Evolutionsbiologisch macht diese Sichtweise Sinn, da man auf ein Objekt, mit dem man in Kontakt kommt, entweder mit „Flucht" oder mit „Annäherung" (in unterschiedlichen „Dringlichkeitsstufen") reagieren kann, nicht jedoch mit einer Mischung von beiden.

Im eindimensionalen Einstellungsmodell lassen sich auftretende

Ambivalenzen wie die erwähnte „Hassliebe" relativ leicht abbilden, da die „Gesamt-Einstellung" nichts anderes darstellt als die Resultante aus Bewertungen von Merkmalen und Eigenschaften, die mit dem Einstellungsobjekt in Verbindung gebracht werden. Die „wertenden Reaktionen" können dabei durchaus unterschiedlicher Natur sein.

Im dreidimensionalen Ansatz könnte man ähnlich argumentieren, nur dass hier drei Bewertungsdimensionen „unterschiedlicher Qualität", nämlich eine kognitive, eine affektive und eine verhaltensbezogene, zu unterscheiden sind. Man müsste sich dann entweder darauf beschränken, Einstellungen mittels dieser drei bipolaren Bewertungsdimensionen unterschiedlicher Qualität abzubilden. Oder man könnte alternativ hieraus eine „Gesamt-Einstellung" ermitteln, wobei dies allerdings, wie weiter oben dargestellt, aus theoretischer Sicht nicht unproblematisch ist. Auch an dem hier diskutierten Punkt zeigt sich meines Erachtens die Überlegenheit des eindimensionalen Ansatzes.

## 2.3 Funktionen von Einstellungen (im Rahmen der Paradigmen der Persönlichkeitspsychologie)

In einer Übersichtsdarstellung zu den Funktionen von Einstellungen unterscheiden Stahlberg und Frey (1996) nach Katz (1960) einerseits motivationale Funktionen und andererseits die Steuerung von Informationsverarbeitungsprozessen.[13] Bezüglich der motivationalen Funktionen, die Einstellungen zugeschrieben werden, unterscheiden sie weiter die „Ich-Verteidigungsfunktion", den „Ausdruck eigener Werte und Selbstverwirklichung", eine „instrumentelle, utilitaristische oder Anpassungsfunktion" sowie eine „Wissens- oder Ökonomiefunktion" (a.a.O.: 229-231). Diese Einteilung liegt auch den nachfolgenden Ausführungen zugrunde.

Zunächst zur ersten motivationalen Funktion: Die Vorstellung der Ich-Verteidigungsfunktion, wie sie etwa Katz (1960) vertritt, basiert auf dem psychoanalytischen Paradigma der Persönlichkeitspsycho-

---

[13] Die weniger beachteten Einstellungsfunktionen nach Smith, Bruner & White (1956) sind in Haddock und Maio (2007: 199) vorgestellt. Maio und Haddock (2010: 38-41) geben einen Überblick zum Thema. Reprints wichtiger Artikel zu „Funktionen von Einstellungen" finden sich in Fazio/Petty (Hrsg.) 2008: 215-317.

logie (vgl. Kap. 1.2). Einstellungen übernehmen dabei die Funktion von Abwehrmechanismen. Im Ansatz der autoritären Persönlichkeit (vgl. Kapitel 6.2) wird dieser Gedanke aufgenommen, wenn man dort beispielsweise davon ausgeht, dass aggressive Impulse, die ursprünglich gegen Autoritäten gerichtet waren, auf Fremdgruppen und Minderheiten verschoben und diesen entsprechend negative Eigenschaften zugeschrieben werden – sprich: dass sich entsprechend negative Einstellungen ihnen gegenüber bilden. Auch Einstellungen zu anderen Objekten könnten eine derartige Funktion erfüllen – etwa Einstellungen zu Parteien, indem Parteien als „Sündenböcke" dienen oder indem man sich mit ihnen (im psychoanalytischen Sinne) identifiziert. Allerdings werden gegen das psychoanalytische Paradigma, wie in Kapitel 1.2 gezeigt, aus Sicht der empirisch-analytischen Forschung schwerwiegende Einwände erhoben, denen in diesem Fall Rechnung zu tragen wäre.

Katz nimmt ferner an, „... dass Personen ein Bedürfnis besitzen, Einstellungen auszudrücken, die eigene zentrale Wertvorstellungen oder wichtige Komponenten des Selbstkonzepts vermitteln. In diesem Sinne kann es für eine Person eine große Befriedigung bedeuten, ihre Ablehnung gegenüber der Todesstrafe zu bekunden, wenn sie voller Überzeugung den Wert der Unantastbarkeit von Menschenrechten vertritt. Ein solcher Ausdruck von Einstellungen zielt dabei primär auf die Bestätigung des eigenen Selbstkonzeptes und ist wenig darauf gerichtet, andere zu beeindrucken" (Stahlberg u.a. 1996: 229-230). Beispielsweise könnten Einstellungen zu Parteien eine derartige Funktion erfüllen, sofern die Parteien in den Augen des Betrachters in besonderem Maße entsprechende Ziele vertreten. Man denke etwa an die Partei der Grünen und das Vertreten von ökologisch orientierten Einstellungen. Vorweggenommen sei an dieser Stelle, dass der hier dargestellten motivationalen Funktion in humanistischen Paradigma der Persönlichkeitspsychologie (vgl. Kap. 1.8) zentrale Bedeutung zukommt.

Nun zur „instrumentellen, utilitaristischen Anpassungsfunktion": Katz geht davon aus, dass Einstellungen gebildet werden können, um Belohnungen zu maximieren bzw. Bestrafungen zu minimieren (vgl. die Ausführungen von Katz 1960 auf Seite 461-463 im Reprint von

1967). Stahlberg und Frey (1996: 230) gehen einen Schritt weiter und beziehen den Punkt auf die *Bekundung* von Einstellungen, nicht auf Einstellungen selbst. Die Bekundung von Einstellungen kann dazu instrumentalisiert werden, erwünschte Ziele zu erreichen oder unerwünschte Ereignisse zu verhindern. Beispielsweise kann man eine positive Einstellung gegenüber der katholischen Kirche bekunden, um mit einem katholischen Geistlichen intensiv ins Gespräch zu kommen, falls man dies zum Ziel hat. Ob man der katholischen Kirche tatsächlich positiv gegenübersteht oder nicht, ist dabei aus instrumenteller Sicht unerheblich. Nach dem experimentell gut belegten Attraktionsparadigma[14] von Byrne (1971, 1997) ist davon auszugehen, dass zwischenmenschliche Anziehung eine lineare Funktion des Anteils ähnlicher Einstellungen ist (vgl. Byrne 1971: 99 oder 309-311). Hat eine Person den Eindruck, dass sich ihre eigenen Einstellungen weitgehend mit denen einer anderen Person decken, so erzeugt dies mit hoher Wahrscheinlichkeit zwischenmenschliche Nähe. In vielen Fällen kann es funktional sein, eine derartige Nähe herzustellen – die gegebenenfalls instrumentalisiert werden kann.

Über die vierte motivationale Funktion, die Wissens- oder Ökonomiefunktion, schreiben Stahlberg u.a. (1996: 230): „Einstellungen erfüllen ferner Funktionen der Organisation oder Strukturierung einer ansonsten chaotischen Welt. ... Einstellungen erlauben es uns, neue Informationen und Erfahrungen anhand bereits bestehender evaluativer Dimensionen zu klassifizieren, und helfen auf diese Weise, die komplexe Welt, in der wir leben, zu vereinfachen und besser verständlich zu machen". Eagly und Chaiken (1998: 303-304) unterstreichen die Wichtigkeit dieser Funktion. Einstellungen beeinflussen nach dieser Sichtweise Informationsverarbeitungsprozesse, die im Rahmen des Informationsverarbeitungsparadigmas der Persönlichkeitspsychologie (vgl. Kapitel 1.6) eine zentrale Rolle spielen.

---

14 Die Bezeichnung „Paradigma" hat sich – aufgrund des Buchtitels „The Attraction Paradigm" (Byrne 1971) – eingebürgert und wird daher in diesem Buch ebenfalls verwendet, auch wenn sie aus wissenschaftstheoretischer Sicht etwas überzogen erscheint. Byrne selbst charakterisierte die Bezeichnung später als „immodestly" (Byrne 1997: 417).

Abbildung 2.3-1 soll darauf aufmerksam machen, dass die vier bisher genannten motivationalen Funktionen unterschiedlichen Paradigmen der Persönlichkeitspsychologie zuzurechnen sind. „Ich-Verteidigung" ist eines der zentralen Konzepte des psychoanalytischen Paradigmas (Kap. 1.2). Der „Selbstverwirklichung" und der Entwicklung des Selbstkonzepts kommt im humanistischen Paradigma zentrale Bedeutung zu (Kap. 1.8). Eine „Wissens- oder Ökonomiefunktion" von Einstellungen ist ebenfalls aus Sicht des humanistischen Paradigmas gut interpretierbar, da dort großer Wert auf rationale Prozesse gelegt wird – und natürlich auch im Informationsverarbeitungsparadigma (Kapitel 1.6). Im Rahmen des Informationsverarbeitungsparadigmas ist ferner die „Instrumentelle, utilitaristische oder Anpassungsfunktion" klar interpretierbar. Eventuell könnte die letztgenannte Einstellungsfunktion auch im psychoanalytischen Paradigma eine Rolle spielen – wobei allerdings in erster Linie von unbewussten Prozessen auszugehen wäre, oder in einer Modifikation des behavioristischen Paradigmas – bei der man allerdings die Vorstellung des Organismus als „black box" aufgeben und sich doch für die Prozesse, die beim Lernen im Organismus ablaufen, interessieren müsste. Sowohl im Eigenschafts- als auch im dynamisch-interaktionistischen Paradigma können Einstellungsfunktionen nicht „per se" interpretiert werden, sondern nur unter Zuhilfenahme von Zusatzannahmen aus einem der vorher genannten Paradigmen. Abbildung 2.3-1 zeigt im Überblick, dass man dann, wenn man Einstellungen die vier bisher thematisierten Funktionen gleichzeitig zuschreibt, Gründe dafür finden muss, Vorstellungen aus ganz unterschiedlichen Paradigmen der Persönlichkeitspsychologie zu „mischen".

*Abbildung 2.3-1:*  *Grobeinteilung der motivationalen Funktionen von Einstellungen nach ihrer Relevanz in unterschiedlichen Paradigmen der Persönlichkeitspsychologie (Vorschlag)*

| | Mögliche Funktionen von Einstellungen: | | | |
|---|---|---|---|---|
| | Ich-Verteidigung | Ausdruck eigener Werte und Selbstverwirklichung | Instrumentelle, utilitaristische oder Anpassungsfunktion | Wissens- oder Ökonomiefunktion |
| Psychoanalytisches Paradigma | relevant | – | ev. relevant (aber: unbewußt) | – |
| Behavioristisches Paradigma | – | – | ev. relevant (aber: black box) | – |
| Informationsverarbeitungsparadigma | – | – | relevant | relevant |
| Humanistisches Paradigma | – | relevant | – | relevant |
| Eigenschaftsparadigma | ggf. relevant (Zusatzannahmen) | ggf. relevant (Zusatzannahmen) | ggf. relevant (Zusatzannahmen) | ggf. relevant (Zusatzannahmen) |
| Dynamisch-Interaktionistisches Paradigma | ggf. relevant (Zusatzannahmen) | ggf. relevant (Zusatzannahmen) | ggf. relevant (Zusatzannahmen) | ggf. relevant (Zusatzannahmen) |

– kaum relevant bzw. irrelevant

Nun zur Steuerung von Informationsverarbeitungsprozessen, die natürlich im Rahmen des Informationsverarbeitungsparadigmas der Persönlichkeitspsychologie zu interpretieren sind. Die theoretischen Ansätze, die sich mit der Steuerung von Informationsverarbeitungsprozessen durch Einstellungen beschäftigen, lassen sich nach Stahlberg u.a. (1996: 230) in drei theoretische Denkschulen einteilen: in kognitive Konsistenztheorien, in Theorien des sozialen Urteilens und in schematische Auffassungen von Einstellungen. Für Einstellungen bestehen dabei prinzipiell drei Möglichkeiten der Steuerung von Informationsverarbeitungsprozessen: Sie können die aktive *Suche* nach einstellungsrelevanten Informationen beeinflussen, die *Enkodierung* solcher Informationen (z.B. Wahrnehmungs- und Urteilsprozesse) oder die *Abrufbarkeit* solcher Informationen aus dem Gedächtnis (a.a.O.: 232-233; Hervorhebungen im Original). Die Forschung bezüglich der Abrufbarkeit von Informationen brachte allerdings bisher uneinheitliche Ergebnisse, weshalb auf diesen Punkt im folgenden nicht weiter eingegegangen wird[15].

Zu den auf den Arbeiten Heiders (1944; 1946) basierenden Konsistenztheorien[16] schreiben Stahlberg u.a. (1996: 231-232) zusammenfassend: „Alle Konsistenztheorien nehmen an, dass Individuen danach streben, ihre eigenen Kognitionen (Meinungen, Einstellungen, Wahrnehmungen über ihr eigenes Verhalten) in einer spannungsfreien, d.h. in sich nicht widersprüchlichen Weise zu organisieren. Wenn Personen wahrnehmen, dass einige ihrer Einstellungen widersprüchlich sind, verfallen sie in einen Zustand kognitiven Ungleichgewichts. Dieser Zustand ist unangenehm und verursacht Spannungen. Daher sind

---

15 Stahlberg u.a. (1996: 237) sehen hier einen Ausweg: „Ein theoretisches Modell, mit dem sich die Mehrzahl der vorliegenden inkonsistenten Ergebnisse integrieren lässt, ist das Modell der bipolaren Einstellungseffekte von Judd u. Kulik (1980). In ihren Arbeiten konnten diese Autoren nachweisen, dass Einstellungen die Erinnerung an solche Einstellungsaussagen verbessern, denen eine Person sehr stark zustimmt oder die sie sehr stark ablehnt, im Vergleich zu Einstellungsaussagen, die gemäßigtere Ablehnungs- oder Zustimmungsreaktionen hervorriefen (s. auch Hymes 1986; Lingle u. Ostrom 1981)".

16 Einen Überblick geben Eagly/Chaiken (1998: 281-284).

solche Personen motiviert, erneut eine konsistente und spannungsfreie Beziehung zwischen ihren Kognitionen herzustellen, indem sie eine davon oder alle verändern. Wenn beispielsweise neue Informationen oder gewisse Meinungen bestehenden starken Einstellungen widersprechen, kann dies zu einer Reinterpretation der einströmenden Information oder zu einer Meinungsänderung führen. In diesem Fall steuert die Einstellung die Informationsverarbeitung".

Damit ist die Grundvorstellung der kognitiven Konsistenztheorien über die Steuerung von Informationsverarbeitungsprozessen durch Einstellungen beschrieben. Gleichzeitig wird eine offene Frage deutlich: Es ist bisher noch nicht gesagt, welche Einstellungen „stark genug" sind, um Informationsverarbeitungsprozesse in der genannten Weise zu steuern und welche andererseits im Zuge der Behebung eines „kognitiven Ungleichgewichts" selbst verändert werden. Ansonsten konnte experimentell bestätigt werden, dass Personen im allgemeinen dazu neigen, aktiv Informationen, die kongruent mit ihren bisherigen Einstellungen sind, zu suchen bzw. solche Informationen, die mit ihren bisherigen Einstellungen nicht übereinstimmen (und damit Dissonanz erzeugen), zu meiden.[17] Ferner konnte experimentell bestätigt werden, dass Informationen tendenziell in Richtung auf Kongruenz zu bisherigen Einstellungen verzerrt wahrgenommen werden (vgl. hierzu z.B. Stahlberg u.a. 1996: 235).

Theorien sozialen Urteilens gehen ebenfalls von einer Steuerung von Informationsverarbeitungsprozessen durch Einstellungen aus. Als Beispiel diene die Assimilations-Kontrast-Theorie von Sherif und Hovland (1961). „Sherif und Hovland nahmen ... an, dass unsere

---

17 Frey (1986) gibt einen Überblick über entsprechende Forschungsarbeiten. Festzuhalten ist darüber hinaus, dass Personen „... sich (auch) dissonanten Informationen aussetzen, wenn erstens ihr kognitives System (hier: ihre Einstellungen) in sich konsistent und stabil ist, so dass sie mit relativer Leichtigkeit die dissonanten Informationen widerlegen oder integrieren können oder wenn zweitens das kognitive System ohnehin so geschwächt ist, dass es langfristig günstiger erscheint, es zu verändern und es damit in Übereinstimmung mit bestehenden, vielleicht überwältigenden dissonanten Informationen zu bringen (d.h. eine neue Art der Konsonanz herzustellen)" (Stahlberg u.a. 1996: 235). Vgl. zur Relativierung auch Donsbach (1991), z.B. Seite 211.

Einstellung jeweils die Funktion eines Ankers besitzt, im Vergleich zu dem alle anderen möglichen Einstellungspositionen beurteilt werden. Genauer gesagt wird angenommen, dass andere Einstellungspositionen, die der eigenen Einstellung recht nahe stehen, als noch ähnlicher wahrgenommen werden, als sie eigentlich sind (Assimilation), und sehr positiv bewertet werden (d.h. als gerecht und objektiv). Einstellungspositionen, die dagegen nur wenig mit der eigenen übereinstimmen, werden als voreingenommene Propaganda zurückgewiesen (Kontrast)" (Stahlberg u.a. 1996: 232).

Auch Schematische Auffassungen von Einstellungen gehen von einer Steuerung von Informationsverarbeitungsprozessen durch Einstellungen aus. Einstellungen werden dabei als Schemata betrachtet. Stahlberg u.a. (1996: 232) schreiben hierzu zusammenfassend: „Nach dem Ansatz der sozialen Kognition ... wird soziale Information nicht passiv aufgenommen und im Gedächtnis abgespeichert, sondern selektiv enkodiert und aktiv in kognitiven Gedächtnisstrukturen organisiert, die allgemein Schemata genannt werden (Fiske u. Taylor 1991). Die Schemaforschung innerhalb der Sozialpsychologie hat gezeigt, dass soziale Schemata die Enkodierung sozialer Reize wie auch den Wiederabruf abgespeicherter Informationen steuern ... Menschen reagieren beispielsweise oft schneller auf schemarelevante Information und weisen eine bessere Enkodierung und ein besseres Gedächtnis für diese Art von Information auf. Einige Autoren vertreten die Meinung, dass sich Einstellungen als derartige Schemata begreifen lassen und daher die Informationsverarbeitung steuern können (z.B. Judd u. Kulik 1980; Lingle u. Ostrom 1981)".

Im Überblick kann nach dem oben Gesagten als sehr wahrscheinlich gelten, dass Einstellungen zumindest die aktive Suche nach einstellungsrelevanten Informationen (bzw. deren Vermeidung) sowie die Wahrnehmung einstellungsrelevanter Informationen beeinflussen können. Nach einem Fazit von Stahlberg u.a. (1996: 236) können „... Einstellungen die Wahrnehmung und Bewertung von einstellungsrelevanter Information besonders dann beeinflussen ..., wenn sie leicht zugänglich sind und auf einer elaborierten Wissensstruktur basieren".

## 2.4 Einstellungsstrukturen

Die Vorstellung, Einstellungen – wie auch immer definiert – würden nicht völlig frei und unabhängig voneinander variieren, sondern es könnten im Gegenteil „Einstellungsstukturen" bei den Einstellungsträgern ausgemacht werden, ist in der Einstellungsforschung weit verbreitet. Dies zeigen beispielsweise die Ausführungen Ajzens (1996: 26-33), der Übersichtartikel von Six (1996), die Arbeiten von McGuire (1985; 1986; 1989 und 1999: 184-186) oder auch ein Zitat von Eagly u.a. (1998: 281): „Attitudes are ordinarily not isolated in people's minds but are linked to other attitudes in what can be considered more molar cognitive structures".

Im Falle von „generalisierten Einstellungen" herrscht allerdings Uneinigkeit insbesondere darüber, wie entsprechende Einstellungsstrukturen erschlossen werden können, welche sich als theoretisch fruchtbar erweisen (vgl. z.B. die Standpunkte von Sniderman u.a. 1999 und Sniderman 2000), wie viele Dimensionen gegebenenfalls zur Beschreibung nötig sind sowie, ob (und gegebenenfalls in welcher Form) Verbindungen zu Persönlichkeitseigenschaften bestehen.

Die „autoritäre Persönlichkeit" (Kap. 6.2) wird oft anhand einer entsprechenden Einstellungsstruktur erschlossen (vgl. hierzu auch Six 1996), ebenso „Dogmatismus" im Sinne von Rokeach (Kapitel 6.3) oder „Konservatismus" im Sinne Glenn D. Wilsons (vgl. Schumann 2001: 115-121). Wilson (1970: 101) bezeichnet „Konservatismus" als generellen Faktor, der dem gesamten Feld sozialer Einstellungen zugrunde liege.

Eine ähnliche Sichtweise vertreten Forscher wie Ferguson, Kerlinger, oder Eysenck, die sich mit faktorenanalytisch ermittelten Einstellungsdimensionen befassen, allerdings gehen sie von mehreren grundlegenden Einstellungsdimensionen aus. Ferguson (1939, 1952, 1973) beispielsweise ermittelte die drei primären Einstellungsfaktoren „Religionism", „Humanitarianism" und „Nationalism". Kerlinger (1984) geht von den beiden Einstellungsdimensionen „Liberalismus" und „Konservatismus" aus. Eysenck wiederum, dessen Ansatz in Kapitel 6.4 genauer dargestellt ist, geht von zwei Dimensionen sozialer Einstellungen aus, die er „Radicalism-Conservatism" (R-Faktor) und „Toughmindedness-Tendermindedness" (T-Faktor) nennt. Soziale

Einstellungen lassen sich nach diesen Ansätzen in dem durch die jeweiligen Dimensionen aufgespannten Raum verorten.

All diese unterschiedlichen Ansätze basieren auf der Vorstellung, dass Einstellungsstrukturen auf „hinter ihnen liegende" Größen – zu denen auch Werthaltungen (Kap. 3.1) gezählt werden können – zurückzuführen seien. Man könnte die Interkorrelationen von Einstellungen damit technisch als „Scheinkorrelationen" bezeichnen, was zum Ausdruck bringt, dass die einzelnen Einstellungen einer Einstellungsstruktur sich in erster Linie nicht gegenseitig in ihrer Ausprägung beeinflussen, sondern dass ihre Kovariation auf andere, zentrale Einflussgrößen zurückzuführen sind.

Es sind jedoch auch ganz andere Annahmen hinsichtlich der Entstehung und des „Zusammenhalts" von Einstellungsstrukturen denkbar. Insbesondere vom Standpunkt der bereits erwähnten Konsistenztheorien (Kap. 2.3) aus sind Einstellungsstrukturen zu erwarten. So beginnt Leon Festingers Werk „A Theory of Cognitive Dissonance" mit den Worten: „It has frequently been implied, and sometimes even pointed out, that the individual strives toward consistency within himself. His opinions and attitudes, for example, tend to exist in clusters that are internal consistent. ... Study after study reports such consistency among one person's political attitudes, social attitudes, and many others" (Festinger 1970: 1).

Festzuhalten ist also, dass ganz unterschiedliche Vorstellungen davon bestehen, wie Einstellungsstrukturen zustande kommen. Hierzu nochmals ein Zitat von Eagly und Chaiken (1998: 281): „For example, attitudes toward political issues such as decreasing the capital gains tax may be linked with attitudes toward prominent politicians who have taken position on these issues. When an individual thinks about this tax, she may also think about, for example, Bob Dole´s position on this issue. The structure and dynamics of such larger systems of attitudes have for several decades been conceptualized by many social psychologists in terms of balance theory. Also, using a quite different approach, psychologists have assumed that attitudes are linked to other attitudes in thematically consistent structures known as ideologies. For some citizens, for example, the capital gains tax issue may be linked with their conservative political ideology". Im einem Fall ist der Zusammenhang zwischen Einstellungen auf Ideologien als

„Hintergrundvariablen" zurückzuführen, im anderen Fall auf Prozesse zur Herstellung kognitiver Konsistenz.

Welche dieser grundsätzlichen Vorstellungen mit „Einstellungs-strukturen" verbunden werden, hat Konsequenzen für die theoretische Argumentation. Sind beispielsweise die Einstellungen einer Einstel-lungsstruktur auf eine dahinterliegende Ideologie zurückzuführen, so können die betreffenden Einstellungen nur durch eine Veränderung dieser Ideologie verändert werden – und eine solche Veränderung der Ideologie würde sich ggf. gleichzeitig auf alle zugehörigen Einstel-lungen auswirken. Ist der Zusammenhang zwischen den Einstellungen einer Einstellungsstruktur dagegen auf das Streben nach kognitiver Konsistenz zurückzuführen, dann könnten einzelne Einstellungen – etwa durch neue Informationen – sehr viel leichter verändert werden, wobei eine solche Veränderung wiederum Auswirkungen auf andere, mit ihr verbundene Einstellungen haben kann.

Nicht auszuschließen ist ferner, dass beide Vorstellungen eine ge-wisse Berechtigung haben. Individuen könnten einerseits aufgrund ihrer „Ideologie" oder anderer „Hintergrundvariablen" (insbesondere auch aufgrund von Persönlichkeitseigenschaften) Vorlieben für bestimmte Einstellungen entwickeln und gleichzeitig nach „kognitiver Konsistenz" streben. Hierauf deutet auch das Resümee von Eagly und Chaiken (1998: 281) in Bezug auf die hier thematisierten Möglichkeiten hin: „Both of these approaches – balance theory and ideological analysis – have shed light on attitude's relations to other attitudes".

Vielleicht unterscheiden sich Individuen auch dahingehend, welcher der Prozesse überwiegt. Und vielleicht treten derartige Unterschiede auch „innerhalb" eines Individuums in unterschiedlichen Situationen oder bei unterschiedlichen Einstellungsobjekten auf.

## 2.5 Erwerb und Veränderung von Einstellungen

Eagly und Chaiken (1993: 2) beschreiben den Erwerb von Einstel-lungen zunächst folgendermaßen: „Eine Einstellung entwickelt sich auf der Basis bewertender Reaktionen: Ein Individuum hat keine Einstellung, bis es wertend – affektiv, kognitiv oder verhaltensbezo-gen – einem Objekt gegenüber reagiert. Wertendes Reagieren, sei es verdeckt oder sichtbar, kann eine psychologische Tendenz dazu hervorbringen, später in einem bestimmten Ausmaß wertend zu reagieren, wenn man mit dem Einstellungsobjekt konfrontiert wird. Wenn diese Tendenz zu reagieren etabliert ist, dann hat die Person eine Einstellung zu dem Objekt gebildet. Weiter könnte eine mentale Repräsentation der Einstellung im Gedächtnis gespeichert werden, die dann in Gegenwart des Einstellungsobjekts oder eines auf das Einstellungsobjekt bezogenen Hinweises aktiviert werden kann".[18]

Dieses Zitat zeigt eine in vielen Ansätzen offene Forschungsfrage: Es bleibt unklar, *weshalb* man auf ein Objekt (bzw. auf Reize, die mit einem Einstellungsobjekt verbunden sind) ursprünglich positiv oder negativ (oder neutral) reagiert. Dies könnte – erstens – theoretisch mit der Ausprägung bestimmter Ideologien, Werthaltungen oder auch Persönlichkeitseigenschaften erklärt werden, sofern das Einstellungsobjekt mit entsprechenden Attributen (die eine Beziehung zur „Ideologie", „Werthaltung" oder „Persönlichkeit" aufweisen) in Verbindung gebracht wird und andere Einflüsse für die Einstellungsbildung unerheblich sind. Richtung und Ausprägung des Zusammenhangs könnten dann mit Hilfe des Attraktionsparadigmas (vgl. Byrne 1971, 1997) erklärt werden. „Zwischenmenschliche Anziehung" setzen beispielsweise auch Eagly und Chaiken gleich „(positive) Einstellung" zu der betreffenden Person.[19] Je größer also nach Einschätzung des Einstellungsträgers die Übereinstimmung zwischen eigenem ideologischen Standpunkt, eigener Werthaltung bzw. eigenen Persönlichkeitseigenschaften und denen des Einstellungsobjekts, desto größer die „Nähe" zum Einstellungsobjekt und desto positiver entsprechend dessen Bewertung. Auf diese Weise

---

18  Originalzitat: „An attitude develops on the basis of evaluative responding: An individual does not have an attitude until he or she responds evaluatively to an entity on an affective, cognitive or behavioral basis. Evaluative responding, whether it is covert or overt, can produce a psychological tendency to respond with a particular degree of evaluation when subsequently encountering the attitude object. If this tendency to respond is established, the person has formed an attitude toward the object. Moreover, a mental representation of the attitude may be stored in memory and thus can be activated by the presence of the attitude object or cues related to it" (vgl. auch Eagly/Chaiken 1998: 270).

19  „Attitudes toward individual people are generally called *liking* or *interpersonal attraction*" (Eagly u.a. 1998: 270; Hervorhebungen im Original).

können zusätzlich kognitive Dissonanzen vermieden werden. In der empirischen Wahlforschung beispielsweise arbeiten räumliche Distanzmodelle (Kapitel 7.5) – zumindest implizit – mit dieser Vorstellung, allerdings in der Regel nur auf die Haltung zu politischen Issues oder die Positionierung auf der politischen Links-Rechts Dimension bezogen.

Wichtig ist an dieser Stelle festzuhalten, dass weder der Einstellungsträger noch das Einstellungsobjekt die betreffenden Eigenschaften in einem „objektiven" Sinn aufweisen muss, sondern dass im Sinne des Thomas-Theorems ausschlaggebend ist, welche Eigenschaften ein „Einstellungsträger" sich selbst und dem „Einstellungsobjekt" *zuschreibt.* Damit wird ein zentraler Teil der Kritik, die sich auf die Validität der jeweiligen Messungen richtet, ggf. gegenstandslos. Auch wenn zum Beispiel Selbstbeschreibungen zur Ermittlung von Persönlichkeitseigenschaften problematisch sein sollten, tut dies hier nichts zur Sache. Ausschlaggebend ist, wie eine Person sich und das Einstellungsobjekt sieht – nicht welche Merkmale beide in einem „objektiven" Sinne aufweisen.

Zweitens dürften zumindest bestimmte Einstellungen auch durch klassisches oder operantes Konditionieren (sowie durch Beobachtungslernen) erwerbbar sein. Eagly und Chaiken (1998: 272) schreiben in diesem Zusammenhang: „At least from the perspective of early theoretical accounts of classical conditioning ..., attitude is a product of the pairing of an attitude object with a stimulus that elicits affective response". Was das Beobachtungslernen betrifft, wurde bereits in Kapitel 1.3 auf die Entdeckung von Spiegelneuronen hingewiesen, die durchaus zum Erwerb von Einstellungen via Beobachtung beitragen könnten.

Eine dritte Möglichkeit, die Bildung von Einstellungen zu erklären, lautet: Einstellungen werden – zumindest in vielen Fällen – bei der Konfrontation mit dem Einstellungsobjekt (bewusst oder unbewusst) konstruiert, und zwar mit Hilfe der momentan am leichtesten verfügbaren Informationen.[20] Diese Sichtweise deckt sich mit der von Zaller (1998: 34-37).

---

20 Hierzu Eagly und Chaiken (1998: 270): „Although it is certainly possible that a memory of one's overall evaluation (e.g., a dislike of gooseberries) may be stored and subsequently retrieved in future encounters with the attitude object, this type of conscious recollection may be somewhat atypical of attitude responding ... . Instead, the tendency to evaluate may be

Das eindimensionale Einstellungsmodell von Fishbein (vgl. Kapitel 2.2) ist gut geeignet zur Anwendung dieses theoretischen Ansatzes. Der Gedanke der Konstruktion von Einstellungen impliziert auf dem Hintergrund des Fishbein-Modells ferner, dass Einstellungen zu einem Objekt auch durch rein kognitive Prozesse und ohne Kontakt mit dem Einstellungsobjekt gebildet werden können.[21] So ist beispielsweise erklärbar, dass die Teilnehmer an einer Umfrage mit bestem Gewissen Einstellungen gegenüber Objekten äußern, mit denen sie bislang keinen Kontakt hatten und mit denen sie sich bisher auch nicht beschäftigten. Im Extremfall können auch Einstellungen zu überhaupt nicht existierenden „Objekten" (z.B. „erfundenen" Politikern) gebildet werden (vgl. Kap. 4.6).

Weitere theoretische Vorstellungen zur Genese von Einstellungen sind denkbar. Aus psychoanalytischer Sicht (Kap. 1.2) beispielsweise könnten Einstellungen als ein „Nebenprodukt der Triebdynamik" aufgefasst werden, wie dies im Rahmen der Forschungen zur „autoritären Persönlichkeit" (Kap. 6.2) geschah. Aus Sicht des humanistischen Paradigmas (Kap. 1.8) könnten geeignete Einstellungen im Rahmen der „Selbstverwirklichung" und der damit verbundenen geistigen

---

carried forward to new situations by memories that are more episodic and less abstract (e.g., a fuzzy recollection of having tasted a sour gooseberry). Moreover, if asked to describe their evaluative state (e.g., to evaluate Clinton's program to reduce teenage smoking on an approve vs. disapprove scale), people may construct this evaluation on the spot from information that Is temporarily accessible or situationally present ... . In addition, the mere presence of the attitude object can automatically produce a tendency to evaluate by preconscious processes not dependent on any conscious recollection of one's attitude or reflection on prior or current experience with the attitude object ...".

21 Eagly und Chaiken schreiben zum Beispiel in bezug auf „Einstellungen zum Verhalten" im Rahmen des Ansatzes von Ajzen und Fishbein (vgl. Kapitel 2.6): „... people have at some time formed their attitudes toward behaviors by thinking about the consequences of their behavior" (Eagly u.a. 1998: 299). Ajzen und Sexton (1999: 118) sprechen explizit von „Einstellungs-Konstruktion". Sie betonen: „... attitudes toward an object are acquired automatically and inevitably as people form beliefs about the object's attributes, and as the subjective values of these attributes become linked to the object (Fishbein, 1967)" (Ajzen und Sexton 1999: 119).

Prozesse entstehen. Solche Vorstellungen finden in der derzeitigen Diskussion allerdings kaum Niederschlag.

Nun zu Erklärungsansätzen für die Veränderung von Einstellungen: Ein experimentell gut belegter Befund lautet, dass Einstellungen durch klassische und durch operante Konditionierung beeinflusst werden können.[22] Aus der Werbung – zum Beispiel Werbeplakate für Parteien – ist die Praxis bekannt, Reize, die eine positive Reaktion hervorrufen, zusammen mit anderen Reizen darzubieten, um damit zu bewirken, dass auch der zweite Reiz im Laufe der Zeit die positive Reaktion hervorruft (klassische Konditionierung). Auch für eine Verstärkung von Einstellungen im Sinne der operanten Konditionierung liegen Belege vor (vgl. zum Beispiel Stroebe u.a. 1996: 258-259). Allerdings werden im behavioristischen Paradigma (vgl. Kapitel 1.3), dem die genannten lerntheoretischen Ansätze zuzuordnen sind, im Organismus ablaufende Prozesse einer „black box" zugeordnet, die nicht weiter untersucht wird. Genau an dieser Stelle setzt Kritik aus der Sicht des Informationsverarbeitungsparadigmas (vgl. Kapitel 1.6) ein, die eine zusätzliche Untersuchung eben solcher Prozesse anmahnt, auch wenn – insbesondere im Fall der klassischen Konditionierung – nicht auszuschließen ist, dass Einstellungen auch unbewusst, ohne die Vermittlung (höherer) kognitiver Prozesse, gebildet bzw. verändert werden können.

Einige kognitiv orientierte Modelle – wie das Modell von McGuire (1968; 1969; 1985; 1999: 180-229) – gehen im Wesentlichen von einer systematischen Informationsverarbeitung im Zuge des Erwerbs bzw. der Änderung von Einstellungen aus (vgl. auch Stroebe u.a. 1996: 260-266). Trifft es zu, dass das menschliche Gehirn als eine Verknüpfung mehrerer „Biocomputer", die ihrer Struktur und ihrer Chemie nach radikal verschieden sind, aufzufassen ist (vgl. Kap. 1.3 und 1.6), dann ist es allerdings sehr unwahrscheinlich, dass nur durch systematische Informationsverarbeitung Einstellungen erworben bzw. verändert werden können. Zwei-Prozess-Modelle dürften dann wirklichkeitsnäher sein.

---

22 Näheres hierzu in: Stroebe u.a. (1996: 254-260).

Petty und Cacioppo (1986, 1996: 255-269) nehmen beispielsweise in ihrem „Modell der Elaborationswahrscheinlichkeit"[23] (Elaboration Likelihood Model; ELM), das in Stoebe (2007: 234-242) ausführlich dargestellt ist, neben einer „zentralen Route" der Überredung (zur Einstellungsänderung), auf der sorgfältige und systematische Informationsverarbeitung mit der Beurteilung von Argumenten stattfindet, eine „periphere Route" an, bei der keine solche sorgfältige und systematische Informationsverarbeitung stattfindet. Die Annahme einer peripheren Route basiert auf der Tatsache, dass es für den Menschen weder sinnvoll noch möglich ist, vor jeder Entscheidung (im weitesten Sinne) sorgfältige und systematische Informationsverarbeitung zu betreiben.[24] Die Prozesse der peripheren Route können sich von denen der zentralen Route sowohl in qualitativer als auch in quantitativer Hinsicht unterscheiden.[25] In der Regel wird eine Mischform auftreten, die mehr oder weniger stark zu einem der beiden genannten Extreme tendiert. Der (aufwändigere) Weg der zentralen Route wird dann beschritten, wenn ein Individuum hierzu erstens (von seinen Fähigkeiten her) in der Lage und zweitens entsprechend stark motiviert ist.

---

23 Mit „Elaborationswahrscheinlichkeit" ist die Wahrscheinlichkeit dafür gemeint, dass eine Person die in einer Botschaft enthaltene Information im Sinne der „zentralen Route" (siehe unten) einer sorgfältigen Prüfung unterzieht.

24 „The ELM hypothesis of an elaboration continuum comes from recognizing that it is neither adaptive nor possible for people to exert considerable mental effort in thinking about all of the messages and attitude objects to which they are exposed. In order to function in life, people must sometimes act as ‚cognitive misers' ..., but at other times it is more adaptive for them to be generous with their cognitive resources" (Petty u.a. 1999: 43).

25 „Central-route attitude changes are those that are based on relatively extensive and effortful information-processing activity, aimed at scrutinizing and uncovering the central merits of the issue or advocacy. Peripheral-route attitude changes are based on a variety of attitude change processes that typically require less cognitive effort. ... some low-effort attitude changes are based on processes that differ primarily in *quantitative* ways from central-route processes, but other peripheral-route changes result from processes that are both less effortful and are *qualitatively* different ... . These low-effort mechanisms are lumped together under the peripheral-route label because of the similarity in the consequences they are postulated to induce ... ." (Petty u.a. 1999: 42; Hervorhebungen im Original).

Petty und Wegener (1999) stellen den Ansatz in seinen wichtigsten Punkten vor und geben einen Überblick über Forschungsergebnisse.[26]

Im „heuristisch-systematischen Modell" (vgl. Eagly/Chaiken 1993: 326-346), das Stoebe (2007: 242-247) ausführlich darstellt, wird neben der „systematischen Verarbeitung" eine „heuristische Verarbeitung" von Informationen angenommen, falls Menschen zu einer systematischen Verarbeitung nicht fähig oder nicht motiviert sind. In diesem Fall werden „kognitive Heuristiken" verwendet wie: „Aussagen von Experten kann man trauen" oder: „Übereinstimmung mit anderen impliziert die Richtigkeit von Argumenten" oder: „Leute, die mir sympathisch sind, haben für gewöhnlich bei Sachthemen zutreffende Meinungen".[27] Allgemein werden Heuristiken definiert als „erlernte, im Gedächtnis gespeicherte deklarative oder prozedurale Wissensstrukturen"[28]. Auch Eagly und Chaiken nehmen an, dass die „systematische Verarbeitung" nur dann stattfindet, wenn ein Individuum entsprechende Fähigkeiten hat und hoch motiviert ist. Sie nehmen ferner an, dass systematische und heuristische Verarbeitungsprozesse gleichzeitig ablaufen – und sich unter Umständen auch gegenseitig stören – können.[29] Bei der „heuristischen Verarbeitung" von Informationen bleibt zunächst offen, *welche* kognitiven Heuristiken zur Anwendung kommen. Diese Entscheidung könnte gegebenenfalls von Persönlichkeitseigenschaften abhängen oder zumindest von ihnen beeinflusst sein – beispielsweise bei einer „autoritären Persönlichkeit", die sich dem „Führerprinzip" unterwirft (vgl. Kapitel 6.2).[30]

Festzuhalten ist, dass in beiden Modellen unterschiedliche

---

26 Stahlberg/Frey (1993) oder Herkner (1996: 240-244) stellen ebenfalls den Ansatz im Überblick dar.

27 Vgl. z.B. Eagly/Chaiken (1993: 327 und 333/334).

28 Originalzitat: „ ‚Heuristics' have been defined as learned, declarative or procedural knowledge structures stored in memory ..." (Chen/Chaiken 1999: 82).

29 Vgl. Chen/Chaiken (1999: 75-76).

30 Eine Weiterführung des auf dem heuristisch-systematischen Modell beruhenden Ansatzes findet sich in Chen/Chaiken (1999). Zu den Unterschieden zwischen dem heuristisch-systematischen Modell und dem Modell der Elaborationswahrscheinlichkeit vgl. ebenfalls a.a.O.: 81.

Prozesse der Informationsverarbeitung angenommen werden, die auch parallel ablaufen können. Die weite Verbreitung dieser Vorstellung zeigt beispielsweise der von Chaiken/Trope (1999) herausgegebene Reader „Dual-Process Theories in Social Psychology".

Zu den Prozessen, die im Rahmen des Erwerbs und der Veränderung von Einstellungen diskutiert werden, sei noch angemerkt, dass auch sie sich unterschiedlichen Paradigmen der Persönlichkeitspsychologie zuordnen lassen (Abbildung 2.5-1). Klassisches Konditionieren, operantes Konditionieren und Modell- oder Nachahmungslernen sind dem behavioristischen Paradigma zuzuordnen. Kommunikative Persuasion (Überredung) durch die Aufnahme und Akzeptanz neuer Information ist in erster Linie im Rahmen des Informationsverarbeitungsparadigmas zu interpretieren, ebenso die Konstruktion von Einstellungen – insbesondere aus Sicht des eindimensionalen Ansatzes, in dem die Bewertung jedes Merkmals, das mit dem Einstellungsobjekt in Verbindung gebracht wird, die „Gesamt-Einstellung" dem betreffenden Objekt gegenüber beeinflusst. Aus Sicht des Psychoanalytischen Paradigmas können Einstellungen am ehesten als ein Produkt der Triebdynamik des Einstellungsträgers aufgefasst werden. Veränderungen in dieser Triebdynamik – etwa durch Psychotherapie – sollten daher auch veränderte Einstellungen nach sich ziehen. Vom Standpunkt des humanistischen Paradigmas aus stellen Einstellungen einen Teil des Menschen dar, der in seiner Ganzheit betrachtet wird (vgl. Kap. 1.8). Dabei ergibt sich das Ganze nicht als Summe der Teile, sondern ist vor den Teilen gegeben. Die treibende Kraft für die Organisation dieses „Ganzen" und ggf. für Veränderungen ist das Streben des Menschen nach Selbstverwirklichung. Dies sollte auch auf den Erwerb und ggf. die Veränderung von Einstellungen zutreffen, wobei Einstellungen den Prozess des Strebens nach Selbstverwirklichung unterstützen könnten.

Aus dem Eigenschaftsparadigma lassen sich – mit Zusatzannahmen – in erster Linie Ansatzpunkte für den Erwerb von Einstellungen ableiten. Dies wurde weiter oben anhand von Einstellungsstrukturen, die auf Ideologien, Werthaltungen oder Persönlichkeitseigenschaften zurückzuführen sind, bereits implizit angesprochen. Generell ist das Eigenschaftsparadigma mit anderen Paradigmen kombinierbar.

Abbildung 2.5-1 zeigt für den Erwerb und die Veränderung von Einstellungen nochmals im Überblick, dass die möglicherweise zugrunde liegenden Prozesse unterschiedlichen Paradigmen der Persönlichkeitspsychologie zuzuordnen sind. Auch hier ergibt sich (wie bereits in Kapitel 2.3), dass man dann, wenn man mehrere der

Abbildung 2.5-1: *Möglichkeiten des Erwerbs und der Veränderung von Einstellungen aus Sicht verschiedener Paradigmen der Persönlichkeitspsychologie*

| Erwerb/Veränderung durch bzw. als ... | Paradigma |
|---|---|
| Triebdynamik (TD)/Veränderung der TD (Psychotherapie) | Psychoanalytisches Paradigma |
| Klassisches Konditionieren (z.B. Wahlplakate) | Behavioristisches Paradigma |
| Operantes Konditionieren (z.B. Lob für politische Aktivität) | Behavioristisches Paradigma |
| Modell-Lernen/Nachahmungs-Lernen (z.B. „politische Vorbilder") | Behavioristisches Paradigma |
| Kommunikative Persuasion/ „Überredung" (Aufnahme/Akzeptanz neuer Information) | Informationsverarbeitungsparadigma |
| Konstruktion (Objekt — verfügbare Information) | Informationsverarbeitungsparadigma |
| „Nebenprodukt" der persönlichen Entwicklung (Prozess der Selbstverwirklichung) | Humanistisches Paradigma |
| Konsequenz der Eigenschaft (z.B. Ideologie, Werthaltung, Persönlichkeit) | Eigenschaftsparadigma (Zusatzannahmen nötig) |
| – ohne Zusatzannahme keine Aussage möglich – | Dynamisch-interaktionisches Paradigma |

Die Reihenfolge der Paradigmen wurde der besseren Lesbarkeit halber Abbildung 2.3-1 angepasst.

thematisierten Prozesse *gleichzeitig* betrachtet, möglicherweise Gründe dafür finden muss, Vorstellungen aus unterschiedlichen Paradigmen der Persönlichkeitspsychologie zu „mischen". Ferner stellt sich in diesem Fall die Frage nach dem „Gewicht" der jeweiligen Prozesse (bei der betreffenden Person in der betreffenden Situation) und nach deren gegenseitiger Beeinflussung.

## 2.6 Einstellungen als Prädiktoren für (politisches) Verhalten

Ihre zentrale Stellung im Rahmen der sozialwissenschaftlichen Forschung verdanken „Einstellungen" – wie bereits erwähnt – der Ansicht, sie würden menschliches Verhalten beeinflussen. Bei Verwendung der dreidimensionalen Einstellungsdefinition ist eine Verhaltensintention gegenüber dem Einstellungsobjekt Definitionsbestandteil, was bereits aus theoretischer Sicht einen Verhaltensbezug unterstellt (vgl. Kap. 2.2). Die ebenfalls in Kapitel 2.2 angesprochene Gefahr der zirkulären Argumentation bezieht sich dabei lediglich auf das Verhalten dem Einstellungsobjekt (etwa einer bestimmten Politikerin) gegenüber, nicht jedoch auf das Verhalten gegenüber anderen „Objekten" (zum Beispiel deren Partei). Bei Verwendung der eindimensionalen Einstellungsdefinition sind „Einstellungen" und „Verhalten" ohnehin streng voneinander getrennt. In beiden Fällen können Einstellungen also zur Erklärung (politischen) Verhaltens herangezogen werden.

Dennoch entstand eine breite und lang anhaltende Diskussion über die Vorhersagbarkeit menschlichen Verhaltens durch Einstellungen. Zusammenfassende Darstellungen hierzu findet man in Maio und Haddock (2010: 67-86), Haddock und Maio (2007: 215-222), Eagly u.a. (1998: 295-303), Stahlberg u.a. (1996: 238-242), Frey u.a. (1993a: 361-367), Six (1992: 13-33) oder Schiefele (1990: 19-49).[31] Eine auf die „Theorie des überlegten Handelns" bezogene Zusammenfassung legen Ajzen/Fishbein (1980: 12-27) sowie Fishbein/ Ajzen (2010: 179-219) vor. Den Ausgangspunkt der Debatte bildete eine oft zitierte Vorurteils-Studie von Richard LaPierre aus dem Jahre 1934 (vgl. auch LaPierre 2008/reprint). LaPierre begleitete Anfang

---

31 Reprints wichtiger Texte zum Thema sind in Fazio/Petty (Hrsg.) 2008: 395-459 zusammengestellt.

der 1930er Jahre ein chinesisches Paar auf einer Reise durch die USA. Vorurteile gegen Asiaten waren zu dieser Zeit weit verbreitet. Das chinesische Paar wurde jedoch zu seiner Überraschung bei 251 besuchten Restaurants, Hotels und anderen Einrichtungen nur ein einziges Mal zurückgewiesen. Etwa sechs Monate später schrieb LaPierre die Einrichtungen an und fragte, ob sie Chinesen als Gäste akzeptieren würden. Von den 128 Einrichtungen, die sich äußerten, antworteten über 90 Prozent mit „nein" (vgl. Fishbein u.a. 1980: 18). Dieses Ergebnis deckte sich zwar mit den erwarteten Vorurteilen, stand aber in krassem Widerspruch zu dem beobachteten Verhalten. Auf methodische Unzulänglichkeiten allein – zum Beispiel darauf, dass auf die Anfrage LaPierres nicht unbedingt diejenigen Personen geantwortet haben mussten, welche das Paar nicht zurückgewiesen hatten – war das Ergebnis offenbar nicht zurückzuführen.

Besonders schmerzlich war der damit verbundene „Schlag", weil Einstellungen direkt gegenüber dem betreffenden Einstellungsobjekt (und nicht gegenüber anderen Objekten) zur Debatte standen. Ajzen und Fishbein (1980: 89) schreiben in diesem Zusammenhang: „It is important to note, over the last 50 years or so, investigators who have used attitudes to predict and explain behavior have relied on an assumption which can now be seen to be inappropriate. The assumption was that a person's attitude toward an object determines his specific behaviors with respect to that object".

Etwa dreißig Jahre später analysierte Allan Wicker (1969) die Befunde aus etlichen Studien zum Zusammenhang zwischen Einstellungen und Verhalten. Haddock und Maio (2007: 214) fassen das Ergebnis zusammen: „Er kam zu einer eher ernüchternden Schlussfolgerung: Einstellungen seien ein relativ schlechter Prädiktor für Verhalten. Über nahezu 40 Studien hinweg, die vor 1969 durchgeführt worden waren, fand Wicker, dass die Korrelation zwischen Einstellungen und Verhalten nur selten höher als .30 war und sie manchmal sogar null betrug. Diese Schlussfolgerungen verleiteten viele Sozialpsychologen dazu, den Wert des Einstellungsbegriffs generell in Frage zu stellen. Es wurde argumentiert, dass das Konstrukt von begrenztem Nutzen sei, wenn Einstellungen keinen steuernden Einfluss auf Handlungen haben. Die Einstellungsforscher reagierten auf diese Kritik, indem sie sich näher mit der Frage beschäftigten, *wann* und wie *sich* aus Einstellungen Verhalten vorhersagen lässt" (Hervorhebungen im Original). Ähnlich wie im Falle der Kritik Mischels (1968) am Eigenschaftsparadigma der Persönlichkeitspsychologie (vgl. Kap. 1.4) war auch in diesem Fall mit der Kritik eine eher „heilsame" Wirkung verbunden.

Der Grund für eine geringe Korrelation zwischen Einstellung und Verhalten könnte – neben mangelnder Reliabilität und Validität der eingesetzten Messinstrumente – in der geringen Korrespondenz der jeweils verwendeten Messungen hinsichtlich ihrer Spezifität liegen (vgl. z.B.: Fishbein u.a. 2010: 257). Bezüglich der sogenannten „Korrespondenzhypothese" fassen Stahlberg und Frey (1996: 239-240) zusammen: „Ajzen u. Fishbein (1977) weisen darauf hin, dass sowohl Einstellungen als auch Verhaltensweisen in Bezug auf 4 verschiedene Aspekte beschrieben werden können:

- Der Handlungsaspekt (‚action element'): Welches Verhalten soll untersucht werden?
- Der Zielaspekt (‚target element'): Auf welches Ziel ist das Verhalten gerichtet; z.B. eine bestimmte politische Kandidatin, ein guter Freund oder ein neues Produkt?
- Der Kontextaspekt (‚context element'): In welchem Kontext wird das Verhalten ausgeführt; z.B. innerhalb eines totalitären oder demokratischen Systems, öffentlich oder privat oder mit einem leeren oder gut gefüllten Portemonnaie?
- Der Zeitaspekt (‚time component'): Zu welchem Zeitpunkt soll das Verhalten ausgeführt werden; z.B. im Frühjahr 1998, sofort oder innerhalb der nächsten 2 Jahre?

In vielen Studien wurde es versäumt, eine enge Korrespondenz zwischen der Spezifizität des Einstellungs- und des Verhaltensmaßes in Bezug auf die 4 beschriebenen Aspekte zu gewährleisten. ... Eine enge Beziehung zwischen Einstellungen und Verhalten kann aber nach Ajzen u. Fishbein (1977) nur dann erwartet werden, wenn beide Maße in ihrem Spezifikationsgrad übereinstimmen (Korrespondenzhypothese). In einem Überblick über Arbeiten zum Zusammenhang zwischen Verhalten und Einstellungen fanden die genannten Autoren überzeugende Belege für diese Annahme ... Andere Formen der Korrespondenz wurden ebenfalls in der neueren Literatur ... diskutiert.

Einige Autoren haben gezeigt, dass Einstellungen und Verhalten stärker korrelieren, wenn die Attribute oder Funktionen (s. motivationale Funktionen von Einstellungen) der Einstellungen, die zum Zeitpunkt der Überprüfung hervorgehoben sind, mit den Attributen oder Funktionen übereinstimmen, die zum Zeitpunkt der Ausführung des Verhaltens hervorgehoben sind (Shavitt u. Fazio 1991; Tesser u. Shaffer 1990)."

Heute ist die Auffassung allgemein akzeptiert, dass Einstellungen nur dann als Prädiktoren für Verhalten gelten können, wenn eine Korrespondenz zwischen den Einstellungs- und Verhaltensmaßen gegeben ist. Haddock und Maio demonstrieren dies am Beispiel der bereits angesprochenen Studie von LaPierre. Bei dem dort verwendeten Einstellungsmaß wurden die Befragten gebeten „... anzugeben, ob sie ‚Mitglieder der chinesischen Rasse' als Gäste akzeptieren würden. Diese Aussage ist viel umfassender als das erhobene Verhalten: Das spezifische Verhalten bezog sich darauf, ob ein gebildetes, gut gekleidetes chinesisches Paar, das von einem amerikanischen Universitätsprofessor begleitet wurde, als Gast aufgenommen wurde. Wäre das Einstellungsmaß spezifischer gewesen (z.B. ‚Würden Sie ein gebildetes, gut gekleidetes chinesisches Paar, das von einem Universitätsprofessor begleitet wird, als Gast aufnehmen?'), wäre der Zusammenhang zwischen Einstellungen und Verhalten in der Studie von LaPierre ... vielleicht deutlicher ausgefallen" (Haddock und Maio 2007: 215). Das hier vorgeschlagene „Einstellungsmaß" dürfte zwar eher eine Verhaltensintention erfassen als eine Einstellung, dieses Problem könnte man jedoch leicht beheben, etwa mit der Formulierung: „Was würden Sie ganz allgemein von einem gutgekleideten chinesischem Paar in Begleitung eines Universitätsprofessors halten?". Allerdings zeigt sich an dieser Stelle ein neues Problem: Offenbar können zur Vorhersage eines ganz bestimmten, speziellen Verhaltens nur sehr spezielle Einstellungen herangezogen werden. Damit erhöht sich die Wahrscheinlichkeit, dass solche Einstellungen ggf. nicht schon vor ihrer Messung „vorliegen", sondern erst im Rahmen der Messung ganz oder teilweise „konstruiert" werden (vgl. Kap. 4.5 und 4.7).

Neben dem Korrespondenzprinzip besagt das Symmetrieprinzip, dass eine gute Vorhersage von Verhaltensweisen aus Einstellungen nur möglich ist, wenn sich beide Variablen auf dasselbe Aggregationsniveau beziehen (vgl. Asendorpf 2007: 255). Ähnlich wie im Falle der Persönlichkeitseigenschaften (Kap. 1.4) können „breite", wenig spezielle Einstellungen Verhaltenstendenzen, also über viele Situationen und Messungen gemitteltes Verhalten, besser vorhersagen als ein ganz bestimmtes Verhalten in einer ganz bestimmten Situation.

Zusätzlich zum Symmetrieprinzip und zur Korrespondenzhypothese werden „moderierende Variablen" diskutiert, von deren Ausprägung es abhänge, ob ein enger Zusammenhang zwischen Einstellungen und Verhalten zu erwarten sei oder nicht. Hierzu zählen nach Haddock und Maio (2007: 216-218) die Stärke der Einstellung (hohe Prognosekraft bei starken Einstellungen), Persönlichkeitseigenschaften (insbesondere das Ausmaß an „Selbstüberwachung" – bei schwacher Ausprägung hohe Prognosekraft), die Art der Versuchsteilnehmer (z.B. geringe Prognosekraft bei Studierenden im Vergleich zu Nichtstudierenden) und der untersuchte Verhaltensbereich (z.B. besonders hohe Prognosekraft beim Wählerverhalten). Das letztgenannte Beispiel erscheint allerdings insofern problematisch, als das Wählerverhalten in aller Regel nicht direkt beobachtet werden kann (vgl. Kap. 4.3). Die Tatsache, dass das „Wahlverhalten" in der Regel über Selbstauskunft erfasst wird, könnte durchaus dazu beitragen, dass bestehende Zusammenhänge zwischen Einstellungen und Verhalten überschätzt werden. Nach Stahlberg und Frey (1996: 240) deuten weitere Untersuchungsergebnisse „... darauf hin, dass das Nachdenken über eine spezielle Einstellung die Übereinstimmung zwischen Einstellung und Verhalten vergrößern oder verringern kann (Wilson u. Dunn 1986; Wilson et al. 1989)".

Ajzen (1996: 86) betont allerdings, dass die Einführung von Moderatorvariablen in der Regel dazu führt, dass in bestimmten Fällen ein stärkerer Zusammenhang auftritt, während er in den restlichen Fällen noch schwächer wird als vor der Einführung der Moderatorvariablen. Dies muss allerdings keineswegs zwingend so sein, wie man sich leicht am Beispiel einer scheinbaren Non-Korrelation vergegenwärtigen kann (vgl. zum Beispiel Schumann 2011: 126). Ohne weitere theoretische Annahmen stellt ferner die prinzipiell unbegrenzte Anzahl von möglichen Moderatorvariablen ein Problem dar (vgl. Ajzen 1996: 85-86). Insbesondere können nicht hypothesenkonforme empirische Forschungsergebnisse leicht auf nicht berücksichtigte beziehungsweise auf ungeeignete Moderatorvariablen zurückgeführt werden, was die Gefahr von Immunisierungstendenzen mit sich bringt (vgl. auch Ajzen 1996: 88).

Auch unter Beachtung der Korrespondenzhypothese und ggf. Berücksichtigung von Moderatorvariablen ist festzuhalten, dass das Verhalten einem Einstellungsobjekt gegenüber nicht in allen Fällen nur als Funktion der Einstellung zu dem Objekt zu betrachten ist (vgl. hierzu auch das in Kapitel 1.1 vorgestellte Modell von Smith zur Verhaltenserklärung). Vielmehr dürften weitere Einflüsse zu berücksichtigen sein – wie etwa Handlungsmotivationen, die sich nicht primär auf das Einstellungsobjekt beziehen. Ein Wähler kann beispielsweise einer Partei seine Stimme aus wahltaktischen Gründen geben, ohne dass damit unbedingt eine positive Einstellung gegenüber der betreffenden Partei verbunden sein muss. Dies wird beispielsweise in der Diskussion um das Phänomen „Protestwahl" oft unterstellt (vgl. z.B. Schumann 2001a). In diesem Sinne schreiben Six und Eckes (1996: 8): „Das Konzept der Einstellung bleibt der wichtigste, wenn auch nicht der alleinige Prädiktor für Verhalten".

Neuere Untersuchungen kommen – vielleicht aufgrund verbesserter Messinstrumente bzw. aufgrund der Beachtung des oben Gesagten – zu einem positiveren Ergebnis als Wicker bezüglich des Zusammenhangs zwischen Einstellungen und Verhalten. Hierzu Haddock und Maio (2007: 214-215): „In den letzten 30 Jahren haben Forschungsbefunde zu einer optimistischeren Schlussfolgerung geführt: Aus Einstellungen lässt sich unter bestimmten Bedingungen Verhalten vorhersagen. In einem metaanalytischen Überblick über die Literatur verglich Kraus (1995) die Ergebnisse von über 100 Studien über den Zusammenhang von Einstellung und Verhalten. Er fand, dass die durchschnittliche Korrelation zwischen Einstellungen und Handlungen .38 betrug, ein Wert, der sehr viel höher war als der von Wicker (1969) gefundene". Auch Six (1992: 22-24) berichtet im Rahmen einer Metaanalyse von vierzehn Studien durchschnittliche (gewichtete) Korrelationskoeffizienten von „.37" zwischen Einstellung und Verhalten, von „.42" zwischen Einstellung und Verhaltensintention und von „.70" zwischen Verhaltensintention und Verhalten – jeweils ohne Messfehlerkorrektur (vgl. alternativ auch Eckes und Six 1994: 264-265, 270).

Nach diesen Ergebnissen ist menschliches Verhalten, wie zu erwarten, weitaus besser durch eine entsprechende „Verhaltensintention" zu erklären als durch Einstellungen. Dieses empirische Ergebnis entspricht einem von Icek Ajzen und Martin Fishbein entwickelten Ansatz, der in seiner ursprünglichen Form „Theory of Reasoned Action" [auch: „Theorie des überlegten Handelns", „Theorie des vernünftigen Handelns" (Herkner 1996: 215) oder „Theorie bedachten Handelns" (Kunz 1997: 178)] genannt wird. Im Folgenden ist dieser Ansatz skizziert. Ausführlich dargestellt ist er in Ajzen/Fishbein (1980: 5-91; vgl. auch Fishbein u.a. 1975). Ein ausführliches Anwendungsbeispiel zur Erklärung des Wählerverhaltens findet sich in Fishbein u.a. (1981: 277-309). Weitere Überblicke geben zum Beispiel Herkner (1996: 215-221), Eagly und Chaiken (1993: 168-193) oder Kunz (1997: 178-213). Kritisch äußerte sich insbesondere Liska (1984) zu diesem Ansatz. Six und Eckes (1996: 11-13) informieren über Metaanalysen zur Einstellungs-Verhaltens-Relation auf der Grundlage des Modells von Ajzen und Fishbein (vgl. auch Armitage u.a. 2001)

Abbildung 2.6-1 zeigt das Modell im Überblick. Unmittelbaren Einfluss auf das Verhalten übt hiernach nur die Intention, das Verhalten auszuführen, aus. Letztere muss dabei nicht unmittelbar vor der Verhaltensäußerung gebildet werden (vgl. auch Eagly u.a. 1993: 173-174). Ajzen und Fishbein betonen – analog zur oben dargestellten Korrespondenzhypothese – bezüglich der Verhaltenserklärung durch Einstellungen: Um das Verhalten aus der Intention vorhersagen zu können, müssen beide hinsichtlich der Art des Verhaltens (action), des Objekts (target), der Rahmenbedingungen (context) und des Zeitpunkts (time element) übereinstimmen (vgl. Ajzen u.a. 1980: 42 und 50 oder Fishbein u.a. 2010: 257). Generell gilt also auch hier das Korrespondenzprinzip (principle of compatibility; vgl. zum Beispiel Ajzen 1996: 92-111). Ferner muss die Intention möglichst *unmittelbar* vor der Handlung erfasst werden, da sich Intentionen über die Zeit ändern können (vgl. Ajzen u.a. 1980: 47).

Die Verhaltensintention wird ihrerseits erstens durch die Einstellung gegenüber dem betreffenden Verhalten, das heißt durch dessen positive oder negative Bewertung, beeinflusst, wobei die Korrespondenzhypothese zu beachten ist (vgl. Ajzen u.a. 1980: 56).

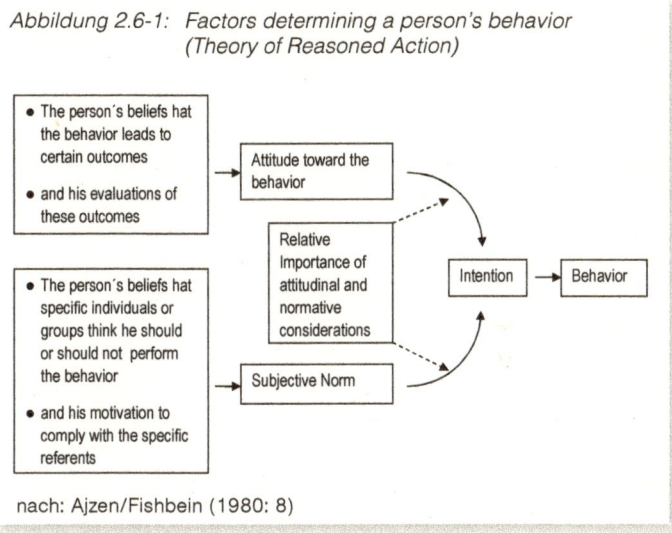

Abbildung 2.6-1: *Factors determining a person's behavior (Theory of Reasoned Action)*

nach: Ajzen/Fishbein (1980: 8)

Die Einstellung gegenüber dem Verhalten ergibt sich im Sinne eines Erwartung-mal-Wertmodells aus der Summe der Produkte aus den subjektiven Wahrscheinlichkeiten, die man dem Eintreten der verschiedenen (wahrgenommenen) Handlungskonsequenzen zuschreibt [diese werden nach Ajzen u.a. (1980: 7 und 63) als (salient) „behavioral beliefs" bezeichnet] und den entsprechenden subjektiven Bewertungen der Konsequenzen. Eine einmal gebildete Einstellung gegenüber dem Verhalten kann später „abgerufen" werden (vgl. Eagly u.a. 1998: 299). Das auf das eigene (potentielle) Verhalten bezogene Einstellungsmodell entspricht damit dem aus Kapitel 2.2 bekannten allgemeinen Einstellungsmodell Fishbeins. Kritisch bemerken allerdings Eckes und Six (1994: 270), „... dass sich diese, für die Verhaltensvorhersage „maßgeschneiderte" Konzeption doch deutlich von den traditionellen Einstellungsdefinitionen unterscheidet und dass ein gewisses Unbehagen verbleibt, wenn durch entsprechende Erhebungsprozeduren Ähnlichkeiten zwischen Einstellungen und Verhalten entstehen, die sich in relativ hohen Korrelationskoeffizienten niederschlagen". Formal ist jedoch gegen die Konzeption einer „Einstellung gegenüber Verhalten", die zum Beispiel von Eagly u.a. (1998: 296) explizit übernommen wurde, nichts einzuwenden.

Zurück zur Verhaltensintention: Diese wird zweitens – neben der Einstellung gegenüber dem betreffenden Verhalten – durch die subjektive Norm beeinflusst. Hierzu müssen nach Ajzen und Fishbein analog nach der Korrespondenzhypothese die subjektive Norm und die Verhaltensintention hinsichtlich der Art des Verhaltens, des Objekts, der Rahmenbedingungen und des Zeitpunkts übereinstimmen (vgl. Ajzen u.a. 1980: 58). Unter der „subjektiven Norm" ist der vom Individuum wahrgenommene soziale Druck, das zur Debatte stehende Verhalten auszuführen, zu verstehen (vgl. Ajzen u.a. 1980: 6). Analog zum Einstellungsmodell ergibt sich die subjektive Norm aus der Summe der Produkte aus der Überzeugung, bestimmte Individuen oder Gruppen würden vom Akteur das zur Debatte stehende Verhalten erwarten [diese Überzeugungen werden nach Ajzen u.a. (1980: 7 und 76) als (salient) „normative beliefs" bezeichnet] und dessen Motivation, diesen Erwartungen jeweils zu entsprechen.

Schließlich beeinflusst noch die empfundene Wichtigkeit der Einstellungs- und der normativen Faktoren, wie groß deren Einfluss auf die Verhaltensintention ist.[32] Die Verhaltensintention kann somit aus der gewichteten Summe der attitudinalen und der normativen Komponenten bestimmt werden (vgl. Ajzen u.a. 1980: 60). Insgesamt gehen Ajzen und Fishbein davon aus, dass Menschen sich normalerweise weitgehend rational verhalten in dem Sinne, dass sie systematisch von den ihnen zur Verfügung stehenden Informationen Gebrauch machen (vgl. z.B. Fishbein u.a. 1974: 98; Ajzen u.a. 1980: 5; Fishbein u.a. 1981: 269, 274, 302, 307, 309 oder Ajzen 1996: 150). In einer modifizierten Fassung (vgl. Ajzen 1996: 118) beeinflussen sich die „Einstellung gegenüber dem Verhalten" und die „subjektive Norm" zusätzlich gegenseitig.

---

32 Die Bestimmung dieser Gewichte bereitet allerdings Schwierigkeiten (vgl. Ajzen u.a. 1980: 60 und 193-194 oder Fishbein u.a. 1981: 303). Vgl. zum Anwendungsproblem auch Seipel (1999: 134), Reinecke (1999) und Kunz (1994).

Der beschriebene theoretische Ansatz wurde um eine dritte Einflussgröße auf die Verhaltensintention, die wahrgenommene Verhaltenskontrolle, erweitert. Letztere diente ursprünglich als Proxy für das tatsächliche Ausmaß an Kontrolle (vgl. Ajzen 1996: 133 oder Eagly u.a. 1993: 188), wobei allerdings nach dem Thomas-Theorem die „wahrgenommene Verhaltenskontrolle" durchaus einen eigenständigen Einfluss (im Sinne einer Kontrollüberzeugung) auf die Verhaltensintention haben sollte. Vom „tatsächlichen Ausmaß an Kontrolle" sollten hingegen eher „äußere Restriktionen" ausgehen. Eine Person kann zwar in der festen Überzeugung, fliegen zu können, eine entsprechende Intention entwickeln und auch aus dem Fenster springen, sie wird dann jedoch aufgrund „äußerer Restriktionen" das intendierte Verhalten (zu fliegen) nicht zeigen können. In der erweiterten Form wird der Ansatz als „Theory of Planned Behavior" – auch: „Theorie des geplanten Verhaltens" bezeichnet (vgl. hierzu z.B.: Ajzen u.a. 1986; Ajzen 1991 und Ajzen, 1996: 127-145 sowie Jonas u.a. 1996). Kunz (1997: 178) spricht von der „Theorie geplanter Handlungen" um zu unterstreichen, dass mit „Handlungen" – im Gegensatz zum „Verhalten" – notwendigerweise Absichten verbunden sind (vgl. hierzu Kunz 1997: 50-51 oder Hennen u.a. 1996: 13-14). Die „... Erweiterung wurde notwendig, da das ursprüngliche Modell nur in solchen Fällen zu einer guten Vorhersage des Verhaltens führte, in denen das Verhalten unter einem hohen Grad der willentlichen Kontrolle stand. Wenn jedoch Personen annahmen, sie hätten nur unvollständige willentliche Kontrolle (oder wenn diese Kontrolle tatsächlich nur unvollständig war), führte das erweiterte Modell der wahrgenommenen Verhaltenskontrolle zu sehr viel besseren Vorhersagen" (Stahlberg u.a. 1996: 248).

Die Theorie des überlegten Handelns und die Theorie des geplanten Verhaltens sind in Haddock und Maio (2007: 218-220) im Überblick dargestellt. Fishbein und Ajzen (2010: 20-25) berichten unter der Bezeichnung „Reasoned Action Approach" eine leichte Modifikation des Ansatzes.

Nach der „Theory of Reasoned Action" bzw. der „Theory of Planned Behavior" können Einstellungen gegenüber einem Objekt das Verhalten diesem Objekt gegenüber nicht direkt beeinflussen, sondern nur über die in Abbildung 2.6-1 aufgeführten Variablen vermittelt. Ajzen und

Fishbein (1980: 8) betonen dies ausdrücklich. In Fishbein u.a. (1985: 76) wird diese Annahme explizit wiederholt, ebenso in Fishbein u.a. (2010: 237). Kritisch gegenüber der Annahme äußern sich Bentler und Speckart (1979: 461), allerdings erbrachten Forschungsarbeiten, die einen *direkten* Einfluss von Einstellungen auf das Verhalten untersuchten, im Überblick keine eindeutigen Ergebnisse (vgl. hierzu auch Eagly u.a. 1993: 185).

Einstellungen gegenüber einem Objekt können nach Ajzen und Fishbein (1980: 27) zwar zur Vorhersage von Verhaltenstendenzen verwendet werden, nicht jedoch zur Vorhersage des Verhaltens in einem ganz bestimmten, konkreten Fall (vgl. auch Fishbein u.a. 2010: 17, 236). Das gleiche gilt für Persönlichkeitseigenschaften und für Werthaltungen. Solche Variablen werden als „externe Variablen" betrachtet. Externe Variablen können lediglich die Einstellung gegenüber einem Verhalten, die zugehörige subjektive Norm oder das Gewicht dieser Faktoren beeinflussen (wobei die Art dieser Beeinflussung allerdings nicht näher spezifiziert ist). Ajzen und Fishbein (1980: 59) nennen als Beispiel für eine „externe Variable" einen hohen Grad an „Autoritarismus" (vgl. auch Fishbein u.a. 1981: 300-301), der mit einem hohen Gewicht der „subjektiven Norm" verbunden sein könnte. Als externe Variable könne er jedoch jedoch keinen *direkten* Einfluss auf die Verhaltensintention und damit auf das Verhalten nehmen kann (vgl. hierzu Ajzen u.a. 1980: 8-9, 59 und 82-91, insbes. Seite 87-89 oder Fishbein u.a. 1981: 294-301).

Die Theorie des überlegten Handelns bzw. des geplanten Verhaltens geht im Kern davon aus, dass Verhaltensintentionen (und damit letztlich auch entsprechendes Verhalten) auf sorgfältige Informationsverarbeitungsprozesse zurückzuführen sind. Fazio dagegen betont mit seinem einflussreichen MODE-Modell – „MODE" steht für „Motivation and Opportunity as Determinants" (Fazio 1990), dass derartige Prozesse – bei entsprechender Motivation und Gelegenheit – zwar ablaufen können, dass Verhalten jedoch auch durch automatisch aktivierte Einstellungen dem Einstellungsobjekt (nicht dem eigenen Verhalten!) gegenüber bedingt sein kann. Solche automatisch aktivierten Einstellungen können nach Fazio insbesondere die Perzeption des Einstellungsobjekts in einer gegebenen Situation beeinflussen (vgl. z.B. Fazio u.a. 1999: 114; kritisch hierzu: Fishbein u.a. 2010: 263-269; vgl. auch Smith u.a. 2003).

Nach dem MODE-Modell läuft im Normalfall nicht jeweils einer der beiden genannten Prozesse in „Reinform" ab, vielmehr können beide Prozesse parallel und miteinander vermischt ablaufen: „An attitude-to-behavior process that is essentially deliberative in nature may still involve some components that are influenced by automatically activated attitudes. ... Likewise, an essentially spontaneous process may sometimes involve components that are controlled" (Fazio u.a. 1999: 103). Haddock und Maio (2007: 221) beschreiben die Grundzüge und die empirische Bewährung des MODE-Modells folgendermaßen: „Wenn Menschen sowohl ausreichend Motivation als auch genügend Gelegenheit zu einer durchdachten Abwägung der verfügbaren Information haben, basiert ihr Verhalten möglicherweise auf einer solchen Abwägung. Wenn jedoch die Motivation oder die Gelegenheit, eine durchdachte Entscheidung zu fällen, gering ist, wird sich spontanes Verhalten nur aus leicht zugänglichen Einstellungen vorhersagen lassen. Eine Reihe von Untersuchungen von Fazio und Kollegen stützen das MODE-Modell ...".

Zu der mit dem MODE-Modell implizierten Kritik an der „Theory of Reasoned Action" bzw. der „Theory of Planned Behavior" ist anzumerken, dass die dort angesprochenen Prozesse der Informationsverarbeitung nicht zwingenderweise bewusst ablaufen müssen. Unbewusste Prozesse der Informationsverarbeitung könnten auch bei geringer Motivation und in sehr kurzer Zeit ablaufen. Viele Werbemaßnahmen versuchen beispielsweise offenbar erfolgreich, das Kaufverhalten (oder sonstiges Verhalten) durch unbewusste Informationsverarbeitungsprozesse zu beeinflussen. Das zu vermarktende Objekt wird dabei in der Regel mit positiv bewerteten Attributen in Verbindung gebracht. Wurstwaren etwa zieren oft – und in der Regel ziemlich realitätsfern – Verpackungen mit glücklichen Tieren in natürlicher Umgebung als „Sympathieträgern". Damit wird nach dem eindimensionalen Einstellungsmodell die Einstellung gegenüber dem Objekt zum Positiven hin beeinflusst. Diese wiederum sollte nach dem Ansatz von Ajzen und Fishbein als „externe Variable" das Verhalten dem Objekt gegenüber beeinflussen. Zudem betonen zum Beispiel

Eagly u.a. (1998: 299), wie bereits erwähnt, dass einmal gebildete Einstellungen gegenüber dem Verhalten später „abgerufen" werden können. Umfangreiche Informationsverarbeitungsprozesse – ob nun bewusst oder unbewusst – müssen also nicht zwingenderweise und in jedem Fall ablaufen.

Eagly und Chaiken (1993: 209-211; 1998: 298) haben ihrerseits ein Modell zur Verhaltenserklärung aufgrund von Einstellungen (im Sinne einer Heuristik, um die wichtigsten Einflussvariablen aufzuzeigen; vgl. Eagly u.a. 1998: 297) vorgeschlagen – das „integrative Modell" (composite Model). Hierzu eine zusammenfassende Beschreibung von Haddock und Maio (2007: 221-222): „Im Modell wird eine Reihe von Faktoren vorgeschlagen, die die Einstellungen zum Verhalten beeinflussen: Gewohnheiten (relevantes früheres Verhalten), Einstellungen zum Gegenstand (der Gegenstand des Verhaltens), instrumentelle Handlungsergebnisse (Belohnungen und Bestrafungen im Zusammenhang mit der Durchführung des Verhaltens), normative Handlungsergebnisse (Billigung und Ablehnung durch andere, die sich einstellen könnten, wenn man das Verhalten ausführt) und Konsequenzen für die eigene Identität (wie die Ausführung des Verhaltens das Selbstkonzept beeinflussen könnte). Eagly und Chaiken weisen darauf hin, dass einige dieser Faktoren entweder die Absichten oder direkt das Verhalten beeinflussen können. Die Einbeziehung der Gewohnheiten ist ein besonders erwähnenswerter Aspekt des Modells von Eagly und Chaiken, da viele Forscher darauf hingewiesen haben, dass sich früheres Verhalten bei der Vorhersage künftigen Verhaltens als wirksam erweist ...". Bezüglich des letzten Punktes ist allerdings ggf. zu klären, ob wirklich früheres Verhalten das künftige beeinflusst (etwa durch Lerneffekte, durch die Herabsetzung von Hemmschwellen etc.) oder ob eine „Hintergrundvariable" (z.B. die oben genannte „Einstellung zum Gegenstand des Verhaltens") sowohl früheres Verhalten als auch das künftige beeinflusst.

Bei der Heuristik fällt ins Auge, dass sich die aufgeführten Einflussvariablen auf unterschiedliche Paradigmen der Persönlichkeitspsychologie beziehen. Der Punkt „Einstellungen zum Gegenstand" dürfte beispielsweise am ehesten dem Eigenschaftsparadigma (Kap. 1.4) zuzuordnen sein, der Punkt „instrumentelle Handlungsergebnisse" am ehesten dem behavioristischen Paradigma (Kap. 1.3) oder dem Informationsverarbeitungsparadigma, der Punkt „normative Handlungsergebnisse" dem Informationsverarbeitungsparadigma (Kap. 1.6) und die „Konsequenzen für die eigene Identität" am ehesten dem humanistischen Paradigma (Kap. 1.8). Auch in diesem Fall stellt sich die Frage, ob Einflussgrößen aus diesen unterschiedlichen Paradigmen *gleichzeitig* zur Verhaltenserklärung herangezogen werden können und welche Konsequenzen hiermit gegebenenfalls für die theoretische Argumentation verbunden sind.

# Verhaltenserklärung durch Werthaltungen

## 3.1 Vorbemerkungen

„Trotz aller Individualisierung und Fragmentierung, die wir in unseren Gesellschaften beobachten, liegen unserem täglichen Handeln und Denken doch einige wenige Wertedimensionen zugrunde, die uns verbinden ..." – so beginnt die Internet-Seite der Firma Ipsos GmbH zum Thema Werteforschung (Stand: 2005; abgerufen am 8.3.2011). Damit ist umgangssprachlich die wohl wichtigste Zielsetzung der Werteforschung sowie deren Relevanz angesprochen. Genau wie Einstellungen und Persönlichkeitseigenschaften sollen auch Werthaltungen (synonym: Wertorientierungen) zunächst menschliches Verhalten (und Denken) beeinflussen. Einen Überblick zur entsprechenden Forschung mit Blick auf den Politikbereich geben zum Beispiel Caprara u.a. (2006). Ferner wird Werthaltungen wie Einstellungen ein Einfluss auf Bewertungsprozesse zugeschrieben. Aus diesem Grund schlägt Asendorpf die Einführung des übergreifenden Begriffs „Bewertungsdisposition" vor: „Der Begriff der Bewertungsdisposition ist in der psychologischen Literatur zu individuellen Besonderheiten der Bewertung nicht etabliert. Stattdessen wird von Werthaltungen oder Einstellungen gesprochen. In beiden Fällen handelt es sich um bestimmte Formen von Bewertungsdispositionen, wobei Werthaltungen sich auf breit definierte Objektklassen und Einstellungen auf spezifische Objekte der Bewertung beziehen" (Asendorpf 2007: 249).

Asendorpf spricht damit einen wichtigen Unterschied an: Werthaltungen beziehen sich nicht – wie Einstellungen – auf konkrete Objekte bzw. relativ enge Objektklassen wie etwa den Papst oder die Katholiken, sondern auf hypothetische Konstrukte bzw. „weite" Objektklassen wie beispielsweise „Freiheit" oder „demokratische Gesellschaften". Es sind jedoch noch weitere Unterschiede auszumachen, wie Tabelle 1.1-1 in Kapitel 1.1 zusammenfasst. Die Werteforschung geht – unabhängig vom speziellen Ansatz – von nur einigen wenigen Wertedimensionen (im Extremfall lediglich einer) aus, wohingegen die Anzahl der Einstellungsobjekte nahezu unbegrenzt scheint. Aufgrund dieser Begrenzung können Werthaltungen, sofern sie von (möglichst) allen Mitgliedern einer Gesellschaft geteilt werden, diese „verbinden", wie im Eingangszitat angesprochen. Werthaltungen werden zudem in der Regel als „tieferliegend" betrachtet als Einstellungen. Von daher seien zum Beispiel „Wertekonflikte" besonders schwer zu lösen – wobei sich diese Aussage in der Regel auf die gesellschaftliche Ebene bezieht, denkbar ist jedoch auch ein Bezug auf individuelle Werthaltungen. Man geht davon aus, dass Werthaltungen neben dem Verhalten auch Einstellungen – oder ganz allgemein „das Denken" (siehe Eingangszitat) – sowie, obwohl meist nicht explizit erwähnt, die Wahrnehmung beeinflussen können und dass sie deutlich schwerer zu verändern sind als Einstellungen.

Auch wenn Werthaltungen – nach ihrem Erwerb in einer „prägenden Phase" – aufgrund ihrer „Breite" und Zentralität meist eine hohe Stabilität über die Zeit zugeschrieben wird, zeigen empirische Untersuchungen, dass eine Veränderung der Ausprägung von Werthaltungen im Erwachsenenalter durchaus stattfinden kann. Entsprechende Untersuchungsergebnisse sind beispielsweise in Renner (2005: 22-23) im Überblick dargestellt. Zur zentralen Stellung von Werthaltungen schreibt Kmieciak (1976: 152-153): „Werte betrachten wir innerhalb des Selbst als erheblich fundamentaler und pervasiver [als Einstellungen; der Verf.]. Sie determinieren Einstellungen und Verhalten. Als generelle kognitive Ordnungskonzepte transzendieren sie spezifische Objekte und Situationen ... . Wenige Werte organisieren viele Einstellungen zu ‚größeren Strukturen' ... zu einem „integrierenden System" (vgl. zu Einstellungsstrukturen auch Kap. 2.4). Da zumindest einige Werthaltungen offenbar eng mit verwandten Persönlichkeitseigenschaften korrelieren (vgl. z.B. Schumann 2009: 215), ist zudem nicht ausgeschlossen, dass die Ausprägung von Werthaltungen zumindest in Anteilen auf einer genetisch beeinflussten Basis beruht. Renner (2005: 24-25) berichtet zusammenfassend empirische Belege hierfür. Von Einstellungen ist Entsprechendes kaum anzunehmen. Desweiteren wird in der Regel (wenn auch nicht immer) angenommen, die Ausprägung „ihrer" Werthaltungen sei den betreffenden Personen jeweils bewusst, was deren Messung erleichtern sollte. Bei Einstellungen ist dies nicht selbstverständlich. Auch bei Verwendung des übergreifenden Begriffs der „Bewertungsdisposition" sollte man solche Unterschiede weiterhin beachten.

Für die Begriffe „Werthaltung/Wertorientierung" und „Wert" werden in der Literatur durchaus unterschiedliche Definitionen vorgeschlagen. Renner (2005: 8-13) stellt die wichtigsten überblicksartig vor. Auch wenn angesichts dieser Tatsache bereits Peter Kmieciak (1976: 147) von „... einem ‚babylonischen Sprachgewirr' um den Terminus ‚Wert'..." spricht, sei als Ausgangspunkt für Kapitel 3 eine sehr allgemeine und weitgehend akzeptierte Definition von Clyde Kluckhohn vorgestellt: „Ein Wert ist eine Auffassung vom Wünschenswerten, die explizit oder implizit sowie für ein Individuum oder für eine Gruppe kennzeichnend ist und welche die Auswahl der zugänglichen Weisen, Mittel und Ziele des Handelns beeinflusst" (Übersetzung von Kmieciak 1976: 148).[1] Diese Definition impliziert, dass zunächst Charakteristika von *Individuen* angesprochen sind. Deren „Auffassung vom Wünschenswerten ..." werden im Folgenden als „Werthaltungen" bezeichnet und auf sie beziehen sich die nachfolgenden Ausführungen. Um die fortlaufende Wiederholung eines „Sprach-Ungetüms" zu vermeiden, wird im weiteren Verlauf des Kapitels meist kurz von „Werthaltung" einer Person gesprochen, wenn streng genommen die „Ausprägung der Werthaltung" gemeint ist. Die „soziologische Komponente", die dadurch entsteht, dass viele Menschen bestimmte Werthaltungen tei-

---

1  Originaltext: „A value is a conception, explicit or implicit, distinctive of an individual or characteristic of a group, of the desirable which influences the selection from available modes, means, and ends of action" (Kluckhohn u.a. 1967: 395).

len, bleibt – da individuelles Verhalten im Zentrum der Argumentation steht – in den nachfolgenden Kapiteln weitgehend ausgeblendet.

Als fast so mannigfaltig wie die vorgeschlagenen Definitionen, erweisen sich die Ansätze der Werteforschung und die jeweils eingesetzten Inventare zur Messung von Werthaltungen. Renner (2005: 40-51) bietet einen systematischen Überblick hierzu. Die folgenden Kapitel müssen sich darauf beschränken, lediglich die bekanntesten bzw. aus theoretischer Sicht interessantesten Ansätze vorzustellen.

## 3.2 Der Ansatz von Rokeach

### Vorstellung des Ansatzes

Milton Rokeach schlägt folgende Definition des Begriffs „value" – der in diesem Zusammenhang wohl am besten mit „Werthaltung" zu übersetzen ist – vor: „To say that a person has a value is to say that he has an enduring prescriptive or proscriptive belief that a specific mode of behavior or end-state of existence is preferred to an oppositive mode of behavior or end-state" und fährt fort: „This belief transcends attitudes toward objects and toward situations; it is a standard that guides and determines action, attitudes toward objects and situations, ideology, presentations of self to others, evaluations, judgments, justifications, comparisons of self with others, and attempts to influence others" (Rokeach 1973: 25; vgl. zur Definition auch a.a.O.: 5). Noch einen Schritt weiter geht Rokeach, wenn er bezüglich des „Werthaltungskonzepts" (value concept) schreibt: „More than any other concept, it is an intervening variable that shows promise of being able to unify the apparently diverse interests of all the sciences concerned with human behavior" (Rokeach 1973: 3).

Rokeach geht in seinem Ansatz insbesondere von fünf Grundannahmen aus: Die Anzahl der Werthaltungen einer Person sei relativ klein, alle Menschen besäßen dieselben Werthaltungen in unterschiedlichen Ausprägungen, Werthaltungen seien in Systemen organisiert, die Ausprägungen von Werthaltungen seien zurückzuführen auf Kultur, die Gesellschaft mit ihren Institutionen und auf Persönlichkeitseigenschaften sowie schließlich ein Punkt von großer praktischer Bedeutung: die Konsequenzen von Werthaltungen zeigten sich in nahezu allen Phänomenen, die Sozialwissenschaftler für erforschenswert hielten (vgl. Rokeach 1973: 3). Dies zeigt die Zentralität, die Rokeach seinem Ansatz beimisst. Anzumerken ist ferner, dass Rokeach Werthaltungen als „beliefs" betrachtet (vgl. zu „beliefs" Kap. 6.3), sie als „erlernt" ansieht[2] und ihnen eine affektive, eine kognitive und eine verhaltensbezogene Komponente zuschreibt (vgl. Rokeach 1973: 6, 7, 11).

Werthaltungen schreibt Rokeach (1973: 12-16) unterschiedliche Funktionen zu. Zum einen seien sie Richtlinien (standards) für das Verhalten. Aufgrund von Werthaltungen nähme man bestimmte Haltungen zu sozialen Fragen ein, wäre man für politische Ideologien oder religiöse Grundhaltungen empfänglich, lege man eine bestimmte Selbstdarstellung an den Tag, beurteile man sich selbst und andere; sie lägen generell Vergleichsprozessen zugrunde (auch beim Vergleich der eigenen Person mit den Mitmenschen), sie würden eingesetzt, um andere zu beeinflussen und sie wären schließlich Hilfsmittel für „Rationalisierungen" im Sinne der Psychoanalyse (vgl. Kap. 1.2).

Zum anderen helfe das „Wertesystem" (im Sinne der organisierten Gesamtheit der Werthaltungen einer Person), genauer: die in einer bestimmten Situation aktivierten Teile hiervon, zwischen Handlungsalternativen auszuwählen, Konflikte zu lösen und Entscheidungen zu treffen.

Schließlich ist nach Rokeach Werthaltungen in mehrerlei Hinsicht eine starke motivationale Funktion zuzuschreiben. Asendorpf (2007: 250) übersetzt beispielsweise „terminal values" mit „Endziele" und „instrumental values" mit „instrumentelle Ziele". Ferner haben Werthaltungen nach Rokeach – ebenso wie Einstellungen (vgl. Kap. 2.3) – eine Ich-Verteidigungsfunktion im psychoanalytischen Sinne und sie besitzen eine „Wissens- und Selbstaktualisierungsfunktion".

Fragt man nach dem Menschenbild, das dem Ansatz zugrunde liegt, stellt man – ähnlich wie im Falle der „Einstellungen" (vgl. Kap. 2.3) – fest, dass Elemente aus unterschiedlichen Paradigmen der Persönlichkeitspsychologie vertreten sind. Die bloße Annahme von 2 x 18 zentralen Wertedimensionen ist zunächst dem Eigenschaftsparadigma (vgl. Kap. 1.4) zuzuordnen. Beim Erwerb von Werthaltungen (durch Lernen) wird auf das behavioristische Paradigma rekurriert (vgl. Kap. 1.3).

---

2  Zum Nachweis entsprechender Lernprozesse im Erwachsenenalter vgl. auch Renner (2005: 22-23).

Hierauf bezieht sich Rokeach auch, wenn er über die „Bedeutung von Werthaltungen" schreibt: „First, there is a strictly behavioristic answer: Regardless of the meaning of a given value, it represents a specific stimulus and all that matters is wheather or not this stimulus leads to predictable responses. Such a behavioristic position is altogether indifferent to the question of meaning and concerns itself only with S-R connections" (Rokeach 1973: 49). Hinsichtlich der Funktionen von Werthaltungen wird teilweise auf das psychoanalytische Paradigma (vgl. Kap. 1.2) zurückgegriffen, teilweise auf das Informationsverarbeitungsparadigma (vgl. Kap. 1.6) und teilweise auf das humanistische Paradigma (vgl. Kap. 1.8). Letzteren Punkt spricht Rokeach explizit an: „Different subsets of values may differentially serve Maslow's safety, security, love, self-esteem, and self-actualization needs" (Rokeach 1973: 16). Zu diskutieren wären die Konsequenzen, die aus dieser „Vermischung" unterschiedlicher Menschenbilder resultieren (vgl. hierzu das zusammenfassende Kapitel 8).

Nach Durchsicht der einschlägigen Literatur stellte Rokeach eine Liste der seiner Auffassung nach wichtigsten Werte zusammen (Rokeach 1973: 29-30, 55). Er unterscheidet dabei 18 terminale und 18 instrumentelle Werte (auf die sich entsprechende Werthaltungen beziehen). Terminale Werte, also Vorstellungen von wünschenswerten Endzuständen, können sich dabei sowohl auf Menschen als auch auf die Gesellschaft beziehen; instrumentelle Werte, d.h. Vorstellungen von wünschenswerten Verhaltensweisen, sowohl auf moralische Aspekte als auch auf Aspekte der Kompetenz bzw. der Selbstentfaltung (Rokeach 1973: 7-9). Tabelle 3.2-1 gibt einen Überblick über die genannten Werte. Die Tabelle ist Asendorpf (2007: 250) entnommen. Nach Rokeach sind „terminal values" und „instrumental values" zwar verbunden, jedoch in jeweils unterschiedlichen Systemen entlang eines „Wichtigkeitskontinuums" (continuum of importance) organisiert (Rokeach 1973: 25).

MESSUNG

Rokeach entwickelte ein als „Rokeach Value Survey" (RVS) bekanntes Instrument zur Messung der genannten Werthaltungen (in Form von Wertprioritäten) – jeweils getrennt für „terminal values" und

*Tabelle 3.2-1:*  *Items des Rokeach Value Survey (RVS).*
*(aus Rokeach, 1973; dt. Übers. nach Günther, 1975)*

| Endziele (terminal values) | | Instrumentelle Ziele (instrumental values) | |
|---|---|---|---|
| comfortable life | ein angenehmes Leben | ambitious | ehrgeizig |
| exciting life | ein aufregendes Leben | broadmin-ded | tolerant |
| a sense of ac-complishment | das Gefühl, et-was erreicht zu haben | capable | fähig |
| a world at peace | eine friedliche Welt | cheerful | munter |
| a world of beauty | eine schöne Welt | clean | sauber |
| equality | Gleichheit | courageous | mutig |
| familiy security | Sicherheit für die Familie | forgiving | nachsichtig |
| freedom | Freiheit | helpful | hilfreich |
| happiness | Glück | honest | ehrlich |
| inner harmony | innere Harmonie | imaginative | phantasievoll |
| mature love | reife Liebe | independent | unabhängig |
| national security | staatliche Sicherheit | intellectual | intellektuell |
| pleasure | Genuss | logical | logisch |
| salvation (belief in God) | Erlösung (zum ewigen Leben) | loving | liebevoll |
| self-respect | Selbstachtung | obedient | gehorsam |
| social recogni-tion | gesellschaftliche Anerkennung | polite | höflich |
| true friendship | wahre Freund-schaft | responsible | verantwort-lich |
| wisdom | Weisheit | self-con-trolled | beherrscht |

Quelle: Asendorpf (2007: 250)

„instrumental values" (vgl. Tabelle 3.2-1; vgl. auch: Oesterdiekhoff u.a. 2001: 18-19 oder: Kmieciak 1976: 112-113). Ausführlich darge-stellt ist das RVS in Rokeach (1973: 26-52). Beim RVS werden die Befragten gebeten, die aufgeführten – und um eine kurze Definition ergänzten – Schlagworte zu sortieren. Die Reihenfolge soll dabei der Wichtigkeit des Punktes als – frei übersetzt – Beurteilungsmaßstab für das Denken und Verhalten (guiding principle) in Bezug auf das eigene, ganz persönliche Leben entsprechen (vgl. Rokeach 1973: 27). Die Ranking-Methode wurde dabei bewusst gewählt, da nicht die absolute Ausprägung von Werthaltungen im Zentrum des Interesses stand, sondern deren subjektiv empfundener Rang. In Rokeach (1973) finden sich zahlreiche Beispiele für die Anwendung des Instruments. In einigen Studien wurde das Instrument modifiziert (vgl. z.B. Moore 1975; Braithwaite und Law 1985; McCarty u.a. 2000).

Anzumerken ist, dass auch andere Methoden als die Befragung zur Erfassung der angesprochenen Werthaltungen geeignet sind. Hierzu nochmals Asendorpf (2007: 251): „Zum Beispiel ergab eine inhaltsanalytische Untersuchung an jeweils 25000 Wörter umfas-senden Stichproben der politischen Schriften von Hitler, Goldwater (als reaktionär angesehener Präsidentschaftskandidat der Republikaner in den USA), Lenin und „Sozialisten" wie Erich Fromm die ... [hier nicht dargestellten; d. Verf.] ... Rangplätze für die Endziele Freiheit und Gleichheit (vgl. Graumann & Willig 1993). Danach rangierten bei den Sozialisten Freiheit und Gleichheit ganz oben und bei Hitler ganz unten; Goldwater bevorzugte Freiheit bei weitem vor Gleichheit, während Lenin Gleichheit auf Kosten von Freiheit hoch bewertete". Die Untersuchung ist auch in Rokeach (1973: 50-51) beschrieben.

KRITIK

Auch am Ansatz von Rokeach lässt sich, wie bei den übrigen der in Kapitel 3 besprochenen Ansätzen, Kritik üben:

- Ein erster Kritikpunkt hinsichtlich der Unterscheidung in „terminal values" und „instrumental values" betrifft deren unterschiedliches Abstraktionsniveau. Asendorpf (2007: 250) schreibt in diesem Zusammenhang: „Es wird deutlich, dass instrumentelle Ziele vom Abstraktionsniveau her sehr genau Verhaltensdispositionen entsprechen (aber damit nicht identisch sind, weil es sich ja um Verhaltensnormen handelt), während Endziele auf höherem Abstraktionsniveau angesiedelt sind: Sie können durch ganz unterschiedliche Verhaltensweisen angestrebt werden. Zum Beispiel kann man gesellschaftliche Anerkennung (Endziel) durch instrumentelle Ziele wie tolerant, fähig, munter, mutig, hilfreich, liebevoll, höflich oder verantwortungsvoll erreichen".

- Einen zweiten Kritikpunkt hinsichtlich der Unterscheidung in „terminal values" und „instrumental values" formuliert Asendorpf (2007: 250) folgendermaßen: „Diese Unterscheidung ist ... relativ, weil auch Ziele sich als Zielhierarchie aus vielen Ebenen auffassen lassen, so dass sich z.B. Hilfsbereitschaft sowohl als instrumentelles Ziel für das Endziel Brüderlichkeit als auch als Endziel des untergeordneten instrumentellen Ziels Selbstkontrolle auffassen lässt. Deshalb ist der Befund von Heath und Fogel (1978) nicht überraschend, dass Versuchspersonen Schwierigkeiten haben, vorgegebene Werte in die Kategorien Endziel und instrumentelles Ziel einzuordnen". Rokeach (1973: 12) sieht diesen Kritikpunkt ebenfalls, ohne ihn schlüssig zu entkräften.

- Ein wichtiger Kritikpunkt betrifft die Festlegung der 18 „terminal values" und der 18 „instrumental values" aufgrund der Einschätzung ihrer Zentralität anhand des Literaturstudiums (vgl. Rokeach 1973: 29). Ob damit wirklich die jeweils wichtigsten Wertedimensionen erfasst werden, wird letztlich lediglich aus Expertenurteilen erschlossen, wobei Experten ihre Vorlieben haben mögen, sie mögen vom kulturellen Umfeld oder vom momentanen Stand der Fachdiskussion beeinflusst sein und sie mögen mehr oder weniger prominent sein, womit sie sich mehr oder weniger „Gehör verschaffen" können. Auch erscheint die Anzahl von 2 x 18 für „grundlegende Werte" relativ hoch (vgl. zur Anzahl: Rokeach 1973: 11). In beiden Aspekten erinnert der Ansatz damit an den Ansatz Cattells mit 16 grundlegenden Persönlichkeitseigenschaften aus den Anfängen der faktorenanalytisch orientierten Persönlichkeitsforschung (vgl. Kap. 1.5).

- Rokeach betrachtet Werthaltungen (wie auch das individuelle Wertesystem) als erlernt (vgl. z.B. Rokeach 1973: 6, 14). Diese

Annahme erscheint allerdings nicht zwingend notwendig, zumal Werthaltungen ja auch eine „Selbstaktualisierungsfunktion" zugeschrieben wird.

• Die Aussage, Werthaltungen hätten neben einer starken motivationalen Komponente eine kognitive, eine affektive und eine verhaltensbezogene Komponente (vgl. Rokeach 1973: 14), erscheint eher vage und dürfte mit ähnlichen Problemen verbunden sein, wie die Vorstellung einer affektiven, einer kognitiven und einer verhaltensbezogenen Komponente im dreidimensionalen Einstellungsmodell (vgl. Kap. 2.2) – nur, dass noch eine vierte Komponente dazu kommt.

### 3.3 Der Ansatz von Inglehart

#### Vorstellung des Ansatzes

Ende der 1970er Jahre fand Ronald Ingleharts „Postmaterialismus-Ansatz" große Aufmerksamkeit, bot er doch eine Erklärung für das empirisch nachweisbare Phänomen offenbar sich wandelnder Werthaltungen (bei Inglehart „Wertvorstellungen" genannt). Eine in den 1950er Jahren begonnene Zeitreihe des Emnid-Instituts zeigte beispielsweise mit fortschreitender Zeit zunehmende Anteile von Personen, welche besonderen Wert auf das Erziehungsziel „Selbständigkeit und freier Wille" legten und abnehmende Anteile von Befragten mit einer Präferenz für das Erziehungsziel „Gehorsam und Unterordnung" – bei tendenziell stagnierenden Anteilen für das Erziehungsziel „Ordnungsliebe und Fleiß" (vgl. Klages 2001: 730).[3] Ebenfalls seit den 1950er Jahren wiesen die „Statistischen Jahrbücher für die Bundesrepublik Deutschland" einen Rückgang des Anteils

---

3 Die üblicherweise bei dieser Zeitreihe berichteten Werte beziehen sich auf zwei unterschiedliche Erhebungsmodi – einmal mit und einmal ohne Zulassung von Mehrfachantworten. Aufgrund dessen addieren sich die Prozentangaben für die drei vorgegebenen Erziehungsziele teilweise zu „100" und teilweise zu deutlich höheren Werten, was die Angaben nicht unmittelbar vergleichbar macht. In Schumann (1992: 77) findet sich diese Zeitreihe bis 1998, wobei bei Mehrfach-Antwortmöglichkeit die Werte proportional so angepasst wurden, dass sich auch für sie eine Summe von „100" ergibt.

der gleichkonfessionellen Eheschließungen (bei heiratenden Katholiken und Protestanten) aus sowie eine sinkende Teilnehmerzahl am
sonntäglichen (katholischen) Gottesdienst, was auf einen Rückgang
der Kirchenbindung schließen ließ. Umfragen bestätigten den Trend
einer deutlich abnehmenden Kirchgangshäufigkeit sowohl bei Katholiken als auch bei Protestanten (grafische Darstellung in Bürklin/
Klein 1998: 89). Gleichzeitig stieg in Umfragen der Anteil derer, die
sich als „politisch interessiert" bezeichneten, drastisch an und vieles
mehr. Ebenfalls seit Beginn der 1950er Jahre sank der Anteil der
Schulabgänger mit Volks- bzw. Hauptschulabschluss dramatisch,
während gleichzeitig der Anteil sowohl der (Fach-)Abiturienten als
auch der Mittelschüler unter den Schulabgängern zunahm (vgl. zu den
Zeitreihen Schumann 1992: 68-77). Inglehart (1977: 7) konstatiert
explizit eine gesellschaftliche Umbruchsituation, wenn er schreibt:
„Reliable time series data demonstrate clearly that massive change
*is* taking place in the infrastructure of advanced industrial society.
These system-level changes might well alter individual-level values,
beliefs, and behavior" (Hervorhebung im Original).

Er präsentierte – aufbauend auf früheren Überlegungen (vgl. z.B.
Inglehart 1971, 1977a) – mit seinem Buch „The Silent Revolution"
(1977) eine auf den ersten Blick sehr elegante Erklärung dieser
offensichtlichen Umbruchsituation, wobei der Titel des Werks gleich-
sam Programm ist. Die Alterskohorten der nach dem II. Weltkrieg
Geborenen entwickelten danach andere Werthaltungen als die früher
Geborenen, wodurch sich im Aggregat die Verteilung von Werthaltungen
langsam aber stetig verändere. „The process of change ... seems to
be ... rooted in the formative experiences of whole generation-units"
(Inglehart 1977: 21).

Zur Definition nach Inglehart: „Werthaltungen werden im allgemeinen als relativ stabile, tiefverwurzelte und frühzeitig herausgebildete
Komponenten der Persönlichkeitsstruktur betrachtet. Werthaltungen
sind teilweise das Ergebnis sozialer Lernprozesse sowie auch persönlicher Bedürfnisse und Wunschhaltungen, dennoch überschneiden
sich die Begriffe Bedürfnis, Lebensziel und Werthaltung weitgehend"
(Inglehart 1980: 409).

Für den Wandel von Werthaltungen werden – abgesehen von sozioökonomischen Veränderungen – hauptsächlich zwei Phänomene verantwortlich gemacht: der historisch einmalige Wohlstand in westlichen Industrienationen nach dem II. Weltkrieg sowie die Abwesenheit von Kriegen (im eigenen Land) in dieser Zeit (vgl. Inglehart 1977: 12-22). „In short, people are safe and they have enough to eat. These two basic facts have far-reaching implications" (Inglehart 1977: 22). Die Vorstellung von damit verbundenen veränderten Werthaltungen stützt er in der ursprünglichen Form des Ansatzes auf zwei „Kern-Hypothesen" (key hypotheses)[4]:

„1. Eine Mangelhypothese: die Prioritäten eines Individuums reflektieren seine sozioökonomische Umwelt. Man schätzt jene Dinge subjektiv am höchsten ein, die verhältnismäßig knapp sind.

2. Eine Sozialisationshypothese: das Verhältnis zwischen sozioökonomischer Umwelt und Wertprioritäten ist nicht eines der unmittelbaren Anpassung. Eine beträchtliche zeitliche Verzögerung spielt hierbei eine Rolle, da sie Grundwerte einer Person zum größten Teil jene Bedingungen reflektieren, die während der Jugendzeit vorherrschten" (Inglehart 1984: 280; vgl. auch z.B. Inglehart 1998: 53).

Bezüglich der Richtung der Veränderung von Werthaltungen beruft sich Inglehart (1977: 22) in der ursprünglichen Version seines Ansatzes – im Gegensatz zu späteren, wie z.B. in Inglehart (1990: 66-103 bzw. 1989: 90-137) – explizit auf die „Bedürfnishierarchie" Abraham Maslows (1954: 35-47 bzw. 1996: 62-74). Menschen würden danach streben, eine Reihe unterschiedlicher Bedürfnisse zu befriedigen, wobei diese Bedürfnisse (bzw. das Streben nach ihrer Befriedigung) eine Rangordnung aufwiesen: Zunächst gelte es, physiologische Bedürfnisse zu erfüllen, dann das Bedürfnis nach physischer und ökonomischer Sicherheit. Seien diese Bedürfnisse gestillt, würde der Mensch nach Liebe, Zugehörigkeit und Achtung streben sowie – noch eine Stufe weiter – nach der Befriedigung intellektueller und ästhetischer Bedürfnisse (vgl. hierzu Inglehart 1977: 22 oder ders.: 1984: 280-281). Allerdings übernimmt Inglehart nicht diese „Feinabstufungen", sondern lediglich eine Dichotomisierung in „materielle"

---

4    Für eine Modifizierung der Hypothesen vgl. Inglehart und Welzel (2010: 97-98).

und „nicht-materielle" Bedürfnisse bzw. Ziele (Inglehart 1984: 281). „Nichtmaterielle Bedürfnisse" entsprechen dabei im Wesentlichen den „Selbstentfaltungs-Bedürfnissen" bei Maslow (Inglehart 1977: 22-23). Der beispiellose Wohlstand nach dem II. Weltkrieg hat nach der Vorstellung der „Silent Revolution" dazu geführt, dass in den entsprechenden Alterskohorten der Bevölkerung zunehmend nicht-materielle Bedürfnisse anzutreffen sind (Mangelhypothese). Nachdem diese Kohorten mit fortschreitender Zeit einen immer größeren Anteil der Gesamtbevölkerung ausmachten, würden sich nicht-materielle Bedürfnisse entsprechend „ausbreiten". Kurz gesagt konstatiert Inglehart (1977: 5) als Veränderung bezüglich der Verteilung individueller Werthaltungen: „Increasing emphasis on needs for belonging, esteem and self-realization".

Gesellschaftlich relevant wird ein solcher Wandel nur, wenn er sich in verändertem Verhalten niederschlägt. Folgerichtig stellt sich Inglehart (1998: 78) die Frage: „Wird das Verhalten des einzelnen tatsächlich von Werten und Einstellungen beeinflusst? Wenn das *nicht* so ist, dann hätten Wert- und Einstellungsveränderungen auch keinen Einfluss auf die Gesamtgesellschaft" (Hervorhebung im Original). Mit Verweis auf die Meta-Analyse von Kraus (1995), die eher positive Ergebnisse erbrachte und unter Berücksichtigung der Tatsache, dass bei entsprechenden Untersuchungen die Korrespondenzhypothese (Kap. 2.6) zu beachten sei, sowie mit Hinweis darauf, dass „zentrale und stabile" Einstellungen eher Einfluss ausüben könnten als „nebensächliche und flüchtige", wobei zusätzlich der „situative Einfluss" zu berücksichtigen sei, kommt er zu dem Schluss: „Kurz, Einstellungen prägen das Verhalten nicht Punkt für Punkt. Wir müssen auch die jeweiligen Verhältnisse berücksichtigen. Doch dasselbe gilt auch für die Verhältnisse selbst: sie determinieren nicht das Ergebnis. Verhalten setzt sowohl ein Motiv als auch eine Gelegenheit voraus" (Inglehart 1998: 80). Hieraus wird Zweierlei deutlich: Erstens stellt er völlig zu Recht klar, das Einstellungen – wie sich schon aus dem Modell von Brewster Smith (vgl. Kap. 1.1) ergibt – nicht die einzige mögliche Quelle der Beeinflussung darstellen. Zweitens entsteht der Eindruck (obwohl nicht explizit ausgeführt), dass entweder „Werthaltungen" und „Einstellungen" als Äquivalente zu betrachten sind (was nach Kapitel

3.1 problematisch erscheint), oder dass Werthaltungen Einfluss auf Verhalten nur *indirekt,* vermittelt über Einstellungen entfalten.

Mit dem Wandel bezüglich individueller Werthaltungen sind nach Inglehart weitreichende Konsequenzen – nicht nur individuell, sondern insbesondere auch auf gesellschaftlicher Ebene bzw. der Ebene des politischen Systems – verbunden. Er nennt folgende Veränderungstendenzen: „1. Change in prevailing political issues; increasing salience of „life-style" issues; 2. Change in social bases of political conflict; relative decline of social class conflict; 3. Changes in support for established national institutions; declining legitimacy of nation-state; rise of super-national and „tribal" loyalties; 4. Change in prevailing types of political participation; decline of elite-directed political mobilization; rise of elite-challenging issue-oriented groups" (Inglehart 1977: 5). Die unter Punkt 3 und 4 genannten Veränderungen würden zudem durch den anwachsenden Anteil gut ausgebildeter Menschen (mit entsprechenden Fähigkeiten) in der Gesamtbevölkerung vorangetrieben.

Allerdings ist für diese Argumentation die oben genannte „Sozialisationshypothese" unabdingbar, welche von einer „prägenden Phase" während der ersten 20 Lebensjahre ausgeht (vgl. Inglehart 1984: 297). Hierzu nochmals Inglehart (1984: 280) im Original: „Einer der am meisten verbreiteten Gedanken in der Sozialwissenschaft ist die Annahme einer Grundstruktur im Persönlichkeitsbild, die sich bis zum Erreichen des Erwachsenenalters herauskristallisiert und sich danach kaum noch verändert. Frühere Sozialisation scheint ein viel größeres Gewicht zu haben als spätere. Das bedeutet nicht, dass das Erwachsenenalter keine Veränderung mehr mit sich bringt, sondern einfach, dass die Wahrscheinlichkeit von Veränderungen als Reaktion auf veränderte Umweltbedingungen ganz erheblich sinken kann, vielleicht in einem logarithmischen Verhältnis" (vgl. hierzu auch Inglehart 1977: 23). Das Zitat verdeutlicht, dass Inglehart bei der „Silent Revolution" einen Wandel im Persönlichkeitsbereich im Auge hat (vgl. hierzu auch Schumann 1989: 61-62). Er sieht „Wertvorstellungen" als „relativ tief verwurzelt und stabil" an (vgl. Inglehart 1984: 280). Ferner geht er offenbar davon aus, dass Werthaltungen in ihrer Ausprägung erlernt werden (vgl. Inglehart 1977: 23). Dies steht in einem gewissen Spannungsverhältnis zur Mangelhypothese, die mit dem Bezug auf Maslow

dem humanistischen Paradigma (Kap. 1.8) zuzuordnen ist, welches
behavioristischen Vorstellungen keinen zentralen Stellenwert zubilligt.
Es zeigt schließlich auch ein Problem bezüglich der Vereinbarkeit
von Mangel- und Sozialisationshypothese, sowohl was die logische
Vereinbarkeit als auch, was das zugrunde liegende Menschenbild
betrifft (Näheres hierzu unter dem Punkt „Kritik").

MESSUNG

Bezüglich des Ansatzes vom Maslow (1954) stellt Inglehart (1980:
411-412) fest: „Dieser Theorie sind unsere Fragebogenitems ent-
lehnt, die dazu dienen, Wertprioritäten zu messen. ... Es ist schwierig,
Werthaltungen direkt zu messen. Aber sie können indirekt durch
Aussagen über erwünschte gesellschaftliche Zielvorstellungen
ermittelt werden".

Zur Messung der Werthaltungen – bzw. im Aggregat zur Messung
des Anteils der „Postmaterialisten", der „Materialisten" und der „Mischtypen" in der Bevölkerung – kamen im Rahmen des oben skizzierten
Ansatzes bzw. dessen Diskussion verschiedenen Messinstrumente
zum Einsatz (vgl. hierzu Inglehart 1977: 24-53; ders. 1979a: 311-320;
ders. 1984: 284 -297, ders. 1998: 158-188 oder Schumann 1989:
62-65). Durchgesetzt hat sich in der ersten Zeit ein gut in Umfragen
integrierbarer 4-Item-Fragenkatalog (Inglehart 1998: 192). Bei diesem
Instrument werden die Befragten Personen mit vier politischen Zielen
konfrontiert, nämlich „1. Aufrechterhaltung von Ruhe und Ordnung in
diesem Lande, 2. Mehr Einfluss der Bürger auf die Entscheidungen
der Regierung, 3. Kampf gegen die steigenden Preise, 4. Schutz des
Rechts auf freie Meinungsäußerung". Sie haben dann zu entscheiden,
welches in ihren Augen das derzeit wichtigste politische Ziel darstellt,
das zweitwichtigste und oft auch, welches das drittwichtigste Ziel
darstellt (womit sich das verbleibende Ziel als das „unwichtigste"
ergibt). Die Ziele 1 und 3 werden als „materialistisch", die Ziele 2
und 4 dagegen als „postmaterialistisch" eingestuft. Personen, welche
sowohl als wichtigstes und als auch als zweitwichtigstes Ziel ein „materialistisches" nennen, werden als „Materialisten klassifiziert; solche,
die sowohl als wichtigstes und als auch als zweitwichtigstes Ziel ein
„postmaterialistisches" nennen, als „Postmaterialisten". Personen, wel-

che an erster und zweiter Stelle jeweils ein „materialistisches" und ein „postmaterialistisches" Ziel nennen, werden „Mischtypen" zugeordnet. Die weiteren Ausführungen beschränken sich auf dieses ursprüngliche Instrument, da dies der Argumentation keinen Abbruch tut.

## KRITIK

Der Postmaterialismus-Ansatz wurde, trotz seiner Prominenz, schon früh in vielerlei Hinsicht teils heftig Kritisiert (vgl. z.B. die Überblicksdarstellungen in Gabriel 1986; Herz 1987; Jagodzinski 1985; Müller-Rommel 1983 oder Thome 1985). Markus Klein (2005: 265) bemerkt: „Die Zahl der Veröffentlichungen, die sich kritisch mit der Theorie und den empirischen Analysen Ronald Ingleharts auseinandersetzen, übersteigt die Zahl seiner eigenen Publikatioen mittlerweile deutlich (vgl. z.B. als Überblick Klages 1992; Bauer-Kaase/Kaase u.a. 1998; Bürklin/Klein/Ruß 1994 1996)". Dabei wird sowohl „immanent" Kritik geäußert, also unter weitgehender Akzeptierung der grundlegenden Argumentation Ingleharts, als auch „extern" im Sinne einer pauschalen Ablehnung des gesamten Ansatzes – oft mit Alternativ-Vorschlägen, was die „Dimensionen des Werteraums" betrifft. Zusätzliche Kritik betrifft die eingesetzten Messinstrumente.

Beginnen wir mit der „internen" Kritik.

- Bereits relativ früh konstatierte Franz Lehner (1984: 320) ein „Konsistenzproblem", das aus der Kombination von Mangel- und Sozialisationshypothese erwächst. „Die sich aus der Maslowschen Konzeption ergebende Annahme einer *motivationalen Anpassung an die konkrete sozio-ökonomische Lage* ist kaum vereinbar mit den Implikationen der von Inglehart ebenfalls eingeführten Sozialisationshypothese" (Lehner 1981: 320; Hervorhebung im Original). Man könnte auch sagen, der Ansatz wird teilweise immunisiert. Wächst beispielsweise ein Mensch in materieller Not auf, entwickelt sich dementsprechend im Laufe der „prägenden Jahre" zum Materialisten und erfährt dann im fortgeschrittenen Lebensalter materiellen Wohlstand, so kann er entweder „Materialist" bleiben (Sozialisationshypothese) oder zum „Postmaterialisten" werden (Mangelhypothese). Beides ist mit dem theoretischen Ansatz vereinbar (zur Theorie-Kritik vgl. auch Rössel 2011).

- Wie bereits angesprochen, ist die Kombination von Mangel- und Sozialisationshypothese noch mit einem weiteren Konsistenzproblem verbunden. Die Mangelhypothese rekurriert auf Abraham Maslow, welcher dem humanistischen Paradigma der Persönlichkeitspsychologie (Kap. 1.8) zuzurechnen ist (vgl. hierzu auch z.B. Inglehart und Welzel 2010: 139, 287-293). Die Sozialisationshypothese dagegen nimmt Lernprozesse im Rahmen der prägenden Phase an und ist daher dem behavioristischen Paradigma (Kap. 1.3) zuzuordnen. Aus diesem Zusammenhang sind „prägende Phasen" in frühen Lebensabschnitten durchaus bekannt (wenngleich sie aus theoretischer Sicht mit Problemen behaftet sind) und auch empirisch belegt. In das humanistische Paradigma ist die Vorstellung einer „prägenden Phase" dagegen schwer zu integrieren. Dies würde schließlich bedeuten, dass ein einmal „materialistisch" geprägter Mensch im späteren Leben nicht mehr (oder nur in sehr begrenztem Maße) nach Selbstverwirklichung streben wird.
- Thomas Herz (1979: 283) bezeichnet die Vorstellung, im Erwachsenenalter fände keine (oder fast keine) Sozialisation mehr statt, als „... eine sehr fragwürdige Annahme". Renner (2005: 22-23) schließt sich dieser Auffassung – unter Verweis auf empirische Forschungsergebnisse – nachdrücklich an.
- Ferner werde „... ein Wandlungsprozess impliziert, dessen nächste Stufe noch im Dunkeln liegt" (Herz 1979: 283; vgl. hierzu auch a.a.O: 294-294). Inglehart entwickelt dagegen die Vorstellung, dass mit dem Anwachsen des Anteils der „Postmaterialisten" das wirtschaftliche Wachstum nachlassen würde (Inglehart 1989: 77, 208, 225). Dies könnte – mit Zusatzannahmen – zu einem erneuten Anwachsen des Anteils der Materialisten führen, womit ein zyklischer Prozess entstünde. Alternativ könnte man die Mangelhypothese, wonach jene Dinge, die verhältnismäßig knapp sind, subjektiv am höchsten geschätzt werden (siehe oben), beim Wort nehmen sowie sich – wie Inglehart in späteren Versionen seines Ansatzes – weitgehend von Maslows Vorstellungen lösen und statt dessen einen „abnehmenden Grenznutzen" ins Zentrum der Argumentation stellen (vgl. z.B. Inglehart 1998: 53-54; ders. 1989: 77). Dann jedoch können individuelle Werthaltungen sich ggf. in

unterschiedlichste Richtungen verändern – je nachdem, welchen Dingen aus individueller Sicht eine „besondere Knappheit" attestiert wird. Dieser Punkt wird insbesondere dann relevant, wenn man die Vorstellung der Eindimensionalität des Werteraums aufgibt (s. unten). Das von Lehner (1984: 320) angesprochene „Konsistenzproblem" hinsichtlich der Sozialisationshypothese bleibt in beiden Fällen bestehen.

- Einen Kritikpunkt stellt auch die Rückführung von Werten auf Bedürfnisse dar. „Das Problem ... liegt darin, dass ein Bedürfnis durch verschiedene Werte „repräsentiert" wird, bzw. dass ein Wert verschiedene Bedürfnisse „befriedigen" kann. ... Ferner lassen sich nur ex post spezifische Werte den Bedürfnissen zuordnen – und auch dann nicht immer eindeutig. Hinzu kommt, dass die angenommene Kausalbeziehung umgekehrt sein kann ... *Maslow* betont außerdem, dass es Bedürfnisse gibt, die keiner Umsetzung in Werte bedürfen, sondern direkt befriedigt werden müssen; andere können in vielfältiger Weise befriedigt werden. Trotz dieser Probleme findet man in der gegenwärtigen Diskussion immer wieder Hinweise auf eine durch Bedürfnisse begründete Wertehierarchie" (Herz 1979: 286; Hervorhebung im Original). Nach einer empirischen Analyse kommt Herz (1979: 291) zu dem Schluss: „Die Vorstellung einer Wertehierarchie, die sich auf Bedürfnisse zurückführen lässt und die definitionsgemäß eindimensional ist, lässt sich nach dieser Analyse weder theoretisch begründen noch empirisch nachweisen" (vgl. hierzu auch Thome 1985: 30).

- Ein weiterer Punkt sei mit den Worten Maslows (1996: 82) beschrieben: „Bisher könnten unsere Theorien den Eindruck vermittelt haben, dass die fünf Ensembles von Bedürfnissen irgendwie in folgender Weise funktionieren: Wenn ein Bedürfnis befriedigt ist, taucht das nächste auf. Eine solche Behauptung könnte den falschen Eindruck erwecken, dass ein Bedürfnis hundertprozentig befriedigt sein muss, bevor das nächste auftritt. ... Eine realistischere Beschreibung der Hierarchie wäre in den Begriffen abnehmender Prozentsätze der Befriedigung auf dem Weg hinauf in der Hierarchie ... möglich". Die oben dargestellte theoretische Argumentation Ingleharts verweist dagegen eher auf die erstgenannte Vorstellung.

- Am Postulat der Eindimensionalität bei Inglehart wurden aufgrund empirischer Forschungsergebnisse Einwände erhoben (vgl. Klein 1995).

- An der Eindimensionalität hält Inglehart auch bei der Modifikation seines Ansatzes fest, wenn er schreibt: „Um es auf den Punkt zu bringen: die dimensionale Analyse der Daten aus über 40 Ländern hat ergeben, dass eine materialistisch/postmaterialistische Dimension, die den Wertesystemen vieler verschiedener Menschen zugrunde liegt, *existiert*" (Inglehart 1998: 180 bzw. im Original 1997: 123; Hervorhebung im Original). Allerdings wird die anfangs – mit Verweis auf Maslow völlig zu Recht – postulierte zentrale Stellung dieser Dimension gleichzeitig relativiert: „Die materialistische/postmaterialistische These behauptet, dass eine intergenerationelle Wertverschiebung entlang einer Dimension stattfindet, die durch zwei Pole, materialistische bzw. postmaterialistische Werte benannt, genau bestimmt ist. Dieser Raum ist, laut Definition, eindimensional, und obwohl menschliche Werte beinahe unendlich dimensional sind, fokussiert die Theorie auf diese eine Dimension. Nur in diesem Sinne können wir die Theorie als „eindimensional" bezeichnen, obwohl dieser Begriff möglicherweise in die Irre führt" (Ingelhart 1998: 164 bzw. im Original 1997: 113). Nach dieser Sichtweise bezieht sich der „Wertewandel", auf dem die „Silent Revolution" basiert, offenbar nur auf eine von (beinahe unendlich?) vielen Dimensionen des „Werteraums".

- Was empirische Forschungsergebnisse im Rahmen des Postmaterialismus-Ansatzes betrifft, so wurde bereits sehr früh klar, dass sie sich in vielen Fällen nicht mit den zu erwartenden Resultaten decken, wobei hier aus Platzgründen nur einige wenige berichtet sind. Böltken und Jagodzinski (1983: 19) können etwa die in Ingleharts Theorie postulierte „Wasserscheide" (in den Werthaltungen der vor bzw. nach dem II. Weltkrieg Geborenen) nicht nachweisen; ebenso Schumann (1990: 324-325). Gabriel (1986: 134-135) berichtet von situationsbedingten Schwankungen im Anteil der Materialisten und Postmaterialisten, welche ihn zu der Frage veranlassen: „... unter welchen Bedingungen die Interpretation des Materialismus und des Postmaterialismus als stabile Wertorientierungen überhaupt empirisch scheitern kann, wenn kurzfristige Schwankungen in der hier beschriebenen Größenordnung zu ihrer Falsifikation nicht ausreichen". Starke, dem theoretischen Ansatz widersprechende Periodeneffekte bzw. Schwankungen berichten auch Böltken und Jagodzinski (1983: 19), Jagodzinski (1984: 239) oder Schumann und Schoen (2009: 22, 29). Weitere frühe, nicht theoriekonforme empirische Forschungsergebnisse finden sich beispielsweise in van Deth (1983), Jagodzinski (1985, 1985a) oder Puschner (1985). Erwiderungen Ingleharts sind Inglehart 1979b, 1981, 1983 zu entnehmen. Auch andere Autoren wie etwa Gabriel (1984: 76-79) oder Clarke und Dutt (1991) äußern sich aufgrund empirischer Analysen kritisch. Diskutiert wurden empirische Ergebnisse ebenfalls von Klein und Pötschke (2000, 2001, 2004) auf der einen und Thome (2001) auf der anderen Seite. Nicht theoriekonforme Forschungsergebnisse könnten allerdings jeweils auch auf Validitätsmängel des eingesetzten Instruments zurückzuführen sein (siehe weiter unten).

- Ein Teildatensatz der „Political Action Studie" aus dem Jahre 1974 (ZA-Nr. 0757) zeichnet sich durch zwei Besonderheiten aus: Erstens wird hier – anstelle eines „Proxies" – explizit die „wirtschaftliche Situation zu der Zeit, als der Befragte ca. 10-18 Jahre alt war", erhoben und zweitens „... wurden 257 Fälle dieses Datensatzes durch zusätzliche Interviews zu Eltern – Kindpaaren ergänzt, wobei als „Kinder" in diesem Falle Jugendliche zwischen 16 und 20 Jahren bezeichnet werden" (Schumann 1990: 324). Weder die retrospektiv erhobene wirtschaftliche Lage während der prägenden Jahre im Gesamtsample noch das Haushaltseinkommen der Familien der 16-20-Jährigen (die ihre „prägenden Jahre" gerade hinter sich haben) weisen dabei einen Zusammenhang mit „Materialismus/ Postmaterialismus" auf – obwohl hier weitaus überzeugendere Indikatoren für dem „Wohlstand während der prägenden Jahre" eingesetzt wurden als dies üblicherweise der Fall ist (vgl. Schumann 1990: 326-327).

- Sigrid Roßteutscher weist in ihrem Aufsatz „Explaining politics: An empirical test of competing value measures" auf die geringe Erklärungskraft des Ansatzes hin: „The empirical analysis based upon a representative survey conducted in Germany in 1992, leads to the surprisingly unambiguous result that amomg different value measures, Ingeharts's variant explains the least" (Roßteutscher 2004: 769).

- Ein häufig – insbesondere mit Blick auf die eingesetzten Instrumente – geäußerter Kritikpunkt ist, dass offenbar nicht oder nur unzureichend zwischen „Werthaltungen" und „(politischen) Zielen" unterschieden wird. Werthaltungen weisen natürlich eine motivationale Komponente auf (vgl. Kap. 3.1), sie sind jedoch nicht identisch mit persönlichen (politischen) Zielen und sie sind auch nicht zwingenderweise deren Ursache. Das Eintreten für den „Kampf gegen die steigenden Preise" muss zum Beispiel nicht unbedingt ein Indiz entsprechender, zeitlich stabiler und in der Persönlichkeit verankerter Werthaltungen sein.

Dieser Punkt leitet über zur Kritik an den Instrumenten zur Messung postmaterialistischer Werthaltungen, wobei an dieser Stelle, wie gesagt, nur der in der überwiegenden Mehrzahl der Fälle eingesetzte „Inglehart-Index" Berücksichtigung findet.

- Der Hauptkritikpunkt bezieht sich – neben Hinweisen auf Reliabilitätsmängel (vgl. z.B. Schumann und Schoen 2009: 21-23) – auf die offensichtlich mangende Validität des Instruments. Der Kern der Kritik bezieht sich dabei darauf, dass die verwendeten Items erstens nicht „Werthaltungen" erfassten. Bürklin und Klein (1998: 150) zeigen zum Beispiel, wie der nach Inglehart gebildete Index (Postmaterialistenanteil minus Materialistenanteil) mit der Inflationsrate schwankt. Zweitens deckten die in den Items angesprochenen Ziele inhaltlich auch nicht annähernd die bei Maslow angesprochenen Bedürfnisse ab (vgl. z.B. Klages 1992: 25; Flanagan 1982: 429-430).

- Daneben werden messtechnische Vorbehalte geäußert. So wird beim Einsatz des Ranking-Verfahrens (das Inglehart unter Verweis auf das Vorgehen von Rokeach anwendet) „... dem Befragten eine Entscheidung zwischen Alternativen abverlangt, die sich normalerweise in dieser Form nicht stellt" (Gabriel 1986: 126).[5] Weitere

---

5  Vgl. zur Kritik am Ranking-Verfahren auch zum Beispiel Bürklin, Klein und Ruß (1994: 585), Herz (1979: 289), Flanagan (1982: 411-415) und Klages

Konsequenzen des Ranking-Verfahrens aus methodischer Sicht sind in Kap. 4.5 angesprochen. Kritisiert wird insbesondere, dass eine Reihung auch dann erzwungen wird, wenn Ziele als „gleich wichtig" betrachtet werden.

• Zudem wird die Nichtbeachtung der Gruppe der Menschen, die dem „Mischtyp" zuzuordnen sind, über weite Strecken in Ingleharts Analysen kritisiert, insbesondere bei der Berechnung von Prozentpunktdifferenzen zwischen dem Anteil der Postmaterialisten und dem der Materialisten (vgl. hierzu z.B. Klein 1995: 213; Flanagan 1982: 412; Schumann und Schoen 2009: 22). Nach dem Ansatz Ingleharts sollte der Mischtyp lediglich eine „Durchgangsstation" im Prozess des Wandels individueller Werthaltungen darstellen (vgl. z.B. Bürklin und Klein 1998: 149), Helmut Klages dient diese Annahme jedoch als Ausgangspunkt für seinen im nächsten Kapitel besprochenen, alternativen Ansatz. Neben ihrer Größe spräche insbesondere das Anwachsen dieser Mischgruppe über die Zeit (Grafik z.B. in Bürklin/Klein 1998: 151 oder Klein 2005: 440) für die Vorstellung einer „Wertesynthese" (vgl. Klages 1992: 23; Klages und Gensicke 2005: 286).

Schließlich wurden – teilweise in Reaktion auf den Postmaterialismus-Ansatz – völlig andere Vorstellungen vom „Werteraum" und der Messung von Werthaltungen entwickelt (vgl. z.B. Herz 1987, Flanagan 1979, 1979a, 1982 oder auch Haller 2002). Drei davon, nämlich die von Helmut Klages, von Shalom H. Schwartz und von Walter Renner (vgl. Kap. 3.4 bis 3.6) werden nachfolgend vorgestellt.

## 3.4 Der Ansatz von Klages

### Vorstellung des Ansatzes

Bei dem (explizit auf die Bundesrepublik bezogenen) Ansatz von Helmut Klages zum Wertewandel (vgl. ders. 1985: 16) ist, was die zu erklärenden Phänomene betrifft, zunächst der gleiche Ausgangspunkt erkennbar wie bei Inglehart. Inhaltlich birgt er jedoch eine explizite

---

(1992: 26), auf deren Kritik Inglehart (1998: 167) eingeht. Vgl. hierzu auch die Diskussion zwischen Klein und Arzheimer (1999), Stefan Sacchi (2000) sowie Klein und Arzheimer (2000). Vgl. auch van Deth (1983a).

Kritik am Postmaterialisnus-Ansatz (vgl. Kap. 3.3). Hierzu Klages: „Von einem „Wert-" oder „Wertewandel" in der Bevölkerung der Bundesrepublik wurde in den letzten Jahren in den verschiedensten Zusammenhängen gesprochen. Fundamentale Änderungen der „Mentalität" der Menschen, ihrer Art zu denken, zu fühlen, Wünsche zu empfinden und Erwartungen an ihre Umwelt zu richten, boten eine Erklärungsgrundlage für zahlreiche Dinge an, die neuartig und verwirrend, teils auch belastend und bedrohlich waren. Die immer wieder aufflammende Protestbewegung der Jugend, die allenthalben beklagte „Verdrossenheit", die zunehmende Neigung zum Aussteigertum bei gleichzeitiger Bereitschaft, Ansprüche an den Staat zu richten, die dramatisch sinkende „Akzeptanz" und Folgebereitschaft, der Zukunftspessimismus – all dies schien auf eine plausible Weise auf einen „Wertewandel" zurückführbar zu sein. Wie immer, wenn neue Deutungsmuster prominent werden, so gab es auch hier Tendenzen zur modischen Verflachung und Übervereinfachung. Eine mit plakativen Begriffsformeln und mit anspruchslosen Erhebungsinstrumenten arbeitende Wertwandlungsanalyse, welche die Diagnose eines Wandels von „materialistischen" zu „postmaterialistischen" Werten in den Mittelpunkt stellte, bot verführerische Gelegenheit an, den Wertewandel zu einem leichtgängigen Universalschlüssel werden zu lassen ..." (Klages 1985: 9).

Im Gegensatz zu Inglehart sah Klages den Wertewandel als ein zeitlich eng begrenztes Phänomen: Der „... aktuelle Wertewandel ist ... als ein deutlich beobachtbares Phänomen erst im Verlauf der 60er Jahre in Erscheinung getreten. ... . [Ferner] konvergieren die ... Aussagen ... zu der Annahme eines Abschlusses des Wertwandlungsschubs in den 70er Jahren. ... Zusammenfassend betrachtet lässt sich also der aktuelle Wertwandlungstrend auf einen Zeitraum einengen, der eine maximale Länge von 14 Jahren gehabt hat und der inzwischen zu einem Abschluss gekommen ist" (Klages 1985: 19-20) – wobei Klages (1985: 125-126) zur Erklärung dieses „Trendabbruchs" eine „Abbremsungs-" der „Sättigungshypothese" vorzieht. Allerdings sei der Zustand nach dem „großen Wertwandlungsschub" keineswegs völlig „stabil" (vgl. Klages 1985: 21). „Vielmehr zeigen die gegenwärtig zur Kenntnis gelangenden Daten sehr eindeutig, dass sich der Zustand, in welchem sich die Werte der Menschen gegenwärtig befinden, durch eine verhältnismäßig große Instabilität (durch „Schwankungen") charakterisieren" (Klages 1985: 21). Anzumerken ist hierzu, dass inzwischen zum Beispiel die Weiterführung der in Kapitel 3.3 bereits erwähnten Zeitreihe nochmals zunehmende Anteile von Personen, welche das Erziehungsziel „Selbständigkeit und freier Wille" bevorzugen, zeigen, was Klages (2001: 730) selbst berichtet und was als Indiz für eine Fortsetzung des Trends auch nach den 1970er Jahren gewertet werden kann.

Was die Dimensionen des Werteraums (und die zugehörigen Werthaltungen) betrifft, kritisiert Klages die Eindimensionalität im Postmaterialismus-Ansatz und postuliert dagegen (ursprünglich) zwei Wertedimensionen, nämlich „Pflicht- und Akzeptanzwerte" auf der einen Seite und „Selbstentfaltungswerte" auf der anderen, „... die sich in den bisherigen Forschungen als die hauptsächlichen Träger des aktuellen Wertewandels erwiesen haben. Der vorherrschende „Trend" des Wertewandels verläuft aufgrund dieser Forschungen von den – insgesamt schrumpfenden – Pflicht- und Akzeptanzwerten zu den – insgesamt expandierenden – Selbstentfaltungswerten hin" (Klages 1985: 17).

„Pflicht- und Akzeptanzwerte" sowie „Selbstentfaltungswerte" weisen dabei zwar durchaus Ähnlichkeiten mit den „materialistischen" bzw. „postmaterialistischen Werten" Ingleharts auf, der entscheidende Unterschied besteht jedoch darin, dass bei Klages die beiden Dimensionen – obgleich nach empirischen Ergebnissen korreliert – als prinzipiell unabhängig betrachtet werden, womit eine „Wertesynthese" möglich wird (vgl. Klages 1985: 23 bzw. 89). Dies impliziert einerseits, dass ein zunehmendes Gewicht von Selbstentfaltungswerten nicht unbedingt mit einem „Werteverfall" gleichzusetzen ist und andererseits, dass die „Richtung" eines Wertewandels nicht mehr klar festgelegt werden kann (vgl. z.B. Klages 2001: 728-731). Tabelle 3.4-1 zeigt die „Werttypen", die sich ergeben, wenn man für die Bevölkerung die Ausprägungen der Werthaltungen bezüglich der beiden Dimensionen ermittelt, anhand des Mittelwerts jeweils zwei Gruppen bildet („überdurchschnittliche Ausprägung" = „stark"; „unterdurchschnittliche Ausprägung" = „schwach") und die so gebildeten Gruppen

*Tabelle 3.4-1:* *Wertetypen im ursprünglichen Ansatz von Klages*
*(nach Franz und Herbert 1987: 64)*

|  |  | Selbstverwirklichungs- und Engagementwerte | |
|---|---|---|---|
|  |  | schwach | stark |
| Pflicht-, Akzeptanz- und Sicherheitswerte | stark | Konventionalist (traditionelles Wertsystem) | Realist (Wertsynthese) |
|  | schwach | Resignierter (Wertverlust) | Idealist (Wertumsturz) |

gegeneinander kreuzt.: „Der ordnungsliebende Konventionalist (kurz: Konventionalist) ist gekennzeichnet durch hohe Pflicht-, Akzeptanzbereitschaft und Sicherheitsorientierung: traditionelles Wertsystem. Der nonkonforme Idealist (kurz: Idealist) ist gekennzeichnet durch hohe Selbstentfaltungsbestrebungen und Engagementbereitschaft: Wertumsturz. Der aktive Realist (kurz: Realist) ist gekennzeichnet durch hohe Pflicht- und Akzeptanzbereitschaft und hohe Sicherheitsorientierung, gleichzeitig aber auch durch starke Selbstentfaltungsbestrebungen und ausgeprägte Engagementbereitschaft: Mischtyp Wertsynthese. Der perspektivlos Resignierte (kurz: Resignierter) ist gekennzeichnet durch geringe Pflicht- und Akzeptanzbereitschaft, geringe Sicherheitsorientierung, gleichzeitig aber auch wenig entwickelte Selbstentfaltungsbestrebungen und Engagementbereitschaften: Mischtyp Wertverlust" (Franz und Herbert 1987: 64; vgl. auch dies.: 1987a: 41-42).

Der Ansatz wurde später auf drei (anstatt zwei) Wertedimensionen erweitert und auf fünf (anstatt vier) Wertetypen (vgl. Tab. 3.4-2 und 3.4-3). Diese Erweiterung ist weiter unten – zusammen mit dem zugehörigen Messverfahren – ausführlicher dargestellt. Betrachtet werden in dem erweiterten Ansatz die Wertetypen: „Ordnungsliebende Konventionalisten", „Nonkonforme Idealisten", „Hedonistische Materialisten", „Aktive Realisten" sowie „Perspektivlos Resignierte". Drei Wertetypen weisen nur auf jeweils einer der drei Wertedimensionen überdurchschnittlich hohe Werte auf (und unterdurchschnittliche auf den beiden übrigen). Einer weist überdurchschnittliche und ein anderer unterdurchschnittliche Werten auf allen drei Dimensionen auf. Eine ausführliche Charakterisierung dieser Wertetypen findet sich bei Klages und Gensicke (2005: 288-292), wobei nach deren Ansicht „... der Wertetyp der Aktiven Realisten, der eine „Wertesynthese" ... aus Pflicht- und Konventionswerten mit Selbstentfaltungswerten aufweist, als eine Art „psychisches Optimum" bzw. gesellschaftlicher Leittyp ... im Modernisierungsprozess beschrieben werden kann" (a.a.O.: 279-280; vgl. auch S. 298-299, zur Diskussion dieser Vorstellungen vgl. auch Roßteuscher 2004 und Thome 2004).

Im Sinne einer ersten Definition des Wertbegriffs stellte Klages (1985: 9-10) in einer frühen Schrift fest: „1. „Werte" (oder „Wertorientierungen") sind – ganz allgemein gesehen – innere Führungsgrößen des menschlichen Tun und Lassens, die überall dort wirksam werden, wo nicht biologische „Triebe", Zwänge oder „rationale" Nutzenerwägungen den Ausschlag geben. ... Diese brauchen ihren Trägern keineswegs voll bewusst zu werden, sondern können in soziale Gewohnheiten und „Normen" und in kulturelle „Selbstverständlichkeiten" eingebettet sein. Sie können sich aber auch in „Idealen" und in differenzierten Systemen gesellschaftlicher Ethik niederschlagen". Allerdings legte er für diese frühe Abhandlung nach eigener Angabe „... keinen besonderen Wert auf eine „enge" und „spezifische" Definition des Wertbegriffs" (Klages 1985: 177). So finden sich denn auch in späteren Publikationen Abwandlungen dieser Definition wie etwa: „Unter Wertorientierungen verstehen wir Wahrnehmungs- und Handlungsmaßstäbe von Menschen ..., die oft in Form ihrer längerfristigen Wichtigkeit für die Lebensführung gemessen werden („Das ist mir wichtig")" (Klages und Gensicke 2005: 279).

Klages (1985: 12) sieht keinen „fundamentalen Trennungsstrich" zwischen „Werten" (bzw. Werthaltungen) und „Bedürfnissen". Hierzu bemerkt er: „Manchmal wurden und werden „Werte" als etwas „Kognitives" und „Bedürfnisse" als etwas „Emotionales" oder „Biologisches" angesprochen. In anderen Fällen wurden „Werte" dem gesellschaftlichen Kulturzusammenhang und „Bedürfnisse" der Psyche des Einzelindividuums zugeschrieben. An dieser Stelle sollen solche

Unterscheidungen nicht gemacht werden. „Werte" sind im Folgenden schlicht das, was „in den Menschen" als Wertungs-, Bevorzugungs- und Motivationspotential vorhanden ist, während „Bedürfnisse" die auf der Ebene des Handelns „aktualisierten" Werte sind". Wie auch in anderen Ansätzen werden „Wertorientierungen" als „Ebene der Persönlichkeit", also (tief) in der Persönlichkeit verankert, betrachtet (Klages und Gensicke 2005: 280).

Der Erwerb von Werthaltungen vollzieht sich nach Klages über Sozialisationsprozesse – und damit in erster Linie über Lernprozesse: „Es wird ... von der Annahme ausgegangen, dass Werte „sozialkulturell" bedingt sind und dass ihr Wandel „historisch" zu erklären ist. ... Werte werden, mit anderen Worten, aufgrund von Vermittlungsprozessen oder aufgrund von Erfahrungen gelernt. Wie sie beschaffen sind, kann man infolgedessen nur dann wissen, wenn man die Inhalte dessen kennt, was im konkreten Einzelfall vermittelt oder in Erfahrung gebracht wird" (Klages 1985: 13-14).

Bezüglich der Ursachen des Wertewandels schreibt Klages (2001: 728): „ Die Speyerer Werteforschung verwendet für die Erklärung des Wertewandels einen Mehrebenenansatz, der sowohl langfristig wirkenden Ursachen wie auch Katalysatoren und unmittelbaren Auslösern wesentliche Rollen zuschreibt. Als langfristig wirkende Hauptursache wird hier der Prozess der gesellschaftlichen „Modernisierung" in den Vordergrund gerückt, der einen zunehmenden Bedarf an „individualistisch" gelagerten Selbstentfaltungsorientierungen mit sich bringt ...". Als „Katalysatoren" betrachtet er die „fortwährende Steigerung des Massenwohlstands", den Sozialstaatsausbau, die Medienrevolution, die „beginnende Vollmotorisierung" sowie die Bildungsrevolution, als „Auslöser" „... die mit dem Ende der ‚Ära Adenauer' einsetzende bewusste und ungeduldige Abwendung von der Wiederaufbauphase der Nachkriegszeit mit ihrer allen ‚Experimenten' abgeneigten bewahrend-konservativen Rekonstruktionsmentalität ..." (Klages 2001: 729-730).

Auch Klages geht – wie in der Werteforschung üblich – davon aus, dass Werthaltungen menschliches Verhalten beeinflussen, allerdings seien zusätzliche Einflussgrößen zu berücksichtigen wie etwa auf ihn einströmende Informationen, eigene Vorurteile, situationale Restriktionen, „vernünftige" Überlegungen, Augenblickseinfälle oder „Wünsche mit verhältnismäßig schwacher Wertgrundlage". Hinzu kommt, dass in unterschiedlichen Situationen wechselnde „Aktivierungsniveaus" von Wertorientierungen zu erwarten sind (vgl. z.B. Klages 1985: 10-12).

Einschränkend betont er zurecht: „Würde man annehmen, dass es genügt, die Werte eines Menschen zu kennen, um voraussagen zu können, wie er sich in ganz konkreten Alltagssituationen verhält, so würde man ... erhebliche Ungenauigkeiten in Kauf nehmen müssen" (Klages 1985: 10). Diese Aussage erinnert zunächst an die – empirisch gut belegte – „Korrespondenzhypothese" der Einstellungsforschung (Kap. 2.6). Nach dieser können Einstellungen nur dann Verhalten erklären, wenn sie bezüglich des Handlungsaspekts, des Zielaspekts, des Kontextaspekts sowie des Zeitaspekts mit der entsprechenden Verhaltensintention korrespondieren. Im Falle von Werthaltungen kann Korrespondenz per Definition nur bezüglich des Zielaspekts und eventuell bezüglich des Handlungsaspekts („instrumentelle Werte") vorliegen. Von daher sind im Einzelfall kaum gute Verhaltensprognosen zu erwarten, sondern allenfalls über viele Situationen ermittelte Verhaltenstendenzen. Zudem sind, wie in dem Modell von Brewster Smith (vgl. Kap. 1.1) angedeutet, sowohl situationale Restriktionen als auch möglicherweise andere Einflüsse aus dem Bereich der „Persönlichkeitsprozesse und -dispositionen" zu erwarten. Eine eindrucksvolle Demonstration des Einflusses situativer Restriktionen liefern beispielsweise die Milgram-Experimente (vgl. Milgram 2009: 23, 27, 46, 47, 56, 72).

Was die Funktionen von Werthaltungen betrifft, sieht Klages zunächst die Wahrnehmung durch sie beeinflusst: Es wird „... das ‚Bild', das jemand von irgendetwas hat, immer von seinen Werten beeinflusst sein. Er wird gewisse Dinge als wichtig, schön und erstrebenswert oder auch unwichtig, hässlich und abstoßend finden, je nachdem, welche Werte er besitzt" (Klages 1985: 10).

Bezüglich Wertesystemen bzw. deren „Sinndeutungsfunktion" schreibt Klages: „Blickt man in die Geschichte zurück, so findet man, dass es einstmals geschlossene gesamtgesellschaftliche „Wertsysteme" gab, die sowohl eine Sinndeutung der individuellen Existenz wie auch eine Festlegung und Rechtfertigung der sozialen Wirklichkeit und der Stellung des Einzelnen in ihr zu leisten vermochten. Ein

solches Wertesystem besitzen wir in unserer heutigen ‚pluralistischen'
Gesellschaft nicht mehr" (Klages 1985: 14).

Auch wenn Klages großes Gewicht auf die soziologische Dimension
legt, wird auch bei ihm die zentrale Stellung von Werthaltungen bezüglich
des individuellen Selbstkonzepts deutlich sowie die Vorstellung einer
Beeinflussung der persönlichen Wahrnehmung und Interpretation der
Umwelt: „Pflicht und Akzeptanzwerte bringen, mit anderen Worten, eo
ipso eine Verbindung zwischen den gesellschaftlichen Anforderungen
und Notwendigkeiten und dem „Selbstkonzept" der Menschen dadurch
zustande, dass sie die Menschen zur persönlichen Identifizierung
mit „Tugenden" veranlassen, welche gleichzeitig „sozialintegrative"
Wirkungen haben" (Klages 1985: 26). „Völlig anders liegen die Dinge
demgegenüber dort, wo Menschen überwiegend von Selbstentfaltungswerten bestimmt werden. Aufgrund der Orientierung an der
eigenen Person wird hier gegenüber autoritativ geltend gemachten
Außenanforderungen eine abwehrende Grundeinstellung bestehen. Die
Hervorhebung von „Kreativität", „Unabhängigkeit", „Autonomie" und
„Selbständigkeit" als wesentlicher Selbst- oder Persönlichkeitswerte
wird darüber hinaus eine grundsätzliche Empfänglichkeit gegenüber
faktischen oder vermuteten Widerständen, Einschränkungen und
Selbständigkeitsgefährdungen aus dem Raum der gesellschaftlichen
Umwelt mit sich bringen. Das Erlebnis einer stets vorhandenen, mehr
oder weniger aktuellen Polarität im Verhältnis zwischen dem Selbst
und der Umwelt wird im Kern der Realitätserfahrung stehen" (Klages
1985: 27).

## Messung

Die Ermittlung der oben vorgestellten vier ursprünglichen Werttypen
ist bei Franz und Herbert (1987: 101-102) beschrieben. Im Folgenden
wird eine erweiterte Form des Ansatzes nebst dem zugehörigen,
gut in allgemeine Umfragen integrierbaren Messverfahren berichtet.
Anzumerken ist, dass noch eine frühere, umfangreichere Version des
Instruments vorliegt, die in Gensicke (2001: 122-125 und 130-132)
beschrieben ist. Die prinzipielle Vorgehensweise deckt sich dabei.
Was variiert, ist jeweils die Anzahl der eingehenden Variablen und
die hieraus sich ergebenden Resultate.

Bei der 2005 berichteten Vorgehensweise wird die subjektiv wahrgenommene Wichtigkeit von zwölf Wertorientierungen empirisch ermittelt (vgl. Tab. 3.4-2). Diese können anhand einer Faktorenanalyse drei orthogonalen Faktoren zugeordnet werden, wobei die Ladungen das Muster einer Einfachstruktur aufweisen. Die Benennung der Faktoren – „Pflicht und Konvention", „Kreativität und Engagement" sowie „Hedonismus und Materialismus" – entspricht den drei in den Tabellen 3.4-2 und 3.4-3 aufgeführten „Wertedimensionen". In Tabelle 3.4-2 ist jede Wertorientierung derjenigen Wertedimension zugeordnet, für die es die höchste Ladung aufweist. Mittels einer Clusteranalyse (nach vorgegebener Strukturmatrix/jeweils Hoch-Tief-Ausprägungen auf den Faktorscores) werden anschließend fünf „Wertetypen" gebildet (vgl. Tab. 3.4-3), nämlich „Ordnungsliebende Konventionalisten", „Nonkonforme Idealisten", Hedonistische Materialisten", „Aktive Realisten" sowie „Perspektivlos Resignierte".

In Schumann (2009: 214-215) wird empirisch belegt, dass sich bei einer Faktorenanalyse (N = 1165; Hauptachsenanalyse; Abbruch: Eigenwertkriterium) über die 12 „Ausgangs-Items" des Instruments von Klages eine ähnliche 3-Faktorenstruktur ergibt wie bei einer Faktorenanalyse über die Items des Portrait Values Questionaire von Schwartz (vgl. Kap. 3.5), wobei die extrahierten Faktoren bezeichnet wurden als „Hedonismus/Leistung/Stimulation/Macht" (korreliert mit „Kreativität/ Engagement"), „Konformität/Sicherheit/Tradition" (korreliert mit „Pflicht und Konvention) und „Universalismus/Benevolenz/Selbstbestimmung" (korreliert mit „Hedonismus/Materialismus"). Insofern bestätigt sich die von Klages angenommene Struktur des Werteraumes.

*Tabelle 3.4-2:* *Items des Instruments von Klages und Gensicke
(nach Klages und Gensicke 2005: 287)*

| Wertedimensionen | Wertorientierungen |
|---|---|
| Pflicht/Konvention | Gesetz und Ordnung respektieren |
| Pflicht/Konvention | Nach Sicherheit streben |
| Pflicht/Konvention | Fleißig und ehrgeizig sein |
| Pflicht/Konvention | Immer seine Pflicht erfüllen |
| Kreativität/Engagement | Seine eigene Phantasie und Kreativität entwickeln |
| Kreativität/Engagement | Sozial Benachteiligten und gesellschaftlichen Randgruppen helfen |
| Kreativität/Engagement | Auch solche Meinungen tolerieren, denen man eigentlich nicht zustimmen kann |
| Kreativität/Engagement | Sich politisch engagieren |
| Hedonismus/Materialismus | Einen hohen Lebensstandard haben |
| Hedonismus/Materialismus | Macht und Einfluss haben |
| Hedonismus/Materialismus | Sich und seine Bedürfnisse gegen andere durchsetzen |
| Hedonismus/Materialismus | Das Leben in vollen Zügen genießen |

Frage (aus Schumann/Schoen (Hrsg.) 2005: 375):
Jeder Mensch hat ja bestimmte Vorstellungen, die sein Leben und Verhalten bestimmen. Wenn Sie einmal daran denken, was Sie in Ihrem Leben eigentlich anstreben: Wie wichtig sind dann die folgenden Dinge für Sie persönlich? Bitte kreuzen Sie jeweils einen Wert zwischen 0 (unwichtig) und 6 (außerordentlich wichtig) an.

Antwortvorgabe:
7-stufige Antwortskala von „0" bis „6".

*Tabelle 3.4-3:* *Wertetypen – Eingangsmatrix der Cluster-Analyse*
*(aus Klages und Gensicke 2003: 288)*

| | Wertedimensionen | | |
|---|---|---|---|
| | Pflicht und Konvention | Kreativität und Engagement | Hedonismus und Materialismus |
| **Wertetypen** | | | |
| Ordnungsliebende Konventionalisten | +1 | −1 | −1 |
| Nonkonforme Idealisten | −1 | +1 | −1 |
| Hedonistische Materialisten | −1 | −1 | +1 |
| Aktive Realisten | +1 | +1 | +1 |
| Perspektivlos Resignierte | −1 | −1 | −1 |

Clusteranalyse relativ zu den empirischen Mittelwerten der
z-standardisierten Faktor-Dimensionen

KRITIK

- Der Begriff der „Werthaltung" ist nicht durchgehend klar definiert. Insbesondere die Definition von „Werten" als „... das, was ‚in den Menschen' als Wertungs-, Bevorzugungs- und Motivationspotential vorhanden ist" (Klages 1985: 12), macht eine Abgrenzung zu Einstellungen schwierig.

- Eine gewisse Spannung entsteht dadurch, dass die Ausprägung bestimmter Werthaltungen (Wertorientierungen) einerseits als erlernt angesehen wird und andererseits als tief in der Persönlichkeit verankert. Aufgelöst werden könnte diese Spannung zum einen durch die Annahme einer „prägenden Phase" ähnlich wie bei Inglehart

(Kap. 3.3). Dann aber müsste man – um eine Immunisierung des Ansatzes zu vermeiden – davon ausgehen, dass nach dieser „prägenden Phase" Lernprozesse nicht mehr stattfinden. Zum anderen könnte man argumentieren, dass Werthaltungen durch Persönlichkeitseigenschaften und durch Lernprozesse beeinflusst sein können. In diesem Fall müssten Argumente dafür gefunden werden, Vorstellungen aus dem behavioristischen Paradigma (Kap. 1.3) und aus dem Eigenschaftsparadigma (Kap. 1.4) gleichzeitig zu verwenden.

- Beim Ansatz von Klages bleibt unklar, wie Personen insbesondere auf gesellschaftliche Veränderungen reagieren und ganz allgemein, aufgrund welcher Einflüsse sie einen bestimmten „Wertetyp" ausprägen. Damit verbunden bleibt die „Richtung" eines Wertewandels ggf. unklar. Wann beispielsweise entwickelt sich eine Person hin zum „psychischen Optimum" und „gesellschaftlichen Leittyp" des „Aktiven Realisten" (Tab. 3.4-3), dem eine „Wertesynthese" gelingt, und wann nicht?

- Die Frage, weshalb gerade den Wertedimensionen „Pflicht und Konvention", „Kreativität und Engagement" sowie „Hedonismus und Materialismus" eine herausragende Stellung zuerkannt wird, bleibt teilweise offen. Jagodzinski (1999: 68) beispielsweise spricht an zentraler Stelle von einem „religiösen Cleavage" mit zugehörigem „Wertekonsens auf breiter Basis" und von „Werthaltungen der religiösen Spannungslinie" (Jagodzinski und Kühnel 1997: 453-455).

- Dieses Problem ist auch mit der oben berichteten Übereinstimmung der Faktorenstrukturen bei den Items der Instrumente von Klages und Schwartz nicht behoben, wie der genannte Einwand von Jagodzinski und Kühnel zeigt. Würden etwa einige Items zu „religiösen Werthaltungen" mit analysiert, so würde sich auch ein entsprechender „Wertefaktor" ergeben. Diese Problematik verweist auf die Forderung Renners, Faktorenanalysen auf Grundlage des lexikalischen Ansatzes durchzuführen (vgl. Kap. 3.6).

- Ein besonderes Problem stellt das eingestzte Messverfahren dar, insbesondere dann, wenn (wie bei Studien zum „Wertewandel" oft der Fall) Zeitreihen zu analysieren sind. Die vorgeschalteten

Faktorenanalysen über die Items zur Messung der Ausprägungen der Wertorientierungen können von Fall zu Fall unterschiedliche Faktorenstrukturen ergeben, womit die Faktorscores aus unterschiedlichen Untersuchungen nicht ohne weiteres vergleichbar sind. Zusätzlich werden Niveauunterschiede durch die Standardisierung der Werte nivelliert, was insbesondere bei der Betrachtung von Zeitreihen ein Problem darstellt.

- Schließlich ist schwer einzusehen, weshalb nicht alle acht möglichen Kombinationen von über- bzw. unterdurchschnittlichen Ausprägungen der den drei Dimensionen entsprechenden Werthaltungen jeweils als „Wertetyp" angesehen werden, sondern nur fünf davon. Klages und Gensicke (2005: 288) bemerken hierzu lediglich: „Gegenüber einer 8-er Lösung fehlen ... die Typen mit ‚mittlerer Werte-Generalisierung', die jeweils 2 hoch ausgeprägte Wertedimensionen und eine niedrige haben. Diese weitere Differenzierung ist sehr interessant, für den Darstellungsraum hier jedoch zu unübersichtlich und aufwändig".

## 3.5 Der Ansatz von Schwartz

### Vorstellung des Ansatzes

Der Sozialpsychologe Shalom Schwartz (1992: 1) weist dem Konzept der Werte (und der damit verbundenen Werthaltungen) eine ähnlich zentrale Stellung für die sozialwissenschaftliche Forschung zu wie der Psychologe Milton Rokeach (s. Kap. 3.2), der Soziologe Robin M. Williams (auf den auch Rokeach 1973: 3-4 verweist) oder die Anthropologin Clyde Kluckhohn, deren bekannte Werte-Definition in Kap. 3.1 vorgestellt wurde. Von diesen „adaptierte" er zunächst die Definition von „Werthaltungen" als „... die Kriterien, die Menschen heranziehen, um Handlungen auszuwählen und zu begründen/zu rechtfertigen sowie um Personen (einschließlich ihrer selbst) und Ereignisse zu bewerten" (Schwartz 1992: 1).[6] In einer späteren Arbeit schreibt er: „Somewhat modifying earlier definitions of values, I define values as desirable transsituational goals, varying in importance, that

---

6  Originalzitat: „... values as the criteria people use to select and justify actions and to evaluate people (including the self) and events" (Schwartz 1992: 1).

serve as guiding principles in the life of a person or other social entity"
(Schwartz 1994: 21).

Kurze Übersichten zum hier besprochenen Ansatz finden sich im
Asendorpf (2007: 251-252) oder in Davidov (2010: 173-175), eine
ausführlichere in Caprara u.a. (2006). Bezugnehmend auf die Vorarbeiten von Schwartz und Bilsky (1987, 1990) verbindet Schwartz
(1992: 2-3) mit „Werten" folgende Merkmale, über die in der Literatur
weitgehend Einigkeit herrscht: Sie seien (1) Konzepte bzw. „beliefs", (2)
sie bezögen sich auf erwünschte Endzustände oder Verhaltensweisen,
(3) sie transzendierten konkrete Situationen, (4) sie beeinflussten (oder
lenkten) die Auswahl bzw. Bewertung von Verhalten und Ereignissen
sowie (5) sie wiesen eine Ordnung bezüglich ihrer relativen Wichtigkeit
auf.[7] Als handlungsrelevant wird die *relative* Wichtigkeit von Werthaltungen erachtet (Schwartz 2007: 171). Nach Schwartz (1994: 21) sind
Werthaltungen erlernt (durch Sozialisationsprozesse oder „individuelle
Lernprozesse") und unterschieden sich von „Einstellungen" in erster
Linie durch ihre Abstraktheit und damit Allgemeinheit (insbesondere
relevant für Punkt 3) sowie durch die hierarchische Ordnung bezüglich
ihrer Wichtigkeit (vgl. Punkt 5). Allerdings würden Werthaltungen – wie
üblicherweise angenommen – Einstellungen beeinflussen (vgl. z.B.
Schwartz 1992: 58-59). Aus Punkt 4 ergibt sich ferner ein Einfluss
von Werthaltungen auf das individuelle Verhalten (vgl. auch Bilsky und
Schwartz 1994: 164). Allerdings betont Schwartz (1996: 6) zu Recht,
dass es schwierig ist, Verhalten in ganz konkreten Situationen aus
„breiten" Werthaltungen vorherzusagen, da zusätzliche Einflussfaktoren
zu berücksichtigen seien.

Ferner bezögen sich „Werte" vom Inhalt her in erster Linie auf
das Ziel bzw. die motivationale Komponente, die sie ansprächen
(Schwartz: 1992: 4). Ausgehend von dem Gedanken, dass Werte – in
Form bewusster Ziele – drei universelle Bedürfnisse (requirements)
der menschlichen Existenz (mit denen sich sowohl Individuen als

---

7   Vgl. zu dieser Darstellung auch Bilsky und Schwartz (1994: 164) sowie Iser
    und Schmidt (2005: 302-303), die insbesondere betonen: „Werte sind beliefs
    (Überzeugungen), die jedoch nicht (allein) von objektiven und rationalen
    Überlegungen abhängen, sondern mit Emotionen zusammenhängen".

auch Gesellschaften auseinanderzusetzen hätten) repräsentierten, nämlich biologische Bedürfnisse (needs), die Erfordernisse (requisites) koordinierter sozialer Interaktion sowie die Bedürfnisse (needs) von Gruppen zu überleben und nach Wohlergehen, leitet Schwartz (1992: 4) acht – später 10 bis 11 – Wertetypen (motivational types) ab. Ausgangspunkt hierfür waren zunächst Analysen unter Einsatz des „Rokeach Value Survey" (vgl. Kap. 3.2), später wurden selbst konstruierte Messinstrumente eingesetzt. Tabelle 3.5-1 enthält – in der Übersetzung von Iser und Schmidt (2005: 303) – eine Beschreibung der Wertetypen (nach Bilsky und Schwartz 1994: 168) nebst ihrer jeweiligen motivationalen Grundlage. Zu den Wertetypen vgl. auch Schwartz (1992: 5-13 und 38-41 sowie Bilsky und Schwartz (1994: 167).

Betont wird dabei, dass Handlungen, die aufgrund einer bestimmten Werthaltung ausgeführt werden, psychologische, praktische und soziale Konsequenzen haben, wobei diese kompatibel mit anderen Werthaltungen sein können oder mit ihnen in Konflikt stehen können (Schwartz 1992: 4). Hieraus sei eine „Struktur" von Werthaltungen bzw. Werten ableitbar. Eine andere Sichtweise vertreten Caprara, Schwartz u.a. (2006: 24) wenn sie schreiben: „We view basic values ... as expressions of personal ideologies that organize core political orientations ...". Nach Schwartz lässt sich die angesprochene Struktur von Werthaltungen auch international vergleichend über weite Strecken empirisch belegen (vgl. z.B. Schwartz u.a. 1995; Schwartz 1996: 3; Schwartz u.a. 2001: 519; Schwartz 2007).[8] Werthaltungen in Richtung „Selbstbestimmung", „Stimulation", „Hedonismus", „Leistung" und „Macht" bezögen sich auf individuelle Interessen, Werthaltung in Richtung „Benevolenz", „Tradition" und „Konformität" dagegen auf kollektive Interessen. Werthaltungen in Richtung „Universalismus" und „Sicherheit" schließlich lägen in der angenommenen Circumplex-Struktur (Abbildung 3.5-1; vgl. hierzu auch Schwartz 1992: 45; Schwartz und Boehnke 2004: 230-233 sowie Hinz u.a. 2005) jeweils zwischen

---

8   Allerdings schränken Schwartz u.a. (2001: 538) selbst ein: „It is doubtful that the value content and structure identified by the theory are truly universal, but the theory may be more nearly universal than past findings with the SVS have suggested". Mit der Universalität von Werthaltungen beschäftigt sich insbesondere das anschließende Kapitel 3.6.

*Tabelle 3.5-1:*   *Die zehn Wertetypen und ihre motivationale Grundlage*

| | |
|---|---|
| Selbstbestimmung (Self-Direction) | Ziel: unabhängiges Denken und Handeln. Basis: Organistisches Bedürfnis nach Kontrolle und Bestimmung. Kreativität, Selbstbestimmung, Unabhängigkeit, Neugier. |
| Stimulation | Ziel: Aufregung, Abwechslung, Neuheit. Basis: Organistisches Bedürfnis nach Vielfalt und Anregung mit dem Ziel, ein optimales und positives Niveau der Aktivierung zu erreichen. |
| Hedonismus (Hedonism) | Ziel: Vergnügen, sinnliche Befriedigung. Basis: Befriedigung des Bedürfnisses nach Spaß. |
| Leistung (Achievement) | Ziel: Persönlicher Erfolg durch Demonstration von sozialen Standards entsprechender Kompetenz. Basis: Herstellung und Beschaffung lebenswichtiger Ressourcen. |
| Macht (Power) | Ziel: Sozialer Status und Prestige, Kontrolle und Dominanz über Menschen und Ressourcen. Basis: Rechtfertigung sozialer Stratifikation. |
| Sicherheit (Security) | Ziel: Sicherheit, Geborgenheit, Stabilität der Gesellschaft und des Selbst. Basis: Sicherung individueller und kollektiver Interessen. |
| Konformität (Conformity) | Ziel: Beschränkung von Handlungen, die sozialen Normen widersprechen. Basis: Reibungsloses Funktionieren der Gesellschaft durch Selbsteinschränkung und Befolgung sozialer Normen. |
| Tradition | Ziel: Respekt und Bindung an die Bräuche der eigenen Kultur. Basis: gesellschaftliche Stabilität durch Symbole der Solidarität und Gemeinsamkeit. |
| Benevolenz (Benevolence) | Ziel: Erreichung und Erhaltung des Wohlstandes der Eigengruppe. Kooperative und unterstützende soziale Beziehungen. Hilfsbereitschaft, Ehrlichkeit, Verantwortung, Solidarität. Basis: Einfaches Funktionieren der Gruppe, Bedürfnis, sich anzuschließen. |
| Universalismus (Universalism) | Ziel: Gleichheit, Verstehen, Anerkennen, Toleranz und Schutz aller Menschen und der Natur. Basis: Überlebensbedürfnis des Individuums und der Gruppe. |

(Quelle: Iser und Schmidt 2005: 303)

*Abbildung 3.5-1: Die zirkuläre Struktur der Werte*

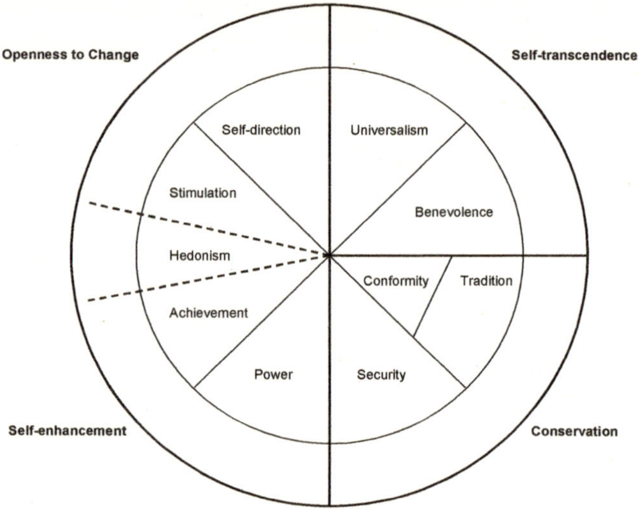

Quelle:   Iser und Schmidt (2005: 304; nach Bilsky und Schwartz 1994: 168; vgl. auch: Schwartz 1992: 14)

den beiden genannten Gruppen. Am besten kompatibel seien jeweils angrenzende Werthaltungen bzw. Werte; mit zunehmender Distanz in der Circumplex-Struktur nähme die Kompatibilität ab bis hin zum jeweils „gegenüberliegenden" Segment, für das sich der stärkste Konflikt ergäbe (vgl. Schwartz 1992: 13-15). Menschen unterschieden sich bezüglich der beschriebenen Struktur insofern, als sie unterschiedlichen Werten unterschiedliches Gewicht beimäßen (vgl. auch Bilsky und Schwartz 1994: 165). Die Unterscheidung in terminale und instrumentelle Werte (vgl. Kap. 3.2) spielten in dieser Struktur keine Rolle (vgl. Schwartz 1992: 49).

Wohl aber ließen sich zwei grundlegende, bipolare (und zueinander orthogonale) Dimensionen ermitteln. In der Übersetzung von Iser und Schmidt (2005: 304) sind dies die Dimensionen: „Offenheit gegenüber Wandel" (Openness to Change) vs. „Bewahrung des Bestehenden" (Conservatism) sowie „Eigenorientierung" (Self-enhancement) vs. „Selbsttranszendenz" (Self-transcendence). Erstere erfasst Werthaltungen, die Menschen dazu motivieren, ihren eigenen intellektuellen und emotionalen Interessen in nicht festgelegter und unvorhersagbarer Weise nachzugehen vs. solche, die dazu motivieren, den Status Quo aufrecht zu erhalten sowie die damit verbundene Sicherheit im Umgang mit anderen (nahestehenden) Menschen, Institutionen und Traditionen (vgl. Schwartz 1992: 43). Letztere erfasst Werthaltungen, die Menschen dazu motivieren, ihre eigenen, persönlichen Interessen (auch auf Kosten Anderer) zu betonen vs. solche, die dazu motivieren, egoistische Eigeninteressen zu transzendieren und das Wohl anderer Menschen (egal wie nahe stehend) und der Umwelt zu fördern (vgl. Schwartz 1992: 43-44). Die „Hinterlegung" zweier orthogonaler, jeweils bipolarer Dimensionen lässt aus theoretischer Sicht erwarten, dass individuelle Werthaltungen in einem Bereich der Circumplexstruktur „klumpen".

Der Ansatz von Schwartz ist in erster Linie dem Eigenschaftsparadigma der Persönlichkeitspsychologie (Kap. 1.4) zuzuordnen. Entsprechend finden sich – abgesehen von ihrer „motivationalen Basis" – kaum Aussagen über den „Erwerb" von Werthaltungen. Lediglich der Zusammenhang zwischen Werthaltungen und Persönlichkeitseigenschaften wurde – empirisch erfolgreich – untersucht (vgl. z.B. Roccas u.a. 2002; Iser und Schmidt 2005 oder Schumann 2009: 215). Auch die Bedingungen, unter denen sich Werthaltungen ändern (oder ein „Wertewandel" eintritt), werden kaum thematisiert. Allerdings wird der Zusammenhang von Werthaltungen mit Persönlichkeitseigenschaften – konsequenterweise ebenfalls im Sinne des Eigenschaftsparadigmas – hervorgehoben (vgl. Bilsky und Schwartz 1994: 165-166). Dabei sei, unter Verweis auf die Unterscheidung Maslows, zwischen „Mangel-" und „Wachstumsbedürfnissen" als motivationaler Basis zu unterscheiden. In ersten Fall würden inhaltlich „entgegengesetzte" Werthaltungen und Persönlichkeitseigenschaften kovariieren (z.B. „Ängstlichkeit" und „Sicherheit"), in letzterem inhaltlich „gleichsinnige" (z.B. „Neugier" mit entsprechenden Werthaltungen). Ferner sprächen frühere Untersuchungsergebnisse für einen engen Zusammenhang der Faktoren „radicalism vs. conservatism" und „tough- vs. tender-mindedness" von Eysenck (vgl. Kap. 6.4) mit den grundlegenden Wertedimensionen „openness to change vs. conservatism" bzw. „self-enhancement vs. self-transcendence" (vgl. Bilsky und Schwartz 1994: 172-173). Neben dem Eigenschaftsparadigma finden sich, z.B. mit der Berücksichtigung von „Selbsttranszendenz" oder dem Verweis auf Maslow, auch Anklänge an das humanistische Paradigma (vgl. Kap. 1.8) sowie – mit der Vorstellung, die Struktur des Wertesystems basiere auf den „dynamischen Beziehungen" zwischen den Werthaltungen (Bilsky und Schwartz 1994: 169; Schwartz 1996: 3-4) – an das Informationsverarbeitungsparadigma (vgl. Kap. 1.6).

Messung

Zur Messung der Werthaltungen kamen unterschiedliche Instrumente zum Einsatz. Zunächst wurden im „Schwartz Value Survey" (SVS) 56 Werte vorgegeben, die vom Befragten als „Richtlinie für das eigene Leben" (as a guiding principle in my life) auf einer 9-Punkte-Skala einzuschätzen waren. Die Vorgaben: 7 = „supreme importance", 6 = „very important", 5 und 4 unbenannt, 3 = „important", 2 und 1 unbenannt, 0 = „not important", -1 = „opposed to my values". Es wurde also ein Rating-Verfahren eingesetzt, um der am Ranking geäußerten Kritik (vgl. hierzu auch Kap. 4.5) Rechnung zu tragen. Zudem eröffnete sich so die Möglichkeit, „negative Werthaltungen" – also die Ablehnung bestimmter Werte – zu erfassen (vgl. hierzu auch Schwartz 1992: 16-17 und 60-62). Anschließend können aus den Angaben kulturübergreifende Indices für die „Wertetypen" gebildet werden. Näheres zu diesem Verfahren ist in Schwartz (1992: 51-53) berichtet. Teilweise wurde eine verkürzte Version des Instruments verwendet (vgl. z.B. Schwartz 1996: 12).

Alternativ zum SVS wurde ein weiteres Instrument, „Portrait Values Questionaire" (PVQ) genannt, entwickelt (vgl. zu Einzelheiten Schwartz u.a. 2001: 520-524) und in verschiedenen Versionen eingesetzt. Eine deutsche Version mit 22 Items (anstatt 29 im Original) ist beispielsweise in Iser und Schmidt (2005: 319-320 bzw. S. 16 im zugehörigen schriftlichen Fragebogen/Anhang) berichtet. Die Zielsetzung bei der Entwicklung war erstens, die Fragen weniger abstrakt zu gestalten und damit die kognitiven Ansprüche bei der Bearbeitung zu reduzieren, sowie eine konkretere Aufgabenstellung vorzugeben. Das Instrument sollte auf diese Weise auch in den (wenigen) Populationen einsetzbar sein, bei denen die mit dem SVS erzielten Ergebnisse unbefriedigend waren – vermutlich aufgrund der „kognitiven Schwierigkeiten", die in diesen Fällen jeweils mit der Beantwortung verbunden waren (vgl. Schwartz u.a. 2001: 519, 538). Zweitens sollte ein Instrument mit grundsätzlich anderer Vorgehensweise wie beim SVS geschaffen werden, um die mit dem SVS erzielten Ergebnisse ohne die Gefahr eines Methodenarte-fakts validieren zu können. Gewissermaßen als „Nebeneffekt" fände zudem eine tendenziell „verdeckte" Messung statt, da beim PVQ auf „Werthaltungen" nicht explizit Bezug genommen werde (vgl. Schwartz u.a. 2001: 523). Zur Validierung vgl. auch Schmidt u.a. 2007.

Bei den einzelnen Items des PVQ wird jeweils eine fiktive Person implizit anhand einer ihrer Werthaltungen und teilweise auch entspre-chender Verhaltensdispositionen charakterisiert – z.B.: „Es ist ihr wichtig, in einem sicheren Umfeld zu leben. Sie vermeidet alles, was ihre Sicherheit gefährden könnte" (Iser und Schmidt 2005: 319) – und die befragte Person wird gebeten einzuschätzen, wie ähnlich oder unähnlich ihr die beschriebene Person ist. Die Einschätzung erfolgt auf einer 6-stufigen Ratingskala – in der genannten deutschen Version zwischen 0 „überhaupt nicht ähnlich", 1, 2, 3, 4 (unbenannt) und 5 „sehr ähnlich". In der englischen Version ist eines von sechs Kästchen zu wählen, welche mit „very much like me", „like me", „somewhat like me", „a little like me", „not like me" und „not like me at all" beschriftet sind. Mit diesem Verfahren soll die jeweils entsprechende Werthaltung (genauer: ihre Ausprägung) bei untersuchten der Person erschlossen werden, im genannten Beispiel also der Grad, in dem die Person Wert auf „Sicherheit" legt.

Eine zusammenfassende Kurzübersicht über empirische For-schungsergebnisse, die mit den beiden Instrumenten erzielt wurden, findet sich in Renner (2005: 49-51). Vgl. hierzu auch Schwartz 2007 und Schmidt u.a. 2007. In Schumann (2009: 214-215) wird empirisch

belegt, dass sich bei einer Faktorenanalyse (N = 1165; Hauptachsenanalyse; Abbruch: Eigenwertkriterium) über die Items des PVQ eine
ähnliche 3-Faktorenstruktur ergibt wie bei einer Faktorenanalyse über
die 12 „Ausgangs-Items" des Instruments von Klages (vgl. Kap. 3.4),
wobei die extrahierten Faktoren bezeichnet wurden als „Hedonismus/
Leistung/Stimulation/Macht" (korreliert mit „Kreativität/Engagement"),
„Konformität/Sicherheit/Tradition" (korreliert mit „Pflicht und Konvention) und „Universalismus/Benevolenz/Selbstbestimmung" (korreliert
mit „Hedonismus/Materialismus").

KRITIK

- Aufgrund der Verortung im Eigenschaftsparadigma sind die Entstehung von Werthaltungen sowie deren Wandel nur mit Zusatzannahmen zu erklären.
- Zur eingangs vorgestellten Definition von „Werthaltungen" und
  deren angenommener Zentralität ist anzumerken, dass Menschen
  durchaus auch andere Kriterien als die Ausprägungen ihrer Werthaltungen heranziehen können, um Handlungen auszuwählen und
  zu begründen/zu rechtfertigen. Schwartz räumt dies zwar selbst
  ein, dennoch besteht aufgrund der Betonung der „Zentralität"
  des Ansatzes zumindest die Gefahr, in einen „psychologischen
  Reduktionismus" – wie er etwa auch dem Ansatz der „Authoritarian
  Personality" (Kap. 6.2) vorgehalten wurde – zu verfallen.
- Zudem entsteht ein Problem bei der Verhaltenserklärung, wenn
  in einer bestimmten Situation mehrere Werthaltungen handlungsrelevant sind, die unterschiedliche Entscheidungen nahelegen.
  Es müsste dann spezifiziert werden, in welcher Weise und mit
  welchem Resultat bezüglich des Verhaltens die unterschiedlichen
  Werthaltungen „interagieren". Schwartz (2007: 171) verweist hier
  lediglich auf deren „relative Wichtigkeit".
- Der Ansatz versucht zwar, Werte bzw. menschliche Werthaltungen
  möglichst umfassend abzudecken, allerdings sind die Kriterien
  hierfür – wie schon bei Rokeach und Klages (vgl. Kap. 3.2 und
  3.4) – eher vage (vgl. Schwartz 1992: 1-5, 45). Diesen Punkt bringt
  beispielsweise auch Asendorpf (2007: 251) vor. Renner (2005)
  macht ihn zu seinem zentralen Thema (vgl. Kap. 3.6).

- Asendorpf (2007: 251) merkt ferner im Überblick an: „Schwartz
(1992) … entwickelte … ein neues Werteinventar aus 56 Items und
ließ die Werte von 40 Stichproben in 20 Kulturen nach individueller
Bedeutsamkeit beurteilen (Beurteiler waren meist Studenten und
Lehrer)". Zehn der 11 Wertbereiche bildeten in fast allen Kulturen
homogene Regionen von Werthaltungen; nur die Items von „Spiritu-
alität" erwiesen sich als hetherogen". Damit ist offenbar zumindest
ein Faktor kulturspezifischen Variationen unterworfen, was zeigt,
dass derartige Variationen nicht auszuschließen sind. Renner
(vgl. Kap. 3.6) befasst sich mit genau solchen Variationen für den
afrikanischen bzw. arabischen Kulturkreis und berichtet auch empirisch fundiert Anhaltspunkte hierfür. Mohler u.a. (2005) bezweifeln
generell die Universalität des Wertesystems von Schwartz.
- Wie immer, wenn interkulturelle Universalität postuliert wird, stellt die
Übersetzung von Erhebungsinstrumenten ein (je nach der Größe
kultureller Differenzen mehr oder minder gewichtiges) Problem
dar, da sich sprachliche Äußerungen nicht wirklich 1:1 übersetzen
lassen (vgl. Kap. 4.10). Zu Problemen bei Vergleichen „über Län-
dergrenzen hinweg" siehe zum Beispiel Arzheimer (2011), Lauth
u.a. (2009: 148-151) oder Braun (2006: 17-29).
- Im Falle des PVQ erfolgt die Messung der Ausprägungen von
Werthaltungen sehr indirekt. Betrachtet man die eigentlich zu erfassenden individuellen Werthaltungen als Variablen mit „stetigen
Ausprägungen", so wird von der befragten Person verlangt, diese
zunächst zu „dichotomisieren" und „deutliche Ausprägungen"
(oder wie auch immer sie die Anweisung interpretiert) jeweils der
vorgestellten Person zuzuschreiben. Ob sie dabei an eine „extreme
Ausprägung" denkt, an eine „starke" oder an eine (eventuell nur
leicht) überdurchschnittliche, bleibt ihr überlassen. Sodann hat sie
einzuschätzen, wie ähnlich ihr die vorgestellte Person ist. Aus dem
Grad dieser Ähnlichkeit wird dann auf den Grad der Ausprägung
der angezielten Werthaltung geschlossen.
- Ein zusätzliches Problem besteht beim PVQ darin, dass in der
Beschreibung der Person, die man sich vorstellen soll, teilweise
Verhaltensdispositionen vorgegeben sind, womit die Grenze zu
einem Persönlichkeitsinventar zu verschwimmen droht. Dies liegt

allerdings auch an der Schwäche von Persönlichkeitsinventaren, Verhaltenstendenzen nicht „objektiv", sondern als Selbstbericht zu erfassen. Insbesondere bei der Untersuchung von Zusammenhängen zwischen Persönlichkeitseigenschaften im engeren Sinne und Werthaltungen ist jedenfalls darauf zu achten, entsprechende Methodenartefakte zu vermeiden bzw. entsprechende „Gegenargumente" zu finden. Die Trennung zwischen „Persönlichkeitseigenschaften" und „Werthaltungen" halten Schwartz u.a. (2001: 523) explizit für wichtig, wenn sie beispielsweise argumentieren, eine Person könne durchaus „Kreativität" einen hohen Stellenwert zubilligen, ohne selbst kreativ zu sein. Relativierend sei angemerkt, dass Iser und Schmidt (2005: 316) bezüglich des Verhältnisses von Persönlichkeitseigenschaften und Werten zu dem Ergebnis kommen, „... dass trotz inhaltlicher Ähnlichkeiten eine Trennung der beiden Konzepte sowohl theoretisch als auch empirisch wohl begründet ist".

## 3.6 DER ANSATZ VON RENNER

### VORSTELLUNG DES ANSATZES

Ein von vielen Autoren immer wieder angesprochenes Problem der bisher besprochenen Ansätze der Werteforschung besteht darin, dass die Kriterien für die Auswahl der jeweils betrachteten Werte nicht klar theoretisch fundiert nachvollziehbar sind (vgl. Renner 2005: 40, 54). Entsprechend vielgestaltig fallen die unterschiedlichen Positionen hinsichtlich der Dimensionalität des Werteraums sowie der inhaltlichen Seite dieser Dimensionen aus. Zur Lösung dieses Problems unternimmt Walter Renner den Versuch, den im Rahmen der Persönlichkeitsforschung erfolgreich angewandten lexikalischen Ansatz (vgl. Kap. 1.5) auf die Werteforschung zu übertragen (Renner 2005: 7, 61-66). Nach der Sedimentationshypothese müssten sich auch Werthaltungen (Renner verwendet synonym den Begriff: „Wertorientierungen"), die im täglichen Zusammenleben von Bedeutung sind, sprachlich niederschlagen. Ein zentraler Punkt hierbei ist, „... dass zwischen Sprache, Denken und Kultur systematische Parallelen bestehen, ohne dass ein bestimmter Kausalzusammenhang postuliert wird ..." (Renner 2005: 62).

Damit schneidet Renner ein wichtiges, bisher wenig diskutiertes Thema an, nämlich kulturelle Unterschiede in den untersuchten Werthaltungen (vgl. hierzu z.b. Renner 2005: 25-32, 39). Hierzu Renner (2005: 6-7): „Bisherige Versuche, menschliche Wertorientierungen zu erfassen, stammen fast durchweg aus dem europäisch-amerikanischen, oder jedenfalls dem „westlichen", Kulturkreis. Das bekannteste und heute weltweit in Verwendung befindliche Erhebungsinstrument zur Erfassung von Wertorientierungen, das Schwartz Value Survey (SVS, Schwartz 1992), wurde in zahlreiche Fremdsprachen übertragen, wobei sich jeweils eine sehr ähnliche dimensionale Struktur fand, welche die „Universalität" der gefundenen Wertestruktur belegen soll. Aus Sicht der Kulturpsychologie ist es allerdings unangemessen, durch bloße Übersetzung von Erhebungsinstrumenten den Gegebenheiten anderer Kulturen nahe kommen zu wollen. Übersetzungen implizieren, dass die Denkweise der „westlichen" Zivilisation Kulturen aufgezwungen wird, ohne in der Lage zu sein, die dortigen spezifischen Facetten – in diesem Fall jene der in der jeweiligen Kultur vorherrschenden Werte – hinreichend erfassen zu können".

Aufgrund dieses Problems entwickelte er seine Taxonomie parallel für Österreich, für eine indigene afrikanische Kultur (Northern Sotho, Republik Südafrika) und für Ägypten (mit arabischem Einfluss; vgl. Renner 2005: 7-8). Die – analog zum unter Kap. 1.5 beschriebenen Vorgehen beim Big Five-Ansatz – faktorenenalytisch ermittelten Wertedimensionen zeigen nach den Tabellen 3.6-1 und 3.6-2 denn auch kulturelle Prägungen und unterscheiden sich sowohl untereinander, als auch in Bezug auf die Wertedimensionen des in Kapitel 3.5 vorgestellten SVS (vgl. z.B. Renner 2005: 86, 95, 99, 104-108). An dieser Stelle wird ein Dilemma sichtbar, das mit dem Einsatz des Lexikalischen Ansatzes in aller Deutlichkeit hervortritt: Nach der Logik des lexikalischen Ansatzes müssten eigentlich die „Dimensionen des Werteraumes" *innerhalb* der unterschiedlichen Kulturen bestimmt werden. Damit ginge allerdings die Vergleichbarkeit über die Kulturen hinweg verloren (es sei denn, es träten keine kulturellen Unterschiede hinsichtlich dieser Dimensionen auf). Erzwingt man hingegen die Vergleichbarkeit, indem man ein im Rahmen einer bestimmten Kultur entwickeltes Testinventar in andere Sprachen übersetzt (und auf

Invarianz hin überprüft), wird dieses Instrument in einem veränderten kulturellen Umfeld nicht unbedingt dessen „Dimensionen des Werteraumes" im Sinne des lexikalischen Ansatzes abbilden.

Erschwerend hinzu kommt ein Punkt, der nach den Ausführungen in Kap. 4.10 über den „Radikalen Konstruktivismus" im Sinne von Ernst von Glasersfeld auf der Hand liegt: „Übersetzungen geben den ursprünglichen Bedeutungsgehalt eines Wortes prinzipiell nur unscharf wieder" (Renner 2005: 96). Für die österreichische Taxonomie ergibt sich hieraus zum Beispiel nach Renner (2005: 107): „Unterschiede zu kollektivistischen Kulturen könnten ... in der zunächst lexikalisch nicht erkennbaren, kulturell unterschiedlichen, Konnotation der einzelnen Begriffe liegen". In Bezug auf die Übersetzungen der Items der SVS (vgl. Kap. 3.5) schreibt Renner (2003: 128) entsprechend: „... the question remains unanswered, whether the participants had interpreted them in a convergent or in a culture specific way".

Renner geht davon aus, dass „... die kulturspezifische *Qualität* von Wertorientierungen oder moralischen Konzepten, welche eine Person vertritt, in Kindheit und Jugend festgelegt wird" (Renner 2005: 21, Hervorhebung im Original; vgl. auch a.a.O.: 25). Die individuelle *Ausprägung* dieser kulturspezifischen Wertorientierungen hingegen könne sich durchaus im Erwachsenenalter (langfristig) verändern, auch wenn generell kurz- bis mittelfristig von relativ hoher zeitlicher Stabilität dieser Ausprägung auszugehen sei (vgl. Renner 2005: 21). Lernvorgänge, die Veränderungen zugrunde liegen, seien dabei – abweichend von der behavioristischen Sichtweise (vgl. Kap. 1.3) – „... auf normative Standards bezogen" (Renner 2005: 21). Die Vorstellung, die Ausprägung von Werthaltungen könne sich nach einer „prägenden Phase" in der Jugendzeit nicht mehr verändern, lehnt er explizit ab (vgl. Renner 2005: 21-23, 38-39). Neben den angesprochenen Lernprozessen sieht Renner (2005: 24-25) Werthaltungen zu einem nicht unerheblichen Anteil genetisch determiniert (vgl. auch Renner 2005: 83).

Die Definitionen, die Renner seiner Arbeit zugrunde legt, sind in Renner (2005: 32-39) dargelegt. Die beiden wichtigsten: „*Werte* sind kognitive und emotionale Leitmotive (persönliche und gesellschaftliche normative Standards). Sie sind Generalisierungen von Zielen, Einstellungen und Interessen. Werte gelten situationsübergreifend und sind

*Tabelle 3.6-1:  Die Faktoren im afrikanischen bzw. arabischen Kulturkreis*

| afrikanisch | arabisch |
|---|---|
| I Religiosity and Support | I Nobility & Compassion |
| II Solidarity | II Discipline |
| III Conformity and Benevolence | III Advancement |
| IV Leadership and Achievement | IV Self-Actualization |
| V Human Enhancement | V Belief & Commitment |
| | VI Counter-Culture |

(nach Renner 2005: 79)

ein Teilaspekt von Motivation, erheben aber den Anspruch, nicht nur für die eigene Person, sondern auch für andere zu gelten. Sie sind auf Vernunft, Moral und Ästhetik gegründet und werden unterschiedlich stark befürwortet oder abgelehnt ... . Werte konstituieren Sinn ... . Werte sind theoretische Konstrukte" (Renner 2005: 33; Hervorhebung im Original). „Werte, die von Individuen habituell vertreten werden, heißen *Wertorientierungen.* Sie haben den Charakter von Persönlichkeitsmerkmalen, d.h. sie sind zeitlich und situativ stabiler als Einstellungen ... . Wertorientierungen sind theoretische Konstrukte" (Renner 2005: 34; Hervorhebung im Original).

Der Ansatz ist – schon aufgrund der lexikalisch orientierten Vorgehensweise – in erster Linie dem Eigenschaftsparadigma zuzuordnen. Entsprechend weist Renner (2005: 18) Wertorientierungen den Stellenwert von Persönlichkeitsmerkmalen zu. Einen wie auch immer gearteten „Wertewandel" thematisiert er konsequenterweise nicht.

MESSUNG

Die Entwicklung der Instrumente, insbesondere des Österreichischen Wertefragebogens (ÖWF), ist in Renner (2005: 51-108) im Überblick dargestellt (vgl. hierzu auch Renner 2003). Die Konstruktionslogik folgt im Wesentlichen der des NEO-FFI im Rahmen des Big Five-Ansatzes (vgl. Kap. 1.5). Das Rating-Verfahren wird dabei bewusst als bevorzugte Alternative zum Ranking-Verfahren betrachtet (Renner 2005: 51-52). Auf die anfangs getrennte Erfassung von terminalen und instrumentellen Werten kann nach Renner (2005: 77) zumindest im Deutschen verzichtetet werden. Ähnlich äußert sich auch Asendorpf (2007: 251).

In der endgültigen Fassung des ÖWF beschränkt er sich auf die Vorgabe von 54 Substantiven und verzichtet auf Adjektive, für welche sich seine ähnliche Faktorenstruktur ergab (vgl. Renner 2005: 52, 77). Tabelle 3.6-2 listet die vorgegebenen Substantive. „Zusätzlich wurde jedes Item mit einer kurzen Erklärung versehen" (Renner 2005: 79). Bei der Beantwortung werden die Befragten gebeten, die Begriffe hinsichtlich ihrer „persönlichen Bedeutsamkeit als Leitmotiv im Leben" (Renner 2005: 78-79, 84) – analog zum NEO-FFI (vgl. Kap. 1.5) – auf einer 5-stufigen Antwortskala zwischen „Starke Ablehnung" (SA), „Ablehnung" (A), „Neutral" (N), „Zustimmung" (Z) und „Starke Zustimmung" (SZ) zu bewerten.

*Tabelle 3.6-2:  Die Skalen, Subskalen und zugehörige Items des ÖWF*

| Skala/Subskala | Items |
| --- | --- |
| **1.  Intellektualität** | |
| 1.1 Weltoffenheit | Erkenntnis, Erkenntnisfähigkeit, Sinn, Umsicht, Vielfalt, Völkerfreundschaft, Völkerverständigung, Weltoffenheit |
| 1.2 Kultur | Kultur, Kulturerbe, Kulturgut |
| **2.  Harmonie** | |
| 2.1 Gemeinschaft, | Gemeinsamkeit, Gemeinschaft, Gemeinschaftsgeist |
| 2.2 Familie | Elternliebe, Familiensinn, Friedensbereitschaft, Kindesliebe |
| 2.3 Liebe zum Leben | Lebensfreude, Lebenskraft, Wohlbefinden, Liebe |
| **3.  Religiosität** | |
| 3.1 Glaube | Religion, Gottesglaube, Glaube, Glaubensfestigkeit, Gottvertrauen, Gottesgnade, Religiosität, Glaubensstärke, Christlichkeit * |
| 3.2 Gnade | Gnade, Vergebung, Seelenheil |
| **4.  Materialismus** | |
| 4.1 Eigentum | Vermögen, Wohlhabenheit, Wohlstand |
| 4.2 Erfolg | Aufstieg, Erfolg, Karriere |
| 4.3 Genuss | Genuss, Hochgenuss, Komfort, Stolz |
| **5.  Konservatismus** | |
| 5.1 Nationalismus | Nationalbewusstsein, Nationalgefühl, Patriotismus, Tradition, Traditionsbewusstsein, Vaterlandsliebe |
| 5.2 Verteidigung | Verteidigung, Verteidigungsbereitschaft |
| 5.3 Pflichtbewusstsein | Pflicht, Pflichterfüllung |

(nach Renner 2005: 79)

* Fehlende Angaben nach persönlicher Mitteilung ergänzt.

Kʀɪᴛɪᴋ

- Bisher wurden im Rahmen der Instrumentenentwicklung lediglich Gelegenheitsstichproben größeren Umfangs (überwiegend
  Studierende) und Quotenstichproben eingesetzt. Es wäre wün-
  schenswert, entsprechende Auswertungen nochmals mit Daten
  aus einer Zufallsstichprobe durchzuführen. Die beste Annäherung
  hieran stellt eine Quotenstichprobe des Umfangs N = 1160 dar,
  quotiert nach Geschlecht (603 Frauen; 557 Männer), nach zwei
  Altersgruppen (bis 45 Jahre vs. älter) und zwei Bildungsniveaus
  (mit vs. ohne Abitur). Die Stichprobe ist im Einzelnen in Renner
  (2005: 77) dargestellt. Anhand dieser Stichprobe wurde der ÖWF
  konstruiert.
- Ähnliches gilt für die kulturvergleichenden Untersuchungen. Die
  südafrikanische Wertetaxonomie wurde anhand einer Stichprobe
  von 400 Schwarzafrikanerinnen und Schwarzafrikanern (256 Frauen;
  144 Männer) entwickelt, „... welche in der Nordprovinz der Republik
  Südafrika leben und Northern Sotho als Muttersprache sprechen.
  303 Personen studierten an der University oft the North, Sovenga"
  (Renner 2005: 95). Bezüglich der Liste der arabischen Ausdrücke
  zur Ermittlung der ägyptischen Wertetaxonomie schreibt Renner
  (2005: 100): „Diese Liste wurde 773 Studierenden der American
  University in Cairo (AUC), 409 Frauen und 276 Männern (sieben
  ohne Geschlechtsangabe), zur Bewertung vorgelegt". Allerdings
  könnte man andererseits auch argumentieren, dass mit der schwer-
  punktmäßigen Betrachtung von Studierenden Methodenartefakte
  beim Vergleich der Ergebnisse insofern unwahrscheinlicher werden, als die Faktoren „Alter" und „Bildung" in einer bestimmten
  Ausprägung weitgehend konstant gehalten sind.
- Die Benennung der Antwortvorgaben in Richtung „Zustimmung"
  (und nicht: „Befürwortung") vs. „Ablehnung" im Anschluss an die
  Aufforderung: „Geben Sie bitte auf den folgenden Seiten für jeden
  Begriff an, wie sehr Sie ihn als persönliches Leitmotiv in Ihrem
  Leben befürworten oder ablehnen", könnte zu Irritationen bei
  den befragten Personen führen. „Pflichterfüllung" beispielsweise
  könnte auch dann positiv bewertet werden (was zu einer Antwort

in Richtung „Zustimmung" verleitet), wenn man diesen Punkt als „persönliches Leitmotiv im Leben" nicht besonders befürwortet.

- Einen „Wertewandel" zu erklären, fällt mit dem Ansatz schwer. Aufgrund der Verortung im Eigenschaftsparadigma der Persönlichkeitspsychologie ist dies in jedem Fall nur mit Zusatzannahmen möglich. Zu klären wäre in diesem Zusammenhang der Stellenwert der Aussage, Werthaltungen seien zu einem nicht unerheblichen Anteil genetisch determiniert.

- Wenn Werthaltungen einerseits zu einem nicht unerheblichen Anteil genetisch determiniert sind, andererseits die Vorstellung einer Invarianz von Werthaltungen nach einer „prägenden Phase" explizit abgelehnt wird, sind allenfalls vage Aussagen auf Aggregatebene über die zeitliche Stabilität von Werthaltungen möglich, etwa „... dass genetisch mitbedingte Wertorientierungen und Einstellungen psychologisch „stärker", d.h. stabiler und schwerer veränderbar sind als solche, die ausschließlich durch soziales Lernen bestimmt sind ..." (Renner 2005: 83).

## 3.7 Fazit

Herrscht im Bereich der Persönlichkeitsforschung derzeit mit dem Big Five-Ansatz (vgl. Kap. 1.5) weitgehend Konsens über die zu untersuchenden Dimensionen, so ist für den Bereich der Werteforschung große Uneinigkeit hinsichtlich der „Dimensionen des Werteraums" zu konstatieren. Als Lösung des Problems bietet es sich an, das Vorgehen beim Lexikalischen Ansatz der Persönlichkeitspsychologie auf den Bereich der Werteforschung zu übertragen – so, wie Walter Renner dies demonstriert hat.

Was die eingesetzten Messinstrumente betrifft, so ist im Falle der Werteforschung ebenfalls eine große Variationsbreite festzustellen. In allen vorgestellten Ansätze wurden unterschiedliche Messverfahren eingesetzt.

Da die Werteforschung über weite Strecken international vergleichend arbeitet, stellen für sie Fragen der interkulturellen Vergleichbarkeit, wie sie insbesondere Renner thematisiert, eine besondere Herausforderung dar. Ähnliche Fragen stellen sich auch aus dem Blickwinkel des Radikalen Konstruktivismus im Sinne Ernst von

Glasersfelds (Kap. 4.10). Übersetzungen von Werteinventaren für andere Kulturkreise als dem ursprünglichen sind so gesehen mit Problemen behaftet. Zwar können Prüfungen auf Invarianz erfolgen (vgl. z.B. Davidov 2010: 175-178), diese sagen jedoch kaum etwas über die „kulturelle Einbindung" der gemessenen Größen aus. Insbesondere können Instrumente auch bei kulturell variierenden „Werteräumen" übersetzt und angewandt werden.

Bezüglich des Verhaltens schreibt Asendorpf (2007: 252): „Beziehungen zwischen Werthaltungen und Verhaltensdispositionen wurden bisher nur selten systematisch untersucht. Dabei gibt es ein offensichtliches Verbindungsglied: die Motive. Werthaltungen implizieren Motive, und Motive Verhaltensdispositionen". In diesem Sinne fährt er fort: „Zwischen Werthaltungen und Verhaltensdispositionen gibt es korrelative Zusammenhänge, die durch Motive vermittelt sind" (Asendorpf 2007: 253).

Allzu starke Zusammenhänge sind allerdings nicht unbedingt zu erwarten. Zum einen werden nicht in allen Situationen entsprechende Motive von herausragender Bedeutung sein. Zum anderen sei in diesem Zusammenhang an die in Kapitel 2.6 angesprochene Korrespondenzhypothese erinnert, nach der selbst Einstellungen nur dann Verhalten erklären können, wenn sie bezüglich des Handlungsaspekts, des Zielaspekts, des Kontextaspekts sowie des Zeitaspekts mit der entsprechenden Verhaltensintention korrespondieren. Im Falle von Werthaltungen kann Korrespondenz nur bezüglich des Zielaspekts – der mit entsprechenden Motiven verbunden ist – und eventuell bezüglich des Handlungsaspekts – der mit bestimmten Motiven verbunden sein kann („instrumentelle Werte") – vorliegen. Dennoch wird der Verhaltensaspekt in der Werteforschung betont. Davidov (2010: 171) schreibt etwa zusammenfassend: „Values play an important role in the social sciences. They may explain opinions, attitudes and behavior both on the individual and aggregate level. On the individual level, they may explain political attitudes, attitudes toward societal groups or social and economic policies and influence opinions and behavior. ..."

Angemerkt sei an dieser Stelle, dass Asendorpf noch einen weiteren Vorschlag dafür unterbreitet, theoretisch fundiert Werthaltungen und Verhaltensdispositionen „in Verbindung zu bringen" – diesmal in Form einer „Hintergrundvariablen", welche sowohl Werthaltungen als auch Verhaltensdispositionen beeinflusst: „Ein Eigenschaftskonstrukt, das die traditionelle Kluft zwischen Werthaltungen und Verhaltens-dispositionen überbrückt, ist das Konstrukt der „autoritären Persön-lichkeit" .... Nach Adorno et al. (1950) korrelieren die Bevorzugung konventioneller Werte, die Tendenz zu gesellschaftlich legitimierten aggressiven Gefühlen gegenüber Minderheiten ... und die kritiklose Unterordnung unter Autoritäten so stark miteinander, dass diese Me-lange aus Bewertungs- und Verhaltensdispositionen als einheitliche Persönlichkeitseigenschaft angesehen werden kann" (Asendorpf 2007: 253). Näheres zur „autoritären Persönlichkeit" findet sich in Kapitel 6.2.

**4**

# Die Entstehung der Daten

## 4.1 Vorbemerkungen

Sowohl die bloße Beschreibung sozialwissenschaftlich relevanter Sachverhalte, als auch die Prüfung von (Kausal-) Hypothesen, womit sich das nachfolgende Kapitel 5 beschäftigt, steht und fällt mit der Qualität der hierfür verwendeten Daten sowie der Interpretation der betreffenden Messergebnisse. Beide Punkte sind für die empirische Sozialforschung von größter Bedeutung. Aus diesem Grund lohnt es, das Thema „Messen" in den Mittelpunkt dieses Kapitels zu stellen. Gemessen werden im Rahmen der empirischen Sozialforschung unter anderem die in den vorangegangenen Kapiteln 1 bis 3 besprochenen Merkmale, also das mehr oder weniger stark ausgeprägte Vorliegen bestimmter Einstellungen, Werthaltungen oder Persönlichkeitsmerkmale.[1] Im hier diskutierten Zusammenhang besonders wichtig ist die Messung „menschlichen Verhaltens" bzw. des mehr oder weniger stark ausgeprägten Vorliegens bestimmter Verhaltensintentionen. Die besondere Relevanz derartiger Messungen gründet sich auf die Tatsache, dass unterschiedliche Verhaltensweisen sehr oft als „abhängige Variable" betrachtet werden und damit den zentralen Erklärungsgegenstand darstellen.

---

1   Der besseren Lesbarkeit halber wird im Folgenden nicht konsequent zwischen dem betrachteten Merkmal und der „Ausprägung" des betreffenden Merkmals unterschieden. Aus dem Kontext sollte jedoch die jeweilige exakte Bedeutung ersichtlich sein.

Die Kapitel 4.2 bis 4.4 beinhalten einführende Überlegungen zur Einteilung von Messungen sowie der zugehörigen Messinstrumente. Besondere Bedeutung kommt hierbei, wie erwähnt, der „Verhaltensmessung" zu. „Verhalten" soll zwar einerseits sehr oft an zentraler Stelle erklärt werden, allerdings erweist sich insbesondere in diesem Bereich die Messung als besonders problembehaftet.

Im Rahmen der Kapitel 4.5 bis 4.7 (teilweise auch in Kap. 4.4 und 4.8) liegt ein Schwerpunkt auf Prozessen, die beim Zustandekommen eines individuellen Messergebnisses ablaufen (können). Hierzu gehören insbesondere „Lösungsstrategien", mit denen eine untersuchte Person das „Problem" der Beantwortung einer Frage angeht. In diesem Zusammenhang werden beispielsweise Effekte wie der Einfluss von Frage- und Antwortformulierungen oder der Interviewsituation besprochen wie auch die Veränderung des zu messenden Merkmals durch die Messung selbst. Insgesamt sollte klar werden, dass die gängige Definition von „Messen" als: „strukturtreue Übertragung eines empirischen Relativs in ein numerisches Relativ" (Schumann 2011: 20) eher eine Zielvorstellung der empirischen Forschung darstellt als eine Beschreibung dessen, was üblicherweise beim „Messvorgang" abläuft. In der Praxis der empirischen Sozialforschung stellt „Messung" einen hoch komplexen Vorgang dar, der in aller Regel nicht einem „Schubladenmodell" – d.h. der bloßen „Abbildung" einer bestehenden Merkmalsausprägung – entspricht.

Abschließend werden gesondert die Messung von Veränderungen über die Zeit besprochen (Kap. 4.8) sowie die Messung durch Likert-Instrumente (Kap. 4.9). Letztere erfreuen sich dann großer Beliebtheit, wenn Messungen auf der Grundlage mehrerer, zusammengefasster Einzelmesswerte erfolgen sollen. Einen inhaltlichen Schwerpunkt stellt nochmals das abschließende Kapitel 4.10 mit Anmerkungen zur Interpretation von Messwerten dar. Grundtenor hierbei ist die Warnung vor einer „Überinterpretation" der jeweils ermittelten Messergebnisse.

## 4.2 Zur Einteilung von Messgegenständen und Instrumenten

Die Umfrageforschung stellt einen Schwerpunkt der empirischen sozialwissenschaftlichen Forschung dar. Der Fokus wird deshalb im vorliegenden Kapitel auf Umfragen liegen. Hierbei dienen Antworten auf Fragen, die im Rahmen eines Interviews gestellt werden, als Basis der Messung. Die Fragen lassen sich nach einer Reihe von Kriterien einteilen, auch wenn die Grenzen manchmal fließend sind. Einige wichtige Einteilungen seien im Folgenden kurz vorgestellt. Sie sind für die Messung insofern relevant, als sich aus ihnen jeweils bestimmte Anforderungen ergeben, denen sie genügen muss.

Zunächst lässt sich bei Messungen nach dem *Gegenstand der Messung* unterscheiden, ob Einstellungen, Werte, Persönlichkeits-merkmale (im engeren Sinne), Überzeugungen, einfache „objektive (meist soziodemographische) Merkmale" oder Verhalten (bzw. Verhal-tensintentionen) erfasst werden sollen. Je nach Gegenstand müssen unterschiedliche Dinge via Messung repräsentiert werden. Die ersten drei Gegenstandsgruppen sowie die letztgenannte sind in den Kapiteln 1 bis 3, 4.3 und 4.4 ausführlich besprochen und werden daher an dieser Stelle nicht weiter thematisiert. Unter „Überzeugungen" seien im Folgenden die Vorstellungen des Menschen darüber, welche Ge-gebenheiten er (aus seiner subjektiven Sicht) als „zutreffend/korrekt" erachtet, verstanden. Überzeugungen in diesem Sinne weisen also im Gegensatz zu Einstellungen keine affektiv-wertende Komponente auf. Ferner müssen sie sich nicht notwendigerweise mit (quasi von außen) „objektiv" feststellbaren Gegebenheiten decken. Ein nach objektiven Kriterien „reicher" Mensch kann durchaus die Überzeugung hegen, „arm" zu sein – und diese subjektive Überzeugung ist nach dem be-reits angesprochenen Thomas-Theorem (Kap. 1.1) verhaltensrelevant! Andererseits ist man in bestimmten Fällen daran interessiert, „objektive Merkmale" (meist aus dem soziodemographischen Bereich) wie – um ein simples Beispiel zu nennen – das Lebensalter zu erfassen.

Insbesondere bei letzterem Gegenstandsbereich werden für be-stimmte Zwecke auch Fragen zur Erhebung sogenannter „Ereignis-daten" oder „Verlaufsdaten" eingesetzt. Meist handelt es sich dabei um Fragen nach der Ausprägung klar definierter Merkmale auf Nomi-nalskalenniveau (s. unten) wie etwa „Familienstand", „Berufstätigkeit", „beruflicher Werdegang", „Zugehörigkeit zu einer Organisation" und Ähnliches im Zeitverlauf. Ziel ist die explizite Erfassung der Dauer der jeweiligen Merkmalsausprägungen (lückenlos) über die Zeit.

Eine weitere Einteilung von Messungen kann auch nach dem

*Skalenniveau* erfolgen, auf dem sie durchgeführt werden sollen. Üblicherweise werden dabei Nominal-, Ordinal-, Intervall- und Ratio-skalenniveau unterschieden. Auf Nominalskalenniveau sind lediglich Äquivalenzrelationen (Merkmalsausprägungen: gleich oder ungleich) interpretierbar, auf Ordinalskalenniveau zusätzlich Ordnungsrelationen (größere/geringere Merkmalsausprägung), auf Intervallskalenniveau nochmals zusätzlich Differenzen zwischen Merkmalsausprägungen und auf Ratioskalenniveau abermals zusätzlich deren Verhältnisse (vgl. Schumann 2011: 18-27).

Auch das Skalenniveau ist mit Konsequenzen für die Messung und die auf ihr basierende Forschung verbunden. Am Rande sei das Problem erwähnt, dass ein Großteil der gängigen Methoden der empirischen Forschung, wie die Berechnung von Korrelations- und Regressionskoeffizienten oder die Durchführung von Faktorenanalysen, mindestens Intervallskalenniveau voraussetzt, wobei dieses in aller Regel allerdings bestenfalls annähernd erreicht wird. Eine weitere Konsequenz ergibt sich aus der Forderung, dass die im empirischen Relativ interpretierbaren Relationen zwischen den Merkmalsausprä-gungen sich in entsprechenden Relationen zwischen den (in der Regel numerisch) gemessenen Werten widerspiegeln müssen. Das setzt zum einen eine genaue Kenntnis des „empirischen Relativs" voraus, die in den Sozialwissenschaften in vielen Fällen nur unvollständig gegeben ist. Man denke etwa an die Messung von Konstrukten wie „Extraver-sion", die „Wertschätzung politischer Parteien", „Postmaterialismus" oder die „Kirchenbindung" – wie immer die genaue Definition auch aussehen mag. Anders ausgedrückt müsste zur Beantwortung der Frage, ob bei einer bestimmten, konkret durchgeführten Messung die „strukturtreue Übertragung eines empirischen Relativs in ein nume-risches Relativ" geglückt ist, die Merkmalsausprägung – die mittels Messung erst erfasst werden soll! – im empirischen Relativ bereits bekannt sein. In aller Regel ist dies zumindest bei Messungen auf ordinalem oder höherem Skalenniveau kaum der Fall.

Eine weitere Einteilung von Messungen kann danach erfolgen, ob *manifeste oder latente Variablen* zu erfassen sind. Als „manifest" werden Variablen bezeichnet, deren Ausprägungen (zumindest prinzipiell) direkt beobachtbar sind, z.B. die Anzahl der Geschwister oder die Kirchgangshäufigkeit. Für „latente Variablen" – wie etwa den Grad der Sympathie für eine bestimmte Politkerin, des Vertrauens in das Bundesverfassungsgericht oder die Selbstverortung im politischen Links-Rechts-Kontinuum – trifft dies nicht zu. Letztere stellen jedoch den Löwenanteil der Variablen, die im wissenschaftlichen Forschungsprozess eine Rolle spielen. Zur Beurteilung der Güte der Messung wird bei latenten Variablen in der Regel neben der Reliabilität (Genauigkeit) die Validität der Messung untersucht (Schumann 2011: 29-31, 40-45). Die Validitätsprüfungen geben Hinweise darauf, ob das gemessen wird, was gemessen werden soll. Explizite Hinweise auf das Skalenniveau liefern sie oberhalb des Nominalskalenniveaus in der Regel nicht.

Eine weitere Einteilung von Fragen richtet sich danach, ob die Messung *offen oder verdeckt* erfolgt. „Offen" meint in diesem Zusammenhang, dass für die befragte Person das Ziel der Messung ersichtlich ist und „verdeckt", dass dem nicht (unbedingt) so ist. Bei der Frage: „Wo lebten Sie vor der Wende: in der damaligen Bundesrepublik, in der damaligen DDR oder im Ausland?" ist beispielsweise nicht unmittelbar ersichtlich, dass damit der Sozialisationshintergrund der interviewten Person erfragt werden soll. Verdeckte Messungen werden oft eingesetzt, wenn bei „heiklen Themen" die Beantwortung im Sinne sozialer Erwünschtheit vermieden werden soll. Wenn dies gelingt, können tatsächlich im Vergleich zur offenen Messung bessere, sprich: unverzerrtere Ergebnisse erzielt werden. Allerdings hat die verdeckte Messung auch ihre Tücken. Wenn zum Beispiel ein Teil der Befragten die Sache „durchschaut" und das Ziel der Messung erkennt (und dementsprechend „faking good" betreiben kann), ein anderer Teil dagegen nicht und wenn sich diese Gruppen zudem noch systematisch unterscheiden, beispielsweise hinsichtlich ihrer Intelligenz, dann können die ermittelten Messergebnisse zu gravierenden inhaltlichen Fehlinterpretationen verleiten. Die gemessenen Mittelwerte bei intelligenteren Personen könnten sich im skizzierten Beispiel signifikant von denen weniger intelligenter Personen unterscheiden, obwohl solche Unterschiede keine Entsprechung bezüglich der Ausprägung des zu messenden Merkmals im empirischen Relativ haben (vgl. hierzu z.B. die in Kap. 6.2 angesprochene Diskussion um die F-Skala).

Eine weitere wichtige Unterscheidung von Messungen ergibt sich aus den jeweils vorgesehenen *Antwortmodi*. Bei „offen" gestellten Fragen bleibt es der befragten Person überlassen, eine Antwort zu artikulieren. Bei „geschlossenen" Fragen dagegen muss sie zwischen vorgegebenen Antwortalternativen auswählen. Ob eine Frage offen oder mit Antwortvorgaben gestellt wird, kann erhebliche Auswirkungen auf die Beantwortung haben. Wird beispielsweise offen gefragt: „Was ist das wichtigste Problem, das es derzeit in der Bundesrepublik zu lösen gilt?", muss die befragte Person aktiv ein Problem identifizieren (und mit anderen Problemen bezüglich ihrer Wichtigkeit vergleichen), was einer politisch wenig interessierten Person schwer fallen könnte. Sehr viel leichter könnte sie dagegen bei der selben – geschlossen gestellten – Frage eine Antwort aus einem vorgegebenen „Menü" auswählen; eine Antwort, die ihr eventuell bei offener Frageformulierung überhaupt nicht in den Sinn gekommen wäre! Empirische Belege für derartige Prozesse liegen vor (vgl. Kap. 4.5).

Von besonderer Bedeutung dürfte die in Abbildung 4.2-1 skizzierte Einteilung sein, welche sich auf die Messung von „Eigenschaften", also beispielsweise Einstellungen, Werten oder Persönlichkeitseigenschaften, bezieht. Den „Königsweg" stellt natürlich die *„direkte" Messung* der jeweiligen biophysischen Grundlagen dar, was in den Sozialwissenschaften allerdings in den seltensten Fällen möglich ist. Die zweitbeste Erhebungsmöglichkeit bieten *Situations-Reaktions-Inventare,* bei denen Recall-Fragen zu vergangenem Verhalten in genau definierten Situationen eingesetzt werden können, Fragen zu Verhaltensintentionen (wie haben Sie vor, sich zu verhalten ...) oder hypothetische Fragen (wie würden Sie sich verhalten, falls ...). Einen Grenzfall stellen Fragen dar, bei denen die befragte Person nicht nur Verhalten in bestimmten Situationen berichten soll, sondern zusätzlich die Aufgabe hat, eine Verhaltenstendenz über viele Situationen („$\Sigma$" in Abb. 4.2-1) zu ermitteln. Eine dritte Möglichkeit besteht in der *Einschätzung der gesuchten Eigenschaftsausprägung durch (hierzu als kompetent erachtete) Menschen.* Dies kann entweder durch Selbsteinschätzung der Befragten geschehen oder mittels der Einschätzung der Befragten durch Dritte, was allerdings aufgrund des damit verbundenen Aufwands kaum praktiziert wird. In beiden

*Abbildung 4.2-1:  Messung von Eigenschaften*

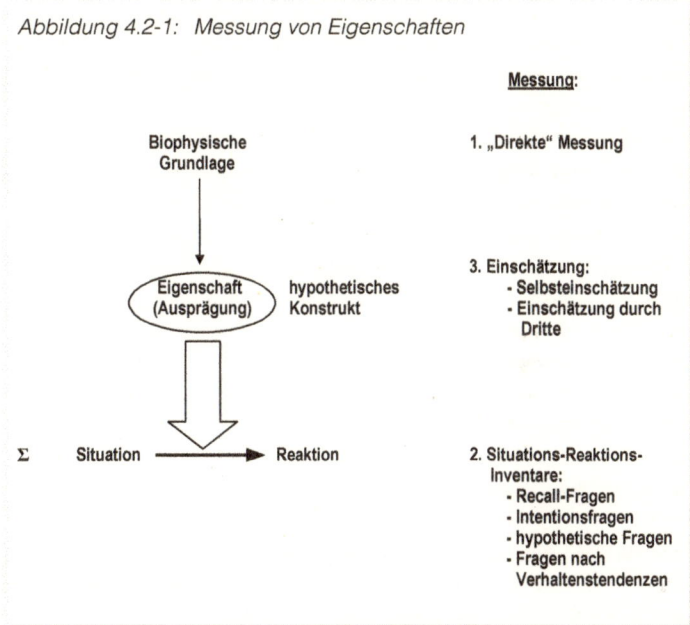

Fällen ist allerdings schwer nachvollziehbar, welche Wahrnehmungen und welches Kalkül einer derartigen Einschätzung gegebenenfalls zugrunde liegen.

Die letzte hier thematisierte Unterscheidung bezieht sich darauf, ob *Individual- oder Aggregatdaten* erhoben werden. In Umfragen werden in aller Regel Informationen zu den Einstellungen, Werten, sonstigen Persönlichkeitsmerkmalen, Überzeugungen, „objektiven Merkmalen" und zum Verhalten der befragten Person erhoben. Damit dominieren klar Individualdaten – also Daten, die sich auf Merkmalsausprägungen bei der befragten Person beziehen. Selten werden Informationen auf Aggregatebene erfragt wie etwa die Zahl der Einwohner des Wohn-orts der Befragten (Gemeindegrößenklasse) oder die konfessionelle Prägung des Wohnorts. Falls sie erfragt werden besteht die Gefahr, dass aus Unkenntnis fehlerhafte Angaben (Einschätzungen) gemacht werden. Andererseits sind solche Angaben insbesondere dann wichtig, wenn Mehrebenenanalysen geplant sind, die etwa das soziale Umfeld der Befragten mit berücksichtigen. Das Problem kann gelöst werden, indem die Gemeindekennziffer (meist des Wohnorts der befragten Person) festgestellt und mit erhoben wird. Über diese Kennziffer lassen sich viele Informationen aus amtlichen Statistiken den Individualdaten zuordnen, etwa zurückliegende Wahlergebnisse, das Steueraufkommen (als Prosperitätsindikator) oder der Anteil landwirtschaftlich genutzter Fläche (als Indikator für den Urbanisierungsgrad). Auf diese Weise erhält man die für Mehrebenenanalysen nötigen Informationen, das Interview wird verkürzt, die befragte Person „entlastet" und zudem werden die Angaben präziser.

### 4.3 Messung von „Verhalten"

Wie in Kapitel 1.1 bereits angesprochen, wird in diesem Buch nicht zwischen „Verhalten" und „Handeln" unterschieden. Zum einen spricht vieles dafür, dass auch wohlüberlegte, zielgerichtete „Handlungen" nicht vollständig „rationaler Kontrolle" unterliegen. Zum anderen dürfte, aus umgekehrter Blickrichtung, fast jedes menschliche Verhalten eine irgendwie geartete kognitive Komponente aufweisen – von angeborenen Reflexen, Aktivitäten unter Drogeneinfluss und Ähnlichem einmal abgesehen.

Unter „menschlichem Verhalten" als Gegenstand der Messung lassen sich viele wichtige abhängige (zu erklärende) Größen der empirischen Sozialforschung subsummieren, zum Beispiel prosoziales Verhalten, das Wählerverhalten, ehrenamtliches Engagement in diversen Bereichen, aggressives Verhalten bei Protestaktionen, der Besuch des sonntäglichen Gottesdienstes und vieles mehr bis hin zur Kaufentscheidung für ein bestimmtes Auto. In manchen Fällen gelingt es relativ leicht, derartiges Verhalten zu erfassen. Zum Beispiel kann die Hilfeleistung in einer bestimmten Situation (prosoziales Verhalten) mit entsprechendem Aufwand experimentell gut beobachtet werden. In anderen Fällen jedoch erweist sich die Messung menschlichen Verhaltens als ausgesprochen schwierig. Ein Paradebeispiel hierfür ist die zentrale abhängige Variable der empirischen Wahlforschung: das Wählerverhalten. Aufgrund des Wahlgeheimnisses kann es grundsätzlich nicht direkt beobachtet werden. Anhand der beiden Beispiele des prosozialen Verhaltens und des Wählerverhaltens werden im Folgenden die wichtigsten Möglichkeiten zur Erfassung (Messung) menschlichen Verhaltens skizziert.

Zunächst bietet sich natürlich die *„direkte Verhaltensbeobachtung"* an, wobei allerdings einige Punkte zu beachten sind. Zunächst gilt auch hier, dass menschliches Verhalten vom Beobachter in subjektiver Art und Weise wahrgenommen wird. In Kapitel 4.5 ist dies anhand der Beobachtung des Verhaltens eines Dozenten durch Seminarteilnehmer belegt (Tab. 4.5-1). Ganz allgemein muss vorab entschieden werden, ob verhindert werden soll, dass das Ergebnis der Messung vom Beobachter (aktiv oder durch seine bloße Anwesenheit) nennenswert beeinflusst werden kann oder nicht. Falls intendiert ist, eine Beeinflussung auszuschließen, sollte die Beobachtung „nicht teilnehmend" und „verdeckt" erfolgen. Die Person, deren Verhalten beobachtet wird, sollte nicht auf den „Stimulus Interviewer" reagieren können. Wird eine solche Beobachtung in einer natürlichen Beobachtungssituation (im Gegensatz zum Labor) durchgeführt, dann stellt dies – zumindest auf den ersten Blick – sozusagen den „Königsweg" der Verhaltensmessung dar. Die im „Statistischen Jahrbuch für die Bundesrepublik Deutschland" regelmäßig ausgewiesene Zählung der sonntäglichen Kirchenbesucher (anhand einer Stichprobe) stellt ein Beispiel hierfür dar, an dem allerdings auch Grenzen des Verfahrens klar werden. So kann zwar im Aggregat der Anteil der Gottesdienstbesucher innerhalb einer Gemeinde ermittelt werden, eine wissenschaftliche Untersuchung der Individuen im Anschluss an den Gottesdienst dürfte allerdings zumeist als „unpassend" empfunden (und entsprechend oft abgelehnt) werden und es dürfte schwierig werden, die Nichtteilnehmer am Gottesdienst zu untersuchen.

Die meisten der in der empirischen Sozialforschung untersuchten Verhaltensweisen dürften direkt beobachtbar sein – wenngleich nicht alle, wie das Beispiel des Wählerverhaltens zeigt. Beim Beispiel des prosozialen Verhaltens etwa besteht kein Problem zu beobachten, ob jemand etwa einer älteren Dame hilft, deren Fahrzeug offensichtlich mit einer Reifenpanne am Straßenrand steht. Dennoch ergeben sich gravierende Probleme, sofern derartiges Verhalten individuell erklärt werden soll und damit die „abhängige Variable" im Rahmen einer Untersuchung darstellt. Um Aussagen über eine bestimmte Grundgesamtheit machen zu können, müsste zunächst eine Stichprobe aus ihr gezogen werden. Das ist oft noch relativ leicht machbar. Mögliche Erklärungsfaktoren (genauer: deren Ausprägung) müssten erfasst werden und schließlich müsste ermittelt werden, ob die untersuchten Personen das betreffende Verhalten zeigen oder nicht. Hier liegt das Problem.

Ob eine Person Raucher ist oder nicht, lässt sich (zum Beispiel durch Einschätzung eines Interviewers) zwar relativ leicht feststellen, dies stellt jedoch eher eine Ausnahme dar, insbesondere da „Rauchen" ein Verhalten ist, das in der Regel in kurzen Zeitabständen erfolgt. Für die meisten sozialwissenschaftlich untersuchten Verhaltensweisen trifft dies nicht zu. Man könnte sich natürlich von dem Vorsatz, eine Stichprobe zu untersuchen, lösen und einfach Personen untersuchen, die in einer bestimmten Situation prosoziales Verhalten zeigen bzw. nicht zeigen. Beispielsweise könnte man am Straßenrand einen Unfall simulieren und anschließend alle Autofahrer, sowohl die „Helfer" als auch diejenigen, die nicht geholfen haben untersuchen. Abgesehen von erheblichen ethischen Bedenken (derart irregeführte Personen werden vielleicht aufgrund dieser Erfahrung beim nächsten „echten" Unfall nicht helfen!) und der Tatsache, dass mögliche „Ursachen" für ein Verhalten besser vorher ermittelt werden sollten, ist unmittelbar ersichtlich, mit welchen Schwierigkeiten eine derartige, nachfolgende Untersuchung der Personen zusätzlich verbunden wäre. Insbesondere werden sich Menschen, die schon offensichtlichen Unfallopfern ihre Hilfe verweigern, kaum bereit erklären, an der nachfolgenden – in der Regel zeitaufwändigen – Untersuchung teilzunehmen. Und selbst wenn dieses Problem nicht bestünde wäre ungeklärt, für welche Grundgesamtheit die Ergebnisse der Untersuchung repräsentativ wären. Für Menschen, die in der Gegend wohnen, in der die Unfallstelle simuliert wurde? Für alle Autofahrer? Für alle Menschen? ...

Einige der genannten Schwierigkeiten könnten mit experimentellen Anordnungen (vgl. Kap. 5.7) umgangen werden. Mit einigem Aufwand könnten die Teilnehmer an einem Experiment genauso rekrutiert werden wie die Teilnehmer an einer Befragung. Damit erhielte man –

abgesehen von den in Kapitel 4.10 thematisierten Problemen – eine Zufallsstichprobe aus der jeweiligen Grundgesamtheit. Diese könnte man, wieder per Zufall, in eine Experimental- und eine Kontrollgruppe unterteilen. Die Experimentalgruppe würde einem „Stimulus" ausgesetzt (von dem man annimmt, dass er das zu untersuchende Verhalten verursacht), die Kontrollgruppe dagegen erhielte ein entsprechendes „Placebo". Danach könnte beobachtet werden, bei welchen Probanden das fragliche Verhalten auftritt.

Die Schwierigkeiten, mit denen die Umsetzung dieses Designs in der Praxis verbunden ist, sind in Kap. 5.7 thematisiert. In sehr vielen Fällen wird es nicht umsetzbar sein, insbesondere, da sich eine randomisierte Aufteilung in Experimental- und Kontrollgruppe verbietet oder da der Stimulus nicht „punktueller Natur" und frei variierbar ist (oder beides). Angenommen jedoch, das Design ist umsetzbar, stellt sich immer noch die Frage der externen Validität des Experiments. Prosoziales Verhalten in einer derart herbeigeführten experimentellen Situation kann zwar gut beobachtet werden, die Relevanz der Ergebnisse des Experiments für alltägliche Situationen ist jedoch in vielen Fällen offen, wenngleich mit einigem zusätzlichen Aufwand auch im Experiment Situationen herbeigeführt werden können, die vom Probanden nicht mit dem Experiment in Verbindung gebracht werden und damit in seiner Wahrnehmung „alltäglichen Charakter" haben (etwa, wenn jemand auf dem Weg von einem Laborraum in den anderen „zufällig" auf eine hilfebedürftige Person trifft).

Ein Design der beschriebenen Art ist – sofern realisierbar – auch deshalb überzeugend, weil „tatsächliches Verhalten" gemessen (beobachtet) wird. Zu den angesprochenen Schwierigkeiten bei der Umsetzung gesellt sich allerdings ein weiteres Problem: Bestimmte Verhaltensweisen – wie etwa „echtes Wählerverhalten" an einem bestimmten Sonntag im Wahllokal – können im Experiment nicht herbeigeführt werden.

Vorstehend wurde gezeigt, dass einige Verhaltensweisen, um deren Erklärung die sozialwissenschaftliche Forschung sich bemüht, prinzipiell nicht beobachtbar (oder auf andere Weise nachweisbar) sind. Andere sind zwar gut zu beobachten, jedoch nur in Ausnahmefällen im Rahmen von Untersuchungsdesigns, bei denen sie als

„abhängige Variablen" betrachtet werden. Aufgrund dieser Schwierigkeit greift die empirische Sozialforschung in den allermeisten Fällen
auf „Ersatzlösungen" zurück, wie den Einsatz von Recallfragen, Fragen
nach Verhaltensintentionen, hypothetischen Fragen oder eventuell
auch auf die Analyse von Verhaltensspuren.

Eine besondere Form von *Recallfragen* (Rückerinnerungsfragen)
kommt in der empirischen Wahlforschung im Rahmen sogenannter
„Exit-Polls" zum Einsatz (vgl. hierzu z.B. Hilmer 2009). Vor ausgewählten Wahllokalen werden Wählerinnen und Wählern unmittelbar nach
dessen Verlassen einige Fragen gestellt – unter anderem nach ihrer
eben getroffenen Wahlentscheidung. Da das erfragte Verhalten nur
Minuten zurückliegt, dürften Erinnerungslücken beim Exit-Poll keine
nennenswerte Rolle spielen. Dennoch können natürlich „Antwortverzerrungen" auftreten, etwa die in Richtung „sozialer Erwünschtheit",
aufgrund derer zum Beispiel die Wahl einer extremen Partei nicht
zugegeben wird. Weit schwerer allerdings wiegt im Rahmen der empirischen Forschung, dass aufgrund der geringen Anzahl zusätzlicher
Fragen detaillierteren Analysen enge Grenzen gesetzt sind.

Im Normalfall werden Recallfragen allerdings im Rahmen umfang-
reicherer Untersuchungen gestellt. Bezüglich des Wählerverhaltens
könnte die Frageformulierung lauten: „Wie war das eigentlich bei der
Bundestagswahl ... [Datumsangabe]: Welche Partei haben Sie damals
gewählt? ...". Ob als Reaktion auf diese Frage allerdings tatsächlich
das betreffende, zurückliegende Wahlverhalten berichtet wird, ist
fraglich, wie in Kapitel 4.4 ausführlich dargestellt ist. Dies gilt auch,
wenngleich – aufgrund des relativ kurzen zeitlichen Abstands zum
fraglichen Verhalten – in abgeschwächter Form, für Nachwahlbefra-
gungen (einige Tage nach einer Wahl). Recallfragen können natürlich
in den verschiedensten sozialwissenschaftlich relevanten Bereichen
gestellt werden, nicht nur zur Wahlentscheidung.

Noch fehleranfälliger als Recallfragen, die sich auf ein ganz bestimmtes, zeitlich und räumlich eingegrenztes Verhalten beziehen,
dürften solche sein, bei denen die untersuchten Personen „Verhaltenstendenzen" über längere Zeiträume zu ermitteln haben, auch
wenn das betreffende Verhalten genau spezifiziert ist. Kapitel 4.6
enthält ein derartiges Beispiel, bei dem es um die durchschnittliche

Dauer des täglichen Fernsehkonsums geht. Nochmals zusätzliche Fehlerquellen bergen weniger präzise formulierte Beschreibungen von Verhaltenstendenzen, wie etwa: „Ich halte meine Sachen ordentlich und sauber" oder: „Wenn ich Menschen nicht mag, so zeige ich ihnen das auch offen" (beides Fragen aus dem NEO-FFI; vgl. Kap. 1.5). Wie in Kapitel 4.5 dargelegt, werden im Zuge der Lösung der Aufgabe, solche Fragen zu beantworten, wohl auch Erinnerungen der befragten Person an zurückliegendes Verhalten eine Rolle spielen. Welche konkreten Verhaltenssequenzen bzw. welche – wie konstruierten – Abstraktionen jedoch mit einer bestimmten Antwort (etwa zwischen „völlig unzutreffend" und „völlig zutreffend") korrespondieren, bleibt eher im Dunkeln.

Ein besonderes Problem stellen „heikle" Fragen nach individuellem Verhalten, zum Beispiel zum Drogenkonsum oder auch nur zur Wahl einer radikalen Partei, dar. Das Hauptproblem liegt in diesem Fall nicht in Erinnerungslücken oder darin, dass Fragen unterschiedlich interpretiert und Antworten konstruiert werden, sondern darin, dass die befragte Person mit hoher Wahrscheinlichkeit aus Gründen der sozialen Erwünschtheit oder aus Furcht vor Sanktionen die Unwahrheit sagt. In diesem speziellen Fall kann die „Randomized Response Technik" eingesetzt werden (vgl. z.B. Diekmann 2009: 488-495), mit der entsprechende Informationen in (für die Befragten nachvollziehbar!) anonymisierter Form erhebbar sind. Allerdings ist das Verfahren aufwändig, so dass es nur begrenzt Anwendung finden kann. Und es liefert vor allem zwar Informationen über das untersuchte Kollektiv, nicht jedoch über individuelles Verhalten.

Eine weitere Möglichkeit, sich der Erfassung menschlichen Verhaltens zu nähern, besteht darin, *Verhaltensintentionen* zu erfragen. Nach dem Ansatz von Ajzen und Fishbein (vgl. Kap. 2.6) ist dieses Vorgehen sinnvoll, sofern die erfragte Intention sich möglichst weitgehend bezüglich der Art des Verhaltens (action), des Objekts (target), der Rahmenbedingungen (context) und des Zeitpunkts (time element) mit dem anvisierten Verhalten deckt und sofern ggf. der Grad der individuellen Kontrolle über das Verhalten berücksichtigt wird. Schließlich ist nach diesem Ansatz die Verhaltensintention die dem Verhalten direkt vorgelagerte Größe und liefert damit die beste

„Erklärungsvariable". Die Erklärungskraft steigt dabei mit der Kürze der zeitlichen Distanz zwischen Intention und Verhalten.

In der empirischen Wahlforschung kann auf diese Weise nach der Verhaltensintention bezüglich einer unmittelbar bevorstehenden Wahl gefragt werden. Allerdings: „Verhaltensintention" ist nicht gleich „Verhalten". Konkretes Verhalten kann also auch auf diesem Weg nicht erfasst werden. Ferner können sinnvollerweise nur Intentionen für „vorhersehbares", in Kürze erfolgendes Verhalten erfragt werden (da explizit gefordert wird, dass der zeitliche Abstand zwischen Intentionsermittlung und Verhalten möglichst gering sein sollte). Eine prospektive Frage nach kurz bevorstehendem Verhalten dürfte jedoch bei vielen Untersuchungsthemen schwer zu stellen sein. Im Falle prosozialen Verhaltens etwa dürfte sie nur bei sehr seltenen Gelegenheiten sinnvoll stellbar sein, da entsprechende Situationen typischerweise völlig überraschend eintreten und recht unterschiedlicher Natur sein können.

Nochmals eine andere Variante, sich der Erfassung menschlichen Verhaltens zu nähern, besteht darin, *hypothetische Fragen* zu formulieren. Als Beispiel aus der Wahlforschung kann hier die „Sonntagsfrage" dienen: „Welche Partei würden Sie wählen, wenn nächsten Sonntag Bundestagswahl wäre?" (vgl. hierzu auch Wüst 2003: 85-89). Die Antwort auf diese Frage muss sich allerdings individuell schon formal weder mit künftigem noch mit zurückliegendem Wahlverhalten decken. Nicht zu Unrecht betont beispielsweise die Forschungsgruppe Wahlen immer wieder, dass mit der „Sonntagsfrage" eher „politische Stimmungen" gemessen werden. Genau genommen wird eine Intention für hypothetisches Verhalten in einer nicht existierenden Situation gemessen. Auf irgendeine Form menschlichen Verhaltens ist mit solchen Fragen schwer zu schließen (vgl. zur „Projektion" ebenfalls Wüst 2003: 89-90). Die Frage etwa: „Würden Sie einer älteren Dame, deren Fahrzeug offensichtlich mit einer Reifenpanne am Straßenrand steht, beim Radwechsel helfen" würde vermutlich die überwiegende Mehrheit der befragten Personen mit „ja" beantworten, während entsprechende Experimente zeigen, dass vermutlich eher wenige Personen in einer entsprechenden, konkreten Situation Hilfe leisten dürften.

Schließlich kann menschliches Verhalten – neben „direkter Beobachtung", Recallfragen, Fragen nach Verhaltensintentionen oder hypothetischen Fragen – über *Verhaltensspuren* erfasst werden. Selbstverständlich gilt dies nur für zurückliegendes Verhalten und – was eine gravierende Einschränkung darstellt: das Verfahren ist nur in einer sehr begrenzten Anzahl von Fällen anwendbar. Ob jemand zu einem bestimmten Zeitpunkt einer bestimmten Organisation beigetreten ist, lässt sich zwar beispielsweise in vielen Fällen (mit etwas Aufwand) anhand eines Mitgliedsausweises (als „Verhaltensspur" im weitesten Sinne) dokumentieren. Auch ist zu ermitteln, wer mit wem wie viel in bestimmten Fachzeitschriften publiziert (was als Grundlage für Netzwerkanalysen dienen kann). Prosoziales Verhalten jedoch hinterlässt, wie viele andere Verhaltensweisen, kaum leicht beobachtbare individuelle Spuren. Kollektive Verhaltensspuren gestatten im günstigsten Fall (sofern die zugehörige Grundgesamtheit bestimmt werden kann) Aussagen über ein Kollektiv. So können beispielsweise Kokainrückstände in Gewässern Aufschluss über den Kokainkonsum im Kollektiv geben (vgl. Zuccato et al. 2005 zit. nach Schoen 2009: 259) – und, als Nebeneffekt, drastische Unterschiede im Vergleich zu Befragungsergebnissen aufzeigen. Aussagen über individuelles Verhalten sind dagegen nicht möglich.

Wie man es auch dreht und wendet: Individuelles menschliches Verhalten ist im Rahmen entsprechender Untersuchungsdesigns meist schwer oder gar überhaupt nicht direkt zu beobachten. In den meisten Fällen werden lediglich Daten erhoben, aus denen man – mit Zusatzannahmen – auf entsprechendes Verhalten schließen zu können glaubt. Diese Tatsache stellt ein erhebliches Problem für die sozialwissenschaftliche Forschung dar, insbesondere dann, wenn „menschliches Verhalten" die zentrale abhängige Variable darstellt. Einschaltquoten werden beispielsweise aus diesem Grund nicht via Befragung, sondern mit sehr viel höherem technischem Aufwand ermittelt (vgl. z.B. Diekmann 2009: 464).

## 4.4 Messung über Rückerinnerungsfragen (Beispiel: Wählerverhalten)

Rückerinnerungsfragen (Recallfragen) stellen, wie bereits angesprochen, ein wichtiges Instrument dar, um Auskunft über zurückliegendes Verhalten in den verschiedensten Bereichen zu erhalten (möglicherweise auch über zurückliegende Ausprägungen anderer Merkmale, wie etwa persönlicher Lebensumstände, Einstellungen etc.). Falls man das „zugehörige" Verhalten (bzw. die zugehörige Merkmalsausprägung) kennt und diese Information mit der Antwort auf die Rückerinnerungsfrage vergleichen kann, ist feststellbar, ob die Messung via Recall ein „korrektes" Ergebnis liefert oder nicht. Im Rahmen der empirischen Wahlforschung zum Beispiel wurden für die Bundesrepublik genau solche Prüfungen durchgeführt. Die – eher ernüchternden – Ergebnisse dieser Prüfungen seinen im Folgenden vorgestellt.

Um die Größenordnung vorwegzunehmen: Mindestens ein Viertel bis ein Drittel der Antworten auf die Recallfrage nach dem (meist etwa vier Jahre) zurückliegenden Wählerverhalten sind insofern „falsch", als sie sich nicht mit der damals berichteten Wahlentscheidung decken.[2] Dieser Schluss kann aus Panelstudien, bei denen dieselben Personen in zeitlichem Abstand zwei oder mehrmals befragt werden, gezogen werden (vgl. z.B. Schoen 2009: 275). Die Schätzung ist insofern konservativ (d.h. die Fehlerrate dürfte in einer Querschnittbefragung höher liegen), als in Panelstudien erfahrungsgemäß (nach Selbsteinschätzung) politisch interessierte Personen überrepräsentiert sind und mit zunehmendem (selbst berichtetem) politischen Interesse die Antworten weniger fehlerbehaftet sind. Dies kann als Hinweis darauf gewertet werden, dass die Antworten derjeniger Teilnehmer einer Querschnittbefragung, die sich nicht erneut befragen lassen, in höherem Maße fehlerhaft sein dürften als die Antworten von Panelteilnehmern (die

---

2   Allerdings kann das Wählerverhalten zum Zeitpunkt 1 nicht direkt beobachtet werden, sondern wird ebenfalls über eine „Recallfrage" – wenngleich in sehr kurzem Abstand (von meist wenigen Tagen) zur Wahlentscheidung – ermittelt. Die Korrektkeit der so erhobenen Information über das tatsächliche Wählerverhalten zum Zeitpunkt 1 wird bei der Argumentation lediglich vorausgesetzt, nicht jedoch geprüft.

der oben genannten Abschätzung der Fehlerrate zugrunde liegen). Insgesamt erhöht sich damit der Anteil fehlerhafter Recall-Antworten im Vergleich zu der konservativen Schätzung.

In seltenen Ausnahmefällen kann die Korrektheit von Recallangaben auch direkt geprüft werden. Michael Eilfort konnte beispielsweise in einer Untersuchung der Nichtwähler der Bundestagswahl 1990 im Raum Stuttgart die Angaben seiner Befragten mit den „Häkchen" im amtlichen Wählerverzeichnis – also dem tatsächlich (!) gezeigten Verhalten – abgleichen. Obwohl in diesem Fall aufgrund des geringen zeitlichen Abstands der Befragung zum gezeigten Verhalten Erinnerungslücken oder Erinnerungsverzerrungen weitgehend auszuschließen sind, liegt die „Fehlerquote" in ähnlicher Größenordnung wie oben berichtet. „Nur 71.5 Prozent der Nichtwähler, die sich an der Befragung beteiligten, gaben ihre Enthaltung zu. Neben diesen „bekennenden Nichtwählern" standen 27.6 Prozent „unaufrichtige", durch die Prüfung „überführte" Nichtwähler, die behaupteten, im Wahllokal oder per Briefwahl ihre Stimme abgegeben zu haben" (Eilfort 1994: 139). Zu vergleichbaren Ergebnissen kommen Studien aus den USA, wo namentliche Registrierungslisten der Wahlbezirke zum Abglich mit Umfrage-Angaben herangezogen werden können (vgl. Caballero 2005: 335).

Durch welche Prozesse kann es bei Recallfragen zu fehlerhaften Angaben kommen? In erster Linie sind hier zu nennen: Vergessen, unbewusste „Uminterpretationen" (im Rahmen einer „Informationsverarbeitung") und Lügen. Hat eine Person die zurückliegende Wahlentscheidung *vergessen,* ist die Versuchung groß, das damalige Verhalten zu (re-) konstruieren – zum Beispiel, um Erinnerungslücken nicht zugeben zu müssen. Hierzu bietet sich eine Reihe von Heuristiken an, etwa die Angabe der „Wahl" der derzeit präferierten Partei, der Partei, mit der man sich über längere Zeit verbunden fühlt (Parteiidentifikation) oder der damaligen „Gewinnerpartei" (Bandwagon-Effekt). Bei *Uminterpretationen* kommt es zu Erinnerungsverzerrungen, die der betreffenden Person nicht bewusst sind. Insofern wird sie besten Wissens und Gewissens ihre zurückliegende Wahlentscheidung berichten in der Überzeugung, die Angabe sei korrekt. Beim *Lügen* hingegen ist der befragten Person sehr wohl bewusst, dass ihre Angabe zur Recallfrage nicht korrekt ist. Anreize hierfür könnten das Bedürfnis sein, sozial erwünschte Antworten zu geben, etwa im Falle der Wahl extremistischer Parteien oder zu vermeiden, eine Entscheidung, die sich aus aktueller Sicht als „Fehlgriff" erwiesen hat, zugeben zu müssen.

Detaillierte theoretische Überlegungen zur Qualität von Rückerinnerungsfragen sowie ein Überblick über entsprechende Forschungsergebnisse finden sich zum Beispiel in Schoen (2009: 260-265) oder in Schoen/Kaspar (2009: 160-163). Hier eine Auswahl der dort diskutierten Einflussgrößen auf die Korrektheit der Angaben bei Recallfragen: Leistungsfähigkeit des Langzeitgedächtnisses, subjektiv wahrgenommene Wichtigkeit des erfragten Verhaltens, Komplexität des erfragten Verhaltens (straight ticket voting vs. Stimmensplitting), „Uminterpretation" von Information, Versuch der Vermeidung einer Blamage (durch Zugeben des Vergessens), Erinnerungsverzerrungen durch Parteibindungen, Neigung zur Herstellung kognitiver Konsonanz, Verfügbarkeit unterschiedlicher Heuristiken zur „Konstruktion" einer Antwort, Einfluss wahrgenommener sozialer Erwünschtheit (auch was „Stetigkeit" des Verhaltens betrifft), Neigung zu habituellem Verhalten (z.B. verinnerlichte Wahlnorm; starke Parteiidentifikation) bzw. zu Verhaltensänderungen (Volatilität) und schließlich Persönlichkeitseigenschaften, insbesondere „Neurotizismus" und „Gewissenhaftigkeit" im Sinne der Big Five (vgl. Kap. 1.5).

Zusammenfassend zeigt sich dabei ein Punkt, der es wert ist, weiter thematisiert zu werden: Die Recallfrage zur Wahlentscheidung ist ein gängiges Instrument, das zur Messung zurückliegenden Verhaltens eingesetzt wird. Die angesprochenen theoretischen Überlegungen und die damit verbundenen empirischen Belege machen deutlich, dass zumindest in diesem Fall unter „Messung" ein hoch komplexer Vorgang zu verstehen ist, der von unterschiedlichsten Faktoren – teils bewusst, teil unbewusst – beeinflusst werden kann und in aller Regel auch wird. Die Idealvorstellung von „Messung" als „strukturtreuer Abbildung eines empirischen Relativs in ein numerisches Relativ" ist zumindest in diesem Fall in der Praxis kaum umzusetzen – obgleich es sich beim Wählerverhalten lediglich um ein prinzipiell manifestes Merkmal[3] auf Nominalskalenniveau handelt.

---

3 Das Verhalten der Wähler kann zwar nicht direkt beobachtet werden. Die angesprochenen Probleme blieben jedoch mit an Sicherheit grenzender

## 4.5 Messung als „aktiver Prozess/Interaktion" vs. „Abbildung"

Hinweise darauf, dass „Messung" in der Praxis einen sehr viel komplexeren Vorgang darstellt als die mehr oder weniger gut gelungene „strukturtreue Übertragung eines empirischen Relativs in ein numerisches Relativ", ergeben sich bereits aus einer ganzen Reihe von altbekannten Phänomenen der Umfrageforschung. Verzerrungen bei Recallfragen wurden bereits im vorangegangenen Kapitel diskutiert. Ferner ist der Halo-Effekt zu nennen. Die einer Frage vorausgehenden Fragen und Interaktionen beeinflussen nachweislich die Beantwortung der aktuellen Frage (vgl. z.B. Diekmann 2009: 464-465). Dies ist nicht mit mangelnder Validität der Frage „an sich" zu erklären, sondern durch Informationsverarbeitungsprozesse in einer ganz bestimmten, konkreten Situation. Dasselbe gilt für Effekte von Interviewermerkmalen, der Interviewsituation (z.B. Anwesenheit Dritter) oder des Auftraggebers (Sponsorship-Effekt) auf die Beantwortung (vgl. z.B. Schnell u.a. 2005: 353-354). Auch das im Rahmen von Test-Retest-Untersuchungen diskutierte Phänomen der Veränderung des „Messgegenstands" durch die Messung (vgl. Kap. 4.7) zeigt, dass offenbar mehr stattfindet als die „strukturtreue Übertragung eines empirischen in ein numerisches Relativ". Braun (2006: 30-79) gibt einen Überblick über entsprechende Prozesse, ebenso Schwarz (2008). Dass Informationsverarbeitungsprozesse seitens der Befragten Person stattfinden und das Messergebnis (sprich: deren Antwort) beeinflussen können, dürfte kaum von der Hand zu weisen sein. Die Frage ist allerdings, welche Prozesse im Detail ablaufen (können).

Tourangeau u.a. (2007: 7-9) schlagen ein Modell vor, in dem der Antwortprozess in die vier Stufen:

- comprehension,
- retrieval,
- judgement und
- response

unterteilt wird – wobei diese Schritte nicht unbedingt sequentiell ablaufen müssen. Zunächst muss die Frage verstanden werden

---

Wahrscheinlichkeit auch dann bestehen, wenn das Wahlverhalten zum Zeitpunkt 1 direkt beobachtet werden könnte.

*(comprehension).* Die befragte Person muss ihre Aufmerksamkeit auf die Frage nebst den zugehörigen Instruktionen richten, sich die logische Form der Frage vergegenwärtigen, die Zielsetzung der Frage realisieren (welche Information wird erfragt?) und dabei zentralen Ausdrücken bestimmte Vorstellungsinhalte zuordnen. Ist die Zielsetzung der Frage (aus Sicht der befragten Person!) geklärt, besteht eine zweite Aufgabe darin, hierfür relevante Informationen „abzurufen" bzw. zu suchen *(retrieval).* Hierzu ist eine Strategie (oder auch mehrere parallel) zu wählen, um verfügbare Informationen – in der Regel aus dem Langzeitgedächtnis – abzurufen und eventuell fehlende Details zu ergänzen. Im dritten Schritt wird diese Information verwendet, um eine (bzw. „die") angemessene Antwort zu finden *(judgement).* Sofern sie sich nicht unmittelbar aus Schritt zwei ergibt, ist hierbei der Grad der Exaktheit und Vollständigkeit der verfügbaren Information zu berücksichtigen (wird z.B. weitere Information benötigt?), es werden möglicherweise Schlüsse aus bestimmten Merkmalen des „Abrufprozesses" gezogen (eine verschwommene, lückenhafte Erinnerung kann beispielsweise als Hinweis auf die Seltenheit eines Ereignisses gewertet werden) und es können fehlende Details rekonstruiert werden (etwa bei Fragen nach einem bestimmten, nicht mehr präsenten Verhalten, das durch in der fraglichen Situation typischerweise gezeigtes Verhalten erschlossen wird). In jedem Fall muss ferner eine Vorstellung von der Art bzw. Ausprägung des Phänomens, auf das sich die Frage bezieht, entwickelt werden. Hierzu müssen die Ergebnisse der vorhergehenden Prozesse zu einer Gesamtbeurteilung zusammengefasst werden (z.B. durch die Bildung eines Mittelwertes, einer komplexeren Schätzung oder durch eine Schlussfolgerung bei fehlender Information). Im vierten und letzten Schritt schließlich wird eine Antwort kommuniziert *(response).* Hierzu ist zunächst die zutreffende Antwortoption (oder Antwortformulierung) zu bestimmen – nicht immer eine leicht Aufgabe, z.B. bei einer Entscheidung zwischen den Antwortvorgaben „häufig" und „sehr häufig". Eine letzte Entscheidung betrifft die Frage, ob die betreffende Antwort auch kommuniziert wird oder nicht. Ist die Antwort in den Augen der Befragten Person zum Beispiel „sozial unerwünscht" oder „heikel", kann dies zu einer Veränderung der letztendlich kommunizierten Antwort führen.

Mit Blick auf diese vier Stufen der Bewältigung der Aufgabe, eine Frage zu beantworten, erklären sich einerseits (unter anderem) die eingangs angesprochenen Phänomene bezüglich des Antwortverhaltens; andererseits ergeben sich hieraus eine Reihe von Forderungen an die Gestaltung von Fragen (inklusive der zugehörigen Antworten), auf die z.B. Pasek/Krosnick (2010) eingehen. Besonderes Gewicht kommt dem „Verständnis" der Frage *(comprehension)* zu. Die Zielsetzung besteht natürlich darin, dass die befragte Person die Frage in einer ganz bestimmten, vom Forscher intendierten Art und Weise auffasst. Hierzu muss die Frage eindimensional formuliert sein, d.h. es muss ein genau definiertes Merkmal angesprochen werden, hinsichtlich dessen eine bestimmte Merkmalsausprägung zu berichten ist. Problematisch ist daher – neben der expliziten Kombination unterschiedlicher Inhalte in ein und derselben Frage – die Verwendung mehrdeutiger Ausdrücke (wie etwa die „Persönlichkeit" von Politikern), die bei der befragten Person mit ganz unterschiedlichen Vorstellungsinhalten verbunden sein können (z.B. bestimmte Persönlichkeitseigenschaften, Charisma, Bekanntheitsgrad, Führungsqualitäten, Lebenserfahrung etc.). Auch gebräuchliche Ausdrücke wie „links" und „rechts" in der Politik können durchaus mit unterschiedlichen Vorstellungsinhalten verbunden sein (vgl. z.B. Mair 2007), womit sich zum Beispiel das Problem ergibt, dass aus der Antwort auf eine entsprechende Selbsteinstufung nicht mehr ersichtlich ist, auf *welchen* Vorstellungsinhalt sich eine individuell gegebene Antwort bezieht. Einen Sonderfall der Mehrdimensionalität stellt die Verwendung von Quantoren dar, die nicht explizit Teil der intendierten Fragestellung sind. Die Frage zum Beispiel: „Ich probiere oft neue und fremde Speisen aus" aus dem NEO-FFI (vgl. Kap. 1.5) kann man entweder als Frage danach, ob man generell geneigt ist, solche Speisen auszuprobieren interpretieren oder als Frage danach, ob man dies besonders *häufig* tut – wobei die Tatsache an sich als gegeben unterstellt wird. Jemand, der pro Jahr etwa fünf Mal solche Speisen ausprobiert, könnte bei der ersten Interpretation zustimmend antworten (schließlich gibt es Personen, die dies niemals tun) und bei der zweiten Interpretation verneinend (schließlich gibt es Personen, die es viel häufiger tun). Das letztgenannte Beispiel zeigt auch, dass Fragen möglichst konkret formuliert werden sollten, um den „Interpretationsspielraum" zu reduzieren. Beispielsweise könnte man formulieren: „Wie häufig haben Sie innerhalb des letzten Jahres (oder der letzten vier Wochen) neue und fremde Speisen ausprobiert?". Der Interpretationsspielraum kann auch reduziert werden, indem man bei Items des Likert-Typs anstelle einzelner Statements, die zustimmend oder ablehnend zu beantworten sind, zwei Statements gegenüberstellt und zwischen diese beiden „Pole" eine Ratingskala setzt, wie dies in Kapitel 6.5 demonstriert wird. Der Reduzierung des Interpretationsspielraums dient auch, möglichst kurze (und präzise formulierte) Fragen zu stellen und möglicherweise unbekannte Ausdrücke, deren Bedeutung dann ggf. erschlossen werden könnte, zu vermeiden. Ist es unvermeidbar, solche Ausdrücke zu verwenden, sollte explizit eine Antwortmöglichkeit „weiß nicht"/„keine Meinung" angeboten werden (eventuell auch eine entsprechende „Vorfilterfrage" des Inhalts: „Haben Sie eine Meinung zu ...?") um klar zu machen, dass auch diese Antwortmöglichkeit vorgesehen ist, falls keine Informationen, die als Grundlage der Beantwortung im intendierten Sinne dienen könnten, zur Verfügung stehen.

Dies leitet zum zweiten Schritt, dem Abrufen relevanter Informationen bzw. der Suche hiernach *(retrieval),* über. Im Idealfall liegt die relevante Information (etwa über die persönliche Zufriedenheit am Arbeitsplatz) „fertig" vor und wartet nur darauf, abgerufen zu werden. In den meisten Fällen jedoch sind eher bruchstückhafte Informationen (oder Informationen, die erst zu erinnern sind) zu erwarten, anhand derer eine Antwort gefunden werden muss (etwa bei der Frage: „Was halten Sie – ganz allgemein – von der Bundeswehr?"). Für den Ablauf der „Informationsbeschaffung" spielt die Gestaltung der Frage eine zentrale Rolle. Beispielsweise ist von Bedeutung, ob eine Frage – etwa nach den „wichtigsten Problemen, die es derzeit in der Bundesrepublik zu lösen gilt" – mit Antwortvorgaben versehen ist (was eine „Menüauswahl" ermöglicht) oder nicht (was die aktive Formulierung einer Antwort erfordert). Bei der ersten Alternative besteht die Möglichkeit, dass Befragte, die eigentlich keine Meinung zu diesem Thema haben (non-attitudes), trotzdem eine in ihren Augen sinnvolle Antwort auswählen. Bei der zweiten Alternative müssten solche Befragte ggf. eine Antwort aktiv konstruieren, was mit erheblich höherem Aufwand verbunden ist (und daher seltener auftritt).

Anhand der Frage nach den „wichtigsten Problemen, die es derzeit in der Bundesrepublik zu lösen gilt" lässt sich – als weiteres Beispiel – demonstrieren, welche unterschiedlichen Leistungen im Rahmen des zweiten Schritts (wie auch des dritten) zu erbringen sind, je nachdem, ob ein „Rating" oder ein „Ranking" erbeten wird. Im ersten Fall sind Probleme nach ihrer Wichtigkeit einzustufen ohne Berücksichtigung einer Reihenfolge, d.h. es kann ein und dieselbe Platzierung mehrmals vergeben werden. Probleme können als „gleich wichtig" erachtet werden und im Extremfall können alle Probleme ein und derselben Kategorie zugeordnet werden. Im zweiten Fall ist dies nicht möglich. Hier muss eine geordnete Reihenfolge hergestellt werden – unabhängig vom „Wichtigkeits-Niveau" der einzelnen Probleme. Im Extremfall könnte von ein und derselben Person das beim Ranking genannte „wichtigste Problem" beim Rating in die Kategorie „unwichtig" fallen! Split-Experimente zeigen, dass der Einsatz der Rating- bzw. der Ranking-Methode durchaus mit derartigen, gravierenden Konsequenzen hinsichtlich der ermittelten Ergebnisse verbunden sein kann. Ein Beispiel hierfür berichtet Diekmann (2009: 459-461).

Mit Blick auf „Schritt zwei" ist es ferner sinnvoll, bei vorhandenem Spielraum möglichst leicht zugängliche Information zu erfragen (etwa, indem man nicht nach dem „Lebensalter" sondern nach dem „Geburtsjahr" fragt). In der Regel sind allerdings, wie in Kap. 4.4 bereits angesprochen, Erinnerungsverzerrungen und unterschiedliche Wahrnehmungen nicht auszuschließen. Tabelle 4.5-1 zeigt dies anhand der Abfrage einer Information, die sich auf ein ca. eine Stunde zurückliegendes Faktum (nicht auf eine Einschätzung oder Bewertung!) bezieht. Seminarteilnehmer hatten in diesem Fall zu berichten, ob der Dozent die Lernziele in der betreffenden Sitzung erläutert hatte. Andererseits können bestimmte Befragungstechniken „Erinnerungsstützen" liefern bzw. zulassen. Zum Beispiel besteht bei schriftlichen Befragungen die Möglichkeit, sich über die Antworten auf Wissensfragen aus zusätzlichen Quellen zu informieren oder, eine zu gebende Antwort auf ihre Konsistenz mit früheren Antworten hin zu prüfen (Zurückblättern im Fragebogen). Von Bedeutung für den Prozess der Informationsbeschaffung ist auch, welche Informationen gerade aktiviert („top of the head") sind, wie zum Beispiel der Halo-Effekt zeigt. Bei thematisch verwandten Fragestellungen „strahlen" einmal gestellte Fragen auf die Beantwortung der nachfolgenden Fragen aus. In der Regel ist dies unerwünscht, manchmal jedoch kann dieser Effekt auch ganz gezielt genutzt werden, etwa bei Statements von Likert-Instrumenten, die in einem geschlossenen Block dargeboten werden oder bei Items von Guttman-Skalen, die ebenfalls im Block und zusätzlich geordnet nach ihrer „Schwierigkeit" dargeboten werden (womit in beiden Fällen die Zielrichtung der Fragen zusätzlich verdeutlicht wird). Nach ähnlichen Überlegungen – wenn auch mit „umgekehrtem Vorzeichen" – wird zum Beispiel die Frage nach der Parteiidentifikation gerne in einem „neutralen Umfeld" gestellt (z.B. im „Demographie-Teil am Ende eines Fragebogens"), um die „Ausstrahlung" von Fragen nach der Wahlentscheidung, der Einschätzung der Parteien etc. zu vermeiden oder zumindest zu verringern.

*Tabelle 4.5-1:* *Ergebnis der Evaluierung von 5 aufeinanderfolgenden Stunden eines Seminars des Verfassers*

| | trifft völlig zu | | | | | | trifft gar nicht zu | |
|---|---|---|---|---|---|---|---|---|
| Sitzung vom: | 1 | 2 | 3 | 4 | 5 | 6 | 7 | n |
| 09.05.2011 | 3 | 6 | 5 | 3 | 0 | 1 | 1 | 19 |
| 16.05.2011 | 1 | 7 | 9 | 1 | 3 | 0 | 0 | 21 |
| 23.05.2011 | 2 | 6 | 3 | 1 | 2 | 0 | 2 | 16 |
| 30.05.2011 | 2 | 7 | 1 | 3 | 1 | 0 | 0 | 14 |
| 06.06.2011 | 0 | 2 | 6 | 4 | 0 | 3 | 2 | 17 |

Frage: Der Dozent erläuterte die Lernziele der heutigen Veranstaltung. Antwortvorgaben: 1 (trifft völlig zu), 2, 3, 4, 5, 6, 7 (trifft gar nicht zu)

n      Anzahl der Teilnehmer an der betreffenden Sitzung

Der dritte Schritt der Beantwortung, das Finden einer angemessenen Antwort *(judgement)*, stellt über weite Teile für den Forscher eine Art „black box" dar – zumindest bezogen auf die individuelle Antwort einer bestimmten Person. Zwar gibt es Hinweise darauf, dass beim Nichtvorhandensein von „abrufbereiten Antworten" unterschiedliche Strategien zum Einsatz kommen können, etwa logische Überlegungen und Ableitungen, der Einsatz unterschiedlicher Heuristiken (als „information shortcuts" zur Reduktion der Informationskosten) oder auch reine Konstruktionen (zum Beispiel können Einstellungen gegenüber fiktiven Personen gebildet werden). *Welche* Strategie zum Einsatz kommt, ist allerdings im individuellen Fall nur schwer feststellbar und dürfte zudem selbst *intraindividuell* nach dem Inhalt der Frage (z.B. deren subjektiv empfundener Wichtigkeit) und nach den situationalen Rahmenbedingungen (z.B. Zeitdruck, Müdigkeit etc.) variieren.

Hinzu kommt, dass die eingesetzten Strategien durchaus im Verlauf einer Befragung wechseln können. Krosnick (1991: 214-215) betont dies in einem Aufsatz zum Thema „satisficing": „Survey respondents are often asked to expend a great deal of cognitive effort for little or no apparent reward. ... In responding to these many sorts of questions, survey researchers hope that respondents will produce high-quality data. ... Some respondents are undoubtedly motivated to expend the substantial amount of mental effort to optimize, because a wide variety of different sorts of motives encourage such behavior ... . Despite the number and variety of these motives, however, they probably lose their potency relatively quickly during a survey interview. ... Many survey respondents probably deal with this situation by shifting their response strategy" (vgl. hierzu auch Wänke 1993: 123).

Erwähnenswert im Rahmen von „Schritt drei" (sowie „Schritt zwei") ist schließlich die Tatsache, dass die betreffende Informationsverarbeitung (nebst der Informationsbeschaffung) ganz offensichtlich zumindest in vielen Fällen großenteils unbewusst verläuft. Anders ist der bereits angesprochene Halo-Effekt kaum zu erklären, ebenso die Wirkungen suggestiver Fragestellungen, stereotyper Formulierungen oder der „Härte" der Frageformulierung – jeweils im Vergleich zu logisch äquivalenten Formulierungen – sowie Primacy- bzw. Recency-Effekte bei Antwortvorgaben. Auch Akquieszenz-Effekte (denen durch bipolare

Frageformulierungen entgegengewirkt werden kann) dürften ggf. der betreffenden Person in der Regel nicht bewusst sein.

Im vierten Schritt ist es erforderlich, eine Antwort zu kommunizieren *(response)*. Hierzu muss zunächst einmal die adäquate Antwort bestimmt werden. Hilfreich für diesen Prozess sind auf jeden Fall klare, unmissverständliche Antwortvorgaben (sofern die Antwort nicht aktiv formuliert werden muss). Formal schwierige Antwortvorgaben sind zu vermeiden. Ein Negativ-Beispiel wäre etwa das Item „Ich bin kein gut gelaunter Optimist" mit den Antwortvorgaben „zutreffend" vs. „unzutreffend" (in Abstufungen). Der Leser möge selbst ermitteln, was die Antwort „unzutreffend" bedeutet und dabei in Betracht ziehen, dass im Rahmen einer Untersuchung die Frage in wenigen Sekunden zu beantworten ist.

Die Anzahl der Antwortvorgaben sollte die Möglichkeit einer angemessen Differenzierung bieten. Generell ist zu bedenken, dass offenbar nicht nur aus Frageformulierungen, sondern auch aus der Gestaltung und Formulierung von Antwortvorgaben Hinweise für das Verständnis der Fragestellung (Schritt 1) abgeleitet werden können. Wenn solche Hinweise nicht in ein und dieselbe Richtung gehen (und sich damit unterstützen) sondern gegenseitig „stören", indem sie als Hinweise in unterschiedliche Richtungen interpretiert werden können, entsteht eine spezielle Art der Mehrdimensionalität. So berichten beispielsweise Hippler u.a. (1991) von einem Split-Experiment für eine Frage zum „Erfolg im Leben" mit identischer Fragestellung und identischer verbaler Antwortformulierung zwischen den Polen „überhaupt nicht erfolgreich" und „außergewöhnlich erfolgreich", bei dem lediglich die 11-stufige Antwortskala einmal mit den Zahlen „0" bis „10" und einmal mit den Zahlen „-5" bis „+5" unterlegt war. Die erste Version unterstützt die semantische Vorgabe, indem „überhaupt nicht" mit „0" und „außergewöhnlich" mit dem (höchsten) Zahlenwert „10" versehen ist. Bei der zweiten Version wird „überhaupt nicht erfolgreich" – anders ausgedrückt: das Merkmal „Erfolg" ist nicht vorhanden – mit dem Zahlenwert „-5" versehen, der auch als Hinweis auf „extremen Misserfolg" aufgefasst werden kann. Die zweite Split-Gruppe berichtete denn auch von deutlich mehr „Erfolg in ihrem bisherigen Leben" als die erste. Offenbar hatten sich zum Beispiel

Menschen, die „durchschnittlichen Erfolg" bekunden wollten, im ersten Split eher in der Mitte der Skala (um „5") eingestuft und im zweiten Split deutlich höher (um „+3), da sie aufgrund der negativen Zahlen die Werte von „-5" bis „-1" als „nicht erfolgreich" interpretierten und nur die Werte zwischen „+1" und „+5" als „erfolgreich", wobei der Wert „+3" einer Mittelposition entspricht.

Ist die adäquate Antwort bestimmt, muss abschließend entschieden werden, ob diese auch kommuniziert wird. Gründe dafür, die Antwort entweder überhaupt nicht oder in veränderter Form zu kommunizieren, könnten Reaktionen auf Merkmale des Interviewers (vgl. z.B. Maier 2009: 207-211), die Anwesenheit Dritter, den Auftraggeber einer Studie oder auf erwartete/befürchtete Konsequenzen einer adäquaten Beantwortung sein. Angesprochen sind damit zum Beispiel Effekte kultureller oder situationaler sozialer Erwünschtheit oder das „Ausweichen" auf die „weiß nicht-Antwort" (fälschliche Angabe der Meinungslosigkeit).

Im Extremfall kann – insbesondere bei schriftlichen Befragungen – unter Auslassung der Schritte eins bis drei auch lediglich willkürlich geantwortet werden. Entsprechende „Strickmuster" lassen sich bei konsequentem Zufallsankreuzen relativ leicht (sowohl optisch als auch über Kontrollfragen) identifizieren, bei lediglich phasenweiser Anwendung dieser „Beantwortungstechnik" fällt eine Identifikation allerdings schwer. Ein anderer (seltener) Extremfall besteht darin, dass Befragte bewusst falsch antworten, um die Ergebnisse einer Studie zu beeinflussen oder um diese zu „sabotieren".

Schließlich sind auch bewusste Fälschungen von Antworten durch Interviewer nicht auszuschließen, wie neben der persönlichen Erfahrung des Verfassers beispielsweise die Lektüre von Dorroch (1994) zeigt. Zur möglichst weitgehenden Vermeidung derartiger „Verzerrungen" ist eine gründliche Feldkontrolle – sowie deren explizite Ankündigung – unabdingbar (für Details vgl. z.B. Schumann 1994).

Rückblickend auf dieses Kapitel kann festgehalten werden, dass die Vorstellung von „Messung" als „strukturtreue Abbildung eines empirischen Relativs in ein numerisches Relativ" einerseits zwar als Idealvorstellung dienen kann, andererseits jedoch in vielen Fällen der Komplexität des Messvorgangs nicht gerecht wird. Dies zeigt zum

Beispiel auch das Resümee von Gabriel und Thaidigsmann (2009: 313) nach einer Untersuchung zum Thema „Item Nonresponse". Danach „... schnellt der Anteil fehlender Angaben geradezu sprunghaft in die Höhe, sobald anspruchsvolle politische Fragen gestellt werden. Ein großer Teil der Befragten – in unserem Falle zum Teil über die Hälfte – ist nicht dazu in der Lage, diese Art von Fragen zu beantworten. Es handelt sich dabei offenbar nicht um ein Nichtwollen, sondern um ein Nichtkönnen".

In manchen Fällen dürfte die Vorstellung von „Messung" als „strukturtreue Abbildung eines empirischen Relativs in ein numerisches Relativ" in der Forschungspraxis einfacher umzusetzen sein. Bei der Messung von Überzeugungen sowie von (nicht allzu lange zurückliegendem) Verhalten (Kap. 4.3) mag es bei einfachen Fragestellungen möglich sein, sich der genannten Idealvorstellung anzunähern, doch auch hier kann zum Beispiel die Formulierung von Antwortvorgaben das Ergebnis der Messung oft beeinflussen (vgl. auch Kap. 4.6).

Bei der Messung von Einstellungen und Werten über Selbsteinschätzungen im Rahmen von Befragungstechniken dürfte die erreichbare Annäherung an die genannte Idealvorstellung insbesondere davon abhängen, ob sich die untersuchte Person (als „Merkmalsträger") schon *vor* der Messung bewusst ist, (nach Selbsteinschätzung) eine bestimmte Merkmalsausprägung aufzuweisen oder nicht. Im ersten Fall fiele der Punkt „retrieval" im eingangs erwähnten Modell von Tourangeau (mit Ausnahme des „Abrufs" der erfragten Information) weg, im zweiten Fall käme ihm große Bedeutung zu. Es fände dann gewissermaßen während des Vorgangs des Messens eine „Konstruktion" der Selbsteinschätzung bezüglich der erfragten „Merkmalsausprägung" statt. Tourangeau u.a. (2007: 12) schreiben hierzu in Bezug auf Einstellungen (vgl. Kap. 2): „... we assume that there is a continuum corresponding to how well articulated a respondent's attitude is. At the more articulated end, the respondent has a preformed opinion just waiting to be offered to the interviewer; at the less articulated end, the respondent has no opinion whatever. Between these extremes, he or she may have a loosely related set of ideas to use in constructing an opinion or even a moderately wellformed viewpoint to draw on".

Dieser Punkt hat auch – hier nicht näher diskutierte – Implikationen für Überlegungen, welche auf der „Klassischen Testtheorie" basieren. Zu nennen wären etwa Reliabilitätsprüfungen von Instrumenten – beispielsweise über das Test-Retest-Verfahren – die ja von einem „wahren Wert" als Bezugspunkt ausgehen. Die Annahme eines „wahren Wertes (true score), welcher – fehlerbehaftet – gemessen wird, hat nach dem Gesagten möglicherweise kein „Gegenstück in der Realität" (vgl. auch Kap. 4.7).

### 4.6 Ausgewählte Beispiele für Methodeneffekte

Das vorliegende Kapitel lieferte einige Beispiele zur Illustration[4] der Tatsache, dass die Beantwortung einer Frage einen aktiven Prozess darstellt. Zunächst können sprachliche oder formale Variationen von Fragen oder Antwortvorgaben, auch bei – logisch gesehen völlig oder weitgehend – unverändertem Inhalt, die Messergebnisse dramatisch beeinflussen. Als Beispiel hierzu diene ein Methodenexperiment, das in Noelle-Neumann/Petersen (1996: 132) berichtet ist. Einer repräsentativen Bevölkerungsstichprobe wurde folgende Frage vorgelegt: »Finden Sie, dass in einem Betrieb alle Arbeiter in der Gewerkschaft sein sollten?«. Das Resultat: *dafür 36 %;* dagegen 35 %; unentschieden 29 %. Einer zweiten, gleich großen und ebenfalls repräsentativen Stichprobe wurde diese Frage ebenfalls vorgelegt, allerdings mit dem Zusatz: »... oder muss man es jedem Einzelnen überlassen, ob er in der Gewerkschaft sein will oder nicht?«. Ergebnis: *dafür 14 %;* dagegen 81 %; unentschieden 5 %. Die Zustimmung zur Gewerkschaftszugehörigkeit fällt bei der zweiten Formulierung auf unter die Hälfte des Anteilswertes bei der ersten Formulierung. In diesem Fall könnte man noch argumentieren, der Zusatz brächte eine gewisse Form der Mehrdimensionalität in die Fragestellung. In anderen Fällen ist an der logischen Äquivalenz der Formulierungen kaum zu rütteln.

Ein berühmtes Beispiel (von Rugg 1941, zit. nach Clark u.a. 1992: 31) stellt die Frage „Do you think the United States should forbid public speeches against democracy" dar, die mit den Antwortvorgaben „yes"

---

4  Einen Überblick über die Literatur zu entsprechenden Methodenexperimenten geben zum Beispiel Butz, Rattinger und Bergmann (2009: 157-158).

und „no" versehen gestellt wurde und in dieser Form von 54 % der Befragten mit „ja" beantwortet wurde. Wurde jedoch „forbid" durch „allow" ersetzt, antworteten volle 75 % mit „nein", dem logischen Äquivalent zum „Ja" zur Ausgangsformulierung. In Schuman und Presser (1981: 275-283) finden sich entsprechende Ergebnisse beim Ersetzen von „forbid" durch „not allow" auch in Fragen zu anderen Themenbereichen.

Im genannten Beispiel wird meist die vom Befragten empfundene „Härte" der Frageformulierung für die unterschiedlichen Verteilungen der Antworten *im Aggregat* verantwortlich gemacht. Schwer zu prüfen ist allerdings, ob *alle* Befragten weniger geneigt sind, bei der „härteren" Formulierung (forbid) zuzustimmen als bei der „weicheren" Formulierung (allow) abzulehnen. Es ist nicht auszuschließen, dass ein Teil der befragten Personen die logische Äquivalenz der Formulierungen erkennt und somit bei beiden Formulierungen inhaltlich *gleich* antworten würde. Festzustellen ist dies allerdings – wenn überhaupt – nur mit erheblichem Aufwand, etwa, wenn man die Befragten bittet, bei der Beantwortung „laut mitzudenken" (vgl. z.B. Sudman u.a. 1996: 18). Die Schwierigkeit, *individuelle* Effekte zu bestimmen, betrifft wohl die meisten Untersuchungen, die Veränderungen der Antwortverteilungen bei sprachlichen oder formalen Modifikationen von Frageformulierungen bzw. Antwortvorgaben feststellen.

Eine Ausnahme dürften in dieser Beziehung Suggestivfragen darstellen – auch wenn selbst in diesem Fall nicht ganz auszuschließen ist, dass einzelne Befragte die suggestive Formulierung erkennen und – aus welchen Gründen auch immer – „erst recht" die nicht intendierte Antwort geben. Auf jeden Fall zeigen suggestive Formulierungen im Aggregat Wirkung. Die Wirkung zweier „entgegengesetzter", suggestiver Formulierungen beschreibt Krämer (2011: 123) folgendermaßen: „Nach einer Umfrage der IG Metall lehnen 95 Prozent aller bundesdeutschen Arbeiter das Arbeiten am Samstag ab. Nach einer zeitgleichen Umfrage des Offenbacher Marplan-Instituts dagegen sind 72 Prozent aller Beschäftigten auch zum Arbeiten am Wochenende bereit". In dem zitierten Beispiel waren die suggestiven Formulierungen recht „grob" und als solche gut erkennbar. Oft aber zeigen sich entsprechende Wirkungen auch bei Formulierungen, deren „suggestive

Komponente" für den Befragten nicht ohne weiteres erkennbar ist, wie etwa bei stereotypen Formulierungen oder im Zusammenhang mit „Zusatzinformationen" (vgl. z.B. Sudman, u.a. 1982: 3 und 135-136).

In manchen Fällen ist schwer nachvollziehbar, worauf bestimmte, empirisch nachweisbare Effekte bezüglich der Antwortverteilungen beruhen könnten, die mit (logisch ganz oder weitgehend äquivalenten) Variationen der Fragenstellung verbunden sind. Beispielsweise weist die Verteilung der Selbsteinschätzung als politisch eher „links" oder „rechts" stehend, bei der üblicherweise eine 11-stufige Antwortskala vorgegeben wird, in Umfragen grob angenähert die Form einer Normalverteilung auf. In den Politbarometern der Jahre 1989 bis 1996 wurde die Frage jedoch zweigeteilt präsentiert. Zunächst wurde ermittelt, ob die Befragten sich eher „links" oder „rechts" einstuften, oder ob sie in die Kategorie „Mitte/weder noch" einzustufen waren. Von 1990 bis 1996 wurden Personen, die sich „links" oder „rechts" einstuften, zusätzlich mittels einer 5-stufigen Antwortskale gefragt, als wie weit „links" bzw. „rechts" sie sich einordnen würden. Aus den Angaben für beide Fragen kann wieder eine 11-stufige Skala konstruiert werden. Die „Mittelkategorie" ist dann bei beiden Darbietungsformen etwa gleich häufig besetzt. Allerdings ordnen sich bei der zweigeteilten Darbietungsform (mit Ausnahme von 1990) die übrigen Befragten hinsichtlich der Extremität ihrer „linken" bzw. „rechten" Verortung jeweils schwerpunktmäßig im *mittleren* Bereich ein, so dass insgesamt eine Trimodale Verteilung anstelle der angenäherten Normalverteilung entsteht.[5]

Sudman u.a. berichten als weiteres Beispiel eine von Noelle-Neumann durchgeführte Untersuchung, in der (nichtarbeitende) Hausfrauen gefragt wurden, ob sie gerne arbeiten würden. Andere Hausfrauen wurden gefragt, ob sie gerne arbeiten würden oder ob sie gerne einfach Hausfrau bleiben würden. Die Antwortverteilungen unterschieden sich stark. In der genannten Reihenfolge der Frageversionen antworteten 55 % vs. 24 %, sie würden gerne arbeiten (auch Teilzeit), 19 % vs. 68 %

---

5  Die Angaben stammen aus dem „Maschinenlesbaren Codebuch – ZA Nr. 2391" für die Politbarometer1977-2007 (Partielle Kumulation) des Zentralarchivs für empirische Sozialforschung in Köln.

meinten, sie würden nicht gerne arbeiten/gerne Hausfrau bleiben und 26 % vs. 8 % zeigten sich unentschieden. Sudman u.a. (1982: 139) veranlasste dieses Ergebnis zu der Feststellung: „It is not clear from the data given why the addition oft the alternative in Version B should have such dramatic results".

Klare Hinweise dagegen gibt es darauf, dass Antwortvorgaben mit interpretiert und zur Lösung der Aufgabe, eine Antwort zu finden, herangezogen werden. Schwarz u.a. (1988: 22) demonstrierten dies anhand numerischer Vorgaben zum täglichen Fernsehkonsum. Beginnen die Antwortvorgaben mit „bis ½ Stunde" und setzen sich dann in ½-Stunden-Intervallen fort bis hin zu „mehr als 2½ Stunden", dann geben insgesamt 83.7 Prozent der Befragten an, bis zu 2½ Stunden fernzusehen und 16.2 % berichten einen Fernsehkonsum von mehr als 2½ Stunden. Beginnen die Antwortvorgaben jedoch mit „bis 2½ Stunden" und setzen sich dann in genauso vielen ½-Stunden-Intervallen fort bis hin zu „mehr als 4½ Stunden", dann geben nur 62.5 Prozent der Befragten an, bis zu 2½ Stunden fernzusehen und insgesamt 37.5 % berichten einen Fernsehkonsum von mehr als 2½ Stunden (vgl. auch Schwarz 1995: 159).

Klare Hinweise gibt es auch darauf, dass numerische Vorgaben bei der Beantwortung von Fragen mit interpretiert werden. Wenn man bei ein- und derselben Frage eine 11-stufige Antwortskala vorgibt und lediglich deren „Pole" verbal benennt, dann können – bei ansonsten völlig gleicher Formulierung – unterschiedliche Antwortverteilungen resultieren, je nachdem, ob die 11 Stufen mit Zahlen von 0 bis 10 oder von -5 bis +5 versehen sind. Beispiele hierfür liefern etwa Hippler u.a. (1991; vgl. hierzu auch z.B. Schumann 2009a: 197-200).

Soweit einige Beispiele, die sich primär auf das „Zusammenspiel" von Frage und Befragtem konzentrieren. Sie demonstrieren, dass die Vorstellung von „Messung" als „strukturtreuer Übertragung eines empirischen in ein numerisches Relativ" lediglich als (durchaus nützliche) Idealvorstellung zu betrachten ist. In der Praxis ist Messung mit einem aktiven Prozess seitens der befragten Person verbunden. Im Extremfall wird eine Auskunft sogar erst im Zuge der Beantwortung konstruiert.

Selbst für diesen Extremfall sind Beispiele zu finden. So gaben in einer Umfrage des SPIEGELs Anfang der 1990er Jahre 8 %

der Befragten an, einen (nicht existierenden) Staatssekretär Dieter Köstritz zu kennen; unter den höher gebildeten Befragten waren es gar 18 Prozent (Spiegel 36, 1993, zit. nach Diekmann 2009: 451). In einigen schriftlichen Umfragen des Verfassers ebenfalls Anfang der 1990er Jahre äußerten sich regelmäßig um die fünf Prozent der Befragen positiv gegenüber dem (nicht existierenden) „Sprichwort": Wer hohe Häuser baut, wird festen Willen ernten. Ein zusätzliches Beispiel aus Diekmann (2009: 453-454): „Aschmann und Widmann (1986) haben Stuttgarter Studenten der Politikwissenschaft ... auch eine Scheinfrage zu einem nichtexistierenden Grundgesetzartikel gestellt (‚Art. 35 Abs. 4 GG sollte abgeschafft werden' versus ‚Art. 35 Abs. 4 GG ist ein Grundbestandteil unserer Demokratie'). Immerhin 20 % (von 65 Studentinnen und Studenten) sprechen sich für eine der beiden Alternativen aus ...". Die Aufzählung könnte fortgesetzt werden – oder durch ein kleines Experiment ergänzt, wie es der Verfasser gelegentlich zur „Einstellungsmessung" durchführt: Man beschreibe in einem Seminar oder bei ähnlicher Gelegenheit einen Skilehrer, Gerichtsvollzieher, eine Richterin oder sonst eine beliebige, frei erfundene Person anhand ebenso frei erfundener Merkmale und frage dann, wer die betreffende Person eher sympathisch finde und wer eher unsympathisch sowie, in welchem Ausmaß dies jeweils der Fall sei. In aller Regel erhält man dabei ohne irgendwelche Einwände oder Rückfragen entsprechende Einschätzungen für das nicht existie- rende „Einstellungsobjekt".

Einen Hinweis in Richtung einer möglichen „Konstruktion" von (nicht „fertig vorliegenden" und lediglich „abzurufenden") Antworten liefert auch die Forschung zur Vorgabe bzw. Nichtvorgabe einer „Weiß nicht"-Antwortalternative. In Split-Experimenten wird „weiß nicht" als *explizite* Antwortvorgabe generell wesentlich häufiger gewählt als dann, wenn diese Vorgabe nicht explizit erfolgt und die befragte Person ggf. *von sich aus* äußern muss, keine Antwort auf die betreffende Frage geben zu können. In Schuman und Presser (1981: 120-121) sind beispielsweise die Ergebnisse einer ganzen Reihe derartiger Untersuchungen berichtet; entsprechende „Antwortverzerrungen" sind bekannt (vgl. z.B. Schnell u.a. 2005: 353). Die häufige Interpretation, die Wahl einer explizit vorgegebenen „Weiß nicht"-Antwortalternative erfolge oft aus Bequemlichkeit, unterstreicht den Hinweis in Richtung „Konstruktion". Der bloße „Abruf" einer „fertig vorliegenden" Antwort wäre schließlich kaum mit nennenswertem Aufwand verbunden.

Die bisherigen Beispiele konzentrierten sich auf das „Zusammenspiel" von Frage und befragter Person. Darüber hinaus sind zusätzliche Einflüsse auf die Beantwortung einer Frage empirisch nachweisbar – beispielsweise die im Laufe einer Befragung bereits gegebenen Antworten. Butz, Rattinger und Bergmann (2009: 158) berichten beispielsweise zu Konsistenzeffekten: „Das bekannteste Beispiel in diesem Zusammenhang ist sicher die Frage, ob kommunistische Zeitungsreporter aus dem Ausland ungehindert ihrer Arbeit in den Vereinigten Staaten nachgehen dürfen. Wurde nun die gleiche Frage mit einem amerikanischen Reporter in einem kommunistischen Land vorgeschaltet, zeigt sich eine signifikant höhere Zustimmung zum ersten Item – ein klares Indiz für einen Konsistenzeffekt (vgl. hierzu auch Hyman/Sheatsley 1950)".

Weitere Einflüsse auf die Beantwortung einer Frage stellen etwa Interviewermerkmale, die Anwesenheit Dritter oder die Kenntnis des Auftraggebers der Studie (Sponsorship-Effekt) dar. Nähere Ausführungen hierzu finden sich beispielsweise in Diekmann (2009: 466-470) oder, zum Sponsorship-Effekt, in Noelle-Neumann u.a. (1996: 97-100). Selbst die Befragungssituation kann Antworten beeinflussen. Hierzu ein Zitat aus Diekmann (2009: 468): „... anhand von Zufriedenheitsskalen zeigte sich beispielsweise in einem Experiment, dass die Bewertung der globalen Lebenszufriedenheit in einem ungemütlichen Befragungsraum geringer ausfällt als in einer komfortablen Umgebung. Bei der Frage nach der Wohnzufriedenheit (spezifische Zufriedenheitsbewertung) sind dagegen die Effekte umgekehrt. Je ‚luxuriöser' der Versuchsraum, desto geringere Werte konnten für die Wohnzufriedenheit registriert werden. Offenbar werden durch die Interviewsituation Vergleichsstandards aktiviert, anhand deren die Befragten die eigene Wohnsituation bemessen".

### 4.7 Veränderung des Messgegenstands durch die Messung

Bereits in der klassischen Physik ist das Problem der Veränderung des Messgegenstands (und damit der zu messenden Merkmalsausprägung) durch die Messung altbekannt. Wird etwa bei einem – mittlerweile als „historisch" zu bezeichnenden – Fahrrad dessen Geschwindigkeit mit Hilfe eines am Vorderrad angelegten Rädchens ermittelt, so wird das Vorderrad gebremst, womit letztlich nur die Geschwindigkeit des „Gesamtsystems" (Fahrrad mit Messgerät) ermittelt werden kann. Das Problem liegt offenbar in der „Berührung" des Messgegenstands durch das Messgerät, verbunden mit einer entsprechenden Beeinflussung. Dies gilt auch dann, wenn die Berührung „ganz sachte" erfolgt. Aus diesem Grund dürfen zum Beispiel Höhlenmalereien in der Regel nicht mit Blitzlicht fotografiert werden. Licht bleicht nun einmal Farbstoffe aus, d.h. es verändert sie. Auf Licht ist jedoch unser wichtigstes Sinnesorgan, das Auge, angewiesen – sei es in Form reflektierter (wie im Beispiel) oder auch emittierter Photonen. Auch bei der Emission von Photonen verändert sich natürlich der Gegenstand der Betrachtung.

Das skizzierte Problem ist dann für die sozialwissenschaftliche Forschung irrelevant, wenn der damit verbundene Effekt „für praktische Zwecke" vernachlässigt werden kann. Für eine verdeckte Beobachtung in einer natürlichen Situation beispielsweise wird die Veränderung des „Messgegenstands" durch die Messung keine nennenswerte Rolle spielen – trotz der reflektierten Photonen. Leider dürften allerdings im Rahmen der sozialwissenschaftlichen Forschung über weite Strecken die Dinge nicht so einfach liegen. In Kapitel 4.5 wurde gezeigt, dass „Messung" meist eine aktive (und teilweise anspruchsvolle) Leistung seitens der untersuchten Person erfordert und damit aller Wahrscheinlichkeit nach reaktiv sein wird, das heißt, der von den Untersuchungsteilnehmern wahrgenommene Vorgang des Messens und ihre Bemühungen, die gestellten „Aufgaben" zu lösen, werden das Ergebnis der Messung mehr oder minder stark beeinflussen. Ob damit der „Messgegenstand" – die untersuchte Person – dauerhaft in nennenswertem Umfang verändert wird, ist nicht gesagt, aber auch nicht per se von der Hand zu weisen.

Hinweise auf derartige Veränderungen gibt es etliche. Bei Intelligenztests zum Beispiel, bei denen die Versuchspersonen Aufgaben lösen müssen, kann die Gefahr bestehen, dass aufgrund von Lernprozessen bei wiederholter Messung bessere Ergebnisse erzielt werden als bei der ersten Messung. Die Fortsetzung der Zahlenreihe: 3, 4, 4, 6, 5, 8 ...? ist nur so lange eine Herausforderung, bis man erkannt

Die Entstehung der Daten

hat, dass es sich eigentlich um zwei „verschachtelte" Zahlenreihen handelt. Bei der einen (3, 4, 5) nimmt der Zahlenwert immer um „1" zu, bei der zweiten Zahlenreihe (4, 6, 8) nimmt er um „2" zu. Das „?" ist also durch „6" zu ersetzen. Ist dieses Prinzip einmal erkannt, kann die Aufgabe wohl auch ein zweites Mal problemlos gelöst werden. Gleiches gilt darüber hinaus für ähnlich strukturierte Aufgaben paralleler Testversionen. Wird „Intelligenz" – wie üblich – operational definiert (vgl. Stemmler u.a. 2011: 139), ist der gemessene Aspekt der Intelligenz im genannten Beispiel zum Zeitpunkt zwei stärker ausgeprägt als zum Zeitpunkt eins.

Oder ein Beispiel aus der Einstellungsmessung: Hat eine befragte Person zum Zeitpunkt eins keine fertige, „abrufbare" Einstellung bezüglich eines Objekts, sondern muss die Antwort auf eine entsprechende Einstellungsfrage erst mehr oder weniger mühevoll „produzieren", dann wird sie das Ergebnis ihrer Bemühungen kaum unmittelbar nach der Abgabe der Antwort wieder vergessen. Bei einer erneuten Befragung ist es nicht unplausibel anzunehmen, dass sie sich an die gegebene Antwort erinnert und damit nun (im Gegensatz zu Zeitpunkt eins) eine fertige, „abrufbare" Einstellung aufweist.

Weitere Hinweise schließlich liefern der Halo-Effekt oder „Konsistenzeffekte". Je nach der Art der vorangegangenen Fragen können die Antworten auf eine bestimmte Frage unterschiedlich ausfallen. Dies zeigt, dass nicht nur die Messung an sich, sondern auch vorangegangene Messungen (mit anderen zu messenden Merkmalsausprägungen) das Ergebnis einer Messung beeinflussen können. Eine Veränderung des „Messgegenstands" liegt dann zumindest insofern vor, als die untersuchte Person auf ein und dieselbe Frage – je nach Fragenvorlauf – unterschiedlich reagiert. Die Frage, ob sich damit auch die zu messende Merkmalsausprägung ändert (sofern man ihr eine „biophysische Existenz" zuschreibt), bleibt allerdings offen. Auszuschließen ist eine derartige Veränderung jedenfalls nicht. Einstellungen können sich beispielsweise durch zusätzliche, neue Informationen bezüglich des Einstellungsobjekts dauerhaft ändern (vgl. Kap. 2.5).

Besondere Relevanz kommt einer Veränderung der zu messenden Merkmalsausprägung durch die Messung ggf. bei wiederholten Messungen zu – zum Beispiel bei Test-Retest Untersuchungen zur

Einschätzung der Reliabilität von Likert- und sonstigen Instrumenten (vgl. Kap. 4.9). Solche Reliabilitätsschätzungen basieren ja gerade auf der Annahme, dass die zu messende Merkmalsausprägung sich zwischen zwei (oder mehr) Messzeitpunkten *nicht* verändert und demzufolge jeweils derselbe Messwert ermittelt werden sollte. Im „Intelligenztest-Beispiel" dürfte sich der Messwert des Intelligenztests zwischen den zwei Messzeitpunkten allerdings unterscheiden – jedoch nicht aufgrund mangelnder Reliabilität des Instruments, sondern weil die getestete Person aufgrund der ersten Messung „dazugelernt hat".

Im „Einstellungs-Beispiel" mag der für ein entsprechendes Likert-Item individuell ermittelte Messwert deshalb hohe zeitliche Stabilität aufweisen, weil die befragte Person anlässlich der ersten Messung eine (vorher nicht oder nur rudimentär vorhandene) Einstellung gebildet hat und bei der zweiten Messung lediglich die „fertige" Einstellung abruft. Die zeitliche Stabilität der Messwerte ist in diesem Fall nicht in dem Sinne zu interpretieren, dass ein schon vor der ersten Messung „vorhandenes" (und über die Zeit stabiles) Merkmal genau gemessen wird. Vielmehr wird das Ergebnis der ersten Messung genau repliziert. Hier verschwimmen die Grenzen zwischen Reliabilität und Validität. Ein und dasselbe Instrument verursacht zu zwei Zeitpunkten *unterschiedliche* Aktivitäten zur Ermittlung einer Antwort – mit möglicherweise unterschiedlichen Einflussmöglichkeiten für „zufällige" Messfehler.

Wiederholte Messungen finden auch im Rahmen von Panelstudien statt, in denen die Stabilität oder Veränderung bestimmter Merkmalsausprägungen über die Zeit untersucht wird. Die zeitlichen Abstände zwischen den Messungen liegen dort normalerweise in der Größenordnung von Jahren oder zumindest Monaten. Veränderungen des Messgegenstands durch die Messung können sich damit einerseits dann auf die nachfolgenden Messungen auswirken, wenn aufgrund der Messung eine *dauerhafte* Veränderung der Merkmalsausprägung erfolgt. In diesem Fall lägen die Dinge wieder wie im obigen „Einstellungs-Beispiel" – nur mit verlängertem Abstand zwischen den Messungen. Eine andere Einfluss-Variante besteht darin, dass die erste Messung zwar den „Messgegenstand" (die befragte Person) verändert, nicht jedoch unmittelbar die zu messende Merkmalsausprägung. Es genügt zum Beispiel bei einer Einstellungsmessung, das Interesse an einem Einstellungsobjekt zu steigern (oder erst zu wecken), was anschließend im Laufe der Zeit aufgrund gesteigerter Auseinandersetzung mit dem betreffenden Themenbereich zu einer Veränderung der zu messenden Merkmalsausprägung führen kann. Egal, ob der Einfluss der Messung direkter oder indirekter Natur ist: Bei beiden Varianten verändert sich die zu messende Merkmalsausprägung zum Zeitpunkt zwei aufgrund der Messung zum Zeitpunkt eins. Ergebnisse empirischer Untersuchungen deuten darauf hin, dass derartige Veränderungen in für die Forschung relevantem Ausmaß tatsächlich auftreten können, wenn auch – glücklicherweise – nicht unbedingt auftreten müssen (vgl. z.B. Abold u.a. 2009).

Falls eine Messung eine befragte Person verändert, kommt als Ursache hierfür in erster Linie die Bewältigung der „Aufgabe", die sie im Rahmen der Messung zu lösen hat, in Betracht. Dieser potenzielle Einflussfaktor dürfte prinzipiell nicht zu eliminieren sein – nicht einmal bei der zu Beginn dieses Kapitels erwähnten verdeckten Beobachtung in einer natürlichen Situation. Etwas pointiert formuliert wäre es auch in diesem Fall möglich, dass jemand, der einer älteren Dame mit einer Reifenpanne hilft, danach eine derartige Befriedigung und Steigerung des Selbstwertgefühls erfährt, dass er fortan häufiger hilfsbereites Verhalten zeigt als bis dahin. In anderen Fällen mag die „Hemmschwelle" nach dem ersten Ausführen einer Handlung sinken. Allerdings kann man versuchen, die gestellte Aufgabe zu minimieren – und hoffen, damit die mit ihrer Erledigung verbundenen Einflüsse gering zu halten. In Umfragen verwendete Items sollten auch aus diesem Grund möglichst kurz und einfach gestaltet sein. Auch bieten sich Messmethoden an, bei denen sich die Aufgaben der untersuchten Person in engen Grenzen halten. Beispiele hierfür sind die Konservatismus-Skala von Wilson (Näheres in Schumann 2001: 115-212) oder die ASKO-Skala (Näheres in Schumann 2005a), bei denen jeweils nur „Catchphrases" vorgegeben sind und eine simple, spontane Reaktion erfragt wird. In etwas abgeschwächter Form wird eine solche Strategie auch beim Big Five Inventory (vgl. Kap. 1.5) eingesetzt.

Auch bei der Messung der Stärke einer Einstellung zu einem bestimmten Objekt über die Messung elektrodermaler Aktivität hat die untersuchte Person nichts weiter zu tun, als diverse Bilder zu betrachten (vgl. z.B. Vossel/Zimmer 1998: 47-64). Einerseits ist dieses Verfahren zwar aufwändig, an ein Labor gebunden und es erfordert Zusatzannahmen bei der Interpretation der gemessenen Werte. Andererseits setzt die Messung im Bereich der „biophysischen Grundlagen" (vgl. Abb. 4.2-1) an, was „Konstruktionsleistungen" der untersuchten Personen ausschließt. Andere implizite Messverfahren, wie etwa der Implicit Association Test (IAT; vgl. z.B. Haddock u.a. 2007: 211) arbeiten ähnlich. Sie versuchen nicht nur, einfache Aufgaben zu stellen, sondern vor allem solche, aus denen das Ziel der Messung nicht unmittelbar ersichtlich ist. Damit dürfte sich zusätzlich die Gefahr der Veränderung der zu messenden Merkmalsausprägung durch die Messung verringern, auch wenn solche Verfahren in erster Linie dazu dienen sollen, die „Konstruktion" von Antworten sowie „Antwortverzerrungen" aufgrund der wahrgenommenen Zielsetzung der Untersuchung – etwa im Sinne sozialer Erwünschtheit – zu verhindern.

Auch beim IAT ist die Interpretation der gemessenen Werte – wie bei impliziten Messverfahren generell – mit Zusatzannahmen behaftet und sein Einsatz erfordert einigen Aufwand. Dennoch bietet auch er – wie andere implizite Messverfahren – aufgrund des Ansatzpunktes der Messung und der geringen Involvierung der untersuchten Person im Hinblick auf das Zustandekommen des Messergebnisses eine interessante Alternative zur Befragung, bei der die Wahrscheinlichkeit einer Veränderung des Messgegenstands gering ist.

Insbesondere bezüglich der Einstellungsmessung ist im Überblick als wichtigster Punkt festzuhalten: Zwangsläufig verbunden mit einer nennenswerten Veränderung des „Messgegenstands" ist eine Eigenschaftsmessung dann, wenn die untersuchte Person die erfragte Eigenschaftsausprägung selbst ermitteln muss und diese entweder nicht „fertig vorliegt" (die Antwort mithin „konstruiert" werden muss) oder wenn sie der befragten Person nicht bewusst ist (und erst mit einigem Aufwand „bewusst gemacht" werden muss). In beiden Fällen wird die Person bei einer wiederholten Messung die Aufgabe, die zunächst Schwierigkeiten bereitete, problemlos(er) lösen können und das Ergebnis der zweiten Messung wird vom Ergebnis der erstem Messung beeinflusst sein.

## 4.8 MESSUNG VON VERÄNDERUNGEN ÜBER DIE ZEIT

Für viele Fragestellungen genügt es nicht, zu einem einzigen Zeit-punkt eine bestimmte Merkmalsausprägung zu erfassen, da man die *Veränderung* von Merkmalsausprägungen (oder – als „Sonderfall" – deren Stabilität) über die Zeit erforschen möchte. Hierzu benötigt man Messungen für mindestens zwei Zeitpunkte, die miteinander verglichen werden können. Abbildung 4.8-1 zeigt diese einfache Anordnung.

*Abbildung 4.8-1: Veränderung zwischen zwei Zeitpunkten – Teil I*

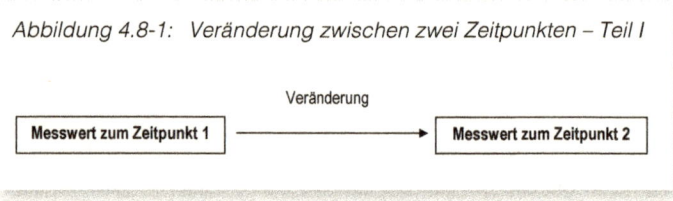

Besteht das Ziel darin, im Rahmen eines *Querschnittdesigns* individu-elle Veränderungen von Merkmalsausprägungen zu erfassen, bietet es sich als einfachste Lösung an, die untersuchten Personen *direkt nach den entsprechenden Veränderungen zu fragen*. Als Beispiel hierfür mag folgende, häufig verwendete Frage dienen: „Ist Ihre eige-ne wirtschaftliche Lage in den letzten ein bis zwei Jahren wesentlich besser geworden, etwas besser geworden, gleich geblieben, etwas schlechter oder wesentlich schlechter geworden?". Dabei muss die befragte Person die gesuchte Veränderung irgendwann (nicht unbedingt zum Befragungszeitpunkt) *selbst* ermitteln. Die Aufgabe, diese Frage zu beantworten, ist auf unterschiedliche Art und Weise lösbar. Die Person kann sich die Merkmalsausprägungen (hier: ihre „wirtschaftliche Lage") zu zwei Zeitpunkten vergegenwärtigen und anschließend Richtung sowie Ausmaß der Differenz (auf welchem Weg auch immer) ermitteln, Sie kann eine bereits „vorhandene", subjektive (und beispielsweise medial oder von engen Bezugspersonen beein-flusste) Meinung äußern oder sie kann auf andere Lösungsstrategien zurückgreifen (vgl. Kap. 4.5). Auf jeden Fall resultiert als Messergebnis eine subjektive Einschätzung, deren Zustandekommen nicht ohne weiteres nachvollziehbar ist. Für viele Forschungszwecke ist man – im Sinne des Thomas-Theorems – genau an solchen subjektiven Einschätzungen interessiert. In aller Regel wird menschliches Verhalten in erster Linie durch *subjektive Einschätzungen* (direkt) beeinflusst, nicht unmittelbar durch „objektive Gegebenheiten". Problematisch sind solche Frageformulierungen allerdings dann, wenn man mit ihrer Hilfe „objektive Gegebenheiten" erfassen möchte.

Entschärft werden kann dieses Problem, indem man die Merkmalsausprägungen *auf mindestens zwei Zeitpunkte bezogen* misst. Im Normalfall dürfte dies die momentane Merkmalsausprägung (Status Quo) plus die Merkmalsausprägung zu einem zurückliegenden Zeitpunkt sein, es könnten jedoch auch Merkmalsausprägungen zu zwei (oder mehreren) zurückliegenden Zeitpunkten gemessen werden. Nachdem zwei (oder mehr) Messungen vorliegen, können hieraus Messwertdifferenzen ermittelt werden, womit dieser Schritt nicht mehr von der untersuchten Person zu bewältigen ist. Der Aufwand hält sich bei diesem Vorgehen in Grenzen, allerdings ist der Einsatz von Recallfragen, wie in Kapitel 4.4 dargelegt, mit erheblichen Problemen verbunden.

Als Alternative bieten sich Untersuchungen an, die auf einem *Paneldesign* basieren, bei dem ein und dieselben Personen zweimal (oder auch mehrmals) untersucht werden. Solche Untersuchungen sind deutlich aufwändiger als beim Querschnittdesign (und werden daher relativ selten durchgeführt), bieten jedoch den Vorteil, dass Verzerrungen, die auf Erinnerungsfehler zurückzuführen sind, ausgeschlossen werden können (vgl. zum Panel z.B. Kaspar 2009). Aus diesem Grund sind Untersuchungen, die auf einem Paneldesign basieren, Querschnittuntersuchungen mit Recallfragen vorzuziehen – auch wenn natürlich die in den Kapiteln 4.5 bis 4.7 angesprochenen Einschränkungen verbleiben. Zu den möglichen Problemen gehören – bei langen Untersuchungszeiträumen – auch Veränderungen des Antwortverhaltens, die auf ein verändertes „kulturelles Klima" oder auch schlicht auf Veränderungen im Sprachgebrauch zurückzuführen sind. Allerdings ist die Laufzeit von Paneluntersuchungen meist zu kurz, um solchen Einflüssen größeres Gewicht zukommen zu lassen.

Verlässt man die Ebene einzelner, rein individuell orientierter

Analysen und versucht, zusätzlich Informationen über Veränderungen innerhalb bestimmter Bevölkerungsgruppen – worunter im weitesten Sinne auch „Großgruppen" wie etwa die wahlberechtigte Bevölkerung der Bundesrepublik zu zählen sind – zu erhalten, dann sehen sich Studien im Paneldesign mit *drei zentralen Problemen* konfrontiert, nämlich einer normalerweise selektiven Rekrutierung der Teilnehmer, einer über die Zeit zunehmenden Panelmortalität sowie einer mit fortschreitender Zeit zwangsweise abnehmenden Repräsentativität der analysierten Stichprobe aufgrund der Veränderung der Grundgesamtheit, aus der sie gezogen wurde. Zu den einzelnen Punkten:

Schon bei der Durchführung einer Umfrage im Querschnittdesign stellt sich das Problem der Unit-Nonresponses, d.h. ein beträchtlicher Teil der eigentlich zu interviewenden Personen verweigert ein Interview, wobei die „Ausfälle" in der Regel nicht völlig zufällig erfolgen; beispielsweise sind Personen mit niedrigen formalen Bildungsabschlüssen normalerweise in der Stichprobe unterrepräsentiert. Beim Paneldesign müssen sich die Teilnehmer an einer Befragung zudem bereit erklären, sich zu einem späteren Zeitpunkt erneut befragen zu lassen. Auch dies kann natürlich verweigert werden und auch diese Verweigerungen erfolgen in aller Regel nicht zufällig. So stellen sich beispielsweise bei politikwissenschaftlichen Umfragen Personen mit hohem politischem Interesse normalerweise eher für eine erneute Befragung zur Verfügung als Personen mit geringem politischem Interesse. Aufgrund dieser zweifachen Selektion leidet die Repräsentativität des Panels zum „Startzeitpunkt".

Im weiteren Verlauf verringert sich die Anzahl der Panel-Teilnehmer von Welle zu Welle, sei es im wahrsten Sinne des Wortes „Panelmortalität" durch Tod, oder – was ungleich häufiger der Fall ist – dadurch, dass die Teilnehmer „unbekannt verzogen" sind, erkrankt und nicht mehr in der Lage sind, ein Interview zu geben, dass sie einfach die Lust an der Teilnahme verloren haben und eine erneute Befragung trotz vorheriger Zusage verweigern oder Ähnlichem. Auch diese Ausfälle sind nicht völlig zufälliger Natur – so fallen erfahrungsgemäß zum Beispiel bei politikwissenschaftlich orientierten Befragungen erneut politisch desinteressierte Personen in aller Regel besonders häufig aus dem Panel heraus. Damit verringert sich die Repräsentativität des Panels normalerweise weiter.

Doch selbst wenn (im Sinne eines Gedankenexperiments) überhaupt keine Panelmortalität aufträte, mithin also alle Befragten von Zeitpunkt 1 auch zum Zeitpunkt 2 wieder zur Verfügung stünden, würde sich die Repräsentativität des Panels – allerdings relativ langsam – weiter verringern. Der Grund hierfür ist, dass zwischen Zeitpunkt 1 und Zeitpunkt 2 neue Personen „in die Grundgesamtheit hineinwachsen" (z.B. durch erreichen einer Altersgrenze, durch Zuwanderung etc.) und andere „ausfallen" (d.h. sterben, auswandern, oder auf andere Art und Weise die „angestrebte Grundgesamtheit" verlassen). Je länger das Panel läuft, desto mehr leidet seine Repräsentativität aufgrund dieses Effekts. Bei kurzen Intervallen zwischen den Panelwellen kann er meist vernachlässigt werden.

Trotz der genannten Probleme hat das Paneldesign den großen Vorteil, dass sowohl individuelle Veränderungen als auch Veränderungen im Aggregat gleichzeitig erfasst werden können. Veränderungen auf Individual- und auf Aggregatebene müssen dabei keineswegs immer „gleichsinnig" verlaufen. Tabelle 4.8-1 verdeutlicht dies anhand zweier einfacher, konstruierter Beispiele. Nehmen wir an, im Rahmen einer Paneluntersuchung mit hundert Befragten (um eine unrealistisch kleine, aber leicht handhabbare Zahl zu nennen) gäbe sowohl zum Zeitpunkt 1 als auch zum Zeitpunkt 2 ein Anteil von 30 Prozent der Befragten an, sie sähen einen bestimmten Politiker bei der nächsten Bundestagswahl gerne als Kanzlerkandidaten (pro), während die übrigen 70 Prozent dagegen wären (kontra). Im Aggregat – hier: in den Randsummen – bleiben mit anderen Worten die Präferenzen unverändert. Dahinter können sich *individuell* jedoch nach dem Prinzip des ökologischen Fehlschlusses höchst unterschiedliche Veränderungstendenzen verbergen – von völliger Stabilität in Beispiel 1 bis hin zu Beispiel 2, wo kein einziger Befürworter von Zeitpunkt 1 den betreffenden Kandidaten auch zum Zeitpunkt 2 noch befürwortet.

Anhand von Tabelle 4.8-1 kann gleichzeitig eine Restriktion des *Trenddesigns* – einer weiteren Möglichkeit, Messungen zu zwei (oder mehr) Zeitpunkten durchzuführen – demonstriert werden. Beim Trenddesign werden im Unterschied zum Paneldesign nicht dieselben Personen mehrmals befragt, sondern es wird für jeden Befragungszeitpunkt eine neue Stichprobe gezogen. Die „Nachverfolgung" *individueller* Veränderungen ist damit nicht mehr möglich. Selbst wenn im

Sinne eines Gedankenexperiments der äußerst unwahrscheinliche Fall einträte, dass in beide unabhängig voneinander gezogenen (Zufalls-) Stichproben dieselben Personen gelangten, stünden in den Beispielen 1 und 2 nur die Randsummen zur Verfügung, da die Zuordnung der beiden jeweiligen Messwerte zu einer bestimmten Person fehlten, d.h. die Besetzung der inneren vier Zellen wäre unbekannt. Man kann also mittels des Trenddesigns lediglich die Stabilität oder Veränderung der Präferenzen *im Aggregat* feststellen, nicht jedoch, inwieweit die Präferenzen individuell Stabilität aufweisen bzw. sich verändern.

Tabelle 4.8-1: *Beispiele für unterschiedliche Veränderungen „individuell" versus im Aggregat*

**Beispiel 1**

Zeitpunkt 1

| Zeitpunkt 2 | | pro | kontra | |
|---|---|---|---|---|
| | pro | 30 | 0 | 30 |
| | kontra | 0 | 70 | 70 |
| | | 30 | 70 | 100 |

**Beispiel 2**

Zeitpunkt 1

| Zeitpunkt 2 | | pro | kontra | |
|---|---|---|---|---|
| | pro | 0 | 30 | 30 |
| | kontra | 30 | 40 | 70 |
| | | 30 | 70 | 100 |

Tabelle 4.8-2 bietet nochmals einen (erweiterten) Überblick über die vier bisher besprochenen, grundlegenden Möglichkeiten, zeitliche Veränderungen zu erfassen. Wenn auf *individueller Ebene* (bei einem Individuum) die Veränderung einer Merkmalsausprägung zwischen zwei Zeitpunkten festgestellt wird, dann kann dies (im Idealfall) ausschließlich auf eine entsprechende Veränderung des zu messenden Merkmals zurückzuführen sein. Das Ergebnis kann jedoch auch durch den Prozess der Beantwortung der entsprechenden Fragen (vgl. Kap. 4.5) beeinflusst sein. Im Falle der direkten Frage nach einer wahrgenommenen Veränderung ist hier als Besonderheit die „Konstruktion einer Differenz" zu nennen, über deren Zustandekommen in der Regel wenig gesagt werden kann.

Werden innerhalb einer Untersuchung zwei Fragen gleichen Inhalts gestellt, die sich lediglich durch ihren Zeitbezug unterscheiden, so kann insbesondere dieser Umstand das Ergebnis der zweiten Messung beeinflussen. Um ein Beispiel zu konstruieren: Man könnte sich vorstellen, dass jemand, der seine wirtschaftliche Lage als „sich leicht verschlechternd" wahrnimmt, einzeln gefragt seine wirtschaftliche Lage sowohl „vor ein bis zwei Jahren" als auch „heute" in die Kategorie „teils gut/teils schlecht" einordnen würde. Mit *beiden* Fragen (in der genannten Reihenfolge) konfrontiert könnte die Person dagegen für „heute" die Kategorie „schlecht" wählen, um die empfundene Verschlechterung deutlich zu machen. Damit würde sich die Differenz zwischen den beiden Messwerten ändern.

Eine weitere Besonderheit wurde bereits in Kapitel 4.7 angesprochen. Wird im Rahmen eines Paneldesigns ein und dieselbe Frage zu zwei Zeitpunkten gestellt, so kann die erste Messung den „Gegenstand" der Messung (die betreffende Person) verändern – sowohl im Hinblick auf die zu messende Merkmalsausprägung als auch im Hinblick auf die Ausprägung anderer Merkmale (beispielsweise das Interesse am Untersuchungsgegenstand), was wiederum die Messung zum Zeitpunkt zwei – und damit die ermittelte Differenz der Messwerte – beeinflussen kann. Die Messwerte – und damit auch deren Differenz – können als Besonderheit des Paneldesigns ferner durch veränderte Rahmenbedingungen zu den einzelnen Untersuchungszeitpunkten beeinflusst werden, also etwa wechselnden Interviewern, der Anwesenheit/Nichtanwesenheit Dritter, einem Wechsel des mit der Befragung beauftragten Instituts oder gar dem Wechsel der Befragungsform, zum Beispiel von mündlichen hin zu schriftlichen Interviews. Bei allen bisher genannten direkten Messoperationen können schließlich Zufallsfehler das Ergebnis beeinflussen.

Verlässt man die Ebene einzelner, individueller Veränderungs-Messungen und betrachtet Veränderungen auf *Aggregatebene* (bei Personengruppen), also Veränderungen von Mittelwerten, Anteilswerten etc., dann aggregieren sich zunächst die bisher besprochenen individuellen Effekte. Dabei steht zu erwarten, dass sich die Zufallsfehler der individuellen Messungen tendenziell herausmitteln. Auf der anderen Seite gerät nun ein Einfluss auf die ermittelten

Differenzen ins Blickfeld, der bisher keine Rolle spielte, nämlich die Stichprobe, aus der die untersuchten Individuen stammen. Je nach Zusammensetzung der Stichprobe können sich bei der Aggregation durchaus unterschiedliche Veränderungstendenzen ergeben. Besonders virulent wird das Problem beim Paneldesign, bei dem von der zunächst gezogenen Stichprobe nur ein bestimmter Teil verwendet werden kann – nämlich diejenigen Personen, die sich später erneut befragen lassen möchten, wobei auch von diesen Personen schließlich aufgrund der Panelmortalität nur ein Teil für die angestrebten Analysen zur Verfügung steht. In jedem Falle stellt sich – möchte man Aussagen über Veränderungen in der *Grundgesamtheit* machen – die Frage der Inferenzpopulation, d.h. die Frage, auf welchen Teil der Grundgesamtheit die empirisch ermittelten Ergebnisse generalisiert werden können (vgl. Kap. 4.10).

Beim *Trenddesign* ist es nicht möglich, individuelle Veränderungen über die Zeit festzustellen, da zu den einzelnen Zeitpunkten jeweils *unterschiedliche* Personen untersucht werden. Aus diesem Grund finden sich Angaben zu diesem Design lediglich im unteren Teil von Tabelle 4.8-2, in dem es um festgestellte Veränderungen *im Aggregat* geht. Wenn auf Aggregatebene (bei voneinander unabhängigen Stichproben) die Veränderung einer Merkmalsausprägung zwischen zwei Zeitpunkten festgestellt wird, dann kann dies (im Idealfall) ausschließlich auf eine entsprechende Veränderung der Verteilung des zu messenden Merkmals in der Grundgesamtheit, aus der die Stichproben stammen, zurückzuführen sein. Als Positivum ist zu vermerken, dass das Ergebnis der zweiten Messung nicht durch die erste Messung beeinflusst sein kann, was entsprechende Einflüsse auf die festgestellte Differenz ausschließt. Das Ergebnis (die festgestellte Differenz) kann jedoch durch die jeweiligen individuellen Prozesse bei der Beantwortung der Fragen (vgl. Kap. 4.5) – inklusive zu erwartender Zufallsfehler – beeinflusst sein. Bei Trenduntersuchungen über lange Zeiträume kann es zudem vorkommen, dass ein und dieselbe Frage aufgrund von Änderungen im Sprachgebrauch oder aufgrund kultureller Veränderungen unterschiedlich wahrgenommen und interpretiert wird. Als Beispiel mag der Begriff der „Reform" im Zeitverlauf dienen.

Für das Trenddesign ist nochmals zu betonen, dass zu den verschiedenen Zeitpunkten *unterschiedliche Personen* untersucht werden, so dass im Aggregat festgestellte Messwertdifferenzen auch durch Stichprobenfehler beeinflusst werden können. Ein Extrembeispiel mag dies verdeutlichen: Selbst bei absoluter individueller Stabilität, wenn also zwischen zwei Zeitpunkten die Merkmalsausprägungen aller Elemente der Grundgesamtheit unverändert bleiben (und sich auch die Grundgesamtheit selbst nicht verändert) können sich für die beiden Zeitpunkte unterschiedliche Merkmalsverteilungen ergeben – einfach dadurch, dass unterschiedliche Personen für die Stichprobe ausgewählt wurden. Bei voll ausgeschöpften Zufallsstichproben ist dieser Punkt unproblematisch, entsprechende Ausschöpfungsquoten werden jedoch in der Praxis nicht erreicht (vgl. Kap. 4.10). Zudem variieren die Ausschöpfungsquoten von Stichprobe zu Stichprobe zum Teil beträchtlich.

Die vier in den Spalten von Tabelle 4.8-2 skizzierten Möglichkeiten stellen die vermutlich am häufigsten genutzten Vorgehensweisen bei der Ermittlung von Merkmalsänderungen über die Zeit dar. Selbstverständlich können die dort berücksichtigten Designs und Frageformen auch anders kombiniert werden, was Tabelle 4.8-3 skizziert. In den meisten Fällen eröffnen sich damit zusätzliche Analysemöglichkeiten. Auf eine davon wurde zum Beispiel in Kapitel 4.4 zurückgegriffen, als in Rahmen eines Paneldesigns die Antworten auf eine Recallfrage mit den zu dem Zeitpunkt, auf den sie sich die Recallfrage bezieht, „tatsächlich" gegebenen Antworten verglichen wurden. Ferner können zeitbezogene Analysen mit spezielleren Designs, wie dem der Kohortenanalyse, sowie mit anderen Datenarten, insbesondere Ereignisdaten (vgl. Kap 4.2), durchgeführt werden. Insgesamt sollte klar geworden sein, dass die unterschiedlichen Möglichkeiten, zeitliche Veränderungen zu untersuchen, jeweils spezifische Stärken und Schwächen aufweisen. Zur Absicherung entsprechender Ergebnisse ist es daher empfehlenswert, unterschiedliche Verfahren im Sinne einer „Triangulation" einzusetzen.

Tabelle 4.8-2:    Mögliche Einflüsse auf die Feststellung einer
                  zeitlichen Veränderung – individuell bzw. im Aggregat

| Querschnittdesign | | Paneldesign | Trenddesign |
| --- | --- | --- | --- |
| Ein Befra-gungszeit-punkt + direkte Frage nach Veränderung | Ein Befra-gungszeit-punkt + auf un-terschiedliche Zeitpunkte bezogene Fragen | Zwei Befra-gungszeit-punkte + auf den jeweiligen Zeitpunkt bezogene Fragen; iden-tische Befragte | Zwei Befra-gungszeit-punkte + auf den jeweiligen Zeitpunkt bezogene Fragen; un-terschiedliche Befragte |
| **Mögliche Einflüsse auf die Feststellung einer zeitlichen Veränderung – individuelle Messung:** | | | |
| Merkmal ver-ändert sich | Merkmal ver-ändert sich | Merkmal ver-ändert sich | – |
| Prozess der Beantwortung, insbes.:↓ | 2 x Prozess der Beantwor-tung, insbes.:↓ | 2 x Prozess der Beantwor-tung, insbes.:↓ | – |
| Unkontrollierte „Konstruktion" einer Differenz | – | – | – |
| – | Beantwortung von Fragen gleichen Inhalts mit unterschiedl. Zeitbezug | Beantwortung der selben Frage zu früherem Zeit-punkt | – |
| – | – | Veränderte Rahmenbedin-gungen | – |
| Zufallsfehler | 2 x Zufalls-fehler | 2 x Zufalls-fehler | – |

Fortsetzung Tabelle 4.8-2

| Querschnittdesign | | Paneldesign | Trenddesign |
|---|---|---|---|
| **Mögliche Einflüsse auf die Feststellung einer zeitlichen Veränderung – Messung im Aggregat:** | | | |
| Aggregierte individuelle Effekte (s. obere Hälfte) | Aggregierte individuelle Effekte (s. obere Hälfte) | Aggregierte individuelle Effekte (s. obere Hälfte) | Verteilung der Merkmalsausprägungen ändert sich zwischen den Zeitpunkten in der Grundgesamtheit |
| – | – | – | 2 x (unabhängig): Prozess der Beantwortung/ aggregiert, insbes.: ↓ |
| – | – | – | Kulturelle/ sprachliche Veränderungen |
| – | – | – | (2 x unabhängig): Zufallsfehler/ aggregiert |
| – | – | – | Unterschiedliche Personen für die beiden Zeitpunkte |
| Stichprobe | Stichprobe | Stichprobe + selektive Panelteilnahme + Panelmortalität + Abnahme der Repräsantativität | 2 x (unabhängig): Stichprobe |

Erläuterungen siehe Text!

*Tabelle 4.8-3: Mögliche Kombinationen von Untersuchungsdesign und Fragentypen*

| | Querschnitt-design | Paneldesign | Trenddesign |
|---|---|---|---|
| | Ein Befragungszeitpunkt | Zwei Befragungszeitpunkte; identische Befragte | Zwei Befragungszeitpunkte; unterschiedliche Befragte |
| Direkte Frage nach „Veränderung" der Merkmalsausprägung zwischen zwei Zeitpunkten | s. Tab. 4.8-2 | Frageform einsetzbar | Frageform einsetzbar |
| Auf unterschiedliche Zeitpunkte bezogene Fragen nach der Merkmalsausprägung („synchron" gestellt) | s. Tab. 4.8-2 | Frageform einsetzbar | Frageform einsetzbar |
| Auf einen Zeitpunkt bezogene Frage nach der Merkmalsausprägung | Messung von Veränderungen nicht möglich | s. Tab. 4.8-2 | s. Tab. 4.8-2 |
| | | | |
| Ereignisdaten/ Verlaufsdaten | Frageform einsetzbar | Frageform einsetzbar | Frageform einsetzbar |

Zum Abschluss noch ein bisher nicht thematisierter Punkt bezüglich der Messung von Veränderungen – ungeachtet dessen, ob die Analysen auf der Individual- oder auf der Aggregatebene durchgeführt werden: In den meisten Fällen stehen nur wenige Messzeitpunkte zur Verfügung, wobei unterstellt wird, dass auftretende Differenzen jeweils einen linearen Trend abbilden. In vielen Fällen gibt es gute Gründe für eine solche Annahme, selbstverständlich ist sie jedoch keineswegs. Abbildung 4.8-2 demonstriert dies anhand von zwei Messzeitpunkten, wobei in den drei dargestellten Fällen jeweils *dieselben* Messwertdifferenzen beobachtet werden. Dennoch verändern sich die Merkmalsausprägungen (symbolisiert durch die gestrichelte Linie) – lückenlos über die Zeit betrachtet – völlig unterschiedlich. Fall 1 zeigt den gewöhnlich angenommenen linearen Trend. Der zweite Fall zeigt eine oszillierende Merkmalsausprägung, bei der die Unterstellung eines linearen Trends zwischen den beiden Messzeitpunkten zu abwegigen Interpretationen führen würde. Beispiele für solche Merkmale wären etwa die momentane, persönliche Stimmung (wie auch immer genau definiert), die Kenntnis der Bedeutung der Zweitstimme bei Bundestagswahlen, die kurz vor einer Wahl regelmäßig weiter verbreitet ist als zwischen den Wahlen oder das Item zum „Kampf gegen die steigenden Preise" des Postmaterialismus-Index (vgl. Kap 3.3), dessen Beantwortung offenbar mit der Inflationsrate kovariiert. Auch im dritten Fall würde die Unterstellung eines linearen Trends zu völlig falschen Schlüssen führen. Man würde weiterhin moderat steigende Werte erwarten, während sie tatsächlich nach der zweiten Messung stark sinken. Mit der Erhöhung Anzahl der Messzeitpunkte, wie etwa bei den monatlich durchgeführten Politbarometer-Umfragen oder bei über einen gewissen Zeitraum täglich durchgeführten Befragungen, verringert sich die Gefahr der genannten Fehlinterpretationen. Allerdings sind solche Designs mit erheblichem Aufwand verbunden. Die Gefahr verringert sich auch dann, wenn aggregierte Merkmalsausprägungen (d.h. Verteilungen) betrachtet werden, bei denen sich etwaige kurzzeitige, individuelle Veränderungen tendenziell „herausmitteln".

Eine Möglichkeit, die geschilderte Problematik ganz auszuklammern, besteht darin, für die Analysen auf Ereignisdaten (vgl. Kap 4.2) zurückzugreifen. Veränderungen im Familienstand, etwa „ledig –

verheiratet – geschieden – erneut verheiratet – verwitwet" sind (nebst der Änderungszeitpunkte) relativ leicht zu ermitteln. In diesem Fall ist die Ausprägung des Merkmals „Familienstand" für das gesamte Leben der befragten Person lückenlos bekannt. Allerdings eignen sich leider längst nicht alle untersuchten Merkmale für eine derartige Datenerhebung. Die längerfristige Entwicklung der Ausprägung bestimmter politischer Einstellungen dürfte auf diese Art beispielsweise kaum zu erfassen sein.

*Abbildung 4.8-2:*     *Mögliche Veränderung zwischen zwei Zeitpunkten*

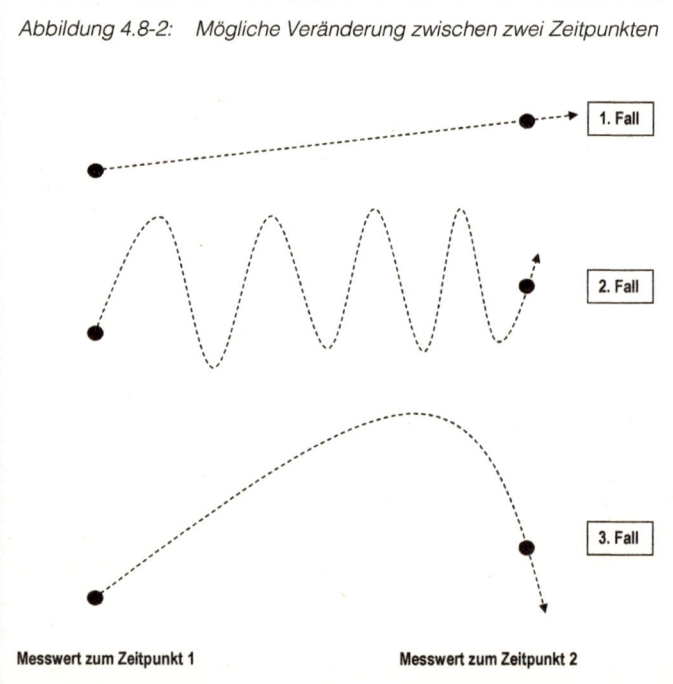

## 4.9 MESSUNG MIT HILFE VON LIKERT-INSTRUMENTEN

Nach dem Likert-Verfahren entwickelte Instrumente (Likert 1932) stellen vermutlich die in der empirischen sozialwissenschaftlichen Forschung am häufigsten eingesetzten Instrumente dar, sofern nicht auf Einzelfragen als Erhebungsinstrumente zurückgegriffen wird. Die Technik ist relativ einfach und hat sich in der Forschungspraxis bewährt.

Grob skizziert beginnt das Verfahren mit der Sammlung möglichst vieler (30 bis 50, oft jedoch auch weniger) Items – also Einzelfragen. Diese Einzelfragen haben die Form eines Statements (z.B.: „Ich probiere oft neue und fremde Speisen aus"), hinsichtlich derer die befragte Person gebeten wird, sich zu äußern. Hierzu sind (für alle Items gleichlautende) Antwortalternativen vorgegeben, die ein „Einschätzungs-Kontinuum" abbilden sollen, im genannten Beispiel etwa: „völlig unzutreffend", „eher nicht zutreffend", „neutral", „eher zutreffend" und „völlig zutreffend". Sowohl die Anzahl der Antwortkategorien als auch deren Verbalisierung können zwischen unterschiedlichen Likert-Instrumenten variieren, wobei in der Regel die „klassische Form" einer bipolaren Anordnung der Antwortvorgaben (zwischen einer zustimmenden und einer ablehnenden Alternative) beibehalten wird. Den Antwortvorgaben werden Zahlen (in geordneter Reihenfolge mit gleichen Abständen) zugeordnet. Das Beispielitem ist einem Persönlichkeitstest entnommen (NEO-FFI; vgl. Kap. 1.5) und soll die Dimension „Offenheit für Erfahrung" erfassen. Andere Items lauten etwa: „Ich bin sehr wissbegierig" oder: „Ich habe oft Spaß daran, mit Theorien oder abstrakten Ideen zu spielen".

Im Idealfall (der empirisch allerdings nur in Annäherung zu realisieren ist) stellen die Items parallele Tests für ein und dasselbe Merkmal dar (hier: „Offenheit für Erfahrung"), das heißt, sie messen – grob gesprochen – dasselbe Merkmal gleich gut. Vor dem Einsatz des Instruments wird im Rahmen einer Itemanalyse geprüft, wie gut geeignet die gesammelten Items zur Erfassung der untersuchten Merkmalsdimension sind, wobei schlecht abschneidende Items aus dem Instrument entfernt werden. Beim Einsatz des „fertigen Instruments" werden zur Ermittlung des Messwerts für jede befragte Person die ihren Item-Antworten entsprechenden Zahlen addiert (das Problem

„fehlender Werte" sei an dieser Stelle ausgeklammert) – daher auch die Bezeichnung „Verfahren der summierten Ratings". Dies ist ein entscheidender Schritt, da man hofft, dass sich durch diese Addition Messfehler (Zufallsfehler) herausmitteln.

Das fertige Likert-Instrument sollte reliablere Messungen ermöglichen, als das bei Messungen über Einzelitems der Fall ist. Zur besseren Interpretation erfolgt meist zusätzlich eine Division des Summenwerts durch die Anzahl der Items des fertigen Instruments, wonach der Wertebereich dem der Werte für die Einschätzung der einzelnen Statements entspricht. Übersichtsdarstellungen zum Likert-Verfahren finden sich in fast jedem Lehrbuch zur Empirischen Sozialforschung, so zum Beispiel in Diekmann (2009: 240-270), in Schnell u.a. (2005: 187-191), in Gerich (2010) oder in Schumann (2011: 30-45).

Ungeachtet seiner Beliebtheit ist das Likert-Verfahren mit einer Reihe von Schwierigkeiten behaftet, was sowohl während der Entwicklungsphase als auch beim Einsatz des „fertigen Instruments" im Auge behalten werden sollte. Eine erste Gruppe von Schwierigkeiten betrifft die *Formulierung der einzelnen Items* von Likert-Instrumenten. Aus Sicht des Verfahrens erfassen sie (in möglichst guter Annäherung) die „Merkmalsausprägung" der untersuchten Person in Bezug auf die zu messende Dimension (plus Messfehler), wobei unberücksichtigt bleibt, dass die Messung eine Aufgabe darstellt, die von unterschiedlichen Personen (sowie eventuell auch von denselben Personen bei unterschiedlichen Rahmenbedingungen) unterschiedlich angegangen und gelöst werden kann (vgl. Kap. 4.5). Aus diesem Grund ist – wie bei jeder Messung – darauf zu achten, Interpretationsspielräume möglichst klein zu halten. Problematisch ist beispielsweise, die fünf Stufen einer Antwortvorgabe zwischen den Polen „stimme überhaupt nicht zu" und „stimme voll und ganz zu" für die Befragten sichtbar mit den Zahlenwerten „-2", „-1", „0", „+1" und „+2" zu belegen, da zum Beispiel „-2" sowohl (nach der Anmutung der numerischen Vorgabe) als „starke Ablehnung" interpretiert werden kann, als auch nach der verbalen Vorgabe als „nicht vorhandene Zustimmung". Entsprechende Methodeneffekte sind in Kap. 4.6 berichtet.

Doch auch bei Ausschaltung solcher Spielräume bleibt die individuelle semantische Interpretation der vorgegebenen Antwortkategorien unkontrolliert. Was im eingangs genannten Beispiel unter „völlig zutreffend" in Abgrenzung zu „eher zutreffend" zu verstehen ist, erschließt sich nicht unmittelbar aus der Formulierung. Eine mögliche Interpretation wäre: „hundertprozentig zutreffend, ohne die geringsten Abstriche", eine andere: „weitgehend zutreffend, wenn auch mit Abstrichen" (die oberen 20 Prozent des empfundenen Kontinuums zwischen den beiden Extrema „völlig unzutreffend" und „völlig zutreffend"). Ein und dieselbe Person mit einer ganz bestimmten Merkmalsausprägung könnte sich je nach Interpretation für unterschiedliche Antworten entscheiden. Das Likert-Verfahren *unterstellt* zwar, dass die Antwortvorgaben vom Befragten im Sinne „gleich groß erscheinender Intervalle" interpretiert werden, womit eine Messung auf Intervallskalenniveau angenommen wird. Zu prüfen ist dies jedoch schwer. Generell besteht zumindest die Möglichkeit, dass sich Messungen bei Items von Likert-Instrumenten eher auf Ordinal- denn auf Intervallskalenniveau bewegen.

Ein weiterer Punkt betrifft die Messung von „Empfindungsstärken" (im weitesten Sinne). Hinter ein und derselben Antwort können sich unterschiedliche Empfindungsstärken verbergen, wenn die Spannweiten der Empfindungsstärken interindividuell variieren und damit für unterschiedliche Individuen unterschiedliche Empfindungsstärken als „Ankerpunkte" dienen können (vgl. Schumann 2000: 412). Sowohl ein Philanthrop als auch ein Griesgram und Misanthrop werden bei einer Antwortvorgabe zwischen den Polen „unsympathisch" und „sympathisch" für ihre Haltung bezüglich einer bestimmten Person die höchste Sympathie, zu deren Empfindung sie fähig sind, mit dem entsprechenden Extremwert verbinden. Zwei Personen mit gleichen Sympathiewerten bezüglich eines bestimmten Objekts müssen daher nicht unbedingt dieselbe Sympathie diesem Objekt gegenüber empfinden – sofern man der „Sympathieausprägung" eine irgendwie geartete „biophysische Grundlage" zuerkennt.

Als letzter Punkt zu den Items von Likert-Instrumenten ist schließlich anzumerken, dass in der Regel nur wenige Antwortalternativen vorgegeben werden – meist zwischen fünf und sieben. Sudman und Bradburn (1982: 149) etwa schlagen „nicht mehr als vier oder fünf verbal präsentierte Antwortalternativen" vor. Dies ist dann mit einem Informationsverlust verbunden, wenn die befragte Person an sich in der Lage wäre, differenziertere Antworten zu geben. Beispielsweise unter Verwendung der Magnitude-Skalierung (vgl. z.B. Stevens 1986 oder für einen Überblick: Borg u.a. 2007: 63-74), einem ursprünglich in der Psychophysik entwickelten Verfahren, wurde explizit versucht, (unter anderem) dieses Problem zu beheben, was dessen Relevanz belegt. Allerdings konnte sich die Magnitude-Skalierung, wohl aufgrund des mit ihrem Einsatz verbundenen Aufwands, bisher im sozialwissenschaftlichen Bereich nicht durchsetzen.

Eine Reihe weiterer Probleme beziehen sich in erster Linie auf das jeweilige *theoretische Konstrukt,* zu dessen Messung ein Likert-Instrument eingesetzt wird – auch wenn mit ihnen ebenfalls Konsequenzen für die Formulierung der einzelnen Items des Instruments verbunden sind. Von der Konzeption her ist das Likert-Verfahren geeignet zur Messung eindimensionaler Konstrukte. Bei eindimensionalen Konstrukten kann entweder von Uni- oder von Bipolarität ausgegangen werden. Ein Beispiel für ein *unipolares* Konstrukt wäre „Intelligenz" (wie auch immer genau definiert) – mit Ausprägungen, die von einem „Nullpunkt" (im Sinne von: „nicht vorhanden") ausgehend steigende Werte annehmen können. Ein Beispiel für ein *bipolares* Konstrukt wäre die Selbsteinschätzung als politisch „links" vs. „rechts" stehend.

Eine Besonderheit bipolarer Konstrukte besteht allerdings darin, dass sich bei näherem Hinsehen oft einer der beiden Pole als „Privativum" erweist, d.h. er drückt schlichtweg die „Abwesenheit" der dem anderen Pol entsprechenden Merkmalsausprägung aus – allerdings in grober Vereinfachung und wenig „objektiv" – sofern man diesen Begriff verwenden möchte. „Unwissenheit" meint die Abwesenheit von „Wissen", „Passivität" die Abwesenheit von „Aktivität", „Ambiguitätsintoleranz" (oft) die Abwesenheit von „Ambiguitätstoleranz", „Dunkelheit" die Abwesenheit von „Helligkeit/Licht" und „Kälte" meint die Abwesenheit von „Wärme". Dabei ist in unseren Augen ein Glühwein, der eine Temperatur von 25°C aufweist, „kalt" und ein Eiskaffee derselben Temperatur „warm" – so viel zur „Objektivität" unserer (in aller Regel situationsbezogenen) Wahrnehmung der Merkmalsausprägung.

Die Frage, ob uni- oder bipolar, beeinflusst insbesondere den generell empfohlenen Einsatz „umgepolter" Items. Die Grundidee besteht darin, Effekte der Akquieszenz (Ja-Sage-Tendenz) sich gegenseitig neutralisieren zu lassen, indem – bei unveränderten Antwortvorgaben – ein Teil (idealerweise die Hälfte) der in den Items des Likert-Instruments verwendeten Statements „umgepolt" wird, d.h. die Statements erfassen das Gegenteil dessen, was eigentlich gemessen werden soll[6]. Akquieszenz-Effekte bewirken dann bei der einen Hälfte der Items eine Tendenz zu erhöhten Werten und bei der anderen Hälfte eine Tendenz zu verringerten Werten, wodurch sich die durch Akquienzenz verursachten Verzerrungen weitgehend „herausmitteln" sollten.

Bei der Messung *bipolarer* Konstrukte sind „umgepolte" Statements relativ leicht zu finden – entsprechen sie doch lediglich dem jeweiligen „Gegenpol". Bei *unipolaren* Konstrukten ist es jedoch sowohl aus theoretischer Sicht als auch nach praktischer Erfahrung (bei Itemanalysen) ausgesprochen schwer, umgepolte Statements zu finden. Aus theoretischer Sicht ist es in diesem Fall kaum möglich, Statements zu finden, die das Gegenteil dessen, was eigentlich gemessen werden soll, erfassen – schon deshalb, weil anstelle eines „Gegenpols" lediglich ein „Nullpunkt" angenommen wird. Die Lösungsmöglichkeit, eigentlich in „symptomatischer" Richtung formulierte Statements durch die Einfügung einer Negation „umzupolen", führt bei deren Beantwortung zur Vorgabe „doppelter Negationen", was bei Itemformulierungen tunlichst vermieden werden sollte. Man könnte allenfalls versuchen, in den umgepolten Statements Privativa zu verwenden.

Eine spezielle Art von Problemen ergibt sich beim Likert-Verfahren dann, wenn *Merkmale mit „Syndromcharakter"* erfasst werden sollen. Die Grundannahme lautet in diesem Fall, dass bestimmte Konstrukte als Kombination einzelner „Komponenten" anzusehen sind, die für sich allein genommen das zu messende Konstrukt nicht repräsentieren, wohl aber dann, wenn sie in Kombination auftreten. Ein einfaches Beispiel wäre das Konstrukt „Rechtsextremismus" (im Sinne eines Einstellungssyndroms) mit den Komponenten: „ausgeprägter Nationalismus", „Antipluralismus/Demokratiefeindlichkeit", „Affinität zum

---

6   Als Konsequenz werden die Werte dieser Items für die spätere Berechnung des Gesamtwerts umkodiert.

Nationalsozialismus", „Ausländerfeindlichkeit" und „Antisemitismus" (vgl. Falter 2000: 406-429). Ein ähnliches Beispiel findet sich in Decker/Brähler (2006: 32-73). Zunächst ist in diesem Fall zu klären, weshalb ein eigentlich auf die Messung eindimensionaler Konstrukte hin ausgelegtes Instrument zur (gleichzeitigen) Messung mehrerer Dimensionen herangezogen werden kann. Dies geschieht meist mit Verweis darauf, dass die einzelnen Dimensionen nicht voneinander unabhängig, sondern deutlich korreliert seien, wobei die Interkorrelationen auf das eigentlich zu messende Konstrukt (hier: Rechtsextremismus) als „Hintergrundvariable" (im Sinne einer Scheinkorrelation) zurückzuführen seien. So gesehen wären die einzelnen Items dann doch wieder Indikatoren für ein und dasselbe theoretische Konstrukt. Positive Ergebnisse im Rahmen der Itemanalyse unterstützen oft diese Sichtweise.

Allerdings wird die Frage, ob die einzelnen Komponenten *zwingend* Indikatoren für das zu messende Konstrukt darstellen, in vielen Fällen mit „nein" zu beantworten sein. „Ausgeprägter Nationalismus" muss nicht zwingenderweise einhergehen mit „Rechtsextremismus". Das Argument, erst das Auftreten hoher Merkmalsausprägungen bei den einzelnen Komponenten *in Kombination* wäre ein Indikator für eine entsprechend hohe Ausprägung des eigentlich zu erfassenden theoretischen Konstrukts (hier: Rechtsextremismus), macht eine gewisse Inkonsistenz in der Argumentation deutlich, da es eher qualitativer Natur ist. Hohe Messwerte für das Likert-Instrument bei den Items *aller* Komponenten sind in diesem Fall gut zu interpretieren (als Beleg für das „Vorhandensein" des Syndroms), ebenso geringe Messwerte bei den Items *aller* Komponenten (als Beleg für das „Nichtvorliegen" des Syndroms beziehungsweise – bei Bipolarität – für das „Vorhandensein" der entgegengesetzten Qualität). Die beiden Konstellationen entsprechen sehr hohen bzw. sehr niedrigen Messwerten für das Likert-Instrument.

Mittlere Werte dagegen sind individuell schwerer zu interpretieren, da sich ein und derselbe Gesamtwert aus der Addition sehr unterschiedlicher Messwerte für die Einzelitems ergeben kann. Leicht erhöhte „Rechtsextremismus-Werte" erhalten beispielsweise sowohl Befragte, die *sämtlichen* Items leicht in „symptomatischer" Weise zustimmen als auch solche, die einerseits den Items von drei der fünf Komponenten *extrem zustimmen* und andererseits die Items der restlichen beiden Komponenten *extrem ablehnen.* Bei hoher Interkorrelation der Items (bzw. Komponenten) wird dies zwar im Aggregat selten der Fall sein, individuell oder innerhalb bestimmter Befragtengruppen können sich jedoch durchaus derartige Konstellationen ergeben.

Die genannte „Vermischung von Richtung und Extremität" war beispielsweise einer der Ausgangspunkte für die Entwicklung von Wilsons Konservatismus-Skala (vgl. zusammenfassend: Schumann 2001: 115-212). Bei der Entwicklung der ASKO-Skala – ASKO steht für „Affinität zu einem stabilen kognitiven Orientierungssystem" (vgl. zusammenfassend: Schumann 2005a) – wurde der Gedanke Wilsons übernommen.

Nach dem Gesagten wird deutlich, dass es sich beim Likert-Verfahren um „regelgeleitetes Etikettieren" und nicht um „Skalierung" im engeren Sinne handelt (vgl. Borg u.a. 2007: 21-22 und 313). Wenn das Likert-Instrument fertig entwickelt ist und im Forschungsprozess eingesetzt wird, erhält jede Person, welche die Items beantwortet, einen Messwert zugewiesen. Mit anderen Worten: Die Messung kann nicht „fehlschlagen". Bei Skalierungsverfahren im engeren Sinne, wie beispielsweise der Guttman-Skalierung (vgl. z.B. Borg u.a. 2007: 123-137), der Rasch-Skalierung (vgl. z.B. Steyer u.a. 2001: 215-293, Borg u.a. 2007: 345-354) oder der bereits erwähnten Magnitude-Skalierung kann dies durchaus vorkommen. Bei solchen „echten" Skalierungs-verfahren wird im Zuge der Messung geprüft, ob die theoretischen Annahmen, die ihr zugrunde liegen, im Einzelfall erfüllt sind oder nicht.

Zur Entwicklung von Likert-Instrumenten sei noch angemerkt, dass sie möglichst anhand einer *separaten Stichprobe* aus der Grundge-samtheit, in der ihr späterer Einsatz geplant ist, erfolgen sollte. Die Korrelationen einer (Zufalls-) Stichprobe, auf denen die Instrumen-tenentwicklung basiert, unterliegen Zufallsschwankungen. Von daher sollte empirisch geprüft werden, ob neu entwickelte Instrumente auch anhand einer anderen, von der „Entwicklungs-Stichprobe" unabhängig gezogenen Stichprobe so gute Kennwerte aufweisen, dass ihr Einsatz gerechtfertigt ist.

Ein letzter Punkt schließlich betrifft *Modifikationen des Likert-*

*Verfahrens* – zunächst, was die Antwortvorgaben bei den Items des Instruments betrifft. Klassischerweise sind die Statements mit einer bipolaren Antwortvorgabe versehen. In der Literatur finden sich jedoch auch zwei abgewandelte Formate, die durchaus mit Erfolg verwendet wurden. Zum einen kann eine unipolare Antwortformulierung gewählt werden, wie etwa bei den Instrumenten zu Erfassung unterschiedlicher „Denkstile" bei Sternberg. Dort lautet die Anweisung bezüglich der vorgegebenen Statements: „... rate yourself on a 1 – 7 scale, where each rating corresponds to how well a statement describes you: 1 = Not at all well; 2 = Not very well; 3 = Slightly well; 4 = Somewhat well; 5 = Well; 6 = Very well; 7 = Extremely well" (Sternberg 1997: 60). An dieser Stelle wird übrigens die Kulturabhängigkeit von Frage- und Antwortformulierungen (vgl. auch Kap. 3.6 und 4.10) nochmals deutlich: Für den Einsatz in Europa würde man vermutlich „Not at all well" mit „0" kodieren anstatt mit „1". Eine zweite Modifikation besteht darin, überhaupt kein Statement vorzugeben, sondern lediglich zwei möglichst gegensätzliche Pole als „Ankerpunkte" gegenüberzustellen und die Testperson anhand einer mehrstufigen „Leiter" zu fragen, sie stark sie dem einen oder dem anderen Pol zuneigt. Dieses Verfahren wendet Österreich mit gutem Erfolg bei seinem Instrument zur Erfassung der „autoritären Reaktion" an (vgl. Kap. 6.5). Auf diese Weise dürften sich „semantische Unschärfen" (vgl. Kap. 4.5) verringern und Verzerrungen durch Ja-Sage-Tendenz können insofern nicht mehr auftreten, als keine „zustimmende" Antwortvorgabe existiert.

Eine weitere Modifikation des Likert-Verfahrens betrifft die Auswahl der Statements, auf deren Grundlage der Test entwickelt wird. Klassischerweise geschieht sie nach „Augenschein-Validität". Es werden zunächst solche Statements verwendet, die offensichtlich die zu messende Dimension „ansprechen". Anschließend wird die Eignung der betreffenden Items empirisch geprüft. Ein ganz anderes Vorgehen liegt der bei „empirischen" oder „kriterienorientierten" Konstruktion von Instrumenten vor, welche zum Beispiel dem sehr häufig eingesetzten – und oft als „Steinbruch" für andere Testinventare dienenden – „Minnesota Multiphasic Inventory" (MMPI) zugrunde liegt (vgl. z.B. Amelang u.a.: 1997: 159-161 bzw. Stemmler u.a. 2011: 108-109; deutsche Test-Version: Hathaway u.a. 2000). In diesem Fall werden

Statements verwendet, von denen aus der klinischen Praxis bekannt ist, dass Personen, bei denen bestimmte psychopathologische Symptome diagnostiziert wurden, sie anders beantworten als „Normalbürger". Neben dieser lediglich erfahrungsbasierten, „atheoretischen" Itemauswahl sieht man den Items – zumindest als Laie – in vielen Fällen nicht ohne weiteres an, was sie erfassen sollen. Die Manipulation der Testwerte durch die befragte Person wird mit Items wie zum Beispiel: „Alles schmeckt irgendwie gleich", „Ich glaube, dass es einen Gott gibt", „Ich liebe Gedichte", „Ich träume häufig" oder „Ich habe sehr selten Kopfschmerzen" erschwert. Unbestreitbaren Vorteilen dieser Art der Instrumentenentwicklung steht allerdings der Nachteil gegenüber, dass – selbst wenn ein Instrument hohe Kriteriumsvalidität aufweist – es schwierig ist zu beurteilen, ob diese Validität auch unter geänderten Rahmenbedingungen erhalten bleibt, was im individualdiagnostischen Bereich die Gefahr von Fehldiagnosen – eventuell mit gravierenden Konsequenzen – mit sich bringt. Der Grund für dieses Problem ist, dass man keine klare Vorstellung davon hat, *weshalb* das Instrument misst, was es misst. Dieser Umstand erschwert auch ggf. eine Konstruktvalidierung.

## 4.10 Anmerkungen zur Interpretation von Messergebnissen

Das abschließende Kapitel gliedert sich in drei Teile. Zunächst steht die Frage im Mittelpunkt, was uns Messwerte über „die Welt um uns herum" überhaupt mitteilen können. Der Abschnitt beinhaltet in Teilen eine kurze Zusammenfassung einiger bereits erwähnter Punkte, geht jedoch über das bisher Gesagte hinaus. Es folgen einige Anmerkungen über die sprachliche Fundierung von Messungen. Schließlich wird die Frage erörtert, welche Informationen aus aggregierten Messwerten (z.B. Mittelwerten oder Anteilswerten), die anhand von Zufallsstichproben ermittelt wurden, über die zugehörige Grundgesamtheit zu erlangen sind. Diese Frage wurde bisher nur am Rande gestreift, da die Ermittlung *individueller* Messwerte – welche auch die Basis aggregierter Messwerte darstellen – im Vordergrund stand.

Im den vorangegangenen Kapiteln wurde bereits thematisiert, dass Messungen prinzipiell *keine 1:1 Abbildungen* von „in der Realität" auftretenden Merkmalsausprägungen sein können. Diese Aussage stützt sich auf mehrere – teilweise miteinander verbundene – Argumente.

So ist eine Beobachtung „von außen", bei welcher der Beobachter unbeteiligt von einem neutralen Standpunkt aus auf den Gegenstand der Messung blickt, kaum möglich. In Kapitel 4.7 wurde bereits gezeigt, dass Messungen grundsätzlich mit einer Veränderung des Messgegenstands verbunden sind und damit keine bloße „Abbildung" eines Zustands leisten können, der auch ohne Messung vorläge. In bestimmten Fällen dürften zudem – einen Schritt weiter – die Phänomene, die Gegenstand der Messung sind, durch die Messung erst erzeugt werden (vgl. z.B. Zaller 1998: 34-39, Sniderman u.a. 1999: 261-264 oder Kap. 4.6), beispielsweise die Haltung hinsichtlich einer als eher unwichtig empfundenen politischen Streitfrage. Die Definition von „Messung" als „strukturtreue Abbildung eines empirischen Relativs in ein numerisches Relativ" ist auch insofern problematisch, als sie von detailliertem Wissen über das empirische Relativ (etwa den Grad an „politischem Interesse", den eine befragte Person aufweist) ausgeht. Genau dieses Wissen möchten wir jedoch erst via Messung erlangen.

Weitere Argumente aus dem nicht-sozialwissenschaftlichen Bereich untermauern, dass Messungen uns im *streng ontologischen Sinne* nichts darüber sagen können, wie „die Welt beschaffen" ist. So kommt die Hirnforschung zu dem Schluss, dass selbst scheinbare „Selbstverständlichkeiten" (wie von uns wahrgenommenes Licht, Farben, Temperatur oder Töne) keine „Widerspiegelung der Realität" darstellen. „Alles, was wir überhaupt bewusst wahrnehmen können, ist ein Konstrukt unseres Gehirns und keine unmittelbare Widerspiegelung der Realität ..." (Roth 1998: 342). Andere Lebewesen konstruieren über ihre Sinnesorgane Repräsentationen über andere Ausschnitte der Realität als der Mensch, d.h. sie machen sich ein Bild für Teile „der Realität", die uns (ohne Hilfsmittel) völlig unzugänglich sind, während sie Teile, von denen wir uns ein Bild machen, ignorieren. So hören Hunde zum Beispiel für uns nicht wahrnehmbare Frequenzen, sind jedoch auf der anderen Seite farbenblind. Ferner gibt es Anhaltspunkte dafür, dass Lebewesen, obwohl sie mit sehr ähnlichen Sinnesorganen ausgestattet sind wie der Mensch, ihre Umwelt dennoch „unvorstellbar anders" erleben können als wir (Schommers 1995: 14). Auszuschließen ist auch nicht, dass bestimmte Phänomene unserer Umwelt (etwa das Vorhandensein bestimmter chemischer Schadstoffe) überhaupt nicht über Sinnesorgane von derzeit existierenden Lebewesen erfasst werden können. Die aufgezeigte Problematik ist leider auch durch den Einsatz von Messgeräten anstelle unserer Sinnesorgane nicht zu „umschiffen". Messgeräte stellen ja letztlich nichts anders dar als „künstliche Sinnesorgane" – deren Reaktionen wir im Übrigen wieder über unsere Sinnesorgane registrieren. Das Zwischenfazit lautet also: Egal, ob mit oder ohne Einsatz von Messgeräten – wir *konstruieren* im Rahmen der Messung ein Bild Realität, das nicht mit einer 1:1 Abbildung zu verwechseln ist. Ähnlich äußern sich Behnke/Behnke (2006: 21), wenn sie schreiben: „Die Unterstellung einer objektiv existierenden Wirklichkeit ist durchaus nicht trivial und wird von vielen ernstzunehmenden Philosophen und Wissenschaftstheoretikern bestritten. Denn schließlich können wir nicht wissen, ob es diese Wirklichkeit gibt, geschweige denn, wie sie aussieht. Daran hindert uns der unvermeidliche Übersetzungsmechanismus, durch den wir die Wirklichkeit wahrnehmen. Alles, was wir von der Wirklichkeit wissen, ist bereits durch unsere Wahrnehmung, Beobachtung, Messinstrumente oder ähnliches gefiltert, die wiederum durch unser Wissen, unsere Theorien und unseren spezifischen Blickwinkel beeinflusst sind".

Noch einen Schritt weiter geht die Quantenphysik. Nach ihren experimentellen Ergebnissen ist unser materielles Weltbild zusammengebrochen. Hans-Peter Dürr (2010: 15) schreibt hierzu: „Der Bruch, den die neue Physik fordert, ist tief. Er bezeichnet nicht nur einen Paradigmenwechsel, wie dies von Thomas Kuhn in seinem Buch „The Structure of Scientific Revolutions" 1962 beschrieben worden ist. Deutet die neue Physik doch darauf hin, dass die Wirklichkeit, was immer wir darunter verstehen, *im Grunde keine Realität* im Sinne einer *dinghaften* Wirklichkeit ist. Wirklichkeit offenbart sich primär nurmehr als *Potenzialität,* als ein „Sowohl/Als-auch", also nur als *Möglichkeit* für eine Realisierung in der uns vertrauten stofflichen Realität, die sich in objekthaft und der Logik des „Entweder-Oder" unterworfenen Erscheinungsformen ausprägt. Potenzialität erscheint als das *Eine,* das sich nicht auftrennen, das sich nicht mehr zerlegen lässt. Auf dem Hintergrund unserer gewohnten, durch das klassisch physikalische Weltbild entscheidend geprägten Vorstellungen klingt dies ungeheuerlich, eigentlich unannehmbar" (Hervorhebungen im Original).

Über die „Natur" dessen, was uns umgibt und dessen Teil wir gleichzeitig sind, kann man nur (begründet) spekulieren.[7] Hierzu einige Kostproben: Anton Zeilinger (2005: 213) beginnt das abschließende Kapitel seines Buches „Einsteins Schleier – Die neue Welt der Quantenphysik" mit einem Zitat von Nils Bohr: *„Es ist falsch zu denken, es wäre Aufgabe der Physik herauszufinden, wie die Natur beschaffen ist. Aufgabe der Physik ist vielmehr, herauszufinden, was wir über die Natur sagen können"*. Bezüglich der „Wirklichkeit" schreibt er: „Was sind aber nun diese Eigenschaften der Wirklichkeit? Gibt es überhaupt diese Eigenschaften der Wirklichkeit? Was können wir über diese Wirklichkeit wissen? Was bedeuten diese Fragen, wo wir ja schon gesehen haben, dass Information eine fundamentale Rolle spielt? Dazu möchte ich einen radikalen Vorschlag machen: *„Wirklichkeit und Information sind dasselbe."* Ich schlage also vor, die zwei Konzepte, die bisher anscheinend etwas völlig Verschiedenes beschrieben haben, als die zwei Seiten ein und derselben Medaille zu betrachten, im Grunde in ähnlicher Weise, wie wir von Einstein in der Relativitätstheorie gelernt hatten, dass Raum und Zeit zwei Seiten derselben Medaille sind" (Zeilinger 2005: 229; Hervorhebungen im Original). Das Wort „Materie" kommt im Stichwortverzeichnis des Buchs nicht vor.

Brian Greene schreibt in seinem Buch „Der Stoff, aus dem der Kosmos ist – Raum, Zeit und die Beschaffenheit der Wirklichkeit": „... in den letzten hundert Jahren haben physikalische Entdeckungen den Schluss nahe gelegt, dass unsere Alltagsvorstellung von der Wirklichkeit grundlegend revidiert werden muss. Diese Forschungsergebnisse sind so spektakulär, verlangen unserem Verstand so viel ab und schütteln unsere Paradigmen so gründlich durch, dass sie es mit den abenteuerlichsten Science-Fiction-Fantasien aufnehmen können. Ihre revolutionären Konsequenzen werden uns auf den folgenden Seiten ständig begleiten" (Greene 2006: 10). Später folgt

---

7   Die – empirisch nicht widerlegbare – Vorstellung des Solipsismus sei an dieser Stelle aus pragmatischen Gründen ausgeklammert (vgl. hierzu z.B. Glasersfeld 1997: 43, 81-82; Roth 1998: 341; Schmidt 1987: 35-36; Zeilinger 2005: 215, 228-229).

die Bemerkung: „Hinter unseren Vorstellungen von Raum und Zeit könnte sich viel mehr verbergen, als wir bisher vermutet haben. Dann wäre das, was wir für „alles" halten, nur ein kleiner Baustein einer weit komplexeren Wirklichkeit" (Greene 2006: 462). Und über die bisherigen Entdeckungen der Wissenschaft schreibt Greene: „Vielmehr fand jede dieser Entdeckungen, wie viele andere, die unserer gegenwärtigen Vorstellung vom Kosmos zugrunde liegen, in einem begrenzten Kontext statt, in dem viele grundlegende Fragen einfach unbeantwortet blieben. Jede Entdeckung vermochte ein Teil zum Puzzle beizutragen, obwohl niemand wusste – und wir heute noch nicht wissen –, zu welchem Gesamtbild all die Puzzleteile gehören" (Greene 2006: 369).

Die Zitate könnten fortgesetzt und mit zusätzlichen Belegen versehen werden – etwa zum „Doppelspaltexperiment", zur Verschränkung oder zur Heisenbergschen Unschärferelation (vgl. z.B. Greene 2006: 107-111, 26, 99-103, 119-123). Gemeinsam ist ihnen die Aussage, dass die Welt, deren Teil wir sind, offenbar etwas zutiefst Rätselhaftes und Unverstandenes darstellt. Nach all unserem Wissen besteht „die Welt" *nicht* aus kleinsten (materiellen) Teilchen, aus denen sich schließlich die Objekte, welche wir erforschen, zusammensetzen – in den Sozialwissenschaften also „Menschen" sowie deren Umwelt (einschließlich anderer Menschen). Wir sind mit dieser „rätselhaften Welt" untrennbar verbunden und können sie nicht „von außen" betrachten. Was bedeutet dies für die sozialwissenschaftliche Forschung? In erster Linie sollten wir uns der Problematik bewusst sein und nicht der Versuchung erliegen zu glauben, unsere Messungen könnten im engeren ontologischen Sinne Aufschluss über die „Beschaffenheit der Welt" liefern. Die Textauszüge untermauern das bereits Gesagte: Wir *konstruieren* im Rahmen der Messung ein Bild Realität, das nicht mit einer 1:1 Abbildung zu verwechseln ist. Hierzu nochmals Hans-Peter Dürr (2010: 23): „Es ist grob unzulässig und falsch, unsere Wahrnehmung der Wirklichkeit mit der Wirklichkeit schlechthin gleichzusetzen".

Sind Messungen – und die darauf beruhende (sozial-) wissenschaftliche Forschung – also „wertlos" oder gar „irreführend"? Keineswegs! Es ist nur wichtig, sich darüber im Klaren zu sein, dass wir dabei auf einer „mittleren Wirklichkeitsebene" (Schommers 1995: 167) agieren.

Unsere Messungen basieren auf Vorstellungen über „die Realität", die sich im Forschungsprozess bewährt haben – ähnlich der Newtonschen Physik. Solange es gelingt, auf dieser Basis Informationen zu erhalten, die uns helfen, unser Leben (und das anderer) angenehmer zu gestalten, korrekte Prognosen zu erstellen oder gar das Überleben unserer Art zu sichern, stellen sie ein wertvolles Hilfsmittel dar. Eine 1:1 Abbildung der Realität ist in diesem Fall nicht nötig.

Eine zweite Anmerkung zur Interpretation von Messergebnissen betrifft ihre *sprachliche Fundierung.* Im sozialwissenschaftlichen Bereich erfolgen Messungen in aller Regel auf der Grundlage des gesprochenen oder geschriebenen Wortes. Diese Sprachbindung hat Konsequenzen. Beispielsweise ist bei der Formulierung von Fragen und Antwortvorgaben zu beachten, dass unterschiedliche Personen mit ein und demselben Wort durchaus unterschiedliche Vorstellungsinhalte verbinden können (Kap. 4.5). Die Sprachbindung hat jedoch noch sehr viel weitreichendere Konsequenzen, wie nachfolgend anhand einiger Zitate aus dem Buch „Radikaler Konstruktivismus" von Ernst von Glasersfeld (1997) aufgezeigt werden soll.

Nachdem von Glasersfeld dreisprachig aufgewachsen war, berichtet er über das Erlernen der vierten Sprache via Schulunterricht: „Das Französisch, das wir lernten, wurde ... auf die Sprache aufgepfropft, mit der wir aufgewachsen waren. Das war etwas anderes als in eine Sprache hineinzuwachsen im Umgang mit den Menschen, die tagein, tagaus in ihr leben" (v. Glasersfeld 1997: 25). Langsam dämmerte ihm, „... dass das Eindringen in eine fremde Sprache mehr erforderte, als nur andere Wörter und eine andere Grammatik zu lernen. Es verlangte eine neue Art des Sehens, Fühlens, und somit eine neue Art, Erfahrung begrifflich zu fassen" (v. Glasersfeld 1997: 25). Daran schloss sich folgende Überlegung an: „Wenn die Sprache etwas mit der Struktur meiner Erfahrung zu tun hatte und daher in gewissem Maße die Welt bestimmte, die ich als real betrachtete, dann stellte sich über kurz oder lang unweigerlich die Frage, wie die *reale* Realität hinter meinen Sprachen aussehen könnte und wie man sie erkennen und beschreiben sollte" (v. Glasersfeld 1997: 25; Hervorhebung im Original). Es folgt eine Bemerkung über Wittgensteins anfangs als überzeugend empfundenes *Tractatus* (1933): „... als ich eines Tages den Satz 2.223

erreichte, fiel der Zauber von mir ab: ‚Um zu erkennen, ob das Bild wahr oder falsch ist, müssen wir es mit der Wirklichkeit vergleichen.' Urplötzlich wurde mir klar, dass dieser Vergleich unmöglich war. Um ihn durchzuführen, müsste man unmittelbaren Zugang zu einer Realität haben, die jenseits der eigenen Erfahrung liegt und von den eigenen ‚Bildern' und ihren sprachlichen Darstellungen unberührt bleibt. Ich verstand, dass es Dinge gab, die man in einer Sprache sagen und für wahr halten und die man dennoch nicht in eine andere Sprache übersetzen konnte" (v. Glasersfeld 1997: 26-27).

Von dieser Aussage ausgehend weist von Glasersfeld auf zwei wichtige Punkte hin: Zum einen explizit darauf, „... dass jede Sprache eine andere begriffliche Welt bedeutet. Eine Übersetzung in dem Sinne, dass in der Zielsprache genau die identische begriffliche Struktur der Ausgangssprache wiedergegeben wird, war also unmöglich ..." (v. Glasersfeld 1997: 33). Dieser Punkt ist bei der Übersetzung von Messinstrumenten und für die international vergleichende Forschung relevant – wobei dort allerdings Übersetzungen und Rückübersetzungen meist deutlich optimistischer beurteilt werden (vgl. z.B. Lauth u.a. 2009: 150). Eine kleine Studie des Verfassers im Rahmen eines Seminars brachte eher ernüchternde Ergebnisse hinsichtlich der Äquivalenz von Ausgangstext und Rückübersetzung. Übersetzt wurden die 8 Items zur Messung des „Hierarchic Style" im Inventar zur Erfassung der Denkstile nach Sternberg (1997). Die auch in Schumann (2001: 312) berichteten Items sind relativ kurz und klar formuliert, beispielsweise: „I like to set priorities for the things I need to do before I start doing them". Die Items wurden vom Englischen ins Deutsche übersetzt und dann zurück ins Englische. Die Übersetzungen erfolgten durch 6 bilinguale Personen, wobei jede Person nur eine Übersetzung durchführte, also entweder eine Hin- oder eine Rückübersetzung. Bei der Rückübersetzung wurde in keinem einzigen Fall die Ausgangsformulierung erreicht; teilweise ergaben sich beträchtliche Variationen hinsichtlich des Inhalts. Eine der bilingualen Personen hatte die acht Items vor etwa zehn Jahren schon einmal ins Deutsche übersetzt. Bei einem Vergleich der beiden Übersetzungen von ein und derselben Person im Abstand von zehn Jahren ergab sich nur für eines der acht Items dieselbe Formulierung. Rückübersetzen ist also alles andere als unproblematisch, wie auch das in Kasten 4.10-1 (am Ende dieses Kapitels) zitierte Beispiel zeigt. Fritz Ostendorf (1990: 48-57) schreibt schon bezüglich der Übersetzung (Englisch-Deutsch) von Wortpaaren als Markiervariablen zur Messung des Fünf-Faktoren-Modells (vgl. Kap. 1.5): „Grundsätzlich waren natürlich keine 1:1 Übersetzungen zu erzielen. ... Trotz aller Bemühungen ist es ... praktisch unmöglich, Begriffe einer Sprache in eine andere Sprache so zu übersetzen, dass die Übersetzungen (oder gar die Rückübersetzung) als semantisch äquivalent angesehen werden können". Analog schreibt Walter Renner (2005: 96): „Übersetzungen geben den ursprünglichen Bedeutungsgehalt eines Wortes prinzipiell nur unscharf wieder" (vgl. hierzu auch Renner 2005: 107 sowie Kapitel 3.6 in diesem Buch).

Zum anderen kommt von Glasersfeld – ebenfalls explizit – zu der bereits aus einer anderen Perspektive angesprochenen Auffassung, eine 1:1 Abbildung „der Welt" sei unmöglich. Eine zentrale Stellung kommt in diesem Zusammenhang dem Begriff der „Viabilität" zu: „Handlungen, Begriffe und begriffliche Operationen sind dann viabel, wenn sie zu den Zwecken oder Beschreibungen passen, für die wir sie benutzen. Nach konstruktivistischer Denkweise ersetzt der Begriff der Viabilität *im Bereich der Erfahrung* den traditionellen philosophischen Wahrheitsbegriff, der eine ‚korrekte' Abbildung der Realität bestimmt" (v. Glasersfeld 1997: 43; Hervorhebungen im Original). Er lehnt ebenfalls explizit die Vorstellung einer Beobachtung „von außen", bei welcher der Beobachter unbeteiligt von einem neutralen Standpunkt aus auf den Gegenstand der Messung blickt, ab (von Glasersfeld 1997: 57-58). Nicht zufällig stellt er seinem Buch ein pointierendes Zitat von Heinz von Foerster voran: „Objektivität ist die Wahnvorstellung, Beobachtungen könnten ohne Beobachter gemacht werden".

Ferner legt von Glasersfeld Wert auf die Feststellung, die skizzierten konstruktivistischen Ideen seien für ganz unterschiedliche Forschungsgebiete relevant: „Im Januar 1978 veranstalteten Heinz von Foerster und Francisco Varela in San Francisco eine Tagung zum Thema ‚Die Konstruktion von Wirklichkeiten'. Es war eine geschlossene Veranstaltung, die etwa dreißig Autoren und Wissenschaftler aus verschiedenen Disziplinen versammelte. Alle von ihnen hatten in der einen oder anderen Weise ihre Überzeugung kundgetan, dass

Wissen nicht vorgefertigt aufgefunden oder entdeckt werden könne, sondern konstruiert werden müsse. Es war eine bemerkenswerte Erfahrung, festzustellen, dass es etablierte und hochangesehene Denker in der Biologie, Soziologie, Politikwissenschaft, Logik, Linguistik, Anthropologie und Psychiatrie gab, die alle auf ihre eigene und ganz unterschiedliche Weise zu dem Schluss gekommen waren, dass die traditionelle Erkenntnistheorie nicht länger aufrechterhalten werden konnte" (von Glasersfeld 1997: 49).

Die dritte Anmerkung zur Interpretation von Messergebnissen bezieht sich auf *aggregierte Messwerte,* welche bisher nur am Rande thematisiert wurden. Zunächst basieren aggregierte Messwerte auf individuellen Messwerten, die bislang im Zentrum der Argumentation standen. Das Augenmerk liegt bei ihnen jedoch auf der *Verteilung* dieser individuellen Messwerte. Stammen die Messwerte aus Zufallsstichproben und können zudem alle angestrebten Messungen auch durchgeführt werden, dann kann aus Kennwerten der Stichprobe – wie beispielsweise dem *Mittelwert* der Links-Rechts-Selbsteinschätzung im Bereich der Politik oder dem *Anteil* der Personen die intendieren, eine bestimmte Partei zu wählen – auf die entsprechenden Parameter der zugehörigen Grundgesamtheit geschlossen werden. Es lassen sich dann für diese Parameter Punkt- oder Intervallschätzungen durchführen (vgl. z.B. Schumann 2011: 169-194).

Allerdings ist die Bedingung, alle angestrebten Messungen auch wirklich zu realisieren, zumindest bei Bevölkerungsumfragen in aller Regel nicht erfüllt. Selbst wenn es gelänge, ein Verzeichnis aller Mitglieder der Grundgesamtheit, die untersucht werden soll – sagen wir aller Wahlberechtigten der Bundesrepublik zu einem bestimmten Zeitpunkt – zu erstellen und hieraus per Losverfahren eine Zufallsstichprobe zu ziehen, könnten nach den Erfahrungen aus der Praxis *nicht* für alle „gezogenen" Personen die nötigen Messungen durchgeführt werden. Zusätzlich zu punktuellen Antwortverweigerungen bei einzelnen Fragen (Item-Nonresponse) lässt sich ein Teil der Bevölkerung in der Größenordnung von mindestens etwa einem Drittel erfahrungsgemäß überhaupt nicht befragen (Unit-Nonresponse) – auch nicht beim Einsatz von „Nachfassaktionen" oder erhöhten Anreizen in Form einer „Bezahlung" oder sonstiger „Incentives" (vgl. hierzu Proner 2011:

152-157 und 187-189). Ohne solche „rücklaufsteigernden Maßnahmen" liegt der Anteil der Verweigerer im Sinne von Unit-Nonresponse höher. Über das betreffende Segment der Bevölkerung liegen keine Informationen vor – und dies hat Konsequenzen für die Berechnung aggregierter Messwerte und entsprechender Parameterschätzungen.

Zunächst einmal ist damit eine zentrale Voraussetzung, auf denen die Inferenzstatistik basiert, die Realisierung *aller* angestrebten Messungen, verletzt. Wir können lediglich *dann* von der realisierten Stichprobe (d.h. von den von uns befragten Personen) auf die Grundgesamtheit schließen, wenn die Ausfälle zufälliger Natur sind – so, als würden die „Unit-Nonresponses" aus einer zweiten Lostrommel (in der sich die im ersten Schritt „gezogenen" Fälle befinden) per Zufall entfernt. Dies dürfte in der Regel allerdings nicht der Fall sein. Findet man jedoch gute Gründe für die Behauptung, die Ausfälle könnten zumindest als „annähernd zufällig" betrachtet werden, kann – mit entsprechendem Vorbehalt – Inferenzstatistik betrieben werden. So jedenfalls das Vorgehen in der Praxis.

Betrachten wir nochmals das Problem, dass über die „Verweigerer" (im Sinne von Unit-Nonresponse) in der Größenordnung von etwa einem Drittel der Bevölkerung oder mehr über Umfragen keine Information zu erhalten ist: Wird beispielsweise in einer Nachwahlstudie der Anteil der „Nichtwähler" oder der „Wähler" einer extremen Partei – gemessen am tatsächlichen Wahlergebnis – unterschätzt, so kann dies daran liegen, dass die Beantwortung der entsprechenden „Recallfrage" (vgl. Kap. 4.4) einer Verzerrung in Richtung „sozialer Erwünschtheit" unterliegt. Ein Teil der „Nichtwähler" bzw. der „Wähler" der extremen Partei hat also gelogen, um keinen „schlechten Eindruck" zu erwecken. Genauso gut kann jedoch nichts von alledem zutreffen. Alle „Nichtwähler" und alle „Wähler" könnten ihr Verhalten ehrlich berichtet haben. Die „Verzerrung" wäre dann dadurch erklärbar, dass sich unter den „Verweigerern" einfach mehr „Nichtwähler" bzw. mehr „Wähler" der extremen Partei befinden als unter den Teilnahmebereiten, womit die völlig „korrekten" Messergebnisse *aggregierterweise* ein verzerrtes Bild der Grundgesamtheit liefern. Was der Fall ist, wissen wir nicht. Zudem könnten beide Effekte parallel auftreten.

Das Problem des Fehlens von Information über die relativ große

Gruppe der „Verweigerer" ist letztlich nicht lösbar. Nach einer Untersuchung zum Thema „Ausschöpfung, Nonresponse und die Repräsentativität von Wahlstudien" schreiben beispielsweise Maier und Schneider (2009: 326): „Die Richtigkeit der hier gezogenen Schlussfolgerungenhängt hängt selbstverständlich davon ab, dass sich die Richtung und die Stärke der Zusammenhänge zwischen Sozialstruktur und politischen Einstellungen bzw. Verhaltensweisen bei Nichtteilnehmern von Wahlumfragen nicht von den Beziehungen unterscheiden, die bei Teilnehmern solcher Umfragen zu beobachten sind. Da gesicherte Daten über die Gruppe der Nichtteilnehmer fehlen, kann hierfür jedoch nicht gebürgt werden. Dennoch wird in der Praxis genau von dieser Annahme ausgegangen ...".

Man kann also in der Praxis lediglich über Zusatzannahmen argumentieren. Die einfachste Annahme wäre, die „Verweigerer" würden sich generell (nicht nur hinsichtlich von Richtung und Stärke der Zusammenhänge zwischen Sozialstruktur und politischen Einstellungen bzw. Verhaltensweisen) nicht systematisch von den Personen unterscheiden, die an einer Befragung teilnehmen. Damit würden die Ausfälle als – wie oben dargestellt – „zufällig" betrachtet.

Eine zweite Strategie könnte darin bestehen, eine Stichprobe zu ziehen und in einem ersten Schritt „ganz normal" (d.h. ohne besondere rücklaufsteigernde Maßnahmen) zu versuchen, die gezogenen Personen zu untersuchen. Anschließend könnte man versuchen, über eine oder mehrere „Nachfassaktionen" bzw. den Einsatz von Incentives Schritt für Schritt Personen, die anfänglich verweigerten, umzustimmen und dennoch zur Teilnahme zu bewegen. Stellt man bei Umfragen zu politischen Themen zum Beispiel fest, dass dabei Schritt für Schritt immer (politisch) desinteressiertere Personen befragt werden können, so liegt die Vermutung nahe, dass sich dieser Trend fortsetzen würde, wenn man auch noch den „harten Kern" der Verweigerer befragen könnte. Sicher ist dieser Schluss allerdings nicht. Wir haben nun einmal keine Information über die Ausprägung des politischen Interesses bei den Vertretern dieses „harten Kerns".

Eine dritte Strategie könnte darin bestehen, zunächst *bekannte* Merkmalsverteilungen mit den entsprechenden Verteilungen bei den befragten Personen zu vergleichen. Beispielsweise sind aus Volkszählungen und deren Fortschreibung oder aus Mikrozensusdaten die Verteilungen bestimmter sozialstruktureller Variablen wie Geschlecht, Altersgruppen, Schulabschluss etc. sowie deren Kombination relativ gut bekannt. Die Verteilung dieser Merkmalskombinationen wird in der Regel nicht mit der entsprechenden Verteilung in der realisierten Stichprobe übereinstimmen. Man könnte aber die Messwerte der Stichprobe fallweise so gewichten, dass die Verteilung der sozial-strukturellen Merkmale und ihrer Kombinationen gewichteterweise mit der bekannten Verteilung der Merkmalskombinationen übereinstimmt. Sind nun Verzerrungen der eigentlich interessierenden aggregierten Messwerte (beispielsweise zum Grad des politischen Interesses) auf die genannten Abweichungen zurückzuführen, so können sie durch das Gewichtungsverfahren kompensiert werden. Andernfalls jedoch nicht. Ein – zugegebenermaßen konstruiertes – Beispiel mag dies verdeutlichen. Nehmen wir an, wir möchten den Anteil der über 16-jährigen Bundesbürger ermitteln, welche die Todesstrafe befürworten. Nehmen wir weiter an, es wären 20 Prozent der Bundesbürger und die betreffenden Personen gehörten alle zum „harten Kern" der Verweigerer. Eine Forscherin oder ein Forscher würde dann aufgrund der realisierten Stichprobe fälschlicherweise einen Anteilswert von null Prozent erhalten – auch unter Einsatz des beschriebenen Gewichtungsverfahrens.[8]

Eine vierte Strategie läuft darauf hinaus, bei *aggregierten* Messwerten die Grenzen der Verzerrungen abzuschätzen, die durch das fehlende Wissen über die Messwerte der „Verweigerer" entstehen können. Nehmen wir an, wir hätten für die befragten Personen einer Stichprobe den Mittelwert für die Links-Rechts-Selbsteinschätzung ermittelt, zögerten jedoch aufgrund der Unkenntnis der Antworten, welche die „Verweigerer" gegeben hätten, diesen als Punktschätzer für den entsprechenden Mittelwert in der Grundgesamtheit zu verwenden. In diesem Fall könnten wir den „Verweigerern" pauschal *unterstellen,* entweder geschlossen eine „extrem linke" oder geschlossen eine

---

8  Die generelle Problematik von Gewichtungsverfahren demonstriert beispielsweise Diekmann (2009: 455-456) am Beispiel der Fehlprognosen zu den Wahlen in der DDR im März 1990.

„extrem rechte" Selbsteinschätzung abgegeben zu haben. Unter diesen Annahmen können zwei Extremwerte für den Mittelwert der Links-Rechts-Selbsteinschätzung berechnet werden, zwischen denen der Mittelwert, den wir erhielten, wenn alle dazu aufgeforderten Personen sich an der Untersuchung beteiligt hätten, liegen muss.

*Kasten 4.10-1: Goethe rückübersetzt (Zitat)*

**Wanderers Nachtlied**

Über allen Gipfeln
Ist Ruh´
In allen Wipfeln
Spürest Du
Kaum einen Hauch;
Die Vögelein schweigen im Walde,
Warte nur, balde
Ruhest du auch.

Dieses Gedicht war „1902 ... ins Japanische übersetzt worden, 1911 wurde es aus dieser Sprache ins Französische übertragen und aus dem Französischen kurz darauf ins Deutsche, wo es als ‚Japanisches Nachtlied' in einer Literaturzeitschrift abgedruckt wurde. Ohne es zu ahnen, veröffentlichte man diese erstaunlichste Verwandlung von ‚Über allen Gipfeln ist Ruh':

Stille ist im Pavillon aus Jade
Krähen fliegen stumm
Zu beschneiten Kirschbäumen im Mondlicht.
Ich sitze
Und weine."

(Dagmar Matten-Gohdes 2006: 65-66)

# Prüfung von Kausalhypothesen:
# Das „täglich Brot" der Sozialwissenschaft

## 5.1 Vorbemerkungen

Die meisten der in der sozialwissenschaftlichen Forschung untersuchten Hypothesen sind kausaler Natur. Beispielsweise interessiert sich die Einstellungsforschung (vgl. Kap. 2) kaum dafür, ob Einstellungen „irgendwie" mit menschlichem Verhalten zusammenhängen, sondern in erster Linie dafür, ob sie menschliches Verhalten *beeinflussen.*

Die Untersuchung der Frage, ob – im einfachsten Fall – die Ausprägung einer Variable X (zum Beispiel des politischen Interesses) bei einer Versuchsperson die Ausprägung einer anderen Variablen Y (zum Beispiel das „politische Engagement in einer Partei") beeinflusst, ist allerdings ausgesprochen schwierig und ein entsprechender Nachweis streng genommen überhaupt nicht zu erbringen. Zur Demonstration des Problems seien diesbezügliche Äußerungen aus zwei bekannten Lehrbüchern zitiert:

„Ein Gesetz bzw. eine Hypothese postuliert eine kausale Verknüpfung von zwei Ereignissen bzw. Zuständen in Form eines Ursache-Wirkungs-Verhältnisses. ‚Kausalität an sich' ist nicht beobachtbar oder prüfbar, sondern nach KANT ein synthetisches Urteil a priori, d.h. eine nicht auf Erfahrung basierende Annahme, mit deren Hilfe man die Ereignisse ordnet und strukturiert (STEGMÜLLER 1974a: 444 f.). In der Forschungspraxis wird eine Beziehung zwischen einer „Ursache" und ihrer „Wirkung" in der Regel dann als „kausal" interpretiert, wenn eine Reihe von Kriterien erfüllt sind (HILL 1965):

- Der Zusammenhang sollte stark sein,
- sich in unterschiedlichen Untersuchungskontexten an unterschiedlichen Populationen zeigen,
- die Ursache sollte zu einer spezifischen Wirkung führen,
- die Ursache sollte der Wirkung zeitlich vorausgehen,
- ein plausibler Mechanismus, der dem Kausalzusammenhang zugrunde liegt, sollte angebbar sein,
- zwischen Ursache und Wirkung sollte im Regelfall eine monotone Funktion („je mehr – desto") bestehen" (Schnell/Hill/Esser 2005: 58).

Aus Diekmann (2009: 728) stammt das Zitat: „... in Übereinstimmung mit Lazarsfeld (1955) nennt Herbert H. Hyman drei Anforderungen an die Gültigkeit von Kausalhypothesen (nach Hirschi und Selvin 1972):

- Zwischen zwei Variablen X und Y besteht ein statistischer Zusammenhang.
- X geht Y zeitlich voraus
- Der Zusammenhang zwischen X und Y verschwindet nicht, wenn Drittvariablen, die X und Y zeitlich vorausgehen, kontrolliert werden.

Dieser Vorschlag ist zwar nicht ganz unproblematisch, bietet aber für praktische Zwecke eine recht brauchbare Arbeitsgrundlage". Zugehörige Fußnote: „Ein Problem des Vorschlags ist z.B., dass eine Kausalbeziehung zwischen X und Y bestehen kann, obwohl die Korrelation zwischen X und Y null ist. ..." (a.a.O.: 728). Ferner betont Diekmann an dieser Stelle zu Recht, dass die Menge der potentiellen Drittvariablen „im Prinzip unendlich" ist (a.a.O.: 729) und damit die unter Punkt 3 angesprochenen Prüfungen im strengen Sinne nie als abgeschlossen gelten können. Generell ist ferner darauf zu achten, bei der Definition dessen, was unter einem „kausalen Zusammenhang" zu verstehen ist, definitorische Zirkel zu vermeiden. „Ein Kriterium, das als Definition kausaler Termini wie „verursachen" oder „bewirken" tauglich sein soll, darf selbst keine kausale Begrifflichkeit voraussetzen" (Baumngartner u.a. 2004: 16).

In den beiden Lehrbuchbeispielen noch nicht thematisiert ist die Frage, ob als „Ursache" *ein zeitlich eng begrenzter, „punktueller"*

*Einfluss* („Stimulus") betrachtet wird (etwa das Bekanntwerden irgendwelcher „Verfehlungen" eines Politikers), oder ob die Einflussgröße
*langfristig „wirkt"* und der Einfluss daher eher *prozesshaften* Charakter
aufweist (wie etwa beim „Einfluss" des mütterlichen Erziehungsstils
auf das Verhalten des Kindes). In letzterem Fall tritt das Problem auf,
dass „Rückwirkungen" der aus theoretischer Sicht „beeinflussten"
Größe (hier: das Verhaltens des Kindes) auf die „Einflussgröße" (hier:
den mütterlichen Erziehungsstil) nicht auszuschließen sind. In vielen
Fällen sind solche Rückwirkungen sogar anzunehmen, womit von
einer einseitigen, kausalen Beeinflussung nicht mehr gesprochen
werden kann. In diesem Fall stellt sich allenfalls (bei zwei Variablen)
die Frage, welche der „Einflussrichtungen" überwiegt – in dem Sinne,
dass die Annahme dieser Einflussrichtung eine bessere Vorhersage
(im zeitlichen Sinne) der zweiten Variablen ermöglicht als die Annahme
der umgekehrten Einflussrichtung. In Kapitel 5.6 wird dieses Problem
nochmals aufgegriffen. Wendet man die beiden Lehrbuch-Ausführungen
zur Kausalitätsprüfung und die Ergänzung auf das einführende Beispiel
(politisches Interesse beeinflusst das politische Engagement in einer
Partei) an, so liegt deren Relevanz jeweils auf der Hand.

Noch nicht angesprochen ist das Problem, dass monokausale
Erklärungsansätze in der wissenschaftlichen Forschung eher eine
Ausnahme bilden denn die Regel darstellen (vgl. z.B. Baumgartner
u.a. 2004: 18) und dass in manchen Fällen für unterschiedliche Ausprägungen von Moderatorvariablen *unterschiedliche* Kausalzusammenhänge zu erwarten sind. Generell liegt der Argumentation meist
ein eher mechanistisches Menschenbild zugrunde – alle Menschen
reagieren tendenziell gleich auf die jeweils betrachteten Einflüsse.
Aus Sicht des Thomas-Theorems (Kap. 1.1) hingegen ist keineswegs
selbstverständlich, dass ein und dieselbe (von „außen" beobachtete)
Ursache gleich wahrgenommen und interpretiert wird und bei allen
Menschen zur gleichen Reaktion (Wirkung) führt.

Kapitel 5 befasst sich mit den generellen Möglichkeiten, Kausalhypothesen der einfachsten Art (eine Einfluss- und eine beeinflusste
Variable) zu prüfen. Nachdem die Hypothesen der empirischen Sozialforschung, wie gesagt, zumeist kausaler Natur sind, ist es auf jeden
Fall sinnvoll, die zur Verfügung stehenden Prüfungsmöglichkeiten

auszuloten – auch wenn letzte Sicherheit nicht erreicht werden kann. Umfassende Einführungen zum Thema „Kausalität" finden sich in Baumgartner/Graßhoff (2004) oder in Pearl (2009), eine knappere für den sozialwissenschaftlichen Bereich in Opp (2010).

Eine manchmal eingesetzte, sehr einfache Methode der „Ursachenermittlung" besteht darin, im Anschluss an eine entsprechende Auskunft die „Frage nach dem Grund" zu stellen, etwa nach der „Wahlsonntagsfrage" (vgl. Kap. 4.2 und 4.3) die Frage: „Und *weshalb* würden Sie sich so entscheiden?". Ähnlich wurde zum Beispiel in einer Umfrage im Auftrag der Deutschen Bundesbank Ende 2001 im Rahmen der „Politbarometer" gefragt: „Gab es im letzten Jahr Ereignisse oder Informationen, die Ihre Meinung zum Euro beeinflusst haben? FALLS „JA": Welche Ereignisse oder Informationen waren dies?", wobei ein „Menü" zur Auswahl vorgegeben war. Ist man daran interessiert, zu erfahren, welche Ursachen die befragte Person für sich selbst (im Sinne einer *Selbstbeschreibung)* ausmacht, dann ist eine solche Fragestellung (unter den in Kapitel 4.5 genannten Einschränkungen) durchaus angebracht und sinnvoll. Ist man jedoch aus der Perspektive eines *„externen Standpunkts"* (was insbesondere nach Kapitel 4.10 nur als „Idealvorstellung" gelten kann) daran interessiert, „Ursachen" zu ermitteln, dann kann diese Frageform allenfalls zur Hypothesengenerierung dienen. Die betreffende Hypothese ist anschließend zu prüfen. Mit den Möglichkeiten derartiger Prüfungen von einem „externen Standpunkt" aus beschäftigt sich das vorliegende Kapitel 5.

## 5.2 Korrelationen im Ex-post-facto-Design

Zum Einstieg in dieses Kapitel mag folgende kleine Aufgabe dienen: Eine Untersuchung sei zu dem Ergebnis gekommen, dass Schulkinder, die bis zum Zeitpunkt der Studie mindestens ein Jahr lang „konsequent" (mind. 1 x pro Woche) Schach spielten, zum Zeitpunkt der Studie in Mathematik signifikant besser abschnitten als ihre nicht schachspielenden Altersgenossen.

Ein Bildungsexperte schlägt daraufhin vor, einen mehrstelligen Millionenbetrag in Schachtrainer zu investieren, die bundesweit an allen Schulen kostenlose Schachkurse und anschließende Übungsstunden anbieten, um die Leistungen der Schülerinnen und Schüler in Mathematik zu verbessern. Bitte nehmen Sie zu diesem Vorschlag Stellung.

Der Bildungsexperte sieht in dem Ergebnis der Studie offenbar eine Bestätigung der Hypothese: „Schachspielen fördert die Mathematik-Leistungen". Derartige *Kausalhypothesen* stellen den Regelfall sozialwissenschaftlicher Hypothesen dar. Im einfachsten Fall beeinflusst die Ausprägung einer unabhängigen Variablen (hier: Schachspielen: „ja" oder „nein") die Ausprägung einer abhängigen Variablen (hier: die Leistung in Mathematik) in vorhersagbarer Weise (hier: Steigerung der Leistungen).

Die genannte Studie belegt jedoch nur einen *korrelativen* Zusammenhang. Schachspieler zeigen zwar bessere Mathematikleistungen, ob Schachspielen jedoch *ursächlich* die Mathematikleistungen verbessert, kann ohne Zusatzannahmen nicht gesagt werden. Derselbe korrelative Zusammenhang würde sich beispielsweise zeigen, wenn gute Mathematikleistungen eine Neigung zum Schachspiel fördern würden (umgekehrte Kausalrichtung), wenn die Mathematikleistungen und die Neigung zum Schachspiel sich gegenseitig beeinflussen („hochschaukeln") würden oder wenn eine „Hintergrundvariable" (z.B. eine bestimmte Form der Intelligenz) gleichzeitig sowohl die Mathematikleistungen als auch die Neigung zum Schachspielen beeinflussen würde. Schachspieler würden dann tendenziell bessere Mathematikleistungen aufweisen als Nicht-Schachspieler, womit sich ebenfalls der beobachtete korrelative Zusammenhang ergäbe.[1]

Dies zeigt: Die Euphorie des Bildungsexperten ist verfrüht. Vor der Investition von Millionenbeträgen sollte unbedingt näher untersucht werden, inwieweit sich – ungeachtet des empirisch nachgewiesenen Zusammenhangs – die Kausalhypothese bei weiteren Prüfungen bewährt. Am liebsten hätten wir natürlich eine klare und eindeutige Entscheidung über die empirische „Wahrheit" oder „Falschheit" der Kausalaussage. Leider ist dies aus streng wissenschaftstheoretischer Sicht nicht möglich (vgl. Kap. 5.1). Kühnel und Krebs (2010: 487-489)

---

1   Ein Fülle von teilweise amüsanten Beispielen für den falschen Schluss von einem empirisch festgestellten Zusammenhang auf kausale Beeinflussung findet sich beispielsweise in Krämer (2011: 167-178).

betonen beispielsweise in ihrem Statistik-Lehrbuch ebenfalls, dass es nicht möglich sei, „... aus einem Datenmuster in eindeutiger Weise auf eine *Kausalstruktur* zu schließen, die dieses Muster verursacht hat" (Hervorhebung im Original).

Aber man kann empirisch Hinweise finden, die für oder gegen die Annahme einer Kausalhypothese sprechen. In diesem Sinne können Kausalhypothesen – das „täglich Brot" in der empirischen Sozialforschung – dann doch einer Prüfung unterzogen werden. Und solche Prüfungen sind von außerordentlicher Wichtigkeit, nicht nur, weil die meisten praktisch relevanten Hypothesen kausaler Natur sind, sondern auch, weil entsprechende Informationen die Grundlage für die Beurteilung einer Vielzahl von Interventionsmöglichkeiten liefern. Der Vorschlag des Bildungsexperten ist beispielsweise nur sinnvoll, wenn tatsächlich von einem kausalen Einfluss des Schachspielens auf die Mathematikleistungen ausgegangen werden kann. Andernfalls würden die eingesetzten Millionen wirkungslos „verpuffen".

Das Einführungsbeispiel bezieht sich auf einen *korrelativen Zusammenhang,* wie er etwa im Rahmen der Umfrageforschung typischerweise ermittelt wird. Im Falle einer Kausalhypothese werden die Ausprägungen sowohl der unabhängigen als auch der abhängigen Variablen gemessen und die Messwerte korreliert. Eine entsprechende Korrelation als Beleg für die Gültigkeit der betreffenden Kausalhypothese zu interpretieren, ist jedoch nicht unproblematisch, wie bereits am Beispiel einer „Drei-Variablen-Welt" (später im Text) demonstriert werden kann. Dies liegt daran, dass nicht – wie idealerweise beim Experiment (vgl. Kap. 5.7) – Vorkehrungen getroffen werden, um in möglichst hohem Grad sicherzustellen, dass die Ausprägung der Werte der abhängigen Variablen auf die der unabhängigen Variablen zurückzuführen ist. Die genannte Konstellation wird als „Ex-post-facto-Design" bezeichnet.

„Von Ex-post-facto-Untersuchungen spricht man in Anlehnung an Campbell und Stanley (1963) dann, wenn ein als unabhängige Variable aufgefasstes Merkmal *nicht vom Versuchsleiter variiert* und manipuliert werden kann ..." (Stemmler u.a. 2011: 93; Hervorhebung im Original). Schnell u.a. (2005: 228) formulieren mit Blick auf Umfragen ausführlicher: „Das Survey-Design ... stellt kein echtes Experiment dar, da die Kontrolle des Stimulus nur bedingt möglich ist. Der Stimulus wird nicht vom Forscher gesetzt, es findet nur eine Ex-post-Randomisierung statt. Solche Anordnungen werden allgemein als Ex-post-facto-Designs oder auch Korrelationsanordnungen bezeichnet. Sie sind im Gegensatz zu Experimenten Anordnungen, die Hypothesen prüfen, ohne die unabhängige Variable manipulieren zu können (bzw. zu wollen) und ohne eine Randomisierung der unabhängigen Variablen auf die Versuchspersonen vorzunehmen. Ex-post-facto-Designs können daher deutlich weniger Störfaktoren und damit alternative Erklärungen eliminieren". Aufgrund der Nichtmanipulierbarkeit der unabhängigen Variablen können sich zusätzlich Probleme ergeben, falls deren Varianz gering ist (vgl. z.B. Arzheimer 2008: 147).

Betrachten wir ein Demonstrationsbeispiel: Eine Wahlkampfmanagerin könnte sich dafür interessieren, ob eine für „ihre" Partei erstellte Broschüre den erwünschten Effekt, die Sympathie für die Partei zu steigern, erfüllt. Die zu prüfende Kausalhypothese lautet entsprechend: „Das Lesen der Broschüre erhöht die Sympathie für die Partei". Sie könnte nun im Rahmen einer Umfrage ermitteln, ob deren Teilnehmer die Broschüre gelesen haben oder nicht und, wie sympathisch ihnen die betreffende Partei ist. Zeigt sich dabei, dass Personen, welche die Broschüre gelesen haben, die Partei sympathischer ist als solchen, die sie nicht gelesen haben, so kann dies natürlich daran liegen, dass ein Einfluss im Sinne der Kausalhypothese stattgefunden hat. Allerdings ist auch die umgekehrte Kausalrichtung möglich. Die Sympathie für die Partei könnte die Wahrscheinlichkeit dafür erhöht haben, dass die Broschüre gelesen wird. Ohne Zusatzinformationen (was den Regelfall darstellt)[2] ist ggf. eine Entscheidung über die Kausalrichtung nicht möglich. In der bisher betrachteten „Zwei-Variablen-Welt" ist es ferner in vielen Fällen über Studien mit dem geschilderten Ex-

---

2  Eine Ausnahme stellen Kausalhypothesen dar, bei denen auf Grund von Vorinformationen klar ist, dass die nach der Hypothese „unabhängige" Variable (z.B. das Alter – als Proxy wofür auch immer) nicht durch die „abhängige" Variable beeinflusst werden kann. Asendorpf (2007: 104) nennt als weiteres Beispiel den Zusammenhang zwischen „Wetter" und „guter Laune", bei dem ebenfalls nur eine Beeinflussungsrichtung in Frage kommt.

post-facto-Design nicht möglich, „wechselseitige Beeinflussungen" über längere Zeiträume, wie sie im dynamisch-interaktionistischen Paradigma (vgl. Kap. 1.7) angenommen werden, zu erkennen. In dem Demonstrationsbeispiel wird dieses Problem „ausgeklammert", da das „Lesen der Broschüre" (zumeist) eine zeitlich eng begrenzte, zu einem „Zeitpunkt" stattfindende Tätigkeit darstellt. Würde man stattdessen beispielsweise die Sympathie, welche die untersuchte Person der Spitzenkandidatin der betreffenden Partei entgegenbringt, betrachten, könnte durchaus eine wechselseitige Beeinflussung ohne eindeutig identifizierbare Kausalrichtung vorliegen.

Bisher wurde so argumentiert, als bestünde „die Welt" lediglich aus zwei Variablen (und einem Beobachter). Dies ist natürlich hochgradig „unrealistisch". Nimmt man als ersten Schritt hin zu einer „realistischeren" Betrachtungsweise eine dritte Variable an, so können sich (idealtypisch) aus theoretischer Sicht unterschiedliche Konstellationen ergeben. Eine „Scheinkorrelation" (die scheinbar für einen Kausalzusammenhang spricht) liegt vor, wenn die Drittvariable die beiden in der Kausalhypothese angesprochenen Variablen kausal beeinflusst, was dazu führt, dass die Werte der beiden Variablen korrelieren – *ohne* dass dabei eine kausale Beeinflussung zwischen diesen beiden Variablen vorliegt. Eine „Intervention" liegt vor, wenn eine der beiden ursprünglich betrachteten Variablen kausal die Drittvariable beeinflusst und diese wiederum kausal die zweite der ursprünglichen Variablen, ohne dass ein *direkter kausaler* Einfluss zwischen den beiden ursprünglichen Variablen bestünde. Ob eine Scheinkorrelation bzw. Intervention (in „Reinform") vorliegt, kann statistisch durch Kontrolle der jeweiligen Drittvariablen aufgedeckt werden – sofern die Relevanz der Drittvariablen bekannt ist und entsprechende Messwerte in der Untersuchung erhoben wurden. Allerdings kann dabei nicht unterschieden werden, ob eine Scheinkorrelation oder eine Intervention vorliegt. In beiden Fällen ergibt sich das Bild, dass unter Kontrolle der Drittvariablen die ursprüngliche Korrelation zusammenbricht. Ein einfaches Zahlenbeispiel hierfür findet sich in Schumann (2011: 120-123). Die „dritte Variable" kann ferner für die betrachtete Kausalhypothese „irrelevant" sein. Ihre Konstanthaltung ändert dann nichts an der ursprünglichen Korrelation, womit die Konstellation der „Bestätigung" gegeben wäre. Die Konstanthaltung einer Drittvariablen kann auch einen Hinweis darauf ergeben, dass mit ihr ein zusätzlicher, bisher nicht berücksichtigter Einflussfaktor verbunden ist. Die entsprechende Variablenkonstellation wird als „Multikausalität" bezeichnet. Eine weitere mögliche (idealtypische) Variablenkonstellation wird als „scheinbare Nonkorrelation" bezeichnet. Hier ergibt sich zunächst empirisch *kein* Zusammenhang zwischen den beiden in der Kausalhypothese angesprochenen Variablen – was auf den ersten Blick für eine Falsifizierung der entsprechenden Hypothese spricht. Allerdings *beeinflusst* in diesem Fall die Ausprägung der Werte der unabhängigen Variablen die Ausprägung der Werte der abhängigen Variablen kausal. Dies ist jedoch durch den Einfluss der Drittvariablen „verdeckt" – was nach deren Kontrolle sichtbar wird. Auch für die letztgenannten Variablenkonstellationen finden sich Zahlenbeispiele in Schumann (2011: 124-127). Dort werden der Einfachheit halber lediglich dichotome Variablen betrachtet und die Kontrolle der Drittvariablen erfolgt jeweils durch Gruppenbildung. Der Grundgedanke lässt sich jedoch auch auf komplexere statistische Verfahren übertragen. Beispielsweise können „Partialkorrelationen" berechnet werden, bei denen der Einfluss einer oder mehrerer Drittvariablen gleichzeitig „herausgerechnet" wird (vgl. z.B. Schumann 2011: 231-236).

Die genannten Beispiele beziehen sich, wie gesagt, auf „idealtypische Konstellationen", die nicht unbedingt in der geschilderten „Reinform" vorkommen müssen. Dennoch zeigen sie bereits für die „Drei-Variablen-Welt", welch komplexe Konstellationen sich im Ex-post-facto-Design hinter einer bivariaten Korrelation verbergen können und welche Tücken mit der Interpretation solcher Korrelationen ohne weitergehende Analysen verbunden sind. Ausführliche Hinweise zur hier angesprochenen „probabilistischen Kausalität" und zu den hiermit verbundenen Schwierigkeiten finden sich in Baumgartner u.a. 2004: 122-137.

Auf jeden Fall sollten Drittvariablen kontrolliert werden, wobei allerdings das Problem besteht, die möglicherweise *relevanten* Einflussfaktoren zu ermitteln – und zwar *vor* der Durchführung einer Untersuchung, um entsprechende Daten mit erheben zu können. Nachdem „die Welt" einer befragten Person aus dieser Perspektive nicht – wie bisher besprochen – zwei oder drei, und auch nicht vier, fünf oder sechs, sondern tendenziell unendlich viele Einflussfaktoren aufweist, ist auch die Zahl prinzipiell möglicher relevanter Drittvariablen entsprechend groß. Das genannte „Bestimmungsproblem" ist mithin nicht trivial.

Alles andere als trivial ist ferner die Frage, wann eine Kausalhypothese als „falsifiziert" gelten kann. Wie oben angesprochen, kann es auch bei *Vorliegen* eines Kausaleinflusses vorkommen, dass (selbst bei völlig reliabler und valider Messung) empirisch kein Zusammenhang feststellbar ist (scheinbare Nonkorrelation). Zudem fehlt in der Regel ein klares Falsifikationskriterium, da die Hypothesen normalerweise nicht deterministischer Natur sind. Die Frage, ob, bzw. unter welchen Umständen ein (bei einer bestimmten Irrtumswahrscheinlichkeit; vgl. hierzu auch Kap. 5.8) signifikanter Pearson-Korrelationskoeffizient von „$r = .15$" dafür spricht, die zugehörige Hypothese als „falsifiziert" zu betrachten (weil er zu klein ist), kann nur anhand von Konventionen bzw. subjektiven Urteilen beantwortet werden. Hinzu kommt, dass bei gegebener Zusammenhangsstärke im „empirischen Relativ" die Höhe des empirisch ermittelten Zusammenhangsmaßes von der Güte der Messung abhängt (vgl. z.B. Schumann 2011: 32).

### 5.3 REGRESSIONSANALYSE

Bei Regressionsanalysen wird nicht – wie bei der Korrelationsanalyse – lediglich der (ungerichtete) Zusammenhang zwischen zwei „gleichberechtigten" Variablen betrachtet. Statt dessen sind Regressionsanalysen darauf ausgelegt, einen möglichst großen Anteil der Varianz einer bestimmten, als „abhängig" (im statistischen Sinne) bezeichneten Variablen durch die jeweilige Ausprägung einer oder mehrerer „unabhängiger" Variablen zu „erklären" (ebenfalls im statistischen Sinne). Die Werte der abhängigen Variablen sollen möglichst gut durch die Werte der jeweiligen unabhängigen Variablen vorhergesagt werden. Darstellungen zur Regressionsanalyse finden sich beispielsweise in Schumann (2011: 220-228, 236-239) oder – sehr viel ausführlicher – in Kühnel und Krebs (2010: 382-423) oder Ross (2006: 319-395). Zur Kausalitätsproblematik vgl. auch Opp (2010: 20-26). Die folgenden Ausführungen beziehen sich auf die multiple Regression, wobei lineare Zusammenhänge unterstellt werden.

Da eine der Variablen als „abhängig" betrachtet und deren Varianz in möglichst hohem Maße aufgeklärt wird, eignen sich Regressionsanalysen besonders zur Prüfung von Kausalhypothesen, wobei in der Regel insofern Multikausalität unterstellt wird, als meist mehrere Einflussfaktoren (unabhängige Variablen) nebst eventuell Kontrollvariablen betrachtet werden. Allerdings sind bei der Interpretation der Ergebnisse einige Punkte zu beachten.

- Zunächst ist die „Form" des Zusammenhangs zwischen den einzelnen Variablen *unterstellt*. Wären beispielsweise die Werte der abhängigen Variablen *perfekt* aus den Werten der unabhängigen Variablen vorhersagbar, allerdings aufgrund einer nicht-linearen Linkfunktion, dann würde die hier betrachtete lineare Regression dennoch *keine* perfekte Erklärung der Werte der abhängigen Variablen anzeigen.

- Die Entscheidung, *welche* der in die Analyse einbezogenen Variablen als „abhängig" betrachtet wird, muss aufgrund theoretischer Überlegungen getroffen werden. Sie stellt eine Setzung dar. Prinzipiell kann jede der Variablen als unabhängige Variable „gesetzt" werden.

- Auch die Entscheidung, *welche* unabhängigen Variablen zur Erklärung der abhängigen Variablen heranzuziehen sind, beruht auf theoretischen Vorannahmen. Die Festlegung, welche Variablen in das Modell einbezogen werden, kann das Ergebnis der Analyse stark beeinflussen. Ein Beispiel hierfür wird in Tabelle 5.3-1 vorgestellt.

- Die Interpretation der Ergebnisse einer Regressionsanalyse basiert meist auf der Vorstellung, die Analyse würde auf vollständig reliablen und validen Messergebnissen beruhen. Reliabilitäts- und Validitätsmängel können zu Fehlinterpretationen führen.

- Aus statistischer Sicht beruht das lineare Regressionsmodell auf einer Reihe weiterer Prämissen, die zum Beispiel in Backhaus u.a. (2006: 79-94) dargestellt sind.

Insgesamt zeigt sich, dass in die Spezifikation eines Regressionsmodells eine Vielzahl von Vorannahmen eingehen. Das Ergebnis einer Regressionsanalyse zeigt an, wie gut die Daten „auf das jeweilige Modell passen". Es sagt jedoch nichts darüber aus, ob die getroffenen Setzungen „der Realität" entsprechen. Dies trifft insbesondere für Kausalitätsannahmen zu, welche in die Modellspezifikation einfließen.

*Tabelle 5.3-1:*   *Regressionsmodelle mit unterschiedlichen*
                   *unabhängigen Variablen. Abhängige Variable*
                   *jeweils: Sympathie für Angela Merkel*

|  | Modell 1 | Modell 2 | Modell 3 | Modell 4 |
|---|---|---|---|---|
|  | Beta *sig.* | Beta *sig.* | Beta *sig.* | Beta *sig.* |
| Sympathie für die CDU | - - | - - | - - | .628 *.000* |
| Sympathie für die katholische Kirche | - - | .286 *.000* | .224 *.000* | .096 *.000* |
| Offenheit für Erfahrungen (Big Five) | -.052 *.067* | .007 *.800* | .037 *.167* | .023 *.289* |
| Links-Rechts-Selbsteinstufung | - - | - - | .329 *.000* | .065 *.007* |
| Issue: Weniger Ausländer-Zuzug | - - | .139 *.000* | .073 *.008* | .038 *.087* |
| Issue: Kernkraftwerke abschalten | - - | -.105 *.000* | -.061 *.019* | .011 *.591* |
| Die meisten Parteien und Politiker sind korrupt. | - - | -.078 *.004* | -.076 *.003* | -.013 *.545* |
| $R^2$ | .003 | .130 | .224 | .496 |

Datenquelle: Studie ZA 4052

Ausgewiesen sind standardisierte Regressionskoeffizienten (Beta) sowie deren Signifikanz (sig.)

Tabelle 5.3-1 zeigt ein Beispiel dafür, wie sich unter Beibehaltung der abhängigen Variablen die Ergebnisse des Regressionsmodells verändern, je nachdem, welche unabhängigen Variablen in das Modell einbezogen werden. Die Daten stammen aus einer bundesweiten Repräsentativbefragung (face-to-face) des Umfangs n = 2508 vom Herbst 2003. Näheres zu dieser Umfrage findet sich in Schumann (2005: 23-24).

Die abhängige Variable ist in allen Modellen die Sympathie für Angela Merkel (Variable 4.3), gemessen mit einer 11-stufigen Rating-Skala. Zunächst wird diese lediglich durch eine einzige Variable, nämlich „Offenheit für Erfahrung" aus dem NEO-FFI (vgl. Kap. 1.5) erklärt, wobei sich ein standardisierter Regressionskoeffizient (Beta) von „-.052" ergibt. Der „Einfluss" von „Offenheit für Erfahrung" auf die Sympathie für Angela Merkel verfehlt das Signifikanzniveau von „0.05" nur knapp (bei einer „Irrtumswahrscheinlichkeit" von 6.7 Prozent) und erweist sich in dieser Hinsicht als „tendenziell" signifikant, allerdings mit einem erklärten Anteil der Varianz der abhängigen Variablen von $R^2$ = 0.003 oder 0.3 Prozent zugleich als sehr schwach. Nachdem in diesem Fall – bei Betrachtung nur einer einzigen unabhängigen Variablen – der standardisierte Regressionskoeffizient gleich dem Korrelationskoeffizenten und die „erklärte Varianz" $R^2$ gleich der aus der Korrelationsrechnung bestimmbaren gemeinsamen Varianz $r^2$ der beiden Variablen ist, wird an dieser Stelle besonders deutlich, dass die Annahmen über die Kausalrichtung lediglich unterstellt sind.

Bei Modell zwei werden zusätzliche Variablen eingeführt. Es handelt sich um die „Sympathie für die katholische Kirche" (im Datensatz: Variable 6.2) als einen dem Cleavage-Ansatz (vgl. Kap. 7.3) zuzuordnenden Indikator, um die Haltung zu zwei politischen Issues zur Einschränkung der Zuzugsmöglichkeiten für Ausländer bzw. zur sofortigen Abschaltung aller Kernkraftwerke (Variablen 29.04 bzw. 29.10), die jeweils auf einer 7-stufigen bipolaren Ratingskala ausgedrückt werden sollte sowie um eine Stellungnahme bezüglich des Statements „Die meisten Parteien und Politiker sind korrupt" (Variable 40.24) auf einer 5-stufigen Rating-Skala zwischen „trifft überhaupt nicht zu" und „trifft voll und ganz zu" als Unzufriedenheits-Indikator. In diesem Modell ergibt sich für „Offenheit für Erfahrungen" kein signifikanter Einfluss mehr. Der mit Abstand stärkste Einfluss ergibt sich nun für die „Sympathie für die katholische Kirche". Auch den drei übrigen neu eingeführten Variablen wird jeweils ein signifikanter Einfluss zugeschrieben, allerdings im Falle der beiden Issue-Positionen deutlich schwächer und für die Unzufriedenheit mit Parteien und Politikern sehr schwach. Die „Erklärungsleistung" des Modells steigt mit einem $R^2$ von .130 deutlich.

Im Modell 3 findet zusätzlich die Links-Rechts-Selbsteinstufung (Variable 28), erhoben wie üblich über eine 11-stufige „Leiterskala", Eingang. Jetzt ergibt sich für *diese* Variable der weitaus stärkste

Einfluss auf die „Sympathie für Angela Merkel". Für die „Sympathie gegenüber der katholischen Kirche" ergibt sich nur noch ein etwa zwei Drittel so starker Einfluss. Den übrigen Variablen wird allenfalls ein sehr schwacher Einfluss zugeschrieben. Die „Erklärungsleistung" des Gesamtmodells verdoppelt sich fast auf ein $R^2$ von .224.

Bei Modell 4 schließlich wird zusätzlich die „Sympathie für die CDU" erfasst (Variable 5.2; Messung analog zur „Sympathie für Angela Merkel"). Wieder ändert sich das Bild grundlegend. Nun erklärt die neu eingeführte Variable mit weitem Abstand am besten die „Sympathie für Angela Merkel". Die übrigen Variablen versinken in der Bedeutungslosigkeit bzw. belegen, was die ihnen zugeschriebene Einflussstärke betrifft, weit abgeschlagen Platz zwei (Sympathie für die katholische Kirche) und Platz drei (Links-Rechts-Selbsteinschätzung). Die Erklärungsleistung des Modells steigt nochmals sprunghaft auf $R^2$ = .496, womit etwa 50 Prozent der Varianz der abhängigen Variablen erklärt werden können.

Das vorgestellte Beispiel zeigt zunächst, dass – wie gesagt – bei der multiplen Regression lediglich geprüft wird, wie gut die Daten auf die gesetzten Vorannahmen passen. Auch ein relativ hoher standardisierter Regressionskoeffizient weist nicht per se auf einen starken Einfluss der betreffenden Größe „im empirischen Relativ" hin. Die Ergebnisse der Regressionsrechnung sind von der Spezifikation des Modells abhängig. Für eine „korrekte" Spezifikation müssen die relevanten Einflussgrößen bekannt sein – und es müssen für eine Prüfung entsprechende Daten vorliegen.

Regressionskoeffizienten haben die Eigenschaft, die Erklärungskraft der jeweiligen unabhängigen Variablen *unter Konstanthaltung aller anderen unabhängigen Variablen,* d.h. unabhängig von deren jeweiliger Ausprägung, anzuzeigen. Auf diese Weise findet jeweils eine entsprechende „Drittvariablenkontrolle" statt. Manchmal werden Variablen nur zu diesem Zweck im Modell berücksichtigt, ohne dass sie aus *theoretischer* Sicht als „unabhängige Variablen" zu betrachten wären. Eine andere Form der „Drittvariablenkontrolle" besteht darin, für unterschiedliche Ausprägungen getrennte Modelle zu berechnen, beispielsweise für „Männer" und für „Frauen". Dieses Vorgehen bietet sich insbesondere dann an, wenn die betrachtete Variable (hier: das

Geschlecht) insofern als „Moderatorvariable" zu betrachten ist, als für die unterschiedlichen Ausprägungen inhaltlich unterschiedliche „Beeinflussungskonstellationen" angenommen werden.

Nachdem der Einfluss der unabhängigen Variablen (unter gegenseitiger Kontrolle) simultan geschätzt wird, ist ferner zu beachten, dass diese „gleichberechtigt" behandelt werden, unabhängig von ihrer „Nähe" zur abhängigen Variablen. Dies dürfte der Grund für den überragenden „Einfluss" der „Sympathie für die CDU" auf die „Sympathie für Angela Merkel" in Modell 4 sein. Aus theoretischer Sicht können allerdings „weiter entfernt liegende" unabhängige Variablen durchaus interessanter sein, auch wenn deren Einflussstärke im Regressionsmodell geringer geschätzt wird. Die Leistungen in einem Mathematiktest dürften zwar recht gut aus den Werten für einen Test zur Erfassung von „mathematischem Grundverständnis" vorhersagbar sein, allerdings dürfte dieses Ergebnis niemanden überraschen. Würde dagegen ein – wenngleich schwächerer – Einfluss des elterlichen Erziehungsstils auf die Mathematiknote theoretisch angenommen und empirisch bestätigt, dann wäre dieses Ergebnis aus wissenschaftlicher Sicht in vielerlei Hinsicht gehaltvoller. In Kapitel 5.5 werden Modelle beschrieben, bei denen die unabhängigen Variablen nicht als „auf einer Stufe stehend" betrachtet werden.

Bei der Interpretation der Ergebnisse von Signifikanztests ist zu beachten, dass sie fallzahlabhängig sind. Bei hohen Fallzahlen werden auch marginale Koeffizienten signifikant, wie Modell 1 demonstriert. Signifikanztests können ferner nicht ohne eine vom Forscher zu treffende Festsetzung zur Hypothesenprüfung verwendet werden: Ähnlich wie für die Stärke eines Zusammenhangs (vgl. Kap. 5.2) gilt auch für dessen Signifikanz, dass kein zwingendes Kriterium dafür angegeben werden kann, ab welcher Höhe die Hypothese eines entsprechenden Einflusses als „falsifiziert" gelten kann.

Eine entscheidende Rolle kommt schließlich $R^2$ zu, dem Anteil der Varianz der abhängigen Variablen, welcher durch die in das Modell einbezogenen unabhängigen Variablen erklärt werden kann. Als Qualitätsmerkmal eines Regressionsmodells gilt normalerweise ein möglichst hohes $R^2$. Allerdings erhebt sich die Frage, wie groß dessen Wert aus theoretischer Sicht werden kann. Rein rechnerisch liegt der Wertebereich natürlich zwischen „0" (keine Varianzaufklärung) und „1" (vollständige Varianzaufklärung). Ein Wert von „1" würde allerdings eine vollständige Determination der Werte der abhängigen Variablen bedeuten – mit ganz erheblichen Konsequenzen. Aus Sicht des humanistischen Paradigmas (vgl. Kap. 1.8 und 5.9) etwa ist diese Vorstellung kaum akzeptabel. Je stärker determiniert die Merkmalsausprägungen der abhängigen Variablen sind, desto geringer ist der Spielraum für „freie Entscheidungen" des Merkmalsträgers (oder für „objektiven Zufall"; vgl. Zeilinger 2005: 43-44).

Abgesehen von dieser Frage kann $R^2$ in Ergänzung zu den standardisierten Regressionskoeffizienten dazu dienen, die „Einflussstärke" (in statistischem Sinne) einzelner unabhängiger Variablen auf die abhängige in anschaulicher Weise darzustellen. Hierzu entfernt man die betreffende Variable aus dem Modell, berechnet ein entsprechendes neues Regressionsmodell (mit zugehörigem $R^2$) und ermittelt den $R^2$-Rückgang im Vergleich zum vollständigen Modell. Das Verfahren kann auch für Variablengruppen eingesetzt werden, deren „kombinierter Einfluss" dann abgeschätzt wird.

## 5.4 Faktorenanalyse

Wie und in welchen Variationen eine Faktorenanalyse rechnerisch durchzuführen ist, ist in vielen Einführungswerken nachzulesen, zum Beispiel in Backhaus u.a. (2006: 259-336) oder in Stemmler (2011: 73-92). An dieser soll lediglich der Grundgedanke der Faktorenanalyse und die zugehörigen Kausalitätsannahmen geschildert werden.

Als Beispiel diene die bereits in Kapitel 5.3 erwähnte Studie ZA 4052 – eine politikwissenschaftliche Untersuchung, die sich unter anderem auch mit dem „Institutionenvertrauen" der Bundesbürger befasst. Im Rahmen einer Bevölkerungsumfrage wurden dabei Angaben zum Vertrauen der befragten Personen in den Bundestag, das Bundesverfassungsgericht, die Bundesregierung, die Gerichte, die Parteien, die Polizei, die Bundeswehr und die Gewerkschaften erhoben (im Datensatz die Variablen 10.x). Die Frage lautete: „Sagen Sie bitte bei jeder Einrichtung ..., wie sehr Sie ihr vertrauen". Die Antworten waren jeweils auf einer 11-stufigen Skala zwischen „überhaupt nicht" und „voll und ganz" zu geben. Man könnte nun nach den Ausführungen in Kapitel 2.4 zu „Einstellungsstrukturen" annehmen, dass die acht „Vertrauenseinschätzungen" nicht völlig unabhängig voneinander (und damit unkorreliert) seien, sondern dass sie miteinander zusammenhingen und dass dies darauf zurückzuführen sei, dass die acht Einschätzungen das „generelle Instituitionenvertrauen" der befragten Personen widerspiegeln.

Die Faktorenanalyse versucht nun in einem ersten Schritt, ein „generelles Institutionenvertrauen" möglichst gut zu erfassen. Hierzu wird aus den vorliegenden Daten auf rein rechnerischem Wege eine neue Variable („erster Faktor" genannt) gebildet. Wie bei jeder anderen Variablen, ist auch in diesem Fall für jede befragte Person ein Variablenwert angebbar, welcher der „Merkmalsausprägung" bei der betreffenden Person entspricht und der als „Faktorscore" bezeichnet wird. Allerdings wird dieser Wert aus den vorliegenden Daten *errechnet* und damit „indirekt ermittelt".

Die Ermittlung des ersten Faktors geschieht – wie gesagt auf rein rechnerischem Wege – so, dass dieser Faktor die (im vorliegenden Beispiel acht) „Ausgangsvariablen" möglichst gut „erklärt", d.h. möglichst hohe Korrelationen mit ihnen aufweist. Die jeweiligen Korrelationen der Ausgangsitems mit dem Faktor werden „Faktorladungen" genannt. Da der Faktor rein rechnerisch ermittelt wird, ist zunächst offen, was er *inhaltlich* erfasst. Dies muss nachträglich bestimmt werden. Im vorliegenden Fall können hierzu (zumindest in einem ersten Schritt) die Faktorladungen herangezogen werden. Sofern der Faktor deutlich mit allen acht „Institutionenvertrauens-Items" korreliert, erscheint es plausibel, dass er „generelles Institutionenvertrauen" erfasst. In gewisser Weise bildet die Faktorenanalyse bis zur Extraktion des ersten Faktors eine Art „Gegenstück" zur multiplen Regression (Kap. 5.3). Bei letzterer werden mehrere Variablen dazu herangezogen, die Varianz einer (abhängigen) Variablen möglichst gut zu erklären. Bei der Faktorenanalyse wird der erste Faktor (als „Einflussvariable") so errechnet, dass diese eine Variable die Varianz mehrerer Variablen möglichst gut erfasst.

Die Faktorenanalyse macht jedoch nicht notwendigerweise nach der Ermittlung des ersten Faktors halt – ganz im Gegenteil. Das Kriterium für die Bildung des ersten Faktors (das Extraktionskriterium) könnte auch so beschrieben werden, dass ein rechnerisch gebildeter Faktor gesucht wird, der einen möglichst hohen Anteil an der *Gesamtvarianz* aller Ausgangsitems erklärt. Die Einzelitems gehen dabei in die Analyse in standardisierter Form (mit der Varianz bzw. dem Eigenwert „1") ein. Da der erste Faktor in aller Regel nicht diese gesamte Varianz erklären kann, verbleibt normalerweise ein Rest an „unerklärter Varianz". An dieser Stelle kann das Verfahren fortgesetzt und ein neuer, zweiter Faktor ermittelt werden, der einen möglichst großen Anteil der verbliebenen unerklärten Varianz erklärt und unabhängig vom (d.h. orthogonal zum) ersten Faktor ist. Auch danach wird noch ein gewisser Anteil an „unerklärter Varianz" verbleiben, womit das Verfahren analog mit der Ermittlung weiterer, jeweils von den anderen unabhängigen Faktoren fortgesetzt werden kann – bis schließlich genauso viele Faktoren extrahiert sind wie Items in die Analyse eingehen.

Die Faktorenanalyse hat allerdings zum Ziel, mit möglichst *wenigen* Faktoren einen möglichst *hohen* Anteil der Varianz der Ausgangsitems zu erklären. Da jeder neu extrahierte Faktor so gebildet wird, dass er einen möglichst großen Anteil der noch unerklärten Varianz erklärt, sinkt die Erklärungsleistung von Faktor zu Faktor (da die insgesamt zu erklärende Varianz konstant bleibt). Unterschreitet die Erklärungsleistung (der Eigenwert) eines neu gebildeten Faktors den Wert „1" (den Eigenwert eines *einzelnen* Ausgangsitems), dann wird gewöhnlich an dieser Stelle die Faktorenextraktion (nach dem „Eigenwertkriterium") beendet.[3] Im hier skizzierten Beispiel ergeben sich (nach den in Tabelle 5.4-1 berichteten Analysen) auf diese Weise zwei Faktoren, die insgesamt fast 60 Prozent (59.765 %)[4] der Varianz der Ausgangsitems erklären. Zur Verbesserung der Interpretierbarkeit werden die Faktoren anschließend meist orthogonal rotiert, was für die weitere Argumentation allerdings zunächst unerheblich ist.

---

3  Der gelegentlich verwendete Scree-Test, der mit einem alternativen Abbruchkriterien arbeitet, kommt erfahrungsgemäß meist zum gleichen Resultat wie das Eigenwertkriterium.

4  Die Angaben in Tabelle 5.4-1 erfolgen auf drei Nachkommastellen, um Rundungsfehler bei den im Text angesprochenen Berechnungen zu minimieren. Interpretierbar sind die Nachkommastellen in der Praxis nicht mehr.

Tabelle 5.4-1: Ergebnis einer Faktorenanalyse (Faktorladungen, Kommunalitäten und weitere Angaben)

| Ausgangs-items: Vertrauen in ... | Faktor 1 | Faktor 2 | Kommu-nalität |
|---|---|---|---|
| Bundestag | .773 | .339 | .713 |
| Bundes-verfassungs-gericht | .479 | .568 | .552 |
| Bundes-regierung | .849 | .153 | .744 |
| Gerichte | .458 | .628 | .604 |
| Parteien | .737 | .240 | .600 |
| Polizei | .182 | .886 | .818 |
| Bundeswehr | .167 | .689 | .502 |
| Gewerk-schaften | .467 | .176 | .249 |
| Summe der Kommunali-täten | | | 4.781 |
| Eigenwert | 2.579 | 2.202 | |
| % erklärte Varianz | 32.242 | 27.523 | |
| % erklärte Varianz insgesamt | 59.765 | | 59.765 |

Datenquelle: Studie ZA 4052;
Hauptachsenfaktorenanalyse; Abbruch: Eigenwertkriterium.

Die errechneten Faktoren stellen, wie gesagt, Variablen dar, für die jede Person jeweils eine bestimmte Ausprägung (Faktorscore) aufweist. Was die ermittelten (eventuell rotierten) Faktoren inhaltlich erfassen, kann – wie bereits beschrieben – in einem ersten Schritt anhand der Faktorladungen ermittelt werden. Im Beispiel aus Tabelle 5.4-1 korreliert mit Faktor eins besonders hoch das Vertrauen zum Bundestag, zur Bundesregierung, zu den Parteien und zu den Gewerkschaften. Mit Faktor zwei korreliert besonders hoch das Vertrauen in das Bundesverfassungsgericht, in die Gerichte, in die Polizei und in die Bundeswehr. Anhand dieses Musters könnte man Faktor eins als „Vertrauen in parteienstaatliche Institutionen" und Faktor zwei als „Vertrauen in rechtsstaatliche Institutionen" interpretieren. Allerdings sind auch andere Interpretationen möglich, etwa: „Vertrauen in politiknahe bzw. politikferne Institutionen". Die Korrelationen der Faktoren mit weiteren „Außenkriterien" können zusätzlich Aufschluss darüber geben, was die extrahierten Faktoren jeweils inhaltlich erfassen.

Tabelle 5.4-1 berichtet das Ergebnis der Faktorenanalyse in komprimierter Form. An zentraler Stelle sind dort die Faktorladungen ausgewiesen, d.h. die Korrelationen der Ausgangsitems mit den errechneten Faktoren. Die Kommunalitäten geben an, welcher Anteil der Varianz der jeweiligen Ausgangsvariablen durch die beiden Faktoren erklärt werden kann. Dieser Anteil ergibt sich jeweils aus der Summe der zeilenweise quadrierten Korrelationskoeffizienten. Die Summe über die Kommunalitäten beträgt „4.781". Da die acht Eingangsitems jeweils den Eigenwert „1" aufweisen, lässt sich die insgesamt durch die beiden Faktoren erklärte Varianz (59.765 Prozent) als „4.781/8" errechnen („senkrechter Pfeil" in Tabelle 5.4-1). Aus der Sicht der Faktoren (also spaltenweise) betrachtet ergibt sich eine Varianzerklärung des ersten Faktors von „2.579/8 = 32.242 Prozent" und des zweiten Faktors von „2.202/8 = 27.523 Prozent", womit sich in der Summe wieder die bekannten 59.765 Prozent Varianzerklärung ergeben.

Das geschilderte Vorgehen bei der Faktorenanalyse läuft letztlich auf eine „Umschichtung" von Information hinaus. Der (empirisch ermittelte) Wert einer Person für eine Ausgangsvariable ergibt sich als Linearkombination der Produkte: „Faktorscore der Person für Faktor 1 mal Ladung der betreffenden Variable für Faktor 1" plus „Faktorscore der Person für Faktor 2 mal Ladung der betreffenden Variable für Faktor 2" usw. bis hin zum letzten Faktor der „vollständigen" Faktorenlösung.

Wenn die extrahierten Faktoren eine gute Varianzerklärung aufweisen und gut interpretierbar sind, dann können diese Faktoren (bzw. die zugehörigen Faktorscores) anstelle der Ausgangsitems (bzw. der entsprechenden Werte) für weitere Analysen verwendet werden. Man erfasst damit „das Wesentliche", „hinter den Einzelitems Liegende" und blendet „itemspezifische Varianz" aus. Dies hat zunächst den Vorteil einer sparsamen, komprimierten Darstellung und einer „Beschränkung auf das Wesentliche". Ferner können technische Probleme vermieden werden – etwa bei Regressionsanalysen (vgl. Kap. 5.3), bei denen zu hoch korrelierte unabhängige Variablen Multikollinearität anzeigen, was eine Verletzung der Modellannahmen darstellt und zu nicht mehr interpretierbaren Ergebnissen führt. Bei Verwendung der Faktoren anstelle der Einzelitems tritt dieses Problem nicht auf.

Allerdings ist die Durchführung einer Faktorenanalyse nach Ansicht vieler Autoren nur sinnvoll, wenn man von der Annahme ausgeht, dass die Zusammenhänge zwischen den Ausgangsvariablen auf „hinter ihnen liegende" Faktoren zurückzuführen ist (vgl. z.B. Backhaus u.a. 2006: 264). An dieser Stelle kommt „Kausalität" ist Spiel. Die entsprechenden Zusammenhänge werden dann quasi als „Schein-korrelationen" (vgl. Kap. 5.2) betrachtet, was keineswegs selbstver-ständlich ist. Die Faktoren stellen nach dieser Sichtweise Konstrukte dar, welche ein Gegenstück „in der Realität" aufweisen. Nur als solche können sie zur Erklärung menschlichen Verhaltens herangezogen werden. Die Ergebnisse der Faktorenanalyse informieren darüber, wie gut die Daten auf die betreffenden kausalen Annahmen passen. Ob den Faktoren allerdings ein irgendwie geartetes „Gegenstück im empirischen Relativ" zugrunde liegt, wird nicht geprüft. Ferner macht die im nachfolgenden Kapitel thematisierte Kombination von multipler Regression und Faktorenanalyse deutlich, dass das Verfahren, wie alle bisher betrachteten, auf einem Ex-post-facto-Design beruht – mit den damit verbundenen Konsequenzen (vgl. Kap. 5.2).

## 5.5 Pfadanalyse

In diesem Kapitel soll der Grundgedanke der Pfadanalyse sowie deren Potenzial im Hinblick auf die Prüfung von Kausalhypothesen in Anlehnung an die Ausführungen in den Kapiteln 5.3 und 5.4 dar-gestellt werden. Ausführliche Darstellungen der Vorgehensweisen sowie einige hier nicht erwähnte Weiterungen sind zum Beispiel in Backhaus u.a. (2006: 337-423) beschrieben.

Der Grundgedanke der Pfadanalyse besteht darin, den angenommenen Einfluss mehrerer unabhängiger Variablen auf eine abhängige Variable zu untersuchen. Allerdings werden die unabhängigen Variablen nicht – wie bei der multiplen Regression – als „auf einer Stufe stehend" betrachtet und simultan in die Analyse einbezogen. Stattdessen werden sie in einer „Kausalkette" (meist im „prozesshaften" Sinne – vgl. Kap. 5.1) angeordnet, so dass jede Variable in der Kette die jeweils „ihr nachfolgenden" Variablen beeinflussen kann, bis schließlich die abhängige Variable erreicht ist. Abbildung 5.5-1 demonstriert dieses Grundprinzip an einer (der Übersichtlichkeit halber) verkürzten Version von Tabelle 5.3-1 aus dem Kapitel zur Regressionsanalyse. „Offenheit für Erfahrung" kann in diesem Modell die „Links-Rechts-Selbsteinschätzung" beeinflussen, die „Sympathie für die CDU" sowie schließlich die „Sympathie für Angela Merkel". Die „Links-Rechts-Selbsteinschätzung" kann die „Sympathie für die CDU" beeinflussen sowie die „Sympathie für Angela Merkel" und die „Sympathie für die CDU" nur noch die „Sympathie für Angela Merkel". Die Anordnung der Variablen ist dabei eine Entscheidung, die vorab aus theoretischen Erwägungen getroffen werden muss.[5] Prinzipiell kann für jede beliebige Anordnung der Variablen ein Pfadmodell berechnet werden.

Ist die Kausalkette festgelegt, können Variable für Variable die möglichen „Einflüsse" mittels multipler Regression bestimmt werden. Tabelle 5.5-1 sowie Abbildung 5.5-1 demonstrieren dies. Die „Sympathie für Angela Merkel" kann von allen einbezogenen Variablen beeinflusst werden, was „Modell 1" aus Tabelle 5.5-1 entspricht. Dementsprechend führen im Pfadmodell von allen übrigen Variablen Pfeile auf sie zu. Jedem Pfeil ist ein „Pfadkoeffizient" zugeordnet, welcher über die Stärke des „Einflusses" Auskunft gibt und nichts anderes darstellt, als den entsprechenden standardisierten Regressi-

---

5  In Pfadmodellen können einzelne Gruppen von Einflussvariablen auch als „auf einer Stufe stehend" betrachtet werden. Auf diese Variante wird im Folgenden nicht weiter eingegangen.

Tabelle 5.5-1:  Regressionsmodelle als
Bestandteile eines Pfadmodells
(standardisierte Regressionskoeffizienten,
Signifikanzlevel, erklärte Varianz $R^2$)

| | Unabhängige Variablen | | | Abhängige Variable | $R^2$ |
|---|---|---|---|---|---|
| | Offenheit für Erfahrung (Big Five) | Links-Rechts-Selbsteinstufung | Sympathie für die CDU | | |
| Modell 1: | .013 .545 | .076 .001 | .657 .000 | Sympathie für Angela Merkel | .486 |
| Modell 2: | .007 .785 | .494 .000 | | Sympathie für die CDU | .243 |
| Modell 3: | -.171 .000 | | | Links-Rechts-Selbsteinstufung | .029 |

Datenquelle: Studie ZA 4052

Abbildung 5.5-1:  Pfadmodell zu den
Regressionsmodellen aus Tabelle 5.5-1
(standardisierte Regressionskoeffizienten/
Pfadkoeffizienten)

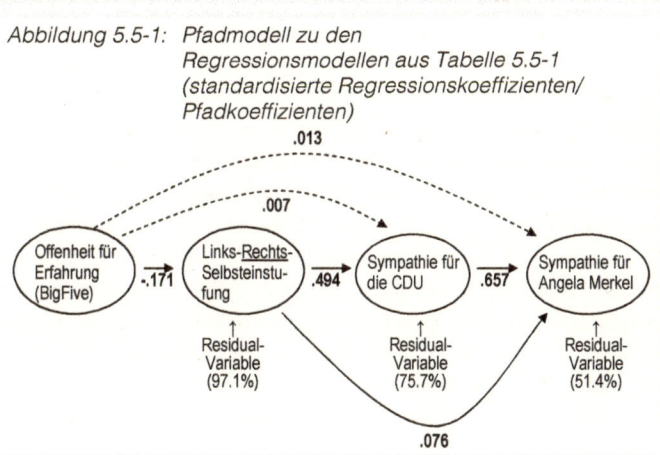

onskoeffizienten. Oft werden bei der Darstellung im Pfadmodell Pfade mit nicht signifikanten Koeffizienten (in Abbildung 5.5-1 gestrichelt eingezeichnet) oder zu „schwachen" Koeffizienten weggelassen, um eine übersichtlichere Darstellung zu erreichen. In Abbildung 5.5-1 ist zu Demonstrationszwecken das vollständige Modell berichtet.

Auf alle Variablen aus Tabelle 5.5-1 bzw. Abb. 5.5-1 – mit Ausnahme der ersten in der Kausalkette (Offenheit für Erfahrung) – richtet sich zudem ein von einer „Residualvariablen" ausgehender Pfeil. Was verbirgt sich hinter dieser „Residualvaraiblen"? In Modell 2 wird beispielsweise die Varianz der „abhängigen Variablen": „Sympathie für die CDU" zu 24.3 Prozent durch die in der Kausalkette „vor ihr liegenden" Variablen erklärt, was umgekehrt bedeutet, dass diese Variablen 75.7 Prozent ihrer Varianz nicht erklären können. Dieser Teil der Variation wird dem Einfluss einer „Residualvariablen" zugeschrieben, so dass formal gesehen die Varianz jeder der Variablen – mit Ausnahme der ersten – als „vollständig erklärt" betrachtet werden kann. Man spricht daher von einem „geschlossenen Erklärungssystem". Allerdings ist dabei unklar, was sich inhaltlich hinter der „Residualvariablen" verbirgt.

Anstatt der im bisherigen Beispiel verwendeten manifesten Variablen können auch Faktoren (vgl. Kap. 5.4) verwendet werden. An Stelle der manifest gemessenen Werte gehen dann entsprechende Faktorscores in die Berechnungen ein. Wie in Kapitel 5.4 dargestellt, wird in diesem Fall angenommen, dass die Faktoren „hinter" den in die Faktorenanalyse eingehenden manifesten Variablen liegende Einflussgrößen repräsentieren, welche die Varianz der manifesten Variablen mehr oder weniger gut erklären. Die Varianz für jede „zu einem Faktor gehörende" manifeste Variable kann analog zum eben Gesagten vollständig erklärt werden – zum einen durch den „Einfluss" des Faktors (gemessen über die „Kommunalität" der betreffenden Variablen) und zum anderen wieder durch eine „Residualvariable", auf die die restliche, unerklärte Varianz zurückgeführt wird. Für die weiteren Erörterungen dieses Kapitels werden entsprechende Messmodelle, in denen die geschilderten Zusammenhänge berichtet sind, nicht weiter thematisiert, da die Fragen, welche mit der „Kausalitätsproblematik" zusammenhängen, bereits angesprochen wurden. Die Betrachtungen beschränken sich auf das Strukturmodell, welches in Abbildung 5.5-1 anhand eines Beispiels dargestellt ist. Festgehalten sei lediglich, dass die dort betrachteten Variablen durch Faktoren ersetzt werden können.

Modelle wie die bisher beschriebenen werden auch als „Kausalmodelle" bezeichnet und die zugehörigen Analysen als „Kausalanalyse". Aus dem bisher Gesagten sollte allerdings klar geworden sein, dass mit diesem Vorgehen Kausalität nicht nachgewiesen werden kann. Die kausale Struktur wird lediglich unterstellt und es wird geprüft, wie gut die Daten auf die entsprechenden Vorstellungen „passen". Ansonsten bewegt man sich immer noch, wie bei allen bisher besprochenen Vorgehensweisen, im Rahmen eines Ex-post-facto-Designs – mit allen damit verbunden Problemen. Ein erster Schritt hin zu einer „härteren" Prüfung von Kausalhypothesen könnte darin bestehen, im Forschungsdesign eine „zeitliche Komponente" vorzusehen, wie im nächsten Kapitel ausgeführt wird.

### 5.6 NICHTEXPERIMENTELLE UNTERSUCHUNGSDESIGNS MIT MEHR ALS EINEM MESSZEITPUNKT

Um von einer kausalen Beeinflussung sprechen zu können, muss (unter anderem) eine zeitliche Reihenfolge zwischen der angenommenen „Ursache" und der angenommenen „Wirkung" gegeben sein (Kap. 5.1). Ob dies gegeben ist, wird bei den bisher besprochenen, auf dem Ex-post-facto-Design basierenden Vorgehensweisen nicht explizit kontrolliert. Die zeitliche Anordnung der angenommenen „Ursache" vor der angenommenen „Wirkung" wird in der Regel unterstellt, erfragt oder aufgrund von Zusatzinformationen erschlossen. Kapitel 5.6 stellt im Gegensatz dazu Untersuchungsdesigns vor, bei denen zwei oder mehr Messzeitpunkte vorgesehen sind, womit sie vom Design her eine „zeitliche Komponente" enthalten. Hierbei bleiben „echte Experimente" vorläufig ausgeklammert; diese werden im nachfolgenden Kapitel behandelt.

Auf *Aggregatebene* kann zunächst ein Trenddesign verwendet werden, um Veränderungen (von Mittelwerten, Prozentanteilen etc.) bei größeren Personengruppen, etwa allen Wahlberechtigten der Bundesrepublik Deutschland, festzustellen (vgl. auch Kap. 4.8). Hierzu werden zu zwei oder mehr Messzeitpunkten Zufallsstichproben aus der betreffenden Grundgesamtheit (der zu untersuchenden

Personengruppe) gezogen und die empirisch ermittelten Werte im Zeitverlauf verglichen. Auf diese Weise ist etwa zu untersuchen, wie sich der Anteil der Wahlberechtigten, welche sich als „politisch interessiert" bezeichnen, über die Zeit verändert. Allerdings müssen erstens derart festgestellte Veränderungen von Mittelwerten, Prozentanteilen etc. über die Zeit nicht unbedingt auf Veränderungen bei der untersuchten Personengruppe (im Aggregat) basieren, zweitens ist die Bestimmung der *Ursachen* von Veränderungen ggf. schwierig und drittens lassen Veränderungen im Aggregat, nicht unbedingt Schlüsse auf individuelle Ebene zu.

Beginnen wir beim ersten Punkt. Nachdem zu den verschiedenen Zeitpunkten voneinander *unabhängige* Stichproben gezogen werden, können sich selbst bei über die Zeit völlig unveränderten individuellen Merkmalsausprägungen in der Grundgesamtheit unterschiedliche aggregierte Werte ergeben – schließlich werden jeweils *unterschiedliche* Personen untersucht. Bei Zufallsstichproben sollten solche Effekte aus theoretischer Sicht in der Regel nicht allzu stark ausfallen, allerdings können bei Befragungen unterschiedlich hohe Rücklaufquoten für die Untersuchungszeitpunkte die aggregierten Messergebnisse durchaus beeinflussen. Beispielsweise neigen Personen mit geringem (selbst berichtetem) politischen Interesse auch dazu, die Teilnahme an einer Befragung zu verweigern, womit bei einer geringeren Rücklaufquote (auch bei unveränderten individuellen Merkmalsausprägungen) mit einen höheren Anteil „politisch interessierter" Befragter in der Stichprobe zu rechnen ist. Bei Trenddesigns, die sehr lange Zeiträume abdecken, ist zudem die Veränderung des Elektorats über die Zeit zu beachten. Auch auf diesem Wege können sich bei unveränderten individuellen Werten Veränderungen der aggregierten Werte im Sinne eines Kohorteneffekts ergeben.

Selbst wenn man für die jeweiligen Messzeitpunkte von perfekten Zufallsstichproben (mit einem Rücklauf von 100 Prozent) ausgeht und vom zuletzt angesprochenen Punkt absieht, ist es meist schwer, ggf. plausible Vorstellungen bezüglich der *Ursachen* für festgestellte Veränderungen zu entwickeln. Am ehesten gelingt dies bei unvorhergesehen eingetretenen Ereignissen, für die sich die Messzeitpunkte eines Trenddesigns als Vorher- bzw. Nachher-Messung eignen, womit sich ein „Quasi-Experimentelles Design" (ohne Kontrollgruppe) ergibt. Beispielsweise könnte man im Rahmen des Trenddesigns der monatlichen „Politbarometer-Umfragen" analysieren, wie sich die Bewertung eines Politikers im Vergleich zum Vormonat verändert, nachdem er zwischenzeitlich für eine Steuererhöhung eingetreten ist. Seine Bewertung dürfte im Aggregat sinken, allerdings heißt das nicht unbedingt, dass dieser Rückgang *kausal* auf seinen Vorschlag einer Steuererhöhung zurückzuführen ist. Auch in diesem Fall ist ein Einfluss von „Drittvariablen" nicht auszuschließen. So könnten miserable Wirtschaftsprognosen (als Drittvariable), für die der Politiker verantwortlich gemacht wird, einerseits dessen Bewertung verschlechtert und andererseits ihn veranlasst haben, eine Steuererhöhung vorzuschlagen. Auch für den (zugegebenermaßen etwas unrealistisch konstruierten) Fall, dass die einsichtigen Bürger mehrheitlich eine Steuererhöhung zur Lösung der Misere befürworteten, ergäbe sich dann empirisch das Bild eines Abfalls der Bewertung des Politikers nach seinem Eintreten für die Steuererhöhung.

Ein gravierendes Problem bei dem Versuch, kausale Einflüsse auf der Aggregatebene zu untersuchen, besteht ferner darin, dass Ergebnisse auf Aggregatebene nicht zwingend auf die Individualebene übertragbar sind. Dies gilt auch für Veränderungen über die Zeit. Hinter zwischen den Messzeitpunkten unveränderten Mittel- oder Anteilswerten im Aggregat können sich beispielsweise ebenfalls unveränderte individuelle Merkmalsausprägungen verbergen oder auch individuell veränderte (vgl. Kap. 4.8).

Der Rückschluss von Zusammenhängen auf der Aggregatebene auf die individuelle Ebene birgt auch für die Prüfung von Kausalhypothesen die Gefahr eines ökologischen Fehlschlusses (vgl. z.B. Schumann 2011: 109-110). Wenn auf Aggregatebene die Höhe des Ausländeranteils an der Bevölkerung positiv mit dem Stimmenanteil (extrem) rechter Parteien bei Bundestagswahlen korreliert, ist daraus nicht zu schließen, dass Ausländer bevorzugt (extrem) rechte Parteien wählen. Dies gilt auch dann, wenn zwei Messzeitpunkte vorliegen. Die kontraintuitive Kausalhypothese (zur Erklärung des Stimmenanteils der betreffenden Parteien) kann in diesem speziellen Fall schon aufgrund der Zusatzinformation, dass Ausländer nicht wahlberechtigt sind, widerlegt werden. Aus den genannten Gründen ist es in der Regel vorzuziehen, kausale Zusammenhangshypothesen, die sich auf Individuen beziehen, auch auf individueller Ebene zu untersuchen.

Für eine Prüfung von Kausalhypothesen auf der *Individualebene* bietet sich grundsätzlich das Paneldesign an. Neben dem großen Vorteil, die Erfassung individueller Veränderungen von Merkmalsausprägungen zu erfassen, ist dieses Design allerdings auch mit Schwierigkeiten verbunden (vgl. Kap. 4.8). Insbesondere ist auch in diesem Fall erstens schwer zu ermitteln, worauf veränderte individuelle Messwerte zwischen den Messzeitpunkten ggf. zurückzuführen sind (mangelnde Reliabilität, veränderte situative Bedingungen etc. oder eine „echte" Veränderung der Merkmalsausprägung – inkl. des Einfluss der ersten Messung). Zudem ist auch bei „echten" Veränderungen schwer zu beurteilen, auf welche Ursachen sie vermutlich zurückzuführen sind.

Bei einer ersten Variante solcher Designs mit (mindestens) zwei Messzeitpunkten werden Kausalhypothesen geprüft, bei denen der angenommene Einfluss *langfristig* „wirkt" und prozesshaften Charakter aufweist (vgl. hierzu Kap. 5.1), was impliziert, dass ein klar identifizierbarer „Stimulus" als angenommene „Ursache" fehlt. Ein Beispiel wäre etwa der Einfluss der Selbsteinschätzung als politisch eher „links" oder „rechts" stehend auf die Einstellung zur CDU. Bei derartigen Designs können (in der einfachsten Konstellation) die beiden Variablen, welche die angenommene Ursache und die angenommene Wirkung repräsentieren, zu zwei unterschiedlichen Zeitpunkten erhoben werden.

Allerdings genügt es zur Prüfung einer Kausalhypothese nicht, lediglich die Korrelation der aus theoretischer Sicht „unabhängigen Variablen" zum Zeitpunkt 1 mit der „abhängigen Variablen" zum Zeitpunkt 2 zu ermitteln. Die nachweisliche zeitliche Differenz zwischen den beiden Messzeitpunkten garantiert nicht, dass im Falle einer Korrelation diese den Einfluss der zuerst gemessenen Variablen auf die zum Zeitpunkt zwei gemessene Variable widerspeigelt. Ein empirisch gefundener Zusammenhang kann beispielsweise auch in diesem Fall durch Drittvariablen beeinflusst sein. Asendorpf (2007: 104) bespricht als eindrucksvolles Demonstrationsbeispiel den „... Zusammenhang zwischen ehelicher Zufriedenheit vor der Zeugung eines Kindes und späteren Persönlichkeitseigenschaften dieses Kindes. Das Kind kann die eheliche Zufriedenheit nicht beeinflusst haben, aber Zufriedenheit und Kindmerkmale könnten durch verborgene Drittvariablen bedingt sein (z.B. genetische Faktoren, die Eltern und Kind teilen)".

Ein erster Schritt in Richtung Vermeidung solcher Fehlschlüsse besteht darin, nicht wie im vorstehenden Beispiel nur die der Kausalhypothese entsprechende Korrelation zu betrachten, sondern „Kreuzkorrelationen" („crossed-lagged correlations"). In diesem Fall wird sowohl die als „unabhängig" als auch die als „abhängig" betrachtete Variable zu beiden Zeitpunkten erhoben und anschließend zwei „zeitverzögerte" Korrelationen berechnet (Variable 1 zum Zeitpunkt 1 mit Variable 2 zum Zeitpunkt 2 sowie Variable 2 zum Zeitpunkt 1 mit Varaible 1 zum Zeitpunkt 2). Die stärkere der beiden Korrelationen kann als Hinweis auf die ihr entsprechende „Kausalrichtung" interpretiert werden – allerdings nur, wenn die Stabilität der beiden verglichenen Variablen gleich hoch ist (vgl. Rogosa 1980 oder als anschauliches Beispiel Asendorpf 2007: 105). Ist dies nicht der Fall, müssen anstelle der beiden Korrelationskoeffizienten entsprechende Pfadkoeffizienten betrachtet werden. Ein Demonstrationsbeispiel hierzu liefert ebenfalls Asendorpf (2007: 105). Festzuhalten ist allerdings, dass auch bei Betrachtung von Pfadkoeffizienten das Problem möglicherweise unkontrollierter, relevanter Drittvariablen – deren Ausprägung sich zudem über die Zeit verändern kann – bestehen bleibt. Ferner ist bei „prozesshaften" Beeinflussungsvorgängen zu beachten, dass für die Messungen zwei (oder mehr) Zeitpunkte mehr oder weniger willkürlich ausgewählt werden müssen (vgl. hierzu Kap. 4.8).

Bei einer zweiten Variante von Paneldesigns werden Kausalhypothesen geprüft, bei denen der angenommene Einfluss aus einem *zeitlich eng begrenzten*, „punktuellen" Einfluss (einem „Stimulus") besteht, der – zwischen den beiden Messzeitpunkten – für *alle* Mitglieder einer untersuchten Population gleichermaßen gesetzt wird. Beispielsweise hätte man im Rahmen eines Paneldesigns (Kap. 4.8) vor und nach der Einführung des Euro die Einstellung zur EU ermitteln können (was meines Wissens allerdings nicht geschehen ist). Denkbar ist auch, dass ein derartiges Design sich „zufällig" ergibt – etwa, wenn sich während der Laufzeit eines Panels, in dem die Haltung zur Atomkraft abgefragt wird, ein Atomunfall größeren Ausmaßes ereignet. Meist werden solche Designs jedoch in kleinerem Rahmen zur „Erfolgskontrolle" bestimmter Maßnahmen eingesetzt – bis hin etwa zur Gewichtsermittlung vor und nach einer Abmagerungskur.

Das dargestellte Design liegt letztlich auch der Real-Time-Response-Messung (RTR) zugrunde, mit der unter anderem die Wirkung von Politikerreden oder von TV-Duellen untersucht werden kann. Ein Beispiel für die Untersuchung von TV-Duellen aus Maurer u.a. (2007: 23; Hervorhebung im Original): „Das System besteht zum einen aus 7-stufigen Drehreglern, von denen jeder Test-Zuschauer einen erhält ... . Mit diesem Regler können die Probanden angeben, welchen Eindruck sie *gerade im Moment* von den Kandidaten haben. Die jeweilige Position des Reglers wird per Funk einmal pro Sekunde an einen Rechner übermittelt. Hier werden die Daten jedes Test-Zuschauers zusammen mit einem Timecode gespeichert". Die „Darbietung" wird also in „Sekundenintervalle" unterteilt und eine Veränderung der Einstellung des Drehreglers auf die davorliegenden Wahrnehmungen und Reaktionen der Testpersonen zurückgeführt (die Problematik von Reaktionszeiten sei an dieser Stelle ausgeklammert, ebenso die Frage, ob sich eventuell über eine gewisse Zeit ein „Handlungspotenzial" aufbaut, bevor die Regler-Einstellung verändert wird).

In der genannten Studie wurde zusätzlich die Wirkung des TV-Duells *insgesamt* untersucht, indem eine Vor- und eine Nachbefragung – unter anderem zu den Vorstellungen der Testpersonen bezüglich der Persönlichkeitseigenschaften und Sachkompetenzen der Kandidaten – durchgeführt wurde. An dieser Stelle wird deutlich, dass auch ein zeitlich klar abgrenzbarer „Stimulus" äußerst komplexer Natur sein kann. Dies gilt nicht nur, wenn relativ große Zeiträume (wie „das TV-Duell" insgesamt) betrachtet werden, sondern auch bei sehr kurzen Zeitintervallen, wie dies bei der RTR der Fall ist. Das Beispiel zeigt auch, dass bei komplexen Stimuli die Bestimmung dessen, was als „Ursache" zu betrachten ist, nicht immer einfach ist – sowohl was die inhaltliche Seite betrifft (was „wirkt" eigentlich? Argumente, Mimik, Gestik, Artikulation, Bildeinstellungen ...) als auch, was die zeitliche Abgrenzung angeht (baut sich die Bereitschaft zur Veränderung der Reglereinstellung bei der RTR in der Sekunde vor einer Veränderung auf, in längeren, konstanten Zeiträumen oder variieren diese Zeiträume

von Fall zu Fall und vielleicht auch von Testperson zu Testperson?).
Hier zeigt sich erneut ein Problem, das bereits in Kapitel 1.4 angesprochen wurde, wo gefragt wurde, *welche* situativen Merkmale (und
Reaktionen hierauf) einer „Eigenschaft" in bestimmter Ausprägung
entsprechen. Ferner ist auch hier das „Thomas-Theorem" (Kap. 1.1)
zu beachten. Ein und derselbe Stimulus – insbesondere, wenn dieser
komplexer Natur ist – kann von unterschiedlichen Personen unterschiedlich wahrgenommen und interpretiert werden, was die Reaktion
auf den Stimulus beeinflussen kann. Zudem können unterschiedliche
Personen, selbst falls sie ein und denselben Stimulus *gleich* wahrnehmen und interpretieren sollten, sehr unterschiedlich auf ihn reagieren
– zum Beispiel aufgrund ihrer Persönlichkeitseigenschaften, welche
„Moderatorvariablen" darstellen könnten.

### 5.7 Experimentelle Untersuchungsdesigns

Ein experimentelles Design gilt, sofern es einsetzbar ist, gemeinhin
als die beste Möglichkeit, Kausalhypothesen zu prüfen. Nachfolgend
werden unterschiedliche Varianten experimenteller Designs vorgestellt.
Sie alle zeichnen sich durch drei unverzichtbare Merkmale aus:
- Es werden mindestens zwei *experimentelle Gruppen* gebildet.
- Die Aufteilung der Versuchspersonen auf die Gruppen erfolgt per
  Zufall *(Randomisierung).*
- Die unabhängige Variable (Stimulus) wird vom *Forscher* manipuliert.

Hieraus ergeben sich die Voraussetzungen, die erfüllt sein müssen,
damit ein Experiment durchgeführt werden kann. Zunächst muss ein
zeitlich eng begrenzter „Stimulus" definierbar sein, welcher dem in
der Kausalhypothese angenommenen „Einflussfaktor" entspricht. Eher
prozesshafte Beeinflussungen können im Experiment kaum untersucht
werden. Ferner muss der Stimulus (vom Forscher) frei manipulierbar sein, was für viele sozialwissenschaftlich relevante „Einflüsse",
z.B. das „politische Interesse" oder das „Geschlecht" (als Proxy),
nicht möglich ist. Auch muss es sowohl technisch möglich als auch
ethisch vertretbar sein, die Versuchspersonen per Zufall in Gruppen
aufzuteilen und sie damit bestimmten Stimuli auszusetzen oder auch
nicht. Schließlich geht man grundsätzlich davon aus, dass der (von
„außen" gesetzte) Stimulus von allen Teilnehmern des Experiments

gleich wahrgenommen und interpretiert wird (ungeachtet des „Thomas-Theorems") und man prüft, inwiefern alle Versuchspersonen in gleicher Weise auf den Stimulus reagieren, was einem eher mechanistischen Menschenbild entspricht.

Sind diese Voraussetzungen gegeben bzw. akzeptiert, können unterschiedliche experimentelle Designs Anwendung finden. Nachfolgend werden einige dieser Designs vorgestellt. Als Demonstrationsbeispiel diene durchgehend folgende Kausalhypothese: „Das Beherrschen einer Mnemotechnik erhöht die Gedächtnisleistung".

Die einfachste Form des experimentellen Designs (Abbildung 5.7-1) sieht lediglich vor, nach randomisierter Aufteilung der Testpersonen auf eine Versuchs- und eine Kontrollgruppe der Versuchsgruppe eine Mnemotechnik beizubringen, der Kontrollgruppe hingegen nicht und anschließend beide Gruppen einem Gedächtnistest zu unterziehen. Der experimentelle Stimulus (auch: experimenteller Faktor) „Beherrschung einer Mnemotechnik" wird also zwischen der Versuchs- und der Kontrollgruppe variiert. Schneidet beim abschließenden Gedächtnistest die Versuchsgruppe (welche die Mnemotechnik erlernt hat) besser ab als die Kontrollgruppe (für die das nicht gilt), dann spricht dies für die Annahme, die bessere Leistung der Versuchsgruppe sei auf das Erlernen der Mnemotechnik zurückzuführen, da die Aufteilung in Versuchs- und Kontrollgruppe zufällig erfolgte und daher davon ausgegangen werden kann, dass sich beide Gruppen ursprünglich *nicht* signifikant hinsichtlich ihrer Gedächtnisleistung unterschieden.

Das Ziel der Randomisierung besteht ganz allgemein darin, zu verhindern, dass die Mitglieder der jeweiligen experimentellen Gruppen hinsichtlich *irgendwelcher* Variablen signifikante Unterschiede aufweisen. Dies gilt für alle erdenklichen Variablen, auch für solche, die der Forscher nicht als mögliche „Störvariablen" in Betracht gezogen hat. Hierin liegt eine große Stärke des Verfahrens im Vergleich zum Ex-post-facto-Design, wo erstens entsprechende Vorkenntnisse über störende „Drittvariablen" für deren Kontrolle nötig sind, und wo zweitens auch bei Kontrolle einiger Drittvariablen nicht sicher gestellt ist, dass *alle* einschlägigen Drittvariablen kontrolliert werden.

Eine schwächere Form der Umsetzung der Grundidee, Störfaktoren, sofern man sie nicht eliminieren kann, zumindest in den Experimental-

*Abbildung 5.7-1:  Einfachstes experimentelles Design*

| | | | | |
|---|---|---|---|---|
| R | X | O | **Versuchsgruppe** | R = Randomisierung |
| | | | | X = Experimenteller Stimulus |
| R | | O | **Kontrollgruppe** | O = Beobachtung (observation) |

und Kontrollgruppen „gleichmäßig wirken" zu lassen, ist das Matching. Beim Matching begnügt man sich damit, sicher zu stellen, dass die Ausprägung einzelner ausgewählter Variablen in Experimental- und Kontrollgruppen übereinstimmt.

Kennen die Testpersonen weder das Untersuchungsziel noch ihre Gruppenzugehörigkeit, so spricht man von einem „Blindversuch". Damit sollen Artefakte verhindert werden, die aus der betreffenden Kenntnis der Probanden erwachsen können. Bei einem „Doppelblindversuch" gilt Entsprechendes für den Versuchsleiter: Auch er kennt weder das Untersuchungsziel noch die Gruppenzugehörigkeit der Probanden. Beim Doppelblindversuch sollen zusätzlich Artefakte verhindert werden, die aus der betreffenden Kenntnis des Versuchsleiters erwachsen können.

Auf dem in Abbildung 5.7-1 dargestellten Design basieren viele Methodenexperimente im Rahmen der Umfrageforschung (vgl. Kap. 4.6). In solchen „Split-Experimenten" werden per Zufall ausgewählte Personen nochmals per Zufall in zwei oder mehrere experimentelle Gruppen aufgeteilt. Die unterschiedlichen Personengruppen erhalten dann unterschiedliche „Stimuli" – meist Variationen ein und derselben Frage hinsichtlich der Frageformulierung oder der Fragengestaltung. Unterschiede in der Beantwortung werden dann auf Unterschiede in den gesetzten „Stimuli" zurückgeführt.

Wie bereits angedeutet, beschränkt sich ein experimentelles Design nicht notwendigerweise auf lediglich zwei experimentelle Gruppen. Der „experimentelle Faktor" kann auch mehrere Stufen aufweisen. Im Beispiel könnte man etwa in drei Versuchsgruppen drei unterschiedliche Mnemotechniken einsetzen. Auch ist denkbar, dass eine „Kontrollgruppe" im eigentlichen Sinne insofern nicht existiert, als *allen* experimentellen Gruppen irgendein „Stimulus" zuteil wird – zum Beispiel eine bestimmte ärztliche Behandlungsmethode bei Kranken oder eine bestimmte Unterrichtsform bei Schülern. Diese Varianten bleiben im Folgenden der Übersichtlichkeit halber unberücksichtigt.

Abbildung 5.7-2:    *Einfachstes experimentelles Design – mit Kontrollmessung*

| R | $O_{t1}$ | X | $O_{t2}$ | **Versuchsgruppe** | | R = Randomisierung |
|---|----------|---|----------|--------------------|---|--------------------|
| | | | | | | X = Experimenteller Stimulus |
| R | $O_{t1}$ | | $O_{t2}$ | **Kontrollgruppe** | | O = Beobachtung (observation) |
| | | | | | | zum Zeitpunkt t... |

Das in Abbildung 5.7-1 geschilderte Design wird meist um eine Kontrollmessung zu Beginn des Experiments erweitert. Abbildung 5.7-2 zeigt diese Anordnung. Die Kontrollmessung ist nicht unbedingt nötig, sie erhöht jedoch die Aussagekraft des Experiments erheblich. Jetzt kennt man die individuellen „Startwerte" und kann *prüfen,* ob sie sich zwischen den experimentellen Gruppen (auf Aggregatebene) unterscheiden. Ferner sind – im Gegensatz zu vorher – Aussagen über die Veränderung der beobachteten Messwerte auf *individueller* Ebene möglich. In unserem Beispiel würde man sowohl die Versuchs- als auch die Kontrollgruppe zu Beginn einem Gedächtnistest unterziehen, dann der Versuchsgruppe eine Mnemotechnik beibringen, der Kontrollgruppe dagegen nicht – und schließlich beide Gruppen erneut einem Gedächtnistest unterziehen.

An dieser Stelle zeigt sich allerdings ein Problem, das bereits in den Kapiteln 4.7 und 4.8 thematisiert wurde: Zur Feststellung individueller Veränderungen muss streng genommen der gleiche Gedächtnistest zweimal durchgeführt werden. Dabei ist nicht auszuschließen, dass die Messung zum ersten Zeitpunkt das Ergebnis der zweiten Messung beeinflusst. Möglich wäre zum Beispiel (als Extremfall bei Multikausalität), dass der durch die erste Messung erzielte „Trainingseffekt" so groß ist, dass sich in *beiden* experimentellen Gruppen die Gedächtnisleistung zum Zeitpunkt zwei erhöht und der gesetzte Stimulus (das

Erlernen einer Mnemotechnik) somit „wirkungslos" erscheint, obwohl
sich ohne eine solche erste Messung (und deren Trainingseffekt) eine
Steigerung der Gedächtnisleistung nur für die Versuchsgruppe ergeben
hätte. Zur Aufdeckung derartiger Effekte eignet sich das nachfolgend
dargestellte „Solomon Vier-Gruppen-Design" (Abbildung 5.7-3).

*Abbildung 5.7-3: Solomon Vier-Gruppen-Design*

| R | $O_{t1}$ | X | $O_{t2}$ | Versuchsgruppe 1 | R = Randomisierung |
|---|---|---|---|---|---|
| | | | | | X = Experimenteller Stimulus |
| R | $O_{t1}$ | | $O_{t2}$ | Versuchsgruppe 2 | O = Beobachtung (observation) |
| | | | | | zum Zeitpunkt t... |
| R | | X | $O_{t2}$ | Versuchsgruppe 3 | |
| R | | | $O_{t2}$ | Kontrollgruppe | |

Dieses Design stellt eine Kombination der in den Abbildungn 5.7-2
und 5.7-1 dargestellten Designs dar und ermöglicht die entsprechenden Interpretationen. Zudem ist der Effekt der ersten Messung
kontrollierbar. Der im vorstehenden Absatz konstruierte Einfluss der
ersten Messung würde mit diesem Design erkannt, da in der Kontrollgruppe – im Gegensatz zur „Versuchsgruppe 2" – zum Zeitpunkt
t2 keine erhöhte Gedächtnisleistung feststellbar wäre. Ausführlicher
beschrieben ist das Solomon Vier-Gruppen-Design zum Beispiel in
Diekmann (2009: 343-344) oder in Schnell u.a. (2005: 224-225).
  Experimentelle Designs müssen sich nicht auf lediglich einen einzigen angenommenen Einflussfaktor (Stimulus) beziehen. Es ist auch
möglich, mehrere solcher „Einflussfaktoren" und deren Ausprägung in
Kombination in das Design einzubeziehen. Das klassische Auswertungs-
verfahren für solche Designs (wie für die bisher besprochenen) stellt die
Varianzanalyse dar. Sie ist ausführlich zum Beispiel in Backhaus u.a.
(2006: 119-153) beschrieben oder in Ross (2006: 397-435). Mit Hilfe
der Varianzanalyse lassen sich auch Interaktionseffekte für die zusätzlichen – über die additiven Effekte der jeweils einzelnen Einflussfaktoren
hinausgehenden – *kombinierten* Einflüsse mehrerer Faktoren schätzen.

Schließlich ist bei experimentellen Designs sowohl auf interne als auch externe Validität zu achten. Die *interne Validität* bezieht sich auf die Ausblendung möglicher Störvariablen im Rahmen des Experiments. Durch die Randomisierung ist dies bei „echten" Experimenten mit hoher Wahrscheinlichkeit gegeben. Es ist lediglich darauf zu achten, dass das Experiment von nicht kontrollierten Einflüssen so gut wie möglich „abgeschirmt" wird. Im Labor ist dies relativ leicht zu erreichen, bei Experimenten außerhalb des Labors – wie dem oben angesprochenen Methodenexperimenten – nicht unbedingt. Allerdings dürften sich auch in diesen Fällen störende äußere Einflüsse (etwa variierender Interviewsituationen) durch die Randomisierung *gleichmäßig* auf die experimentellen Gruppen verteilen. Störende „intrapersonale Effekte" – also „Reifungseffekte" im weitesten Sinne wie Ermüdung, das Aufkommen von Hunger oder das Nachlassen der Konzentration über die Zeit – sind kaum auszuschalten, allerdings dürften sich diese – bei sorgfältiger Planung des Experiments – ebenfalls gleichmäßig auf die experimentellen Gruppen verteilen. Um unkontrollierte Einflüsse solcher Effekte zu vermeiden, wird beispielsweise oft auch der Kontrollgruppe ein „Treatment" im Sinne eines „Placebos" verabreicht. Im oben genannten Beispiel könnte man der Kontrollgruppe auch irgendetwas beibringen, nur eben nicht die Mnemotechnik. Ganz allgenmein kann bei gut geplanten Experimenten, insbesondere im Labor, in aller Regel von großer interner Validität ausgegangen werden.

Anders liegen die Dinge im Hinblick auf die *externe Validität,* die den Grad erfasst, in dem die Ergebnisse des Experiments auf Alltagssituationen (auf die sich die zu prüfenden Kausalaussagen normalerweise beziehen) übertragbare Aussagen zulassen. Je höher die interne Validität des Experiments, in desto höherem Grad weist es tendenziell „Laborcharakter" auf, womit die genannte Generalisierung problematisch wird. Als Auswege aus dieser Zwickmühle bieten sich zum Beispiel (wie beim Methodenexperiment) Experimente außerhalb des Labors an – allerdings, wie gesagt, um dem Preis einer weniger umfassenden Kontrolle von Störfaktoren. Auch die „Triangulation" wäre in Betracht zu ziehen, also die Prüfung einer Kausalhypothese nicht nur mittels eines Experiments, sondern auch mittels anderer Methoden.

Besonders hoch ist die Gefahr mangelnder externer Validität bei Experimenten dann, wenn die Versuchspersonen nicht als (zumindest annähernd) repräsentativ für den Personenkreis zu betrachten ist, auf den sich die zu prüfenden Kausalhypothese bezieht. Werden etwa zur Prüfung einer Hypothese, die für alle erwachsenen Bundesbürger gelten soll, lediglich Studierende ganz spezieller Fachrichtungen herangezogen, dann besteht die Gefahr, dass das Experiment andere Ergebnisse liefern würde, falls ein repräsentatives Sample von Versuchspersonen getestet würde.

## 5.8 SIGNIFIKANZTESTS BEI KAUSALHYPOTHESEN

Kausalhypothesen behaupten – im hier betrachteten einfachsten Fall – einen gerichteten Zusammenhang zwischen zwei Variablen. Signifikanztests liefern hierbei Argumente für eine Einschätzung der Frage, ob zwischen den betreffenden Variablen in der untersuchten Population überhaupt empirisch belegbar von einem „Zusammenhang" auszugehen ist, womit ggf. – mit Einschränkungen – eine der zentralen Forderungen zur Annahme einer Kausalhypothese erfüllt ist (vgl. Kap 5.1). Weitergehende Prüfungen hinsichtlich der unterstellten Kausalrichtung beinhalten Signifikanztests nicht.

Überblicksdarstellungen zu Signifikanztests finden sich zum Beispiel in Behnke/Behnke (2006: 316-325) oder in Kühnel und Krebs (2010: 253-276). Das prinzipielle Vorgehen sei hier lediglich – am Beispiel des $\chi^2$-Tests für den Zusammenhang zwischen zwei diskreten Variablen, der Konfession der Befragten (katholisch, evangelisch ...) und deren auf die Wahlsonntagsfrage (vgl. Kap. 4.3) geäußerte Verhaltensintention (Wahl der CDU/CSU, SPD ...), – skizziert. Zunächst können die Wertekombinationen für alle Befragten in einer Kontingenztabelle dargestellt werden. Die Berechnung von Prozentwerten vermittelt einen ersten Eindruck vom „Zusammenhang" der beiden Variablen. Ergeben sich innerhalb aller Konfessionsgruppen (Katholiken, Protestanten ...) die gleichen prozentualen Verteilungen hinsichtlich der Antworten auf die Sonntagsfrage, so sind die beiden Variablen statistisch voneinander unabhängig – es besteht also *kein* Zusammenhang (Entsprechendes gilt für die zweite mögliche Prozentuierungsrichtung). Allerdings wird dieser Fall empirisch praktisch nie „in Reinform" eintreten, womit sich die Frage stellt, ab welchem „Grad der Abweichung" von der genannten Konstellation von einen „Zusammenhang" gesprochen werden kann.

An dieser Stelle kommt der statistische Test ins Spiel: Man errechnet zunächst aus den Werten der Kontingenztabelle eine Maßzahl, welche als „empirischer $\chi^2$-Wert" bezeichnet wird. Deren Verteilung ist für den (als „Nullhypothese" bezeichneten) Fall bekannt, dass in der untersuchten Population kein Zusammenhang zwischen den beiden Variablen besteht. Aus einer Tabelle können dann (jeweils für eine bestimmte, aus der Kontingenztabelle zu berechnenden Anzahl von „Freiheitsgraden" – sagen wir „12") sogenannte „kritische Werte" abgelesen werden. Diese besagen, dass *bei Geltung der Nullhypothese* der empirische $\chi^2$-Wert mit einer angebbaren Wahrscheinlichkeit nicht über dem betreffenden kritischen Wert liegen wird. Bei 12 Freiheitsgraden liegt in diesem Fall der empirisch ermittelte $\chi^2$-Wert mit einer Wahrscheinlichkeit von 99 Prozent unter dem „kritischen Tabellen-Wert" von „26.2" und nur mit einer Wahrscheinlichkeit von einem Prozent darüber. Letztere Wahrscheinlichkeit wird als „Irrtumswahrscheinlichkeit" bezeichnet und ist im Prinzip vom Forscher frei wählbar. Liegt ein empirisch gefundener $\chi^2$-Wert dennoch über dem „kritischen Tabellen-Wert", dann „glaubt man nicht mehr daran", dass die Befragten (welche durch eine Zufalls-Stichprobe „gezogen" wurden) aus einer Population stammen, in der *kein* Zusammenhang zwischen den beiden Variablen besteht und in der mithin die *„Nullhypothese"* gilt. Man „verwirft" mit anderen Worten in diesem Fall die Nullhypothese und akzeptiert stattdessen die sog. „Alternativhypothese", die lediglich besagt, dass die Nullhypothese nicht gilt und somit ein „irgendwie gearteter Zusammenhang" besteht, wobei bei dieser Argumentation immer die gewählte „Irrtumswahrscheinlichkeit" in Rechnung zu stellen ist. Das hier skizzierte Beispiel ist detailliert dargestellt in Schumann (2011: 195-206, 288).

Nach dem beschriebenen Muster arbeiten auch andere Signifikanztests. Zunächst wird eine genau spezifizierte Hypothese festgelegt – meist eine „Nullhypothese", die besagt, dass ein bestimmter Zusammenhang nicht besteht – sowie die zugehörige, unspezifischere Alternativhypothese, welche besagt, dass die genau spezifizierte Hypothese (im Folgenden: Nullhypothese) nicht gilt. Sodann wird aus den empirisch (über eine Zufallsstichprobe) erhobenen Daten eine Kenngröße (wie im vorangegangenen Beispiel der „empirische $\chi^2$-Wert") ermittelt, deren Verteilung *für den Fall der Geltung der Nullhypothese* bekannt ist, womit für bestimmte, vom Forscher zu wählenden Irrtumswahrscheinlichkeiten „kritische Werte" bestimmbar sind. Liegt der empirisch ermittelte Wert der Prüfgröße über dem kritischen Wert, so wird die Alternativhypothese unter Berücksichtigung der gewählten Irrtumswahrscheinlichkeit akzeptiert, anderenfalls die Nullhypothese.

Die bereits mehrfach erwähnte „Irrtumswahrscheinlichkeit", welche beim statistischen Test in Rechnung zu stellen ist, wird auch genauer als „Alpha-Fehler" oder „Fehler erster Art" bezeichnet. Dieser bezieht sich, wie gesagt, darauf, dass in der untersuchten Population die *Nullhypothese* gilt und erfasst *für diesen Fall* die Wahrscheinlichkeit dafür, sich „fälschlicherweise" aufgrund der Argumentation beim statistischen Test für die Alternativhypothese zu entscheiden. Schließlich besteht im Beispiel bei Geltung der Nullhypothese eine Wahrscheinlichkeit von einem Prozent dafür, dass der empirische $\chi^2$-Wert über dem kritischen $\chi^2$-Wert liegt. Diese Wahrscheinlichkeit wird lediglich als zu gering erachtet, um bei empirisch ermittelten $\chi^2$-Werten, die über dem kritischen $\chi^2$-Wert liegen, an die Geltung der Nullhypothese „zu glauben".

In der untersuchten Population muss nicht unbedingt – wie bisher unterstellt – die Nullhypothese gelten. Es kann dort auch die Alternativhypothese gelten (also ein Zusammenhang bestehen). In diesem Fall trifft man dann eine „Fehlentscheidung", wenn man fälschlicherweise die Alternativhypothese verwirft und die Nullhypothese akzeptiert. Solche Fehler werden als „Beta-Fehler" oder „Fehler 2. Art" bezeichnet. Tendenziell erhöht sich die Gefahr, einen Beta-Fehler zu begehen, mit der Verringerung des Alpha-Fehlers (allerdings nicht linear). Aus diesem Grund kann die beim statistischen Test in Rechnung gestellte Irrtumswahrscheinlichkeit (Alpha-Fehler) sinnvollerweise nicht beliebig klein angesetzt werden.

Nach dem Gesagten ergibt sich, dass ein Signifikanztest im Falle des Verwerfens der Nullhypothese nicht „beweist", dass in der untersuchten Population ein Zusammenhang besteht. Er liefert lediglich Argumente oder „gute Gründe" dafür, sich auf diesen Standpunkt zu stellen. Übereinstimmende Ergebnisse von zusätzlichen, unabhängig durchgeführten Validierungsstudien können die „Beweiskraft" stärken.

Drei Punkte sollten bei der Interpretation der Ergebnisse von Signifikanztests zusätzlich beachtet werden. Zum einen ist das Ergebnis,
ob sich ein anhand der empirischen Daten ermittelter Zusammenhang
(bei gegebener Irrtumswahrscheinlichkeit) als „signifikant" erweist oder
nicht, fallzahlabhängig. Bei Fallzahlen in der Größenordnung von N =
1000 oder mehr werden auch äußerst schwache Zusammenhänge „signifikant". Von daher sollte unbedingt die Stärke des Zusammenhangs
mit bedacht werden – im Falle von Pearson-Korrealtionskoeffizienten
etwa deren Quadrat als Maß für die „gemeinsame Varianz" der beiden
Variablen. Zweitens ist die Frage, bei welcher Irrtumswahrscheinlichkeit die durch einen statistischen Test festgestellte „Signifikanz" des
Zusammenhangs für die Annahme eines entsprechenden Zusammenhangs in der untersuchten Population spricht, letztlich nur subjektiv zu
entscheiden. Ein klares „Falsifikationskriterium" existiert nicht. Liegt
ein empirischer $\chi^2$-Wert beispielsweise zwischen zwei „kritischen Werten", die sich für zwei unterschiedliche Irrtumswahrscheinlichkeiten
ergeben, dann wird dem Zusammenhang bei Verwendung der einen
Irrtumswahrscheinlichkeit „Signifikanz" attestiert, bei Verwendung der
anderen hingegen nicht. Schließlich ist zu beachten, dass sich die
oben dargestellte Argumentation auf Zufallsstichproben stützt, wobei
die „Verweigerungsproblematik" ausgeblendet ist. Bei allgemeinen
Bevölkerungsumfragen verweigert jedoch – konservativ geschätzt –
mindestens etwa ein Drittel der ausgewählten Personen die Teilnahme
(vgl. Kap. 4.10). Meist liegt diese Quote deutlich höher. Das heißt, dass
Signifikanztests streng genommen nicht Aussagen über die „eigentlich"
zu untersuchende Population – etwa alle Wahlberechtigten der Bundesrepublik – erlauben, sondern nur über die „Inferenzpopulation" der
teilnahmebereiten und -fähigen Personen (vgl. z.B. Schumann 2011:
85). Sollen die Aussagen über Zusammenhänge – im Rahmen der
Prüfung entsprechender Kausalzusammenhänge – dennoch auf die
„gesamte" zu untersuchende Population generalisiert werden, kann
dies lediglich anhand zusätzlicher Informationen oder zusätzlicher
Annahmen (möglicherweise auch mit beidem) geschehen.

Zum Abschluss noch eine Warnung vor einem gelegentlich zu
beobachtenden „Missbrauch" von Signifikanztests: Oft ist die Versuchung groß, nach der Erhebung von Daten einfach alle möglichen

Zusammenhänge zu betrachten, im Falle metrischer Daten also beispielsweise eine große Korrelationsmatrix „alles gegen alles" zu erstellen, die „signifikanten" Korrelationen zu markieren und diese Korrelationen dann *inhaltlich* zu interpretieren. Abgesehen von der bereits angesprochenen Fallzahlabhängigkeit der Ergebnisse der Signifikanztests ergibt sich bei einem solchen Vorgehen aus der oben dargestellten Testlogik, dass mit einer der Irrtumswahrscheinlichkeit entsprechenden Häufigkeit fälschlicherweise als „signifikant" eingestufte Ergebnisse zu erwarten sind. Schon aus diesem Grund sollten Signifikanztests lediglich dazu eingesetzt werden, vorab aufgestellte Zusammenhangshypothesen zu prüfen.

### 5.9 ANMERKUNGEN ZUR INTERPRETATION DER PRÜFUNG VON KAUSALHYPOTHESEN

Bereits in Kapitel 5.1 wurde darauf verwiesen, dass „Kausalität" im strengen Sinne nicht nachweisbar ist.[6] Die in diesem Kapitel vorgestellten Möglichkeiten der Prüfung können jedoch Hinweise liefern, die für oder gegen die Annahme einer Kausalhypothese im Sinne einer „viablen" Annahme (vgl. Kap. 4.10) sprechen. In diesem Sinne sollten die Ergebnisse der Prüfung von Kausalhypothesen interpretiert werden.

Ferner ist es nützlich, bei Kausalhypothesen hinsichtlich der „Einflussvariablen" zu unterscheiden, ob ein zeitlich und inhaltlich „klar abgrenzbarer" Stimulus angenommen wird, oder eine „prozesshafte" Beeinflussung, da dies mit Konsequenzen bezüglich der Prüfungsmöglichkeiten verbunden ist. „Echte" Experimente im Sinne von Kapitel 5.7 können beispielsweise nur im ersten Fall (der als notwendige Bedingung gegeben sein muss) durchgeführt werden. Bei „prozesshaften" Beeinflussungsverhältnissen hingegen ist es meist schon aus theoretischer Sicht schwierig zu definieren, was als „Einfluss" zu betrachten sei, und die empirische Prüfung eines angenommenen „Einflusses" gestaltet sich in aller Regel schwierig. Besonders problematisch wird die Situation, wenn von „gegenseitiger

---

6  In dieses Bild passt, dass zudem die Messungen, auf denen die Prüfung von Kausalhypothesen beruht, lediglich einer „mittleren Wirklichkeitsebene" (vgl. Kap. 4.10) entsprechen.

Beeinflussung" oder „Rückkoppelungsprozessen" auszugehen ist (vgl. hierzu auch Kap. 1.7).

Was den – wie auch immer definierten – „Stimulus" betrifft, gehen Kausalhypothesen normalerweise implizit davon aus, dass er von allen Versuchspersonen gleich wahrgenommen und interpretiert wird. Nach dem in Kapitel 4.5 und 4.10 Gesagten ist dies keineswegs selbstverständlich. Im Sinne des „Thomas-Theorems" (Kap. 1.1) ist im Gegenteil davon auszugehen, dass – zumindest im sozialwissenschaftlichen Bereich – unterschiedliche Menschen ein und denselben Stimulus durchaus unterschiedlich wahrnehmen und interpretieren können. Zu prüfen ist also ggf., ob mit Wahrnehmungs- und Interpretationsunterschieden bezüglich des Stimulus in so ausgeprägtem Maße zu rechnen ist, dass dies bei der Interpretation der Ergebnisse zu berücksichtigen ist, oder ob dieser Punkt vernachlässigt werden kann.

Ein tendenziell „mechanistisches Weltbild" liegt dem Kausalitätsgedanken generell zugrunde. Wenn wirklich alles, was sich entlang des Zeitpfeils ereignet, als „Wirkung" betrachtet wird, die auf eine „Ursache" (oder mehrere) zurückzuführen ist[7], dann war (nach der heute vorherrschenden theoretischen Vorstellung) bereits unmittelbar nach dem Zeitpunkt der Singularität im „Urknall" alles determiniert (vgl. z.B. Greene 2006: 205-207), was sich bisher ereignet hat und noch ereignen wird – von der Entstehung der Milchstraße bis hin dazu, dass man zu einem bestimmten Zeitpunkt ein ganz bestimmtes Frühstücksei ein einer ganz bestimmten Art und Weise und unter ganz bestimmten Rahmenbedingungen verspeist. Für „Willensfreiheit" bleibt in diesem Szenario kein Raum (vgl. z.B. Greene 2006: 509-510) – ein Gedanke, der zum Beispiel von Vertretern des humanistischen Paradigmas (vgl. Kap. 1.8) ganz entschieden abgelehnt wird.

Lässt man dagegen Raum für „Willensfreiheit" (vgl. hierzu z.B. den Sammelband von Geyer 2004) oder „objektiven Zufall", der nicht

---

7   Diese Sichtweise ist u.a. mit der Schwierigkeit verbunden, dass „Zeit" und insbesondere „Zeitpunkte" sowie „Gleichzeitigkeit" Konstruktionen des menschliches Geistes zu sein scheinen (Greene 2006: 75, 156, 219, 365, 506) und dass in der Quantenphysik offenbar „Ursachen" ohne Zeitverzug „Wirkung" zeigen können (Greene 2006: 102, 149). Beide Probleme betreffen die bei Kausalhypothesen unterstellte „zeitliche Reihenfolge".

lediglich „Unwissen" entspricht (vgl. Zeilinger 2005: 43-44), folgt daraus, dass menschliches Verhalten nicht vollständig determiniert ist. Ein niedriges $R^2$ in Regressionsanalysen (vgl. Kap. 5.3) muss dann nicht unbedingt auf nicht berücksichtigte Einflussvariablen, mangelnde Reliabilität der eingesetzten Instrumente etc. zurückzuführen sein. Es könnte auch daraus resultieren, dass das zu erklärende menschliche Verhalten (als abhängige Variable) nicht vollständig erklärbar ist. Damit ergibt sich allerdings die sehr schwer zu beantwortende Anschlussfrage, *in welchem Maße* ein bestimmtes menschliches Verhalten determiniert ist und wie groß im Gegenzug der „Spielraum" für die Willensfreiheit bzw. den „objektiven Zufall". Ferner erhebt sich die Frage, wie nicht determinierte menschliche Verhaltensäußerungen zustande kommen. Die Antwort: „objektiv zufällig" würden Vertreter des humanistischen Paradigmas – und vermutlich nicht nur diese – kaum gelten lassen. Auch die Suche nach „verborgenen Parametern" (Zeilinger 2005: 44) kann aus dieser Sicht kaum zu einer befriedigenden Lösung führen, da im Falle des Erfolgs menschliches Verhalten doch wieder determiniert wäre und der bisher als „objektiv" betrachtete Zufall sich nach dem neuen Kenntnisstand als ein subjektiver erwiese.

Noch nicht thematisiert wurde die Frage, auf welche „Mechanismen" die in einer Kausalhypothese angenommenen Einflüsse beruhen. Wie kommt es dazu, dass die unabhängige Variable die abhängige in ganz bestimmter Art und Weise beeinflusst? Wie kommt es etwa dazu, dass gemäß einer oft geäußerten Kausalhypothese „geringe formale Bildung" zu einer erhöhten „Anfälligkeit für rechtsextremes Gedankengut" führt oder das Bekanntwerden eines Skandals zu politischem Protest? Auch wenn jeweils „plausible Mechanismen, die dem Kausalzusammenhang zugrunde liegen" (vgl. Kap. 5.1) vorstellbar sind, wird dieser Punkt bei der Prüfung von Kausalhypothesen oft nicht explizit thematisiert und untersucht. Beispielsweise für die Planung von Interventionen kann er jedoch von zentraler Bedeutung sein. Besteht etwa im ersten Beispiel der „Mechanismus" in der mangelhaften Ausbildung kognitiver Fähigkeiten (und entsprechenden anomischen Empfindungen), dann könnte eine gezielte Schulung der Anfälligkeit für rechtsextremes Gedankengut entgegenwirken. Besteht er dagegen in einer (durchaus realistischen) Selbstwahrnehmung als

„wirtschaftlich benachteiligt" (und der Wahrnehmung, Rechtsextreme setzten sich für „den kleinen Mann" ein), dann könnte dieser Effekt vermutlich über eine wirtschaftliche Besserstellung zu erreichen sein.

Eine letzte Überlegung zur Prüfung von Kausalhypothesen beschäftigt sich mit der Frage, ob die oft mannigfaltigen theoretischen Ansätze zur Erklärung individuellen menschlichen Verhaltens – basierend auf unterschiedlichen Menschenbildern – miteinander insofern kompatibel sind, als Menschen sich in manchen Situationen gemäß dem einen und in anderen Situationen gemäß dem anderen Menschenbild verhalten können. Trifft dies nicht zu, dann resultieren hieraus relativ einfache theoretische Ansätze zur Erklärung menschlichen Verhaltens – allerdings muss man sich für einen entscheiden und die übrigen „ablehnen". Trifft es dagegen zu, dann sind hoch komplexe theoretische Ansätze zur Erklärung individuellen menschlichen Verhaltens nötig, mit „Moderatorvariablen", von deren Ausprägung es abhängt, welcher Ansatz bzw. welches Menschenbild in einer gegebenen Situation zum Tragen kommt sowie eventuell, gemäß welchen Menschenbilds sich ein Mensch generell bevorzugt verhält. Derartige hoch komplexe theoretische Ansätze dürften allerdings mit den hier behandelten einfachen Kausalhypothesen wenig Ähnlichkeit aufweisen. Ein bisschen erinnert die zweite Sichtweise an die Feststellung Albert Einsteins: „Es geht darum, alles so einfach wie möglich zu machen. Aber nicht einfacher" (zit. nach Zeilinger 2005: 135).

# Praxis-Beispiel: Autoritarismusforschung

## 6.1 Vorbemerkungen

Am Beispiel der Autoritarismusforschung lassen sich viele der bisher
angesprochenen Punkte in der praktischen Forschung wiederfinden.
Sie war zunächst verankert im psychoanalytischen Paradigma der
Persönlichkeitspsychologie. Der Ansatz der „Authoritarian Personality"
der Berkeley-Gruppe dominierte das Forschungsfeld. Else Frenkel
Brunswik bewegte sich dann mit ihrem Ansatz der „Ambiguitätsinto-
leranz" (meist übersetzt als: „Intoleranz der Ambiguität") deutlich in
Richtung des Informationsverarbeitungsparadigmas. Milton Rokeach
ging diesen Schritt konsequent und verankerte seinen Dogmatismus-
Ansatz (zumindest weitestgehend) im Rahmen dieses Paradigmas.
Hans-Jürgen Eysencks Toughmindedness-Ansatz wiederum ist im
Eigenschaftsparadigma der Persönlichkeitspsychologie zu verorten.
Die Ansätze von Detlef Oesterreich sowie der (hier nicht ausführlich
dargestellte) Ansatz von Altemeyer basieren auf lerntheoretischen
Grundlagen und sind damit dem behavioristischen Paradigma zuzu-
ordnen (vgl. z.B. Altemeyer 1988: 331).[1]

Die Aufzählung unterschiedlicher Ansätze der Rechtsextremismus-
forschung ließe sich fortsetzen. In Kapitel 6 ist lediglich eine Auswahl
solcher Ansätze besprochen, die sich relativ klar einem bestimmten

---

[1]  In späteren Arbeiten berücksichtigt Altemeyer zusätzlich genetische Faktoren
(vgl. Altemeyer 1996: 69-75).

Paradigma der Persönlichkeitsforschung zuordnen lassen. Die betreffenden Ansätze werden kurz dargestellt, wobei jeweils anhand des konkreten Beispiels auf die in den vorherigen Kapiteln eher abstrakt angesprochenen Punkte hingewiesen wird – sowohl was die theoretische Einordnung, als auch was die eingesetzten Messverfahren betrifft.

Anzumerken ist, dass die hier angesprochenen Überlegungen nicht nur für den Bereich der Autoritarismusforschung im engeren Sinne relevant sind. So lassen sich beispielsweise die in Kapitel 6.2 angesprochenen Probleme bei der Untersuchung von Eigenschaften mit „Syndromcharakter" auf die Untersuchung von „Syndromen" Rechtsextremer Einstellungen (vgl. z.B. Falter 2000: 406-429 oder Decker und Brähler 2008: 16-18) übertragen.

## 6.2 Autoritäre Persönlichkeit (Berkeley-Gruppe)[2]

Theodor W. Adorno schrieb über Siegmund Freuds 1921 veröffentlichtes Werk „Massenpsychologie und Ich-Analyse": „Es ist keine Übertreibung zu sagen, dass Freud, obwohl ihn die politische Seite des Problems kaum interessierte, in rein psychologischen Kategorien das Heraufkommen und die Natur faschistischer Massenbewegungen klar voraussah" (Adorno 1970: 488).[3] In diesem Zitat zeigt sich sowohl der Ansatzpunkt als auch die Zielrichtung der Forschungen zur autoritären Persönlichkeit. Ausgehend vom psychoanalytischen Paradigma der Persönlichkeitsforschung (Kap. 1.2) versuchte man – noch unter dem Eindruck der Verheerungen des II. Weltkriegs – die Entstehung von faschistischen Bewegungen und Regimen sowie deren „Natur" zu erklären. Eine zentrale Rolle spielte hierbei das Konstrukt der „autoritären Persönlichkeit". Der Schwerpunkt des Forschungsinteresses lag auf dem Zusammenhang zwischen einer solchen „autoritären Persönlichkeit"

---

2   Die Kapitel 6.2 bis 6.4 wurden auf Grundlage der Kapitel 2.3 sowie 4.3, 4.4 und 4.6 aus dem im Oldenbourg Verlag erschienenen vergriffenen Werk „Persönlichkeitsbedingte Einstellungen zu Parteien" (Schumann 2001) erstellt. Die Übernahme der entsprechenden Passagen erfolgt mit freundlicher Genehmigung des Verlags.

3   Freuds diesbezügliche Vorstellungen sind in seinem Essay „Massenpsychologie und Ich-Analyse" (in der Ausgabe von 1967) insbesondere auf den Seiten 62 bis 67 nachzulesen.

und (faschistoiden) politischen Präferenzen und Verhaltensweisen, womit hauptsächlich die Blöcke III und V des in Kapitel 1.1 vorgestellten Analysemodells thematisiert wurden. Einflüsse der unmittelbaren Situation (Block IV) und entfernter sozialer Antezedenzien, wie etwa das Vorhandensein oder Nichtvorhandensein eines Unterdrückungsapparates (Block I), wurden kaum und die soziale Umgebung (Block II) nur gelegentlich und am Rande – etwa durch die Betrachtung von Erziehungsmethoden – in die Analysen einbezogen.[4]

Bekannt wurde der Ansatz, der in erster Linie auf Freuds Psychoanalyse aufbaut, mit dem 1950 erschienenen Werk „The Authoritarian Personality" von Adorno, Frenkel-Brunswik, Levinson und Sanford, der sogenannten Berkeley-Gruppe. Den Kern des Ansatzes bildet die Vorstellung, die autoritäre Persönlichkeit sei gekennzeichnet durch ein schwaches Ich, ein veräußerlichtes Über-Ich und unbewältigte, schwer zu kanalisierende, angsterregende Es-Triebe.[5] Die Theoriebildung erfolgte induktiv und kam über dieses Stadium nicht hinaus, was Oesterreich (1996: 46) – zu Recht – bemängelt. Als Hauptursache für die Ausbildung eines schwachen Ichs (anstelle eines starken, autonomen Ichs) wurden rigide Erziehungsmethoden während der Kindheit angesehen – wohlgemerkt unter psychoanalytischen Gesichtspunkten,

---

4   Das Autoritarismuskonzept war ursprünglich stark soziologisch ausgerichtet. Diese Ausrichtung verlor sich allerdings nach der Veröffentlichung der „Authoritarian Personality" im Jahre 1950. Oesterreich (1996: 9-51) beschreibt ausführlich diese Entwicklung.

5   Michaela von Freyhold (1971: 26) vertrat die Auffassung, es gebe nicht „die" autoritäre Persönlichkeit, sondern eine ganze Reihe davon, wobei sich alle diese Persönlichkeiten aufgrund einer jeweils unterschiedlichen Genese durch ein schwaches Ich, ein veräußerlichtes Über-Ich und ein schwer zu kanalisierendes Es auszeichneten. Unterschiedliche Typen einer „autoritären Persönlichkeit" nahmen ursprünglich auch die Autoren der „Authoritarian Personality" an (vgl. Adorno u.a. 1969: 744-771), wobei dieser Gedanke allerdings kaum weiter verfolgt wurde und die Aussagen teilweise unklar sind. Adorno spricht auch von „der" autoritären Persönlichkeit (vgl. Adorno u.a. 1969: 751 bzw. Adorno 1980: 312).
    Erich Fromm und Wilhelm Reich entwickelten aufgrund anderer, ebenfalls psychoanalytisch orientierter Überlegungen alternative Vorstellungen von einer „autoritären Persönlichkeit". Die beiden Ansätze wurden allerdings empirisch nicht weiter verfolgt.

nicht unter lerntheoretischen. Ein schwaches Ich ist nach diesem Ansatz nicht oder nur unzureichend in der Lage, seiner Aufgabe, zwischen Es, Außenwelt und Über-Ich zu vermitteln, nachzukommen. Statt dessen unterwirft es sich einem veräußerlichten Über-Ich.

Zum Erscheinungsbild einer „autoritären Persönlichkeit" nach dem Ansatz der Berkeley-Gruppe im einzelnen: Die *Es-Triebe* bleiben unbewältigt und werden in gesellschaftlich geduldeten Formen, nämlich als allgemein destruktive Haltung, die nicht auf ein besonderes Zielobjekt gerichtet ist, als „scheinbar affektlose zynische Menschenverachtung" (Jaerisch 1975: 146) sowie durch die Projektion unbewusster Triebimpulse auf andere – insbesondere auf Fremdgruppen und Minderheiten – ausgelebt. Meist sind es aggressive Impulse, die so ausgelebt werden, insbesondere im letzten Fall, der Projektion, jedoch auch sexuelle. Ursula Jaerisch (1975: 146-147) schreibt über den Autoritären: „Da er bereits unter dem übermäßigen Zwang moralischer Normen aufgewachsen sei, ohne dass ihm die notwendige Repression durch die Befriedigung libidinöser Bedürfnisse erträglich gemacht worden wäre, sei sein späteres Verhältnis zur Sexualität von dem Zwiespalt zwischen Moralismus und Ich-fremd bleibenden Impulsen geprägt. Sexuelle und sexuell-aggressive Triebregungen, die er bei sich selbst verpönen muss, werde er anderen zuschreiben und dort unter Strafe zu stellen geneigt sein".

Ein *veräußerlichtes Über-Ich* ist gekennzeichnet durch zwanghaftes Festhalten an konventionellen Werten des Mittelstandes (Konventionalismus), autoritäre Unterordnung und autoritäre Aggression. Mit „autoritärer Unterordnung" ist dabei einerseits die Neigung zur Identifikation mit Mächtigen und Führerfiguren gemeint, denen man sich unterwirft[6], andererseits das Denken in Hierarchien (in denen man – allerdings an untergeordneter Stelle – selbst zu den Mächtigen

---

6   Hierbei unterstreicht Adorno (1970: 495) die wesentliche Rolle des Narzismus, wenn er schreibt: „Indem er den Führer zu seinem Ideal macht, liebt der Mensch eigentlich sich selbst, nur unter Beseitigung der Misserfolgs- und Unzufriedenheitsmale, die sein Bild vom eigenen, empirischen Selbst entstellen" oder: „Das Bild des Führers befriedigt den doppelten Wunsch des Geführten, sich der Autorität zu unterwerfen und zugleich selbst Autorität zu sein" (Adorno 1970: 497).

zählen kann) sowie das Bedürfnis Menschen, die sich dem entsprechenden Ordnungssystem nicht unterwerfen, zu verfolgen und zu bestrafen. „Autoritäre Aggression" bezeichnet die Verschiebung von Aggressivität, die ursprünglich gegen Autoritäten gerichtet war (da diese die eigenen Bedürfnisse unterdrückten), auf Fremdgruppen und Minderheiten.

Ein *schwaches Ich* ist nach dem Ansatz der autoritären Persönlichkeit vor allem durch Anti-Intrazeption, Stereotypie, Aberglaube, die Betonung der eigenen Stärke, Kraft und Robustheit sowie durch ein ausgeprägtes Machtdenken gekennzeichnet. Zur Anti-Intrazeption, insbesondere zur Abwehr von Gefühlen, Phantasie und Selbstreflektion, führt die Furcht des schwachen Ichs vor den verdrängten Es-Trieben. Diese Furcht des schwachen Ichs hat auch stereotypes Denken in starren Mustern und Kategorien zur Folge. Zu viele Beobachtungen und Gedanken sind affektiv besetzt, könnten Angst auslösen und werden daher nicht zugelassen. Statt dessen greift der Autoritäre zu starren, von außen übernommenen, einfachen Denkschemata mit den Kategorien gut oder schlecht, Freund oder Feind etc. Auf dieser Vorstellung basiert der Ansatz der „Ambiguitätsintoleranz" von Else Frenkel-Brunswik (1949; vgl. auch Schumann 2001: 79-81), welcher allerdings in erster Linie dem Informationsverarbeitungsparadigma (vgl. Kap. 1.6) zuzuordnen ist. Auch soziale Beziehungen werden in diesen Kategorien wahrgenommen. Die Furcht des schwachen Ichs vor den verdrängten Es-Trieben führt ferner (als Kompensation) zur Betonung der eigenen Stärke, Kraft und Robustheit nach außen sowie zur Wahrnehmung sozialer Beziehungen in den Kategorien Stärke oder Schwäche, Führer (Autorität) oder Geführte und damit in Kategorien von Macht und Hierarchie. Auf der anderen Seite neigt das schwache Ich zum Aberglauben. Das Schicksal wird als von „höheren Mächten" gelenkt und damit der eigenen Kontrolle entzogen angesehen.

Zur Erfassung des geschilderten autoritären Persönlichkeitssyndroms wurden von der Berkeley-Gruppe mehrere Verfahren eingesetzt. Am bekanntesten hiervon ist die sogenannte F-Skala (Faschismus-Skala), ein Likert-Instrument, das eine entsprechende Messung ermöglichen sollte, ohne den befragten Personen den Zweck der Messung direkt zu offenbaren. Das Instrument ist in Tabelle 6.2-1 (siehe S. 305 f.)

berichtet, wobei – nebenbei bemerkt – zum Beispiel Item Nr. 23 demonstriert, wie Fragen „veralten" können und Frage Nr. 15, bei der
„immoral people" mit „Asoziale" ins Deutsche übersetzt wurde, mit
welchen Schwierigkeiten Übersetzungen verbunden sein können (vgl.
Kap. 4.10).[7] Um die F-Skala entwickelte sich eine umfassende und
lang andauernde Methodendiskussion, die z.B. in Schumann (1984:
11-15) dargestellt ist. Die Hauptkritik an der F-Skala konzentrierte sich
vor allem auf die Frage der Übertragbarkeit der Ergebnisse von der
städtischen Mittelschicht (in den USA), anhand derer sie entwickelt
wurde, auf andere Schichten, auf ihre politische Rechtsfärbung, auf
ihre empirisch nachgewiesene Bildungs- und Intelligenzabhängigkeit,
auf die Möglichkeit der Verzerrung von Skalenwerten durch „faking
good" sowie auf den Vorwurf der Beeinflussbarkeit der Skalenwerte
durch Antwortstile (insbesondere Zustimmungstendenz). Diese Punkte
betreffen in erster Linie die Validität des Instruments.

Ein weiterer Punkt betrifft dessen Mehrdimensionalität, auf die
faktorenanalytische Untersuchungen hinwiesen. Messen sollte die F-
Skala ein mehrdimensionales Konstrukt, als Likert-Instrument war sie
jedoch auf Eindimensionalität hin konstruiert. Die hiermit verbundenen
Probleme wurden in Kap. 4.9 angesprochen.[8] Hinzu kommen die un-
gleiche „Verteilung" der Fragen auf die „Komponenten" des Syndroms
(„Autoritäre Aggression" wird beispielsweise mit acht Items erfasst,
„Destruktivität und Zynismus" nur mit zwei) und die Besonderheit,
dass viele Fragen zwei oder – in einem Fall – sogar drei Komponenten des Syndroms erfassen sollen. Ehrlich (1968) und Wilson u.a.
(1973: 46-47) kritisieren ferner – mit Recht – die Vermischung von
Richtung und Extremität der Antworten bei der F-Skala, wobei diese
Kritik allerdings generell auf Likert-Skalen zutrifft, die zur Messung
von „Syndromen" eingesetzt werden (vgl. ebenfalls Kap. 4.9). Wie zu
erwarten, waren weiter mittlere Skalenwerte aufgrund der dichotomen

---

7   Weiterentwicklungen der F-Skala sind zusammenfassend in Christie (1991:
    534) und in Ray (1984) dargestellt.

8   Generell impliziert die Annahme eines Persönlichkeitssyndroms eine Reihe
    von Problemen, wie etwa Roghmann (1966: 78) oder Oesterreich (1996:
    46-51) darlegen.

Konzeption: „autoritäres Persönlichkeitssyndrom vorhanden versus nicht vorhanden" aus theoretischer Sicht nur schwer interpretierbar. Ein inhaltlicher „Gegenpol" zum Konstrukt der „autoritären Persönlichkeit" wurde nicht explizit definiert, was bedeutet, dass als „nicht autoritär" eine Vielzahl von – hinsichtlich ihrer Triebdynamik – höchst unterschiedlichen Persönlichkeitstypen bezeichnet wurde.[9]

Trotz dieser Diskussion entstand eine Flut von Forschungsarbeiten zur autoritären Persönlichkeit. Die F-Skala wurde von Roghmann (1966: 224-233) und von Michaela von Freyhold (1971) in einer jeweils stark modifizierten Form ins Deutsche übertragen. Der Ansatz der autoritären Persönlichkeit war bis in die 1960er Jahre der wichtigste Ansatz zur Erklärung politischen Verhaltens aus Persönlichkeitseigenschaften. Rippl u.a. (2000) geben einen knappen Überblick. Weitere Literaturverweise zu Überblicksdarstellungen des Ansatzes, seiner Entwicklung und zu ihn betreffenden Forschungsergebnissen finden sich in Schumann (2001: 105). Seit den 1970er Jahren mehrten sich allerdings Stimmen, die fundamentale Kritik an dem Ansatz üben, zum Beispiel von Altemeyer (1981: 112), Oesterreich (1996: 8, 14, 92) oder Ray (1976).

Neben der bereits erwähnten induktiven Theoriebildung und einer Neigung zum psychologischen Reduktionismus wurde dem Autoritarismuskonzept aus theoretischer Sicht vor allem der Vorwurf zu großer Heterogenität gemacht. Hierzu ein Zitat von Oesterreich (1996: 48): „Wie die neun Unterkonzepte verdeutlichen, ist die autoritäre Persönlichkeit durch sehr unterschiedliche Eigenschaften gekennzeichnet, die zudem auf verschiedenen Analyseebenen angesiedelt sind. Teils werden psychodynamische Prozesse angesprochen ..., teils grundlegende Einstellungen der Welt und dem Leben gegenüber ... und schließlich auf einer dritten Ebene Einstellungen zu Alltagsfragen und -problemen ... . Da es außer einem allgemeinen, im Rahmen der psychoanalytischen Theorie wurzelnden Menschenbild keinen theoretischen Ansatz gibt, bleibt unklar, wie diese neun Unterkonzepte zusammenhängen. ... Stellt man die Tatsache in Rechnung, dass die neun Unterkonzepte der autoritären Persönlichkeit zugleich die Fragenkomplexe des Fra-

---

9   Vgl. auch Adorno u.a. (1969: 751) bzw. Adorno (1980: 312).

gebogens zur Erfassung von Autoritarismus, der F-Skala, sind, dann lässt sich zugespitzt formulieren, dass das Konzept der autoritären Persönlichkeit von Adorno et al. eher die Beschreibung der Operationalisierung einer Theorie ist als eine solche selbst".

Eine der Hauptschwächen des Ansatzes stellt aus theoretischer Sicht seine Verankerung im psychoanalytischen Paradigma der Persönlichkeitspsychologie dar. Wie in Kapitel 1.2 dargestellt, entzieht er sich schon von daher weitgehend einer empirischen Prüfung. Hält man trotzdem am psychoanalytischen Paradigma fest, ergibt sich auch unter diesem (theoretischen) Aspekt nahezu zwangsläufig, dass die F-Skala mit ihren Einstellungsfragen kaum eine „gelungene Umsetzung" des Konzepts der „autoritären Persönlichkeit" sein kann, wie zum Beispiel auch Six (1996: 23) feststellt.

*Tabelle 6.2-1: Die Items der F-Skala und ihre Zuordnung*

| Nr. | Item (Wortlaut) | Zuordnung |
|-----|-----------------|-----------|
| 1. | Obedience and respect for authority are the most important virtues children should learn. | CV, AS |
| 2. | A person who has bad manners, habits and breeding can hardly expect to get along with decent people. | CV, AA |
| 3. | If people would talk less and work more, everybody would be better off. | CV, AI, AA |
| 4. | The businessman and the manufacturer are much more important to society than the artist and the professor. | CV, AI |
| 5. | Science has its place, but there are many important things that can never possibly be understood by the human mind. | AS, SS |
| 6. | Young people sometimes get rebellious, but as they grow up they ought to get over them and settle down. | AS |
| 7. | What this country needs most, more than laws and political programs, is a few cou-rageous, tireless, devoted leaders in whom the people can put their faith. | AS, PT |
| 8. | No sane, normal, decent person could ever think of hurting a close friend or relative. | AS |
| 9. | Nobody ever learned anything really important except through suffering. | AS |
| 10. | Every person should have complete faith in some supernatural power whose decisions he obeys without question. | AS, SS |
| 11. | What the youth needs is strict discipline, rugged determination, and the will to work and fight for family and country. | AA, PT |
| 12. | An insult to honor should always be punished. | AA, PT |
| 13. | Sex crimes, such as rape and attacks on children, deserve more than mere imprisonment; such criminals ought to be publicly whipped, or worse. | AA, sex |
| 14. | There is hardly anything lower than a person who does not feel a great love, gratitude, and respect for his parents. | AA |

| 15. | Most of our social problems would be solved if we could somehow get rid of the immoral, crooked, and feeble-minded people. | AA |
|---|---|---|
| 16. | Homosexuals are hardly better than criminals and ought to be severely punished. | AA, sex |
| 17. | When a person has a problem or worry, it is best for him not to think about it, but to keep busy with more cheerful things. | AI |
| 18. | Some people are born with an urge to jump from high places. | SS |
| 19. | People can be divided into two distinct classes: the weak and the strong. | SS, PT |
| 20. | Some day it will probably be shown that astrology can explain a lot of things. | SS |
| 21. | Wars and social troubles may some day be ended by an earthquake or flood that will destroy the whole world. | SS, proj |
| 22. | No weakness or difficulty can hold us back if we have enough will power. | PT |
| 23. | It is best to use some prewar authorities in Germany to keep order and prevent chaos. | PT |
| 24. | Most people don`t realize how much our lives are controlled by plots hatched in secret places. | PT, proj |
| 25. | Human nature being what it is, there will always be war and conflict. | DC |
| 26. | Familiarity breeds contempt. | DC |
| 27. | Nowadays when so many different people move around and mix together so much, a person has to protect himself especially carefully against catching an infection or disease from them. | proj |
| 28. | Nowadays more and more people are prying into matters that should remain personal and private. | proj, AI |
| 29. | The wild sex life of the old Greeks and Romans was tame compared to some of the goings-on in this country, even in places where people might least expect it. | proj, sex |

Quellen: Adorno u.a. 1969: 255-257. Vgl. zur deutschen Übersetzung und zur Zuordnung auch: Adorno 1980: 79-84.

Legende:

**Konventionalismus** (Conventionalism; **CV**): Starres Festhalten an konventionellen Wertvorstellungen des Mittelstandes.

**Autoritäre Unterwürfigkeit** (Authoritarian Submission; **AS**): Unterwürfige, kritiklose Haltung gegenüber idealisierten moralischen Autoritäten der Eigengruppe.

**Autoritäre Aggression** (Authoritarian Aggression; **AA**): Tendenz, nach Menschen Ausschau zu halten, die konventionelle Normen verletzen, um sie zu verurteilen und zu bestrafen.

**Anti-Intrazeption** (Anti-intraception; **AI**): Abwehr des subjektiven, Phantasievollen, Sensiblen.

**Aberglaube und Stereotypie** (Superstition and Stereotypy; **SS**): Der Glaube an die mystische Bestimmung des Schicksals; die Disposition, in rigiden Kategorien zu denken.

**Macht und „Robustheit"** (Power and „Toughness"; **PT**): Denken in den Dimensionen Herrschaft – Unterwerfung, stark – schwach, Führer – Gefolgschaft; Identifizierung mit Machtfiguren; Überbetonung der konventionalisierten Attribute des Ichs; übertriebene Zurschaustellung von Stärke und Robustheit.

**Destruktivität und Zynismus** (Destructiveness an Cynism; **DC**): Generalisierende Feindseligkeit, Verleumdung des Menschlichen.

**Projektivität** (Projectivity; **proj**): Die Disposition, an unsinnige und gefährliche Vorgänge in der Welt zu glauben; die Projektion unbewusster emotionaler Impulse nach außen.

**Sexualität** (Sex; **sex**): Übertriebenes Interesse an sexuellen „Vorgängen".

Antwortvorgaben:

+3  strong support, agreement
+2  moderate support, agreement
+1  slight support, agreement
-1  slight opposition, disagreement
-2  moderate opposition, disagreement
-3  strong opposition, disagreement

## 6.3 Dogmatismus (Rokeach)

Der Dogmatismus-Ansatz von Milton Rokeach[10] wurde als Weiterentwicklung des Ansatzes der „autoritären Persönlichkeit" (vgl. Kapitel 6.2) konzipiert. Übersichtsdarstellungen zum Dogmatismus-Ansatz von

---

10 Vorarbeiten: Rokeach (1954, 1956); Hauptwerk: Rokeach (1960). Vgl. zum Ansatz von Rokeach auch: Rokeach (1963, 1966/67), Rokeach u.a. (1954), Rokeach u.a. (1965) und Ehrlich u.a. (1969).

Rokeach finden sich in Ehrlich (1978) oder Vacchiano u.a. (1969) und Vacchiano (1977).[11] Rokeach lieferte den ersten bedeutenden theoretischen Ansatz, der sich mit „ideologiefreiem Autoritarismus" beschäftigte (vgl. z.B. Rokeach 1960: 117-118) – womit er der Kritik der „Rechtslastigkeit" des Ansatzes der Berkeley-Gruppe Rechnung trug – und der sich weitgehend vom psychoanalytischen Paradigma löste – womit er die mit dem psychoanalytischen Paradigma verbundene Kritik (vgl. Kap. 1.2) weitgehend vermied. Hervorzuheben ist allerdings, dass Rokeach trotz seiner Lösung vom psychoanalytischen Paradigma „Dogmatismus" als „Angstabwehrmechanismus" begreift.

Rokeachs Dogmatismus-Ansatz ist als kognitionstheoretisch orientierter Ansatz – mit der genannten Einschränkung – in erster Linie dem Informationsverarbeitungsparadigma der Persönlichkeitspsychologie (vgl. Kapitel 1.6) zuzuordnen. Ein zentraler Begriff ist der des „belief-disbelief-system". Rokeach beschreibt dieses (Gesamt-) System als „Organisation von verbalen oder nonverbalen, impliziten oder expliziten Überzeugungen, Haltungen und Erwartungen".[12] Weder „beliefs" noch „disbeliefs" müssen bewusst sein und ihnen fehlt – im Vergleich zu Einstellungen – eine affektive Komponente. Das „belief system" repräsentiert nach Rokeach alle – bewussten oder unbewussten – Überzeugungen, Haltungen und Erwartungen, die ein Individuum als „wahr" erachtet. Das „disbelief system" repräsentiert alle – bewussten oder unbewussten – Überzeugungen, Haltungen und Erwartungen, die ein Individuum als „falsch" erachtet. Es besteht, im Gegensatz zum „belief system", aus *einer Reihe* entsprechender Untersysteme und ist damit nicht nur das Gegenteil des „belief system". Rokeach legt Wert auf die Feststellung,

---

11 Anfang der 70er Jahre entwickelte Ertel (1972) in Anlehnung an das Dogmatismus-Konzept ein Verfahren zur Analyse von Texten, wobei deren „Dogmatismusgehalt" anhand entsprechender Stilelemente untersucht wird. Ertel löste damit – nachdem Texte von „Dialektikern" stilistisch als dogmatischer eingestuft wurden als Texte von „Empirikern" (vgl. ders. 1972: 258) – eine heftige Kontroverse aus (vgl. Keiler u.a. (Hrsg.) 1978 oder zusammenfassend Hartmann 1983: 79-82).
Vgl. zum Dogmatismus-Ansatz und zur Arbeit Ertels auch Eibl-Eibesfeldt (1997: 63-69).

12 Originalzitat: „... an organization of verbal or nonverbal, implicit or explicit beliefs, sets, or expectancies" (Rokeach 1960: 32).

dass es sich beim „belief-disbelief-system" nicht um ein logisches, sondern um ein psychologisches System handelt. Aus dem Grad, in dem die einzelnen Teile des Systems verbunden oder isoliert voneinander sind, lassen sich nach Rokeach Verhaltensprognosen ableiten.[13]

Die Definitionen eines offenen beziehungsweise geschlossenen „belief-disbelief system" sind in Abbildung 6.3-1 dargestellt.[14] Das „belief-disbelief system" hat nach Rokeach zwei wichtige (und teilweise konkurrierende) Funktionen: Es dient einerseits dazu, so gut wie möglich ein kognitives Orientierungssystem zum Verständnis der Umwelt und zum Einordnen von neuen Informationen zu schaffen und andererseits dazu, so weit wie nötig angsterregende Aspekte der Umwelt abzuwehren.[15] Ihm werden damit zwei Funktionen zugeschrieben, die

13 Vgl. hierzu Rokeach (1960: 31-33).

14 Zu Abbildung 6.3-1: Unter „authority" versteht Rokeach jede Quelle, die Informationen über unsere Umwelt liefert oder anhand derer bereits vorhandene Informationen geprüft werden können (Rokeach 1960: 43). Eine autoritäre Persönlichkeit zeichnet sich nach Rokeach dadurch aus, dass sie Autoritäten blind und bedingungslos vertraut und letztlich nicht mehr zwischen dem substanziellen Inhalt einer Information und dem, was ihr über den Lieferanten der Information zu entnehmen ist, zu differenzieren vermag (zum „zweifachen Charakter" von Information vgl. auch Roghmann 1966: 94). Eine autoritäre Persönlichkeit unterscheidet sich in ihrer Vorstellung über die Natur und den Stellenwert von Autoritäten von einer nicht-autoritären Persönlichkeit. Eine nicht-autoritäre Persönlichkeit verlässt sich nur „vorläufig" auf Autoritäten und ist bereit, diese in Frage zu stellen (Rokeach 1960: 43-44 und 58).

Zur Central-Peripheral Dimension: „(1) A central region represents what will be called a person's ‚primitive' beliefs. These refer to all the beliefs a person has acquired about the nature of the physical world he lives in, the nature of the ‚self' and of the ‚generalized other' (G.H. Mead 1952). (2) An intermediate region represents the beliefs a person has in and about the nature of authority and the people who line up with authority, on whom he depends to help him form a picture of the world he lives in. (3) A peripheral region represents the beliefs derived from authority, such beliefs filling in the details of his world-map" (Rokeach 1960: 39-40).

15 „It is ... assumed that all belief-disbelief systems serve two powerful and conflicting sets of motives at the same time: the need for a cognitive framework to know and to understand and the need to ward off threatening aspects of reality" (Rokeach 1960: 67). „It is proposed, however, that for most persons in most situations, both sets of needs operate together

*Abbildung 6.3-1: Definition von „Open-Closed Systems" bei Rokeach*

## Definition I: The Defining Characteristics of Open-Closed Systems

### A Belief-Disbelief System is

| Open | Closed [Dogmatism] |
|---|---|

#### A. to the extent that, with respect to its organization along the belief-disbelief continuum,

| | |
|---|---|
| 1. the magnitude of rejection of disbelief subsystems is relatively low at each point along the continuum; | 1. the magnitude of rejection of disbelief subsystems is relatively high at each point along the disbelief continuum; |
| 2. there is communication of parts within and between belief and disbelief systems; | 2. there is isolation of parts within and between belief and disbelief systems; |
| 3. there is relatively little discrepancy in the degree of differentiation between belief and disbelief systems; | 3. there is relatively great discrepancy in the degree of differentiation between belief and disbelief systems; |
| 4. there is relatively high differentiation within the disbelief system; | 4. there is relatively little differentiation within the disbelief system; |

#### B. to the extent that, with respect to the organization along the central-peripheral dimension,

| | |
|---|---|
| 1. the *specific content* of primitive beliefs (central region) is to the effect that the world one lives in, or the situation one is in at a particular moment, is a friendly one; | 1. the *specific content* of primitive beliefs (central region) is to the effect that the world one lives in, or the situation one is in at a particular moment, is a threatening one; |
| 2. the *formal content* of beliefs about authority and about people who hold to systems of authority (intermediate region) is to the effect that authority is not absolute and that people are not to be evaluated (if they are to be evaluated at all) according to their agreement or disagreement with such authority; | 2. the *formal content* of beliefs about authority and about people who hold to systems of authority (intermediate region) is to the effect that authority is absolute and that people are to be accepted and   rejected according to their agreement or disagreement with such authority; |
| 3. the *structure* of beliefs and disbeliefs perceived to emanate from authority (peripheral region) is such that its substructures are in relative communication with each other, and finally; | 3. the *structure* of beliefs and disbeliefs perceived to emanate from authority (peripheral region) is such that its substructures are in relative isolation with each other, and finally; |

#### C. to the extent that, with respect to the time-perspective dimension, there is a

| | |
|---|---|
| 1. relative broad time perspective. | 1. relative narrow, future-oriented time perspective. |

*nach Rokeach (1960: 55-56)*

oft auch Einstellungen zugeschrieben werden (Wissens und Ökonomiefunktion bzw. Ich-Verteidigungsfunktion; vgl. Kapitel 2.2). Rokeach
selbst (ders. 1960: 67) weist auf diese Parallele hin! Da die Idee der
Ich-Verteidigungsfunktion auf dem psychoanalytischen Paradigma
der Persönlichkeitspsychologie basiert (vgl. Kapitel 1.2), wird damit
„durch die Hintertür" wieder psychoanalytisches Gedankengut in den
Ansatz integriert. Rokeach selbst stellt ferner Verbindungen zwischen
seinem Ansatz und den Arbeiten Erich Fromms her (Rokeach 1960:
44, 69) und er bezieht explizit psychoanalytische Mechanismen ein.[16]

Den Begriff „Dogmatismus" verwendet Rokeach – allerdings nicht
ganz konsequent (vgl. hierzu auch Six 1996: 22) – synonym für das
Vorhandensein eines „closed belief system".[17] Dogmatismus (als
politisch neutraler Autoritarismus) wird – zumindest im theoretischen
Ansatz – in erster Linie nicht inhaltlich, sondern *formal* als eine bestimmte
Struktur des kognitiven Systems gesehen. Hinsichtlich der theoretischen
Vorstellungen über die Entstehung von Dogmatismus (closed belief-
disbelief system) ist jedoch wieder die Nähe zum psychoanalytischen
Paradigma nicht zu übersehen. „To the extent that the cognitive need
to know is predominant and the need to ward off threat absent, open
systems should result. In the service of the cognitive need to know,
external pressures and irrational internal drives will often be pushed

---

to one degree or another. A person will be open to information insofar as
possible, and will reject it, screen it out, or alter it insofar as necessary. In other
words, no matter how much a person's system closes up to ward off threat
and anxiety, it can still serve as a cognitive framework for satisfying the need
to know. ... One can distort the world and narrow it down to whatever extent
necessary, but at the same time preserve the illusion of understanding it"
(Rokeach 1960: 68).

16  „Such psychoanalytic defense mechanisms as repression, rationalization,
denial, projection, reaction formation, and overidentification may all be
seen to have their representation in the belief-disbelief system in the form
of some belief or in the form of some structural relation among beliefs.
Indeed, we suggest that, in the extreme, the closed system is nothing more
than the total network of psychoanalytic defense mechanisms organized
together to form a cognitive system and designed to shield a vulnerable
mind" (Rokeach 1960: 69-70).

17  Vgl. hierzu Rokeach (1960: 19-20 [Fußnote!], 71-72).

aside, so that information received from outside will be discriminated, assessed, and acted on according to the objective requirements of the situation. But as the need to ward off threat becomes stronger, the cognitive need to know should become weaker, resulting in more closed belief systems. Under threat, information and source should become inseparable and should be evaluated arbitrarily in line with the rewards and punishments meted out by authority" (Rokeach 1960: 67-68).

Rokeach entwickelte zur Erfassung von „Dogmatismus" die in Tabelle 6.3-1 dargestellte D- (Dogmatismus-) Skala (vgl. Rokeach 1956 und ders. 1960: 71-97).[18] Zwei Kurzfassungen der D-Skala finden sich in Schulze (1962) und in Troldahl u.a. (1965). Peabody (1961 1966)[19], Haiman (1964), Haiman u.a. (1964), Stanley u.a. (1964) und Ray (1970) erarbeiteten ausbalancierte D-Skalen. Roghmann (1966: 224-233) schließlich entwickelte, nach einer ausführlichen Kritik des Dogmatismus-Ansatzes und unter Bezugnahme auf die Übersetzungen der D-Skala von Brengelmann/Brengelmann (1960) und Waldman (zit. nach Roghmann 1966: 141), eine ausbalancierte deutsche Dogmatismusskala.

Die Kritik am Dogmatismus-Ansatz war überwiegend methodisch orientiert. Ein sehr schwerwiegender Vorwurf war und ist, die D-Skala messe im wesentlichen Einstellungen und nicht kognitive Strukturen.[20] Generell wurde – zum Beispiel von Six (1996: 23) – die Möglichkeit bezweifelt, kognitive Strukturen oder generalisierte Einstellungssysteme ohne den Rückgriff auf Inhalte zu erfassen. Daneben wurden, da alle Items positiv formuliert sind, Verzerrungen durch Zustimmungstendenz vermutet[21] – ebenso wie Social Desireability-Effekte.[22] Auch bei der D-Skala werden, wie bei der F-Skala (vgl. Kapitel 6.2), auf Itemebene Richtung und Extremität der Antworten vermischt. Die „ideologische

---

18 Vgl. auch Christie (1991: 560-564).

19 Vgl. hierzu auch Rokeach (1967).

20 Vgl. z.B. Gaensslen u.a. (1973), Hartmann (1983: 77) oder Roghmann (1966: 100-101, 106-108, 118).

21 Vgl. z.B. Peabody (1961, 1966) [Antwort: Rokeach 1967], Roghmann (1966: 219-223), Wilson u.a. (1973: 40), Hartmann (1983: 77) oder Christie (1991: 562).

22 Vgl. z.B. Becker u.a. (1967).

Neutralität" der Skala wurde bezweifelt[23], es wurde die Eindimensionalität der D-Skala in Frage gestellt[24] und es wurde bemängelt, die D-Skala enthalte Items, die in erster Linie „Neurotizismus" erfassen und künstlich erhöhte Korrelationen mit Ängstlichkeitsskalen bewirkten.[25] Roghmann bemängelt ferner, die D-Skala messe nur „... die angenommenen Ursachen für geschlossene Systeme. ... Aus der *Abwesenheit der angenommenen* Ursachen eines geschlossenen Einstellungssystems wird von Rokeach auf die *Anwesenheit* eines offenen Systems geschlossen. Dies ist eine sehr indirekte Art der Messung, in die viele unbeweisbare Annahmen eingehen" (ders. 1966: 101; Hervorhebungen im Original). Insgesamt gesehen ist es sehr fraglich, ob es gelungen ist, mit der D-Skala das theoretische Konzept von Rokeach umzusetzen. Eine ausführliche Analyse des Ansatzes nimmt Roghmann (1966: 83-138) vor.

Neben den genannten Kritikpunkten wurde auch der Begriffsapparat Rokeachs kritisiert. Ein Beispiel in Bezug auf den zentralen Begriff „belief": „Sodann benutzt Rokeach den Begriff belief zumindest in dreierlei Bedeutung: *formal-strukturell* zur Klassifikation von Überzeugungen nach ihrer Zugehörigkeit zum Zustimmungs- oder Ablehnungssystem, *spezifisch-inhaltlich* zur Kennzeichnung von Grundüberzeugungen *(primitive* oder *central* beliefs), deren Herkunft ... nicht reflektiert und in Frage gestellt wird, und *„formal-inhaltlich"* zur Identifizierung von Überzeugungen hinsichtlich der Vertrauenswürdigkeit (positiver oder negativer) Autoritäten *(intermediate beliefs),* über die Überzeugungen „aus zweiter Hand" *(peripheral beliefs)* erworben werden" (Hartmann 1983: 75). Bezüglich der fehlenden affektiven Komponente von „beliefs" stellt Roghmann ferner zu Recht fest: „Bei der Operationalisierung von „beliefs" hält sich Rokeach jedoch keineswegs an affektiv neutrale Formulierungen, so dass für seine praktischen Arbeiten der Unterschied zwischen „belief" und „attitude" weitgehend entfällt" (Roghmann 1966: 83).[26] Auf weitere, teils heftige Kritik am Dogmatismus-Ansatz verweist Hartmann (1983: 77).

---

23 Vgl. z.B. Simons (1968) oder Oesterreich (1996: 57-59, 91-92).
24 Vgl. z.B. Vacchiano u.a. (1967) oder Pedhazur (1971) sowie Rokeach u.a. (1956) und Fruchter u.a. (1958).
25 Vgl. z.B. Roghmann (1966: 196-108) oder Gaensslen u.a. (1973).
26 Vgl. zum Begriff „belief" bei Rokeach auch Roghmann (1966: 87-89).

Damit bleibt als Fazit festzuhalten: Der mit dem Dogmatismus-Ansatz von Rokeach verbundene Fortschritt besteht in erster Linie darin, einen vom psychoanalytischen Paradigma weitgehend unabhängigen theoretischen Ansatz vorgeschlagen zu haben und damit zunächst die Möglichkeit umfassender empirischer Prüfungen wieder eröffnet zu haben. Allerdings verspielte Rokeach diese Chance durch die Annahme einer kognitiven Struktur, die ebenfalls empirisch nur sehr schwer (vielleicht experimentell?) zu erfassen ist und die insbesondere durch Einstellungsskalen, wie die D-Skala, kaum valide zu erfassen sein dürfte.

Prinzipiell erscheint jedoch der Versuch, ein Alternativkonzept zur „autoritären Persönlichkeit" im Rahmen des Informationsverarbeitungsparadigmas zu verankern, vielversprechend – allerdings unter völliger Loslösung vom psychoanalytischen Paradigma. In diese Richtung gehen der ASKO-Ansatz von Schumann (2005a) sowie die bereits in Kapitel 6.2 erwähnten Ansätze zur „Ambiguitätsintoleranz" (vgl. hierzu Schumann 2001: 79-81).[27]

---

27 Zum Zusammenhang zwischen einer deutschsprachigen D-Skala und einem am Ansatz von Frenkel-Brunswik (1949) orientiert entwickelten Instrument zur Messung von „Intoleranz der Ambiguität" vgl. Brengelmann u.a. (1960).

# D-Skala

*Tabelle 6.3-1: Die Items der Dogmatismus-Skala von Rokeach*

| 1. | A person who thinks primarily of his own happiness is beneath contempt. |
|---|---|
| 2. | The main thing in life is for a person to want to do something important. |
| 3. | In a discussion I often find it necessary to repeat myself several times to make sure I am being understood. |
| 4. | Most people just don't know what's good for them. |
| 5. | In times like these, a person must be pretty selfish if he considers his own happiness primarily. |
| 6. | A man who does not believe in some great cause has not really lived. |
| 7. | I'd like it if I find someone who would tell me how to solve my personal problems. |
| 8. | Of all the different philosophies which have existed in this world there is probably only one which is correct. |
| 9. | It is when a person devotes himself to an ideal or cause that his life becomes meaningful. |
| 10. | In this complicated world of ours the only way we can know what is going on is to rely on leaders or experts who can be trusted. |
| 11. | There are a number of persons I have come to hate because of the things they stand for. |
| 12. | There is so much to be done and so little time to do it in. |
| 13. | It is better to be a dead hero than a live coward. |
| 14. | A group which tolerates too much difference of opinion among its own members cannot exist for long. |
| 15. | It is only natural that a person should have much better acquaintance with ideas he believes in than with ideas he opposes. |
| 16. | While I don't like to admit this even to myself, I sometimes have the ambition to become a great man, like Einstein, or Beethoven, or Shakespeare. |

| 17. | Even though freedom of speech for all groups is a worthwhile goal, it is unfortunately necessary at times to restrict the freedom of certain political groups. |
|-----|---------------------------------------------------------------------------------------------------------------------------------------------------------------|
| 18. | If a man is to accomplish his mission in life it is sometimes necessary to gamble „all or nothing at all". |
| 19. | Most people just don't give a damn about others. |
| 20. | A person who gets enthusiastic about a number of causes is likely to be a pretty „wishy-washy" sort of person. |
| 21. | To compromise with our political opponents is dangerous because it usually leads to the betrayal of our own side. |
| 22. | If given the chance I would do something that would be of great benefit to the world. |
| 23. | In times like these it is often necessary to be more on guard against ideas put out by certain people or groups in one's own camp than by those in the opposing camp. |
| 24. | In a heated discussion I generally become so absorbed in what I am going to say that I forget to listen to what others are saying. |
| 25. | Once I get wound up in a heated discussion I just can't stop. |
| 26. | There are two kinds of people in this world: those who are on the side of truth and those who are against it. |
| 27. | Man on his own is a helpless and miserable creature. |
| 28. | The United States and Russia have just about nothing in common. |
| 29. | In the history of mankind there have probably been just a handful of really great thinkers. |
| 30. | The highest form of government is a democracy and the highest form of democracy is a government run by those who are most intelligent. |
| 31. | The present is all too often full of unhappiness. It is the future that counts. |
| 32. | Unfortunately, a good many people with whom I have discussed important social and moral problems don't really understand what is going on. |
| 33. | Fundamentally, the world we live in is a pretty lonely place. |
| 34. | It is often desirable to reserve judgment about what's going on until one has had the chance to hear the opinions of those one respects. |

| 35. | The worst crime a person can commit is to attack publicly the people who believe in the same thing he does. |
| 36. | In the long run the best way to live is to pick friends and associates whose tastes and beliefs are the same as one's own. |
| 37. | Most of the ideas which get published nowadays aren't worth the paper they are printed on. |
| 38. | It is only natural for a person to be rather fearful of the future. |
| 39. | My blood boils whenever a person stubbornly refuses to admit he's wrong. |
| 40. | When it comes to differences of opinion in religion we must be careful not to compromise with those who believe differently from the way we do. |

Quellen: Rokeach 1960: 73, 413-415; vgl. auch: Ehrlich 1978: 138-139, dt. Übersetzung: Roghmann 1966: 389-393.

ANTWORTVORGABEN:

+3 I agree very much

+2 I agree on the whole

+1 I agree a little

-1 I disagree a little

-2 I disagree on the whole

-3 I disagree very much

## 6.4 TOUGHMINDEDNESS (EYSENCK)

Das im vorliegenden Kapitel behandelte Konstrukt „Toughmindedness" ist zunächst ein Teil des theoretischem Ansatzes von Hans Jürgen Eysenck zu „Einstellungsstrukturen" (vgl. Kap. 2.4). Dieser ist in seinen beiden Artikeln von 1944 „General Social Attitudes" und von 1947 „Primary Social Attitudes" geschildert sowie in seinem Buch „The Psychology of Politics" aus dem Jahre 1954. Von ihm selbst verfasste Überblicksdarstellungen finden sich in der von Eysenck und Wilson (1978) herausgegebenen Aufsatzsammlung „The Psychological Basis of Ideology" (a.a.O.: 1-8) sowie in Eysenck (1981).

Eysenck nimmt an, dass Einstellungen hierarchisch strukturiert sind. Die vier Stufen bezeichnet er folgendermaßen:

- „specific opinion level" (unterste Stufe): „Right at the bottom we have opinions which are not related in any way to other opinions, which are not in any way characteristic of a person who makes them, and which are not reproducible in the sense that if the same or a similar question were asked again under different circumstances, the answer might be different" (Eysenck 1968: 111; vgl. hierzu auch Eysenck 1947: 72-73).

- „habitual opinion level": „... opinions which are reproducible and which form a relatively constant part of an individual's make up. ... these opinions are reliable in the sense of being stable" (Eysenck 1968: 111-112; vgl. hierzu auch Eysenck 1947: 73).

- „attitude level": Hierunter versteht Eysenck Gruppen von „habitual opinions", die miteinander korreliert sind, womit sich erste Anzeichen für eine Struktur ergeben. Beispiele: „Autoritarismus", „Ethnozentrismus" oder „Patriotismus" (vgl. Eysenck 1968: 112; vgl. hierzu auch Eysenck 1947: 73).

- „ideology level" (oberste Stufe): „But even attitudes ... are not independent. ... In other words, attitudes themselves are correlated and give rise to what we might call super-attidudes or ideologies" (Eysenck 1968: 113). Beispiel: „Konservatismus". Vgl. auch Eysenck (1947: 73-74); dort repräsentieren „Primary Social Attitudes" wie „Conservatism" die oberste Stufe!

Eysenck geht als Kern seines Ansatzes von zwei (unabhängigen) Dimensionen sozialer Einstellungen aus, die er „Radicalism-Conservatism" (R-Faktor) und „Toughmindedness-Tendermindedness" (T-Faktor) nennt.[28] Soziale Einstellungen lassen sich nach diesem

---

28 Ursprünglich wurden die beiden Pole des zweiten Faktors als „practical" und „theoretical" bezeichnet. In seinem Artikel von 1947 (Seite 61) benennt Eysenck diese Pole in „tender-minded" und „tough-minded" um. In seinem Artikel von 1975 ersetzt er den R-Faktor durch die beiden Faktoren „general conservative-radical ideology" und „socio-economic conservatism vs. socialism" und schafft so – zusammen mit dem T-Faktor – ein dreidimensionales System. Auf dieses dreidimensionale System nimmt er in seinen späteren Arbeiten jedoch keinen Bezug mehr.

Ansatz in dem durch die beiden Dimensionen aufgespannten zwei-
dimensionalen Raum verorten. Die Lage der Einstellungen in diesem
System beschreibt weitgehend deren Inhalt – abgesehen von spezifischen Inhalten, die insofern einzigartig sind, als sie nur von der
betreffenden Einstellung repräsentiert werden. Mit dieser Konzeption
hebt sich Eysenck von konsistenztheoretischen Ansätzen ab, welche
die Korrelationen zwischen Einstellungen als *eigenständige* Zusammenhänge in den Mittelpunkt der theoretischen Überlegungen stellen
und sie zum Beispiel auf eine Neigung zur Verringerung von kognitiver
Dissonanz zurückführen (vgl. Kap. 2.4).

Sind soziale Einstellungen tatsächlich entsprechend der beiden
Dimensionen „Radicalism-Conservatism" und „Toughmindedness-
Tendermindedness" strukturiert, so müssten sich in Umfragen aus
den Antworten auf Items, die möglichst repräsentativ für alle sozialen
Einstellungen der Befragten sind, entsprechende Faktoren extrahieren
lassen. Genau dies bemüht sich Eysenck in seinen Untersuchungen
zu zeigen. Seine Arbeiten hierzu wurden allerdings sehr kontrovers
diskutiert (vgl. z.B. Schumann 2001: 22). Nach Eysenck können der
R- und der T-Faktor als latente Variablen aufgefasst werden, wobei
jeder Person (entsprechend der jeweiligen Merkmalsausprägung) ein
Variablenwert für R und einer für T zugewiesen werden kann. Von der
Ausprägung dieser beiden Variablen hängt es ab, welche sozialen
Einstellungen bei einer Person tendenziell anzutreffen sind.

Eysenck geht noch einen Schritt weiter, indem er die beiden
Faktoren R und T – gestützt auf Ergebnisse der Zwillingsforschung
– als teilweise genetisch determiniert ansieht und ihnen damit eine
biologische Grundlage zuschreibt (vgl. z.B. Eaves u.a. 1974, Eysenck
u.a. 1976: 150 und Eysenck 1981: 204; vgl. auch Schumann 2001:
22-23), was ihm teilweise scharfe Kritik einbrachte, zum Beispiel
von Six (1996: 28-29). Allerdings legt er, indem er sich von der rein
deskriptiven Ebene löst, das Fundament dafür, dass diese Faktoren
als *Erklärung* der beobachteten Einstellungsstrukturen dienen können
(vgl. hierzu Kap. 1.4 und Kap. 2.4).

Nun zu den beiden Dimensionen im Einzelnen: Zur ersten schreibt
Eysenck: „Seit den frühesten Tagen der Messung von Einstellungen
postulieren Psychologen eine Dimension, mit der Einstellungen

strukturiert werden können. Am gängigsten sind Bezeichnungen wie: Radikalismus-Konservatismus oder fortschrittlich-reaktionär oder Links-Rechts. Es gibt viele Namen für diese Dimension, sie laufen aber alle annähernd auf das gleiche hinaus. Überdies verkörpert diese Dimension eine Theorie, die sich über Jahrhunderte hinweg zurückerstreckt und die fast weltweit von Politikern wie auch von dem legendären Mann auf der Straße akzeptiert wird" (Eysenck 1981: 195). Eine weitergehende Definition nimmt Eysenck nicht vor, sondern zählt lediglich an verschiedenen Stellen zur Veranschaulichung solche Items auf, die hohe (positive oder negative) Ladungen für den R-Faktor aufweisen (vgl. Tabelle 2.3-1 in Schumann 2001: 23). Damit bleibt zunächst ungeklärt, ob sich die Pole „Radicalism" vs. „Conservatism" in erster Linie auf Persönlichkeitseigenschaften oder auf politische Inhalte beziehen. Aus den Texten Eysencks geht jedoch hervor, dass er von letzterem ausgeht (vgl. z.B. Eysenck 1968: 130).

Der T-Faktor dagegen bezieht sich explizit auf eine Persönlichkeitseigenschaft.[29] Eysenck geht von der Hypothese aus, „... dass Toughmindedness und Tendermindedness im wesentlichen Projektionen bestimmter Persönlichkeitseigenschaften (Traits) auf den Bereich sozialer Einstellungen sind".[30]

Erhebliche Probleme treten allerdings bei der *inhaltlichen* Interpretation des T-Faktors auf. Eysenck selbst sagt, dass sich der T-Faktor auf eine Dimension beziehe, die bisher – im Alltag wie in der Wissenschaft – kaum beachtet wurde und daher auch sprachlich nicht repräsentiert sei: „The second factor, however, is of somewhat greater interest psychologically, and appears to constitute a general social attitude *not previously noted*" (Eysenck 1944: 214; Hervorhebung durch den

---

29 Im Rahmen der bereits angesprochenen Umbenennung der „zweiten Dimension" schreibt Eysenck (1968: 130): „A better name for this dimension might perhaps be a set of terms taken from a book by W. James, where he refers to two opposed types of *temperament* leading to opposed philosophical beliefs as the ,tender-minded' and the ,tough-minded' respectively" (Hervorhebung durch den Verfasser).

30 Originalzitat: „... that tough-mindedness and tender-mindedness are essentially projections of certain personality traits on the social attitudes domain" (Eysenck u.a. Hrsg. 1978: 5; vgl. auch Eysenck 1968: 266).

Verfasser). Später schreibt er: „The second factor was less clearly identifiable with any existing sociological or psychological concept, and provisionally the terms ‚tender-minded' and ‚tough-minded' were adopted from W. Jame's writings to characterize the extremes of this bi-polar factor" (Eysenck 1951: 198). In „Psychology of Politics" ist bezüglich des T-Faktors zu lesen: „... nothing was found either in the literature of psychology or that of politics to correspond to this second dimension" (Eysenck 1968: 119). Wenn man so möchte, übt Eysenck damit implizit Kritik an der „Sedimentationshypothese" (vgl. Kap. 1.5). Nach seiner Sicht schlägt sich eine Persönlichkeitseigenschaft, die zweifellos für das menschliche Zusammenleben relevant ist, *nicht* in Sprache nieder.[31]

Um trotzdem zu verdeutlichen, was unter „Toughmindedness" bzw. „Tendermindedness" zu verstehen sei, nennt Eysenck verschiedentlich solche Items, die hohe Ladungen auf dem Faktor aufweisen (vgl. Tabelle 2.3-2 in Schumann 2001: 24).[32] Zusätzlich zitiert er eine Umschreibung von William James, von dem er die Bezeichnungen „tough-" und „tenderminded" übernahm. Die Umschreibung findet sich in Abbildung 6.4-1. Eine weitergehende Definition findet sich nach Wissen des Verfassers bei Eysenck nicht.

---

31 Hinsichtlich des „leeren" T-Faktors, so wie ihn Eysenck in seinen späteren Arbeiten darstellt (vgl. Eysenck 1968: 130; Eysenck und Wilson [Hrsg.] 1978: 5 oder Eysenck 1981: 201) sei allerdings angemerkt, dass er selbst in einer früheren Arbeit (Eysenck 1951: 199) durchaus Einstellungen – etwa zur Euthanasie oder zur Zwangssterilisation – berichtet, die (fast) ausschließlich Ladungen für den T-Faktor aufweisen.

32 An idea of its meaning can probably be obtained from a consideration of those attitudes which most strongly characterize the two extremes" (Eysenck 1968: 119).

*Abbildung 6.4-1:*   *Umschreibung von W. James für „Tough-" und*
                     *„Tendermindedness"*

**Hans Jürgen Eysenck zitiert William James folgendermaßen,
um die Dimension „Toughminded vs. Tenderminded" zu umschreiben:**

ZITAT: As we shall make use of this dichotomy, a brief quotation from James will make its meaning clearer.
James starts his discussion on pragmatism by pointing out that philosophical systems are often influenced or
determined by the temperament of their authors. He goes on to say that »the particular difference of temperament
that I have in mind ... is one that has counted in literature, art, government, and manners as well as in
philosophy. In manners we find formalists and free-and-easy persons. In government, authoritarians and
anarchists. In literature, purists or academicals, and realists. In art, classics and romantics. You recognize these
contrasts as familiar; well, in philosophy we have a very similar contrast expressed in the pair of terms
„rationalist" and „empiricist", „empiricist" meaning your lover of facts in all their crude variety, „rationalist"
meaning your devotee to abstract and eternal principles.« James then goes on to a brief discussion of some of
these differences and finally gives a table of these: »I will write these traits down in two columns. I think you
will practically recognize the two types of mental make up that I mean if I head the columns by the titles
„tender-minded" and „tough-minded" respectively.

|           *The tender-minded*            |          *The tough-minded*          |
|------------------------------------------|--------------------------------------|
| Rationalistic (going by „principles")    | Empiricist (going by „facts")        |
| Intellectualistic                        | Sensationalistic                     |
| Idealistic                               | Materialistic                        |
| Optimistic                               | Pessimistic                          |
| Religious                                | Irreligious                          |
| Free-willist                             | Fatalistic                           |
| Monistic                                 | Pluralistic                          |
| Dogmatical                               | Sceptical.«                          |

James then goes on to discuss the antagonism between these types of temperament which »has formed in all ages
a part of the philosophic atmosphere of the time. It forms a part of the philosophic atmosphere to-day. The tough
think of the tender as sentimentalists and soft-heads. The tender feel the tough to be unrefined, callous, or
brutal.« ZITAT ENDE

*aus: Eysenck (1968: 130-131)*

Ein Kritikpunkt, der aus Abbildung 6.4-1 unmittelbar ersichtlich ist, betrifft
die Konzeption des T-Faktors. Nach Eysenck kann sich in sozialen
Einstellungen die Ausprägung von Tough- bzw. Tendermindedness nicht
„an sich", sondern nur in Verbindung mit zusätzlich mehr oder weniger
linken oder rechten Einstellungen (radical/conservative im Sinne des
R-Faktors) äußern. Das hat zur Folge, dass keine Einstellungsitems
zu finden sind, die hohe Ladungen *nur* für den T-Faktor aufweisen.
Rokeach u.a. (1956) und Christie (1956) kritisierten dies.[33] Eysenck
entgegnet hierauf, dass „Rotation durch ein Cluster von Punkten" nur
eine mögliche Lösung des Rotationsproblems darstelle. Im übrigen

---

33 Erwiderungen Eysencks finden sich in Eysenck (1956, 1956a) oder – zusammenfassend – in Eysenck u.a. (Hrsg. 1978: 6-7). Hanley und Rokeach
(1956) führen die Diskussion fort.

sei es *inhaltlich sinnvoll,* einen derartigen Faktor anzunehmen (vgl.
Eysenck u.a. [Hrsg.] 1978: 6-7).

Zu den Zusammenhängen des T-Faktors mit Persönlichkeitseigenschaften schreibt Eysenck im Schlusskapitel seines 1954
erschienenen Buches „The Psychology of Politics: „.... es wurde gezeigt, dass ein klarer Zusammenhang zwischen Toughmindedness
und sowohl Aggressivität als auch Dominanz besteht ..." und weiter:
„Eine andere Gruppe von Persönlichkeitseigenschaften (Traits), die
möglicherweise mit Toughmindedness zusammenhängen, wird von
Konzepten wie ‚Rigidität', ‚Ambiguitätsintoleranz', ‚Engstirnigkeit' oder
‚Betonköpfigkeit' angesprochen".[34]

Nach Eysencks Meinung ist der T-Faktor eng verwandt mit dem
Konstrukt der „autoritären Persönlichkeit" (vgl. Kap. 6.2). Hierzu zwei
Zitate: „The results ... strongly support our identification of the T factor
with the hypothetical authoritarianism factor ..." (Eysenck 1968: 138)
und: „... habe ich auch darauf hingewiesen, dass autoritäre Einstellung
durch einen Typus der Persönlichkeitsstruktur charakterisiert wird, den
ich „hart" genannt habe, während die demokratische Einstellung durch
eine besondere Persönlichkeitsstruktur charakterisiert wird, die ich
als ‚weich' bezeichnet habe" (Eysenck 1981: 200). „Authoritarianism"
im Sinne der Berkeley-Gruppe liegt nach Eysenck im Quadranten
„Tough-Conservative" seines Systems (vgl. a.a.O.: 202 oder Eysenck
u.a. Hrsg. 1978: 4).

Die Werte des T-Faktors korrelieren ferner mit den Werten für „Extraversion" (vgl. z.B. Eysenck 1961: 246-247; Eysenck 1968: 266)
und „Psychotizismus" (vgl. Eysenck u.a. 1976: 192 und 202 oder
Eysenck 1981: 205). „Psychotizismus ist eine Persönlichkeitsdimen-
sion, die durch kalte Gleichgültigkeit, Feindseligkeit, Aggressivität,
Nichtbeachtung gesellschaftlicher Konventionen, Nicht-Anpassung
und einen gewissen Grad von Paranoia gekennzeichnet ist" (Eysenck
1981: 205).

---

34 Originalzitat: „... it was shown that there was a distinct tendency for Toughmindedness to be associated with both aggression and dominance ... .
Another set of traits possibly connected with Tough-mindedness is denoted
by concepts such as rigidity, intolerance of ambiguity, narrow-mindedness,
and mental concreteness" (Eysenck 1968: 130).

Der hier dargestellte Ansatz basiert auf dem in Kap. 1.4 besprochenen Eigenschaftsparadigma der Persönlichkeitspsychologie – nicht
auf dem psychoanalytischen oder dem Informationsverarbeitungsparadigma, wie dies bei den Ansätzen der Berkeley-Gruppe (Kap. 6.2)
bzw. von Rokeach (Kap. 6.3) der Fall ist. Dies zeigt, dass in ein und
demselben Forschungsbereich durchaus auf der Grundlage unterschiedlicher Paradigmen geforscht werden kann und geforscht wird
beziehungsweise wurde. Das nachfolgende Kapitel 6.5 erweitert dieses
Spektrum noch um das behavioristische Paradigma (vgl. Kap. 1.3).

## 6.5 Autoritäre Reaktion (Oesterreich)

Detlef Oesterreich behält die „Phänomenologie des Typus der autoritären Persönlichkeit" (ders. 1996: 8, 128) weitgehend bei, erklärt
diese jedoch lerntheoretisch: „Im Rahmen der Theorie der autoritären
Reaktion wird Autoritätsorientierung in Situationen erlernt, in denen
eine Überforderung auftritt und das Kind sich von daher in den Schutz
von Autorität flüchten muss. Diese Flucht wird im Laufe des Lebens
habitualisiert und bildet damit die Grundlage für eine autoritäre
Persönlichkeit" (Oesterreich 1996: 126). Oesterreich geht also von
einer zunächst situationsspezifischen „autoritären Reaktion" aus, die
zum Verhaltensrepertoire jedes Menschen gehört, die sich jedoch im
Falle einer „autoritären Persönlichkeit" über Sozialisationsprozesse
verfestigt hat und damit zur bevorzugten Reaktion geworden ist. Der
Ansatz ist in Oesterreich (1996: 107-139, zusätzlich S. 14-15 sowie
ders. 2005: 243-247) dargestellt. Zusammenfassend beschreibt
Oesterreich den Grundmechanismus der „autoritären Reaktion"
folgendermaßen: „Die autoritäre Reaktion ist ein psychischer Grundmechanismus, in Situationen, die fremd sind, die bedrohlich sind,
die überfordern, die damit Beunruhigung, Verunsicherung und Angst
auslösen, sich in den Schutz von Sicherheit bietenden Instanzen zu
flüchten" (ders. 1996: 111).

Mit dem behavioristischen Paradigma (vgl. Kap. 1.3) dient erneut ein
anderes Paradigma der Persönlichkeitspsychologie als Grundlage der
Argumentation. Die Verwendung dieses Paradigmas hat weitreichende
Konsequenzen auf der theoretischen Ebene. So schreibt Oesterreich
(1996: 127) beispielsweise: „Autoritäre Persönlichkeiten entstehen

nicht, weil sie in ihrer Kindheit von ihren Eltern „autoritär" behandelt worden sind, sondern weil sie falsch behandelt worden sind". Damit argumentiert er *entgegen* den Vorstellungen der Berkeley-Gruppe (vgl. Kap. 6.2).

Zur Messung verwendet Oesterreich drei verschiedene Fassungen eines Instruments (vgl. Oesterreich 2005: 245), dessen Langfassung in Abbildung 6.5-1 dargestellt ist. Das Instrument weist zwei Besonderheiten auf. Erstens legt Oesterreich (2005: 244) Wert darauf, „Fragen zu Verhalten, Motiven, Gefühlen und zum Selbstkonzept" zu verwenden und „Einstellungsfragen" – insbesondere solche konservativen und rechtsextremen Inhalts – zu vermeiden. Schließlich sollen mit dem Instrument unter anderem (politische) Einstellungen erklärt werden, wobei tautologische Ergebnisse zu vermeiden sind. Dieses Argument war auch einer der Ausgangspunkte bei der Entwicklung der ASKO-Skala (vgl. Schumann 2005a).

Zweitens sind die Fragen so konstruiert, dass jeweils zwei Aussagen als „Pole" oder „Ankerpunkte" (mit einer dazwischen liegenden Ratingskala) gegenübergestellt werden. Dies hat, wie in Kapitel 4.5 bzw. 4.9 geschildert, zwei Vorteile: Zum einen können „semantische Unschärfen" reduziert werden und zum anderen reduziert sich die Gefahr einer Verzerrung der Antworten durch Ja-Sage-Tendenz weitestgehend, da keine „zustimmende" Antwort mehr zur Verfügung steht. Auch dieses Prinzip wurde bei der Entwicklung der ASKO-Skala (vgl. Schumann 2005a) berücksichtigt und weitergeführt, indem – zur zusätzlichen Verringerung semantischer Unschärfen – lediglich Schlagwörter gegenübergestellt wurden. Zudem ist dort anstelle der Einschätzung auf einer Rating-Skala jeweils lediglich eine *dichotome* Entscheidung zwischen den beiden Schlagwörtern gefordert, womit eine Vermischung von Richtung und Intensität der Aussage nicht mehr erfolgen kann (vgl. hierzu Kap. 4.9 und Kap. 6.2).

*Abbildung 6.5-1:*   *Das Instrument zur Erfassung der „autoritären"*
*Reaktion*

Sie finden nun jeweils zwei gegensätzliche Aussagen.
**Bitte kreuzen jeweils an, was <u>Ihrer</u> Haltung zwischen den beiden Aussagen am ehesten entspricht:**

| | stimmt genau | stimmt weitgehend | schwer zu sagen | stimmt weitgehend | stimmt genau |
|---|---|---|---|---|---|

| Aussage links | sg | sw | ? | sw | sg | Aussage rechts |
|---|---|---|---|---|---|---|
| Ich lasse mich gerne von etwas Neuem überraschen. | sg | sw | ? | sw | sg | Ich lasse mich ungern von etwas Neuem überraschen. |
| Ich versuche, Dinge immer in der üblichen Art und Weise zu machen. | sg | sw | ? | sw | sg | Ich probiere gerne und oft etwas Neues aus. |
| Wenn jemandem etwas zustößt, denke ich oft: „Geschieht ihm recht!". | sg | sw | ? | sw | sg | Ich leide mit, wenn jemandem etwas zustößt. |
| Ich lerne gerne fremde Menschen kennen. | sg | sw | ? | sw | sg | Ich lerne ungern fremde Menschen kennen. |
| Neue und ungewöhnliche Situationen sind mir unangenehm. | sg | sw | ? | sw | sg | Ich mag neue und ungewöhnliche Situationen. |
| Ich sehe zu, immer auf der Seite der Stärkeren zu sein. | sg | sw | ? | sw | sg | Ich stelle mich gerne auf die Seite der Schwächeren. |
| Ich mag Veränderungen. | sg | sw | ? | sw | sg | Veränderungen stören mich. |
| Wenn jemand etwas gegen mich hat, halte ich mich erst einmal zurück und räche mich bei passender Gelegenheit. | sg | sw | ? | sw | sg | Wenn jemand etwas gegen mich hat, setze ich mich lieber gleich mit ihm (ihr) auseinander. |
| Ich bewundere Menschen, die andere beherrschen können. | sg | sw | ? | sw | sg | Ich verachte Menschen, die andere beherrschen wollen. |
| Wer nicht für mich ist, ist gegen mich. | sg | sw | ? | sw | sg | Ich kann damit leben, dass jemand gegen mich ist. |
| Ich gehe Menschen, die anders als ich sind, aus dem Weg. | sg | sw | ? | sw | sg | Ich habe gerne Kontakt mit Menschen, die anders als ich sind. |
| Ich fühle mich in Gruppen wohl, in denen alles schon im Voraus geplant ist. | sg | sw | ? | sw | sg | Ich fühle mich in Gruppen wohl, in denen man alles selbst organisieren muss. |
| Wenn andere auf mich angewiesen sind, lasse ich sie dies gerne spüren. | sg | sw | ? | sw | sg | Wenn andere auf mich angewiesen sind, nutze ich dies nicht aus. |
| Ich fühle mich in Gegenwart fremder Menschen unsicher und unwohl. | sg | sw | ? | sw | sg | Ich halte mich gerne in Gegenwart fremder Menschen auf. |
| Ich bewundere Menschen, die nachgeben können. | sg | sw | ? | sw | sg | Nachgiebige Menschen sind für mich Schwächlinge. |
| Ich wünsche mir für die Zukunft ein möglichst ruhiges Leben. | sg | sw | ? | sw | sg | Ich wünsche mir für die Zukunft ein abwechslungsreiches Leben. |

|  | stimmt genau | stimmt weitgehend | schwer zu sagen | stimmt weitgehend | stimmt genau |  |
|---|:---:|:---:|:---:|:---:|:---:|---|
| Ich mag spontane Menschen, auch wenn sie etwas unberechenbar sein mögen. | sg | sw | ? | sw | sg | Ich mag Menschen, bei denen ich genau weiß, wie sie sich verhalten werden. |
| Ich lerne gerne etwas Neues dazu. | sg | sw | ? | sw | sg | Ich bin mit dem, was ich weiß, zufrieden. |
| Es fällt mir schwer, Anweisungen auszuführen, die ich nicht völlig einsehe. | sg | sw | ? | sw | sg | Es macht mir nichts aus, Anweisungen auszuführen, die ich nicht völlig einsehe. |
| Ich würde gerne für einige Zeit in einem fremden Land leben. | sg | sw | ? | sw | sg | Ich habe kein Interesse daran, für einige Zeit im Ausland zu leben. |
| Ich habe Mitleid mit Menschen, die sich in Schwierigkeiten befinden. | sg | sw | ? | sw | sg | Ich habe mit Menschen, die sich in Schwierigkeiten befinden, wenig Mitleid. |
| Menschen, die Bewährtes in Frage stellen, regen mich auf. | sg | sw | ? | sw | sg | Ich bewundere Menschen, die Bewährtes in Frage stellen. |
| Befehle von Vorgesetzten führe ich aus, auch wenn sie mich nicht völlig überzeugen. | sg | sw | ? | sw | sg | Ich versuche Befehle, die ich nicht einsehe, zu umgehen. |
| Ich befasse mich gerne mit fremden Ideen. | sg | sw | ? | sw | sg | Ich befasse mich nur ungern mit fremden Ideen. |
| Ich verachte Menschen, die nicht erreichen, was sie wollen. | sg | sw | ? | sw | sg | Ich achte auch Menschen, die sich Mühe geben, aber erfolglos bleiben. |
| Ich diskutiere nicht über grundsätzliche Fragen. | sg | sw | ? | sw | sg | Ich denke, dass ich auch bei grundsätzlichen Fragen durch Diskussionen etwas Neues dazulernen kann. |
| In Diskussionen vertrete ich meine Meinung, auch wenn die Mehrheit anders denkt. | sg | sw | ? | sw | sg | Wenn die Mehrheit anders denkt, halte ich mich mit meiner Meinung eher zurück. |
| Meine Freunde haben die gleichen Ansichten wie ich. | sg | sw | ? | sw | sg | Ich habe Freunde, die vieles ganz anders sehen als ich. |

Quelle:   Schumann/Schoen (Hrsg.) 2005: S. 7-8 der Anlage: „Fragebogen der schriftlichen Befragung".

# Praxis-Beispiel: Wahlforschung

## 7.1 Vorbemerkungen

In Kapitel 6 wurde anhand der Autoritarismusforschung demonstriert, dass innerhalb eines Forschungsbereichs durchaus unterschiedliche theoretische Ansätze auszumachen sind, die auf ganz unterschiedlichen „Menschenbildern" oder „Paradigmen der Persönlichkeitspsychologie" aufbauen. In dem gewählten Beispiel war die gesamte Palette der in Kapitel 1 vorgestellten forschungsrelevanten Paradigmen – mit Ausnahme des humanistischen Paradigmas – vertreten. Die vorgestellten Ansätze konzentrierten sich dabei jeweils deutlich auf *eines* der Paradigmen und wiesen damit in dieser Hinsicht weitgehende Konsistenz auf.

Kapitel 7 knüpft an die Befunde aus Kapitel 6 an, erweitert jedoch die Fragestellung in mehrfacher Hinsicht, wobei als Beispiel diesmal die empirische Wahlforschung dient, welche als eine der am weitesten fortgeschrittenen Disziplinen der empirischen Sozialforschung gilt. Ziel der Wahlforschung ist in erster Linie, ein sehr genau spezifiziertes und zeitlich eng begrenztes Verhalten, nämlich das am „Wahlsonntag" gezeigte, zu erklären bzw. zu prognostizieren. Wie in Kapitel 4.3 bereits erwähnt, stellt sich in der Wahlforschung in besonders drastischer Weise das Problem, dass die Ausprägung der „abhängigen Variablen" auch mit noch so hohem Aufwand nicht direkt beobachtbar ist. Dieser Punkt soll jedoch im Folgenden nicht weiter thematisiert werden. Im Zentrum der Betrachtung steht vielmehr die Frage, auf welchen „Menschenbildern" die theoretischen Ansätze jeweils gründen.

Dabei wird sich zeigen, dass die einzelnen theoretischen Ansätze auf durchaus unterschiedlichen Paradigmen aufbauen. Dieser Befund ist aus Kapitel 6 bekannt und insofern nicht besonders erwähnenswert. Neu ist allerdings, dass einzelne theoretische Ansätze auf unterschiedliche Paradigmen der Persönlichkeitspsychologie *gleichzeitig* Bezug nehmen. Neu im Vergleich zu Kapitel 6 ist ferner, dass zur Erklärung ein und desselben, *klar definierten Verhaltens* sehr unterschiedliche theoretische Ansätze zur Verfügung stehen, die sich jeweils auf bestimmte der im dem Modell von Smith (vgl. Kap. 1.1) angesprochenen Einflussgrößen konzentrieren. Das nachfolgende Kapitel 8 wird sich mit der Frage beschäftigen, wie mit einer solchen Situation „umzugehen ist". Insbesondere wird dort die Frage gestellt, ob es sinnvoll sei, zum Zwecke der Verhaltenserklärung unterschiedliche „Menschenbilder" *gleichzeitig* heranzuziehen, sie also zu „mischen" – und welche Konsequenzen dies ggf. nach sich ziehen würde.

Im Verlauf von Kapitel 7 wird sich ferner zeigen, dass „Einstellungen" (vgl. Kap. 2) in der Wahlforschung über weite Strecken eine zentrale Rolle zugesprochen wird. Allerdings hängen die Funktionen, die „Einstellungen" zugeschrieben werden können, von dem Paradigma der Persönlichkeitspsychologie ab, innerhalb dessen man sich bewegt (vgl. Kap. 2.3).

## 7.2 DER MIKROSOZIOLOGISCHE ANSATZ

Der Grundgedanke des Ansatzes der Columbia School – mit den beiden klassischen Werken „The People's Choice. How the Voter Makes up his Mind in a Presidential Campaign" (Lazarsfeld u.a. 1944) und „Voting. A Study of Opinion Formation in a Presidential Campaign" (Berelson u.a. 1954) – spiegelt sich in dem viel zitierten Satz: „a person thinks, politically, as he is, socially. Social characteristics determine political preference" (Lazarsfeld u.a. 1968: 27). Sozialstrukturelle Gegebenheiten beeinflussen demnach entscheidend das Wählerverhalten, womit die für das Wählerverhalten als zentral erachteten Einflussgrößen „Block II" im Modell von Brewster Smith zuzuordnen sind – der „sozialen Umgebung als Kontext der Entwicklung der Persönlichkeit und der Aneignung von Attitüden" (vgl. Abb. 1.1-1). Über die angenommenen Vermittlungsmechanismen gibt folgendes Zitat erste Auskunft: „The individual´s vote is the product of a number of social conditions or influences: his socioeconomic and ethnic affiliations, his family tradition, his personal associations, his attitudes on issues of the day, his membership in formal organizations" (Berelson u.a. 1968: 37). Menschen, die unter ähnlichen „äußeren Bedingungen" zusammenlebten, entwickelten tendenziell ähnliche Bedürfnisse, Interessen, Wahrnehmungsmuster und Einstellungen. Bezüglich der „Einstellungen" wird darauf verwiesen, dass Menschen nach „konsistenten Einstellungsmustern" strebten (vgl. z.B. Lazarsfeld u.a. 1968: 20, 148-149). Ein großer Stellenwert wird der interpersonellen Kommunikation eingeräumt (vgl. Lazarsfeld u.a. 1968: 150-158).

Die Zielsetzung des vorliegenden Teilkapitels besteht nicht darin, den mikrosoziologischen Ansatz umfassend darzustellen. Eine solche Darstellung findet sich beispielsweise in Schoen (2005). Kapitel 7.2 konzentriert sich stattdessen auf die „Grundidee" des Ansatzes und blendet etwa die Diskussion um „cross-pressures", die Voraussetzungen für die „Effektivität" der interpersonalen Kommunikation oder die (ohnehin tendenziell überholte) Vorstellung der Rolle von „Meinungsführern" im „two-step flow of communications" aus.

Beantwortet werden soll zunächst die Frage, auf welchem Menschenbild der theoretische Ansatz im Kern basiert. Nachdem Sozialisationsprozessen (und damit Beobachtungslernen sowie dem Lernen durch Belohnung und Bestrafung) eine zentrale Bedeutung zugesprochen wird, ist hier zunächst das behavioristische Paradigma (vgl. Kap. 1.3) zu nennen. Auf der anderen Seite nimmt der Ansatz Bezug auf das Informationsverarbeitungsparadigma (vgl. Kap. 1.6), wenn etwa interpersonelle Kommunikationsprozesse oder das Streben nach „kognitiver Konsistenz" thematisiert werden. Teilweise wird damit die „black box" des behavioristischen Ansatzes gefüllt, was dort allerdings nicht vorgesehen ist. Insofern sind die beiden Paradigmen nicht problemlos kombinierbar. Akzeptiert man dennoch die Kombination der beiden Menschenbilder, sind *logische* Widersprüche vorprogrammiert.

Aus *psychologischer* Sicht könnten die beiden „Menschenbilder" insofern vereinbar sein, als nicht auszuschließen ist, dass sich Menschen

in unterschiedlichen Situationen einmal gemäß dem einen Menschenbild und ein andermal gemäß dem anderen Menschenbild verhalten
könnten. Die komplizierte Architektur und Entwicklungsgeschichte
unseres Gehirns (vgl. Kap. 1.3 und 1.6) lässt dies nicht von vornherein als abwegig erscheinen. Auch werden in der wissenschaftlichen
Forschung durchaus entsprechende Vorstellungen vertreten, etwa
von differenziert verlaufenden Informationsverarbeitungsprozessen
im „Elaboration Likelihood Model" (vgl. Petty u.a. 1999: 41). Allerdings wäre diese Sicht der Dinge mit der Schwierigkeit verbunden,
zu ermitteln, unter welchen Bedingungen sich der Mensch gemäß
dem einen oder dem anderen Menschenbild verhält. Entsprechende
Moderatorvariablen müssten in Rechnung gestellt werden, womit sich
*einfache* Ansätze zur Erklärung menschlichen Verhaltens in der Regel
verbieten dürften. Noch einen Schritt weiter wäre zu überlegen, ob
sich Menschen nicht möglicherweise durch eine generelle Tendenz, in
mehr oder minder hohem Maße dem einen oder anderen Menschenbild zu entsprechen, unterschieden. Damit würden sich Ansätze zur
Erklärung menschlichen Verhaltens allerdings nochmals zusätzlich
verkomplizieren – zumindest, wenn man den Bezug zum „empirischen
Relativ" nicht verlieren möchte.

„Politische Einstellungen" werden im mikrosoziologischen Ansatz als
Einflussfaktoren auf das Wählerverhalten zwar explizit berücksichtigt,
allerdings nicht an zentraler Stelle – wohl deshalb, weil sie ihrerseits
als großenteils von sozialstrukturellen Gegebenheiten determiniert
betrachtet werden. Andererseits fallen Sie in den Bereich der im
Ansatz unterstellten „Vermittlungsprozesse", weshalb es sich lohnt,
ihre möglichen Funktionen zu analysieren.

Aus Sicht des Informationsverarbeitungsparadigmas der Persönlichkeitspsychologie kann Einstellungen zunächst eine „Wissens- oder
Ökonomiefunktion" zugeschrieben werden (vgl. Kap. 2.3). „Einstellungen erfüllen ... Funktionen der Organisation oder Strukturierung
einer ansonsten chaotischen Welt. ... Einstellungen erlauben es uns,
neue Informationen und Erfahrungen anhand bereits bestehender
evaluativer Dimensionen zu klassifizieren, und helfen auf diese Weise, die komplexe Welt, in der wir leben, zu vereinfachen und besser
verständlich zu machen" (Stahlberg u.a. 1996: 230). Diese Funktion

dürfte zum Beispiel mit der Entwicklung bestimmter „Wahrnehmungsmuster" unter gegebenen äußeren Bedingungen (s.o.) angesprochen
sein. Ferner kann Einstellungen vom Standpunkt des Informationsverarbeitungsparadigmas aus eine „Instrumentelle, utilitaristische oder
Anpassungsfunktion" zukommen. Einstellungen können gebildet werden, um Belohnungen zu maximieren bzw. Bestrafungen zu minimieren
(vgl. Kap. 2.3). Diese Funktion kann im Sozialisationsprozess, der
vom mikrosoziologischen Ansatz thematisiert wird, eine bedeutende
Rolle spielen. Aus Sicht des behavioristischen Paradigmas stellt
diese Funktion allerdings eine Füllung der „black box" dar, welche
zumindest bei puristischer Sichtweise abzulehnen ist (vgl. Kap. 1.3).

Noch komplexer wird die Situation, folgt man Harald Schoen (2005:
137), der in Bezug auf die Ausführungen in „Voting" zu dem Schluss
kommt: „Diesem Modell zufolge ist das Wahlverhalten einer Person
als Resultante allein ihrer Einstellungen zu politischen Parteien und
Kandidaten aufzufassen. Die Grundlage bildet das Menschenbild
des *homo sociologicus* (Dahrendorf 1958). Er begreift die Stimm-
abgabe als eine Gelegenheit, seinen im Lauf der Zeit erworbenen
Einstellungen Ausdruck zu verleihen, ohne darauf zu achten, zu
welchen Konsequenzen sein Votum in der konkreten Situation führen
könnte" (Hervorhebung im Original). Damit ist eine weitere motivationale Funktion von Einstellungen (der Ausdruck eigener Werte
und Selbstverwirklichung) angesprochen, die in den beiden bisher
betrachteten Paradigmen kaum Platz haben. Sie ist am ehesten dem
humanistischen Paradigma zuzuordnen (vgl. Kap. 1.8), allerdings ist die
starke „äußere Prägung" von Einstellungen, die auch Schoen (2005:
138) konstatiert, nur schwer mit dem humanistischen Paradigma zu
vereinbaren. Die Antwort auf die Frage, ob es aus theoretischer Sicht
sinnvoll ist, Einstellungsfunktionen anzunehmen, die unterschiedlichen
Menschenbildern zuzuordnen sind, dürfte im wesentlichen davon
abhängen, ob man eine wie oben angesprochene „Kombination"
dieser Menschenbilder für sinnvoll erachtet oder nicht.

Unabhängig davon sieht der mikrosoziologische Ansatz politische
Einstellungen als wichtige Einflussfaktoren auf das Wählerverhalten
(vgl. z.B. Berelson 1968: 182). Allerdings wird nicht genauer definiert,
was unter einer „Einstellung" (attitude) zu verstehen ist. Unter diesen

Umständen fällt es schwer, zu beurteilen, ob eine Erklärung des Wählerverhaltens durch deren Einstellungen aus theoretischer Sicht problematisch erscheint oder nicht. Insbesondere bleibt die Frage offen, ob „politischen Einstellungen" eine „verhaltensbezogene Komponente" zugeschrieben wird oder nicht (vgl. Kap. 2.2). Klar scheint allerdings zu sein, dass „politische Einstellungen" im oben genannten Sinne in aller Regel mit dem „Wählerverhalten" in den vier in Kapitel 2.6 besprochenen Aspekten (Handlungs-, Ziel- oder: Gegenstands-, Kontext- und Zeitaspekt) nicht hochgradig übereinstimmen dürften. Von daher sind aus theoretischer Sicht starke Einflüsse von Einstellungen auf das Wählerverhalten eher nicht zu erwarten.

## 7.3 Der makrosoziologische Ansatz

Der Grundgedanke des makrosoziologisch orientierten Cleavage-Ansatzes von Seymour M. Lipset und Stein Rokkan (1967) besteht zunächst darin, die Genese der westeuropäischen Parteiensysteme historisch fundiert zu rekonstruieren. Danach bildeten sich im Zuge der mit der gesellschaftlichen Modernisierung verbundenen Brüche „soziale Spannungslinien" zwischen gesellschaftlichen Großgruppen. Wird ein entsprechender, sozialstrukturell verankerter Interessengegensatz oder Konflikt kulturell überformt und durch geeignete Organisationen institutionalisiert, kann von einen „Cleavage" gesprochen werden. Die für die Bundesrepublik wichtigsten Cleavages betreffen die Gegensätze „Kapital – Arbeit" sowie „Kirche – Staat". Als cleavage-stabilisierende und vor allem die Interessen der jeweiligen gesellschaftlichen Großgruppe vertretende Institutionen kommen an zentraler Stelle politische Parteien in Betracht. Die hohe Affinität von Arbeitern zur SPD sowie von gläubigen Katholiken bzw. Christen zu den Unionsparteien basiert nach dieser Sichtweise auf einem „Fortleben" solcher Bündnisse. Eine detailliertere, zusammenfasende Darstellungen des Cleavage-Ansatzes findet sich beispielsweise in Schoen (2005: 145-151). Die hier präsentierte Skizze genügt bereits, um deutlich zu machen, dass der Cleavage-Ansatz im Modell von B. Smith (vgl. Abb. 1.1-1) in erster Linie „entfernte soziale Antezedenzien" thematisiert (Block I).

Allerdings führt in dem in Kapitel 1.1 vorgestellten Modell kein Pfad *direkt* von den „entfernten sozialen Antezedenzien" zum „politischen

Verhalten", worunter auch das Wählerverhalten zu subsummieren ist. Auf individueller Ebene stehen zwischen beiden intervenierend die „soziale Umgebung als Kontext der Entwicklung der Persönlichkeit und der Aneignung von Attitüden" sowie nachfolgend „Persönlichkeitsprozesse und Dispositionen". Hierzu zählen unter anderem Sozialisationsprozesse und die Ausprägung bestimmter (politischer) Einstellungen. Aus dem oben skizzierten makrosoziologischen Ansatz ergeben sich zwar Implikationen für individuelles Wählerverhalten: Die Mitglieder der betreffenden gesellschaftlichen Großgruppen votieren überwiegend für „ihre" Partei, welche die Interessen ihrer Gruppe vertritt. *Welche* Prozesse konkret das Wählerverhalten beeinflussen, wird jedoch kaum explizit thematisiert.

Harald Schoen (2005: 151-158) präsentiert einen Vorschlag, diese Lücke zu schließen, der im Folgenden referiert ist. Zunächst werden „... aus dem Schrifttum insgesamt fünf Argumente dafür vorgestellt, dass Personen mit den gleichen Ausprägungen sozialdemographischer Merkmale die gleiche Partei wählen und solche mit unterschiedlichen Ausprägungen für verschiedene Parteien stimmen ..." (Schoen 2005: 151).

1. Je nach sozialer Lage entwickeln Personen unterschiedliche (aktuelle) Interessen. Bevorzugt gewählt wird diejenige Partei, welche als Vertreterin der eigenen Interessen angesehen wird. In diesem Fall gilt: „Dank der Interessenidentität der Gruppenmitglieder kann individualistisches *issue voting* gruppenkonformes Wahlverhalten hervorbringen ..." (Schoen 2005: 151; Hervorhebung im Original).

2. Je nach sozialer Lage entwickeln Personen im Verlauf der politischen Sozialisation unterschiedliche Wertorientierungen, „... die nach dem Erreichen des Wahlalters das Stimmverhalten prägen" (Schoen 2005: 151). Gewählt wird die Partei, von der man am ehesten die Verwirklichung der eigenen Wertvorstellungen erwartet. Auch in diesem Fall gilt, dass sich aus individualistischen Motiven gruppenkonformes Wahlverhalten ergeben kann.

3. „Ein drittes Argument aus der Literatur erklärt homogenes Wahlverhalten einer sozialen Großgruppe damit, dass sich die einzelnen Mitglieder mit dieser verbunden fühlen und sich deshalb der Gruppennorm unterwerfen, für eine bestimmte Partei zu stimmen"

(Schoen 2005: 151-152). Die „Verbundenheit mit der Großgruppe" ist hier das zentrale Argument, nicht die „objektive Zugehörigkeit".

4. Ein viertes Argument basiert auf der Annahme, dass der genannte Prozess sich auch auf die „Verbundenheit mit einer *Partei*" – anstelle einer gesellschaftlichen Großgruppe – übertragen lässt. Diese „Verbundenheit" kann beispielsweise über Prozesse der politischen Sozialisation im Elternhaus erworben werden. Auch in diesem Fall gilt wieder, dass sich ohne bewusste „Gruppenkonformität" auf individueller Ebene gruppenkonformes Wahlverhalten ergeben kann.

5. Das fünfte Argument beruht auf einer Kernannahme des mikrosoziologischen Ansatzes (vgl. Kap. 7.2). „Ihm zufolge werden Parteipräferenzen über soziale Kontakte erworben. Konformes Wahlverhalten der Mitglieder einer Sozialkategorie erklärt sich demnach aus Kontakten mit Personen der gleichen Gruppe. Beispielsweise könnten Katholiken hauptsächlich mit ihresgleichen kommunizieren und daher die für Katholiken „richtige" Parteipräferenz erlernen" (Schoen 2005: 152).

Akzeptiert man den Vorschlag von Schoen, die „Lücke" bezüglich der Erklärung individuellen Wählerverhaltens zu schließen, dann ist festzuhalten, dass den fünf thematisierten Prozessen unterschiedliche Paradigmen der Persönlichkeitspsychologie zugrunde liegen. Die Punkte 1 (Einfluss aktueller Interessen) und 5 (Beeinflussung durch soziale Kontakte/Kommunikation) sind in erster Linie dem Informationsverarbeitungsparadigma (vgl. Kap. 1.6) zuzuordnen. Insbesondere unter Punkt 5 sind allerdings auch Lernprozesse thematisiert, welche dem behavioristischen Paradigma (vgl. Kap. 1.3) zuzurechnen sind.

Punkt 2 (Einfluss unterschiedlicher Wertorientierungen) ist insofern ebenfalls dem behavioristischen Paradigma zuzuordnen, als Sozialisationsprozessen eine zentrale Rolle beim Erwerb von Wertvorstellungen zugeschrieben wird. Eine genetische Beeinflussung von Werten (vgl. hierzu Kap. 3.1) wird im Rahmen der Wahlforschung in aller Regel nicht thematisiert. Zusätzlich könnte Punkt 2 – je nach Sichtweise – das Informationsverarbeitungsparadigma, das humanistische Paradigma (vgl. Kap. 1.8) oder beide tangieren. Harald Schoen vertritt offenbar die erste Sichtweise (s.o.), allerdings könnte man sich auch vorstellen, die Wahlentscheidung als rein expressive Verhaltensäußerung

zum „Ausleben" der eigenen Wertvorstellungen zu sehen, was der
Sichtweise des humanistischen Paradigmas entspräche. Allerdings
müssten dann Wertvorstellungen im wesentlichen als bewusstes
Produkt der Persönlichkeitsentwicklung gesehen werden.

Die Punkte 3 und 4 thematisieren die „Verbundenheit" oder
„Identifikation" mit einer gesellschaftlichen Großgruppe bzw. mit einer
„zugehörigen" Partei. In beiden Fällen können Sozialisationsprozesse
eine zentrale Rolle spielen. Schoen (2005: 155) stellt explizit fest:
„... psychologische Bindungen werden zu einem großen Teil bereits
während der politischen Primärsozialisation erworben". Dies legt
zunächst eine Zuordnung zum behavioristischen Paradigma nahe.
Theoretisch könnten derartige „Identifikationen" auch aufgrund von
Prozessen, die dem psychoanalytischen Menschenbild (vgl. Kap. 1.2)
entsprechen, zustande kommen. Allerdings wird diese Sichtweise in der
Wahlforschung – abgesehen vielleicht der älteren Rechtsextremismus-
Forschung (vgl. Kap. 6.2) – nicht vertreten und aus diesem Grund
hier auch nicht weiter thematisiert.

„Politische Einstellungen" spielen im makrosoziologischen Ansatz
auf den ersten Blick kaum eine Rolle. Auf den zweiten Bick allerdings
dürfte zumindest bei den eben besprochenen Punkten 3 und 4 die
„Verbundenheit" oder „Identifikation" mit einer gesellschaftlichen
Großgruppe bzw. einer Partei mit einer positiven Einstellung diesen
„Objekten" gegenüber einhergehen.

Festzuhalten ist beim Vorschlag Schoens, dass dieser selbst mehrfach darauf hinweist, die fünf genannten, in theoretischer Sicht klar
separierbaren Punkte seien kombinierbar: „Diese durchaus disparaten
Argumente scheinen in der Summe geeignet, den Zusammenhang
zwischen einem soziodemographischen Merkmal und dem Wahlverhalten zureichend zu erklären" (Schoen 2005: 152). „Die angeführten
Vermittlungsmechanismen stehen nicht nur additiv nebeneinander,
sondern greifen ineinander ..." (Schoen 2005: 153). Allerdings gilt
auch: „Die Vereinbarkeit der Vermittlungsmechanismen darf nicht über
deren grundsätzliche Verschiedenartigkeit hinwegtäuschen" (Schoen
2005: 154). Akzeptiert man diese Sichtweise, dann stellt sich erneut
die Frage nach den Konsequenzen der „Mischung" von Elementen,
denen unterschiedliche Menschenbilder zugrunde liegen.

## 7.4 DER SOZIALPSYCHOLOGISCHE ANSATZ

Der Grundgedanke des in den beiden Hauptwerken „The Voter Decides" (Campbell u.a. 1954) und „The American Voter" (Campbell u.a. 1960)[1] entwickelten sozialpsychologischen Ansatzes besteht darin, das Wählerverhalten auf politische Einstellungen zurückzuführen. Hierzu zählen – in der rezipierten Form des Ansatzes – Einstellungen zu Kandidaten, zu politischen Sachfragen sowie ganz besonders zu politischen Parteien. Was politische Parteien betrifft, wird angenommen, dass Menschen im Zuge der primären Sozialisation oder in nachfolgenden Phasen „Parteiidentifikationen" im Sinne einer „psychologischen Bindung" an die Partei erwerben können, was letztlich als besonders stark ausgeprägte und „tief verankerte" positive Einstellung der Partei gegenüber betrachtet werden kann. Die Parteiidentifikation gilt als eine den beiden anderen Einstellungen (zu Kandidaten und politischen Sachfragen) „vorgelagerte" Einflussgröße auf das Wählerverhalten, das heißt, sie ist ggf. in der Lage, diese zu beeinflussen. Insbesondere fungiert sie als „Wahrnehmungsfilter" und „färbt" die Wahrnehmungen in diesen Bereichen, womit sie auch zum Aufbau konsistenter Einstellungsstrukturen beiträgt. „Einstellungen zu Kandidaten" wurden ursprünglich relativ eng gefasst im Sinne „echter", politikferner Persönlichkeitsmerkmale. Heute subsummiert man hierunter in der Regel auch „politiknahe" Merkmale der Persönlichkeit, wie zum Beispiel Kompetenzen in verschiedenen Politikbereichen. Ausführliche Darstellungen des am Survey Research Center (SRC – Ann Arbor, Michigan) entwickelten sozialpsychologischen Ansatzes finden sich zum Beispiel in Schoen/Weins (2005), Rattinger (2002), Falter u.a. (2000) oder Blumenstiel/Rattinger (2011).

Der Ansatz ist im Modell von Brewster Smith (vgl. Kap. 1.1) Punkt III zuzuordnen (Persönlichkeitsprozesse und -dispositionen) und unterscheidet sich in dieser Hinsicht deutlich vom mikro- und von makrosoziologischen Ansatz (vgl. Kap. 7.2 und 7.3) der empirischen Wahlforschung. Persönlichkeitseigenschaften im engeren Sinne schließen die Autoren des „American Voter" als Einflussfaktoren

---

1    Für eine Replikation vgl. Lewis-Beck u.a. (2008).

allerdings explizit aus: „Some students of political behavior, intrigued by personality theory, have presumed that proper understanding of personality dynamics would show some personality types turning up heavily as adherents of the Democratic Party, whereas other types would be differentially attracted to the Republican Party. To the best of our knowledge, studies designed towards this end that have used subjects at all representative of a normal population have consistently shown negative results" (Campbell u.a. 1960: 506). Ähnlich äußerten sich schon Berelson u.a. (1954: 191-192). Vgl. relativierend hierzu Schumann (2001: 1-3).

In Reaktion auf die anfängliche Kritik des „psychologischen Reduktionismus" entstand das Bild eines „funnel of causality", dessen Grundgedanke darin besteht, dass sich die im mikro- und im makrosoziologischen Ansatz betrachteten Einflüsse letztlich auf der Einstellungseben niederschlagen müssten, womit es für die Erklärung des Wählerverhaltens genüge, diese „Mündung des Trichters" zu betrachten. Das schließt natürlich nicht aus, zusätzlich die Entstehung und Veränderung der betreffenden Einstellungen zu untersuchen.

Einstellungen spielen, wie gesagt, im mikrosoziologischen Ansatz eine zentrale Rolle für die Erklärung des Wählerverhaltens. Was die „erklärenden Variablen" dieses Ansatzes betrifft, wird die Einstellungsebene nicht verlassen. Der „Parteiidentifikation" muss dabei trotz ihrer Zentralität kein „Sonderstatus" zugesprochen werden. So schreiben etwa auch Blumenstiel und Rattinger (2011: 148, Hervorhebung durch den Verf.): „Die wichtigste *langfristige Einstellung* ist die *Parteiidentifikation,* eine relativ stabile psychologische Bindung an eine politische Partei", Arzheimer (2008: 171; Hervorhebung im Original): „Diesem Modell zufolge steuern *Einstellungen* gegenüber politischen Objekten (Parteien, Themen, Kandidaten, sozialen Gruppen) ... die Wahlentscheidung" oder Falter u.a. (2000: 255, Hervorhebung durch den Verf.): „... handelt es sich bei den hier gemessenen *Einstellungen* ... eindeutig um die von der Michigan-Schule postulierten Parteibindungen ...".

Es zeigt sich eine große Ähnlichkeit zum Einstellungsmodell nach Fishbein (vgl. Kap. 2.2). Die betreffende Partei (als Einstellungsobjekt) wird mit bestimmten Merkmalen, nämlich „ihren" Kandidaten, „ihren"

Positionen und Kompetenzen in Sachfragen sowie ggf. mit dem Merkmal: „Partei, an die ich mich gebunden fühle" (Parteiidentifikation) in
Verbindung gebracht. All diese Merkmale sind mit einer subjektiven
Wertung verbunden und das Wählerverhalten ergibt sich als Resultante dieser bewerteten Zuschreibungen. Ist man an „tiefergehenden"
Erklärungen des Wählerverhaltens interessiert, muss man „weiter
entfernte" Einflussfaktoren auf die genannten Faktoren betrachten und
damit – ganz im Sinne des „funnel of causality" – Einflussfaktoren
aus dem mikro- und eventuell auch aus dem makrosoziologischen
Bereich heranziehen.

An zentraler Stelle wird Einstellungen im sozialpsychologischen
Ansatz eine verhaltenssteuernde Funktion zugeschrieben (vgl.
z.B. Campbell u.a. 1960: 64). Aus Sicht der Diskussion über die
Erklärung menschlichen Verhaltens durch Einstellungen erstaunt
dabei die normalerweise mit dem Ansatz verbundene sehr hohe
Prognosekraft (vgl. Kap. 2.6). Schließlich ist eine Korrespondenz
zwischen Einstellungen und Verhalten nur hinsichtlich des „Zielaspekts" („Einstellungen" und „Verhalten" richten sich auf eine ganz
bestimmte Partei) gegeben. Hinsichtlich des „Handlungsaspekts",
des „Kontextaspekts" und des „Zeitaspekts" (vgl. Kap. 2.6) besteht
eine solche Kongruenz kaum. Aus dieser Perspektive wäre zu prüfen, ob die empirisch ermittelten Zusammenhänge nicht zumindest
zum Teil ein Methodenartefakt der Erhebung durch Selbstauskunft
darstellen. Die Problematik insbesondere der Verhaltensmessung
durch Selbstauskunft wurde in den Kapiteln 4.3 bis 4.5 thematisiert.
Die Neigung zu „kognitiver Konsistenz", thematisiert zum Beispiel in
Campbell u.a. (1960: 189-190), könnte ebenfalls in Richtung eines
Methodeneffekts wirken.

Neben der verhaltenssteuernden Funktion wird im sozialpsychologischen Ansatz der Parteiidentifikation zusätzlich eine Funktion im
Bereich der Wahrnehmung und damit verbundener Informationsverarbeitungsprozesse zugeschrieben (vgl. z.B. Campbell u.a. 1960:
128, Rattinger 2002: 319 oder Schmitt-Beck 2011: 155-156), womit
die „Wissens oder Ökonomiefunktion" von Einstellungen (vgl. Kap.
2.3) angesprochen ist. Eine ausgeprägte Parteiidentifikation „färbt"
Wahrnehmungen politischer Sachverhalte.

Vom zugrunde liegenden Menschenbild her ist der sozialpsychologische Ansatz der empirischen Wahlforschung in erster Linie im Informationsverarbeitungsparadigma der Persönlichkeitspsychologie (vgl. Kap. 1.6) zu verorten. Nachdem insbesondere beim Erwerb einer Parteiidentifikation Sozialisationsprozesse eine Rolle spielen (vgl. z.B. Campbell u.a. 1960: 147-148 oder auch Lewis-Beck u.a. 2008: 424), finden sich allerdings auch Anklänge an das behavioristische Paradigma (vgl. Kap. 1.3). Auch der sozialpsychologische Ansatz baut – wenngleich mit unterschiedlicher „Gewichtung" – auf verschiedenen „Menschenbildern" gleichzeitig auf. In diesem Punkt unterscheidet er sich nicht vom mikro- und vom makrosziologischen Ansatz.

Wohl aber unterscheidet er sich von diesen hinsichtlich der „Nähe" der unabhängigen Variablen (Parteiidentifikation, sowie Einstellungen zu Kandidaten und Sachfragen) zum Wählerverhalten – der abhängigen Variablen. Die generellen Schwierigkeiten, Kausalhypothesen zu prüfen, sind in Kapitel 5 thematisiert und sollen an dieser Stelle nicht weiter vertieft werden – mit einer Ausnahme, welche die angesprochene „Nähe" der untersuchten Größen betrifft: Ist empirisch ein Zusammenhang zwischen dem Wählerverhalten und einer „weit entfernten" Variablen – wie zum Beispiel der Zugehörigkeit zu einer gesellschaftlichen Großgruppe – nachweisbar, dann fällt es meist relativ (!) leicht, diesen Zusammenhang mit guten Gründen *kausal* zu interpretieren. Im Beispiel dürfte schließlich eine Wahlentscheidung kaum die Zugehörigkeit zu einer gesellschaftlichen Großgruppe beeinflussen. Beim sozialpsychologischen Ansatz dagegen bleibt aus theoretischer Sicht durchaus Raum für die Frage der Kausalrichtung – beeinflusst eine getroffene Wahlentscheidung die Parteiidentifikation? – zumal es sich ggf. um Einflüsse *prozesshaften* Charakters handelt, bei denen auch „Rückkoppelungen" keineswegs auszuschließen sind.

## 7.5 Ökonomische Ansätze

Darstellungen des Grundgedankens ökonomischer Ansätze mit Blick auf die Wahlforschung finden sich zum Beispiel in Arzheimer und Schmitt (2005), Braun (1999), Bürklin und Klein (1998: 107-133), Pappi (1996), Dehling und Schubert (2011) oder Zintl (1994). Eine kritische Würdigung bieten Green und Shapiro (1994 bzw. 1999).

Ökonomischen Ansätzen liegt das Bild des „homo oeconomicus"
zugrunde – eines Akteurs, der stets „rational" zwischen wahrgenommenen Handlungsalternativen entscheidet (daher die Bezeichnung
„Rational-Choice-Ansätze) und sich nicht von Gefühlen, Normen,
Werten, Einstellungen, Lernerfahrungen, Gewohnheiten, Selbstak-
tualisierungstendenzen, Triebimpulsen oder anderen alternativen
Faktoren leiten lässt. „Rational" bedeutet in diesem Zusammenhang,
dass diejenige Handlungsalternative, von welcher der größte erwartete
individuelle (Netto-) Nutzen erwartet wird, gewählt wird (Prinzip der
Nutzenmaximierung). Voraussetzung hierfür ist, dass jeder Handlungsalternative ein bestimmter erwarteter Nutzenwert zugeordnet
werden kann, so dass diese in eine (transitive) Rangfolge gebracht
werden können.

Was dabei unter „Nutzen" zu verstehen ist und wie der jeweilige
„Nutzenwert" zu ermitteln (und mit einer Eintrittswahrscheinlichkeit
zu gewichten) ist, ist dabei nicht von vornherein festgelegt (vgl.
auch z.B. Green/Shapiro 1999: 25). Meist wird jedoch eine relativ
enge, im weitesten Sinne ökonomisch orientierte Nutzen-Definition
verwendet. Downs (1957: 36) schreibt beispielsweise: „The benefits
voters consider in making their decisions are streams of utility derived from government activity. ...". Gleichzeitig liest man auf Seite
11: „Our model is based on the assumption that every government
seeks to maximize political support". Diese Zielsetzung der Stim-
menmaximierung lässt sich auch auf Politiker übertragen, womit
sich die Frage erhebt, ob Menschen gemäß dem Modell *immer* in
ein und derselben Art und Weise nutzenmaximierend entscheiden
oder nicht. Schließlich sind Politiker auch Wähler, das Streben nach
politischer *Macht* (und den damit verbundenen Konsequenzen, wie
etwa mit dem Amt verbundene Entscheidungsbefugnisse oder die
mit ihm verbundene berufliche Position) ist jedoch nicht unbedingt
deckungsgleich mit dem Streben nach Nutzeneinkommen im oben
genannten Sinne.

In aller Regel gehen Rational-Choice-Theoretiker jedoch „... davon
aus, dass ihre Modelle gleichermaßen für alle Akteure gelten", dass
also Entscheidungen, Regeln und Vorlieben „im Zeitverlauf stabil
und bei allen Menschen ähnlich sind ..." (Green/Shapiro 1999: 28).

Individuelle Unterschiede sind in dieser Hinsicht nicht vorgesehen. Diese Homogenitätsannahme wird meist mit dem Argument „theoretischer Sparsamkeit" und mit Praktikabilitätsargumenten gerechtfertigt (vgl. Green/Shapiro 1999: 28), erscheint jedoch von der Grundidee ökonomischer Ansätze her nicht zwingend notwendig. Ein wichtiger Effekt dieser Festlegung besteht darin, dass Entscheidungen nach diesem Modell nur von situativen Rahmenbedingungen abhängen und nicht mehr von zusätzlichen individuellen Besonderheiten wie Gefühlen, Normen ... (siehe oben).

Bis zu diesem Punkt ist der Ansatz generell dem Informationsverarbeitungsparadigma der Persönlichkeitspsychologie (vgl. Kap. 1.6) zuzuordnen, wobei als entscheidender Einflussfaktor „Block IV" des Modells von Brewster Smith, „die unmittelbare Situation" der Handlung (vgl. Kap. 1.1), angesehen wird – eine Einflussgröße, die in den bisher besprochenen Ansätzen kaum thematisiert wurde. Allerdings könnte man ihm aufgrund der Zentralität dieses Einflussfaktors, pointiert formuliert, „situativen Reduktionismus" vorwerfen – in Anlehnung an den Vorwurf des „psychologischen Reduktionismus", welcher dem Ansatz der „autoritären Persönlichkeit" (Kap. 6.2) wie dem frühen sozialpsychologischen Ansatz (Kap. 7.4) entgegengebracht wurde.

Festzuhalten ist, dass die Zielrichtung von Rational-Choice-Ansätzen in erster Linie darin besteht, kollektive Ergebnisse (wie den Ausgang einer Wahl) auf individuelle Entscheidungen zurückzuführen (vgl. z.B. Zintl 1994: 502). Die Sichtweise ist mit andern Worten dem methodologischen Individualismus verpflichtet. Im Folgenden wird die „soziologische Komponente" gemäß der Zielsetzung des vorliegenden Bandes ausgeblendet und lediglich die Erklärung *individuellen* menschlichen Handelns thematisiert.

Unter Rational-Choice-Ansätzen lassen sich hinsichtlich ihres „Realitätsbezugs" zwei grundlegende Gruppen unterscheiden (vgl. Arzheimer/Schmitt 2005: 246-247): Nach der einen Sichtweise geht es lediglich darum, aus gesetzten „Axiomen" (hierzu zählt das beschriebene Menschenbild) möglichst gute Prognosen des individuellen Handeln abzuleiten (und zur Erklärung kollektiver Ergebnisse zu aggregieren). Gelingt auf diesem Wege eine korrekte Prognose, gilt das Ziel als erreicht. Wie „realitätsnah" die Axiome sind, auf denen die Prognose beruht, gilt in diesem Fall als unerheblich. Nach einer solchen *instrumentalistischen* Wissenschaftsauffassung kann es sogar als Vorteil angesehen werden, dass „individuelle Besonderheiten", die nur schwer, mit großen Aufwand und fehlerbehaftet (vgl. Kap. 4.5 bis 4.7) zu ermitteln sind, ausgeblendet bleiben. Nach der anderen Sichtweise, einer *realistischen* Wissenschaftsauffassung, geht es darum, menschliche Entscheidungsprozesse möglichst genau nachzuzeichnen und zu verstehen. In diesem Fall erlangt die Frage der Realitätsnähe der in die Prognose eingehenden Axiome zentrale Bedeutung. Insbesondere dann, wenn keine gute Prognoseleistung erzielt wird, bietet sich eine Modifikation der „Axiome" hin in Richtung (noch) größerer Realitätsnähe an. Diese Form von Rational-Choice-Ansätzen wird – ebenfalls aufgrund der Zielsetzung des vorliegenden Bandes – im Folgenden betrachtet.

„Einstellungen" spielen bei dieser Sichtweise (genau wie bei der instrumentalistischen Auffassung) zunächst keine Rolle. Kommen allerdings – zur Reduzierung von „Informationskosten" – Ideologien ins Spiel, ändert sich das Bild, zumindest wenn man davon ausgeht, dass Ideologien zu einem nennenswerten Teil über Sozialisationsprozesse erworben werden. Aus der Sicht des Akteurs dienen Ideologien gemäß dem Modell lediglich der Einsparung von Informationskosten. Von „außen" betrachtet jedoch sind in den Entscheidungsprozess nun Größen involviert, die dem behavioristischen Paradigma der Persönlichkeitspsychologie (Kap. 1.3) zuzuordnen sind. Der Mensch wird nicht nur als „informationsverarbeitendes Wesen" betrachtet, sondern auch als „lernendes Wesen". Dies hat Konsequenzen auf der theoretischen Ebene. Beispielsweise ist kaum einzusehen, weshalb ein Mensch, der „ideologische Grundpositionen" über Sozialisationsprozesse erwirbt, nicht auch Parteipräferenzen über eben solche Sozialisationsprozesse erwerben sollte – was allerdings in ökonomischen Ansätzen gerade nicht vorgesehen ist. Auch bei ökonomischen Ansätzen können also, wie im beschriebenen Fall, unterschiedliche Menschenbilder „gemischt" werden, was eine Reihe von Problemen nach sich zieht, die zu lösen sind. In dieser Beziehung stellt sich die Situation ähnlich dar wie in den übrigen bisher besprochenen Ansätzen der empirischen Wahlforschung (vgl. Kap. 7.2 bis 7.4).

Gelegentlich werden die „Theory of Reasoned Action" bzw. die „Theory of Planned Behavior" (vgl. Kap. 2.6) als eine „Spielart" den ökonomischen Ansätzen zugeordnet. Dies ist insofern nachvollziehbar, als sie klar dem Informationsverarbeitungsparadigma der Persönlichkeitspsychologie zuzurechnen sind. Allerdings unterscheiden sie sich in zweierlei Hinsicht deutlich von der bisher geschilderten Sichtweise: Erstens ergibt sich einer der Haupteinflussfaktoren auf das Verhalten, die „Einstellung zum Verhalten", aus den erwarteten Konsequenzen der unterschiedlichen Handlungsalternativen und aus deren Bewertung. Nicht festgelegt ist dabei, *welche* Konsequenzen (es können durchaus mehrere unterschiedliche sein) der Akteur dabei im Auge hat und *welchen* Bewertungsmaßstab (oder Maßstäbe) er hierbei heranzieht. Dies wurde bisher als „Axiom" unterstellt. Zweitens kommt eine „soziale Komponente" ins Spiel, die bisher fehlte. Der Akteur bezieht die erwartete Beurteilung seines potentiellen Verhaltens durch seine Mitmenschen in den Entscheidungsprozess ein sowie den Grad seiner Bereitschaft, diesen Erwartungen gemäß zu handeln (Soziale Norm). Die genannten Größen dürften interindividuell erheblich variieren, womit die Entscheidung für eine bestimmte Handlungsalternative nicht mehr nur von der äußeren Situation abhängt, sondern – nach dem Modell von Brewster Smitth – auch von interindividuell variierenden „Persönlichkeitsprozessen und -dispositionen" (vgl. Kap. 1.1). Damit ist der Ansatz zwar ebenfalls im Informationsverarbeitungsparadigma der Persönlichkeitspsychologie (vgl. Kap. 1.6) zu verorten, nachdem allerdings individuelle Unterschiede zugelassen werden auch im Eigenschaftsparadigma – welches nach einer „inhaltlichen Füllung" verlangt (vgl. Kap. 1.4). Je nach „Füllung" kann damit auch in diesem Fall das Informationsverarbeitungsparadigma mit anderen Paradigmen der Persönlichkeitspsychologie – oder Menschenbildern – kombiniert werden.

Einstellungen im üblichen Sinne können gemäß der „Theory of Reasoned Action" bzw. der „Theory of Planned Behavior" weder das menschliche Verhalten direkt beeinflussen noch eine entsprechende Verhaltensintention. Sie können jedoch als „modellexterne Faktoren" sowohl „die Einstellung zum Verhalten" beeinflussen als auch die „Soziale Norm". Besonders gut einzubinden ist hierbei aus theoretischer

Sicht das eindimensionale Einstellungsmodell nach Fishbein (vgl. Kap. 2.2), da dieses – wie die genannten Ansätze – im Grunde auf einem „Wert x Erwartungsmodell" aufbaut. Betrachtet man in diesem Modell Einstellungen nicht als „erlernt", sondern als „konstruiert", dann besteht hier – mit den genannten Einschränkungen – ein fließender Übergang von der Einstellungsforschung zum Grundgedanken des Rational-Chhoice-Ansatzes.

# DIE ARGUMENTATION DES BUCHES IN KÜRZE:
# ÜBERBLICK UND AUSBLICK

In Kapitel 1 wurden – über weite Strecken einem Vorschlag Jens B. Asendorpfs (2007) folgend[1] – eine Reihe von *Paradigmen der Persönlichkeitspsychologie* vorgestellt, die jeweils auf einem ganz bestimmten, grundlegenden Menschenbild basieren. Aus theoretischer Sicht sind diese Paradigmen nicht immer kompatibel. Gleichwohl können alle als Grundlage sozialwissenschaftlicher Forschung dienen, wie Kapitel 6 anhand der Autoritarismusforschung demonstriert. Mit Ausnahme des humanistischen Paradigmas wurden in diesem Forschungsbereich alle in Kapitel 1 genannten forschungsrelevanten Paradigmen im Rahmen jeweils unterschiedlicher Forschungsansätze herangezogen. Die Ausblendung des humanistischen Paradigmas im Rahmen der Autoritarismusforschung liegt in der Natur des Forschungsgegenstands. Als Beispiele für die Anwendung dieses Paradigmas können die qualitative empirische Sozialforschung genannt werden oder die Werteforschung, sofern sie sich auf Abraham H. Maslow, einen der bedeutendsten Vertreter der humanistischen Psychologie, beruft.

Eines der wichtigsten Ziele der Persönlichkeitspsychologie ist die Erklärung menschlichen Verhaltens. Je nach Paradigma können die Erklärungen dabei allerdings recht unterschiedlich ausfallen. Beispielsweise kommt Detlef Oesterreich, der auf Grundlage eines

---

1 Eine Ausnahme bildet Kapitel 1.8.

behavioristisch orientierten Ansatzes argumentiert (Kapitel 6.5), zu der Aussage: „Autoritäre Persönlichkeiten entstehen nicht, weil sie in ihrer Kindheit von ihren Eltern ‚autoritär' behandelt worden sind, sondern weil sie falsch behandelt worden sind" (Oesterreich 1996: 127), welche klar im Gegensatz zur Vorstellung des psychoanalytisch orientierten Ansatzes der Berkeley-Gruppe steht (Kapitel 6.2).

Unabhängig vom zugrunde gelegten Ansatz ist erstens festzuhalten, dass die Erklärung eines ganz bestimmten Verhaltens in einer ganz bestimmten Situation durch „breite" Persönlichkeitseigenschaften (im weitesten Sinne, nicht nur im Sinne der „Big Five") wenig Aussicht auf Erfolg hat. Eher ist es auf diese Weise möglich, Verhaltens-*tendenzen* (im Sinne der Aggregation verschiedener Verhaltensweisen in unterschiedlichen Situationen) zu erklären. Festzuhalten ist zweitens, dass Persönlichkeitsmerkmale nur dann zur Erklärung menschlichen Verhaltens herangezogen werden können, wenn ihnen in irgendeiner Form eine „biophysische Existenz" zugesprochen und damit die rein beschreibende Ebene verlassen wird. Dieser wichtige Punkt gilt analog auch für die nachfolgend besprochenen Einstellungen und Werthaltungen.

Neben der *direkten* Beeinflussung menschlichen Verhaltens durch Persönlichkeitsmerkmale wird in vielen Fällen auch eine indirekte Beeinflussung, vermittelt über Einstellungen bzw. Werthaltungen, untersucht. Diese spielen zum Beispiel dann eine zentrale Rolle, wenn man auf der Grundlage des „Attraktionsparadigmas" (Byrne 1971, 1997) argumentiert (vgl. Kapitel 1.4). Mit „Einstellungen" und „Werthaltungen" befassen sich die Kapitel 2 und 3.

Im Bereich der *Einstellungsforschung* (Kapitel 2) finden sich eine ganze Reihe unterschiedlicher Einstellungsdefinitionen, von denen hier die Gruppe der dreidimensionalen Einstellungsdefinitionen (am Beispiel der Definition von Eagly und Chaiken) sowie die eindimensionale Einstellungsdefinition von Fishbein besprochen sind. Ungeachtet der jeweiligen Einstellungsdefinition ist festzuhalten, dass die *Funktionen,* welche Einstellungen üblicherweise zugeschrieben werden, *unterschiedlichen* Menschenbildern entstammen (vgl. Kapitel 2.3). Anders ausgedrückt: Auf der Grundlage der in Kapitel 1 besprochenen Paradigmen der Persönlichkeitspsychologie können

Einstellungen jeweils nur ganz bestimmte Funktionen zugeschrieben werden. Schreibt man ihnen *alle* üblicherweise genannten Funktionen geleichzeitig zu, dann „mischt" man unterschiedliche Menschenbilder.

Möchte man menschliches Verhalten durch Einstellungen erklären, dann ist es zunächst wichtig, sich explizit für eine bestimmte Einstellungsdefinition zu entscheiden, da mit dieser Entscheidung Konsequenzen für die theoretische Argumentation und damit für den Forschungsprozess verbunden sind. Dies betrifft zum Beispiel den Vorgang der Messung. Bei Verwendung einer *mehrdimensionalen* Einstellungsdefinition besteht – im Gegensatz zur eindimensionalen – ein „Konsistenzproblem" (vgl. Kapitel 2.2), insbesondere wenn die Messung eindimensional angelegt ist. Ein weiteres Beispiel: Die Erklärung menschlichen Verhaltens kann bei Verwendung einer mehrdimensionalen Einstellungsdefinition dann problematisch werden, wenn eine der Einstellungsdimensionen als konativ/verhaltensbezogen betrachtet wird. In diesen Fall besteht die Gefahr einer zirkulären Argumentation. Bei der eindimensionalen Einstellungsdefinition Fishbeins besteht diese Gefahr insofern nicht, als Verhalten dort explizit nicht in die Definition einfließt.

Generell gilt für die Erklärung menschlichen Verhaltens durch Einstellungen das *Korrespondenzprinzip:* Die zur Erklärung herangezogene Einstellung muss mit dem betrachteten Verhalten hinsichtlich Handlung, Gegenstand (Ziel), Kontext und Zeitpunkt übereinstimmen, um eine möglichst gute Erklärungsleistung erzielen zu können (vgl. Kapitel 2.6). Ferner gilt das *Symmetrieprinzip:* Allgemeine, breite Einstellungen können lediglich zur Vorhersage aggregierter Verhaltensweisen dienen. Zur Vorhersage spezieller Verhaltensweisen müssen dagegen entsprechend spezielle Einstellungen herangezogen werden (vgl. Asendorpf 2007: 255).

An diese Vorstellung knüpft der „Reasoned Action-Ansatz" an, ein in der Sozialpsychologie empirisch gut bewährter Ansatz zur Erklärung menschlichen Verhaltens (vgl. Kapitel 2.6 sowie die Modifizierung in Fishbein und Ajzen 2010: 20-27). In ihm ist das Verhalten zunächst durch eine entsprechende Verhaltensintention zu erklären. Die explizite Trennung von „Verhalten" und „Verhaltensintention" erscheint im Sinne einer „sauberen" Übersetzung der Forschungsfrage in „empirische

Forschung" schon deshalb sinnvoll, weil bei vielen Forschungsfragen – beispielsweise im Rahmen der empirischen Wahlforschung – menschliches Verhalten zwar erklärt werden soll, sich jedoch andererseits einer Messung in aller Regel entzieht.

Die Verhaltensintention wird im genannten Ansatz ihrerseits von der „Einstellung zum betreffenden Verhalten" und von der „Subjektiven Norm" beeinflusst, wobei beide als eine sehr spezielle Form von Einstellungen aufgefasst werden können. Eckes und Six (1994: 270) sprechen von „maßgeschneiderten" Einstellungen. Diese wiederum – genauer: deren Komponenten – können unter anderem von Einstellungen „im herkömmlichen Sinne", von den bereits genannten Persönlichkeitsmerkmalen oder von den in Kapitel 3 behandelten „Werthaltungen" beeinflusst werden.

*Werthaltungen* wird in der Literatur allerdings meist entweder ein Einfluss auf (politische) Einstellungen – mit Konsequenzen für das Verhalten – zugeschrieben oder ein *direkter* Einfluss auf menschliches Verhalten. Auf jeden Fall geht die Forschung (analog zur Persönlichkeits- und Einstellungsforschung) in aller Regel von deren *Verhaltensrelevanz* aus. Dabei erweist sich die Forschungslandschaft als ausgesprochen „bunt". Alle fünf der in Kapitel 3 vorgestellten Ansätze der Werteforschung zeichnen sich durch unterschiedliche Vorstellungen vom „Werteraum" und durch unterschiedliche Messmethoden aus. Was die unterschiedlichen Vorstellungen von den Dimensionen des Werteraums betrifft, erinnert die Situation etwas an die faktorenanalytisch orientierte Persönlichkeitsforschung vor der Etablierung der „Big Five" (vgl. Kapitel 1.5). Wie in diesem Fall könnte auch hier, im Bereich der Werteforschung, die Verwendung des Lexikalischen Ansatzes, wie dies etwa Renner (2005) vorschlägt, zu einer Vereinheitlichung der Forschungslandschaft führen – zumindest innerhalb einer Sprachgemeinschaft bzw. innerhalb eines Kulturkreises.

Die über unterschiedliche Sprachgemeinschaften und Kulturkreise hinweg vergleichende Werteforschung steht vor dem Problem der Vergleichbarkeit der durchgeführten Messungen. Im Normalfall erfolgen die Messungen sprachgebunden, und Sprachen lassen sich nicht unbedingt 1:1 übersetzen (vgl. Kapitel 4.10). Zudem können in unterschiedlichen Kulturkreisen durchaus unterschiedliche Werte für das Zusammenleben der Menschen relevant sein. Damit kann der Werteraum unterschiedlich dimensioniert sein, sowohl was die inhaltliche Seite der Dimensionen, als auch was deren Anzahl betrifft. Renner ermittelte beispielsweise mit Hilfe des Lexikalischen Ansatzes unterschiedliche Dimensionen des Werteraums für Österreich sowie für den arabischen und für einen afrikanischen Kulturkreis (vgl. Kapitel 3.6).

An dieser Stelle wird auch die Problematik der Übersetzung von Instrumenten zur Erfassung von Werthaltungen, die in einer bestimmten Sprache, eingebunden in einen bestimmten Kulturkreis entwickelt wurden, deutlich. Mit einem ähnlichen Problem sind auch Übersetzungen von Instrumenten zur Erfassung der „Big Five" behaftet (vgl. z.B. Ostendorf 1990: 48-57) – allerdings in abgemilderter Form, da Persönlichkeitseigenschaften einer geringeren interkulturellen Variation unterworfen sein sollten als Werthaltungen.

Sollen Einstellungen, Werthaltungen oder Persönlichkeitseigenschaften in irgendeiner Form im Rahmen der empirischen Sozialforschung zur Erklärung menschlichen Verhaltens herangezogen werden, so müssen entsprechende *Messungen* erfolgen. Hiermit beschäftigt sich Kapitel 4. Dabei wird besonderer Wert auf die Feststellung gelegt, dass einer „Messung" in den Sozialwissenschaften in aller Regel ein *aktiver Prozess* seitens der untersuchten Person zugrunde liegt, in dem sie Information zu verarbeiten sowie eine Reihe von Aufgaben zu bewältigen hat. Dieser Prozess beeinflusst zum einen in mehr oder minder hohem Umfang das Messergebnis. Beispielsweise hat die Vergleichs*richtung* bei einer Frage offenbar Einfluss auf das Ergebnis von Vergleichsurteilen (Wänke 1993; Wänke u.a. 1995). Zum anderen wird durch ihn die antwortende Person oft in nicht zu vernachlässigender Art und Weise verändert. Unter anderem kann eine solche Veränderung zu Problemen bei Reliabilitätsschätzungen führen, die ja von zeitlich *unveränderten* „Merkmalsausprägungen im empirischen Relativ" ausgehen.

Es folgen in Kapitel 4.9 einige speziell auf Likert-Instrumente bezogene Anmerkungen. Likert-Instrumente stellen die derzeit wohl beliebtesten Instrumente zur Erfassung von Einstellungen, Werten und Persönlichkeitseigenschaften dar, sofern mehr als eine Frage pro Messung eingesetzt wird. Wenig beachtet werden allerdings beispielsweise – neben einigen allgemeinen, methodischen Aspekten – die Problematik der Messung von „Syndromen" mit Hilfe derartiger Instrumente, die auf Eindimensionalität hin ausgelegt sind oder Fragen, die mit der Polarität der zu erfassenden Konstrukte und der Verwendung von Privativa verbunden sind.

Kapitel 4.10 betont nochmals – neben der bereits angesprochenen Sprachgebundenheit von Messungen, dass Messungen keine „1:1 Abbildungen der Realität" darstellen können und erweitert die entsprechende Argumentation. Das „materielle Weltbild", auf dem auch die sozialwissenschaftliche Forschung basiert, ist streng genommen zusammengebrochen. Die Forschung arbeitet auf der Grundlage „viabler" Vorstellungen, die sich im Forschungsprozess bewährt und damit ihre Nützlichkeit unter Beweis gestellt haben. Sie erlauben allerdings keine Schlüsse auf die „Wirklichkeit" im ontologischen Sinne. Beide Punkte sind bei der Interpretation der Messergebnisse zu berücksichtigen, um Überinterpretationen zu vermeiden. Das genannte Kapitel enthält zusätzlich einige Bemerkungen zu aggregierten Messwerten – im Gegensatz zu den hier schwerpunktmäßig betrachteten individuellen Messwerten. An dieser Stelle kommen insbesondere Probleme der Stichprobenziehung sowie der Auskunftsverweigerung zur Sprache.

Messungen erfolgen normalerweise im Rahmen der *Hypothesenprüfung,* und die in den Sozialwissenschaften untersuchten Hypothesen sind in aller Regel *kausaler* Natur. Dies gilt insbesondere für die Erklärung menschlichen Verhaltens. Kapitel 5 beschäftigt sich daher mit den Möglichkeiten der Prüfung von Kausalhypothesen – sowohl wenn „prozesshafte Einflüsse" als auch, wenn zeitlich und inhaltlich „klar abgrenzbare" Stimuli als Einflussfaktoren angenommen werden. Auch wenn Kausalität im strengen, wissenschaftstheoretischen Sinne nicht nachweisbar sein dürfte, bemüht sich die empirische Forschung dennoch, zumindest Hinweise auf Kausalzusammenhänge zu ermitteln.

Zunächst sind in Kapitel 5 die mit dem Ex-Post-Facto Design verbundenen Möglichkeiten thematisiert. Dieses Design liegt wohl den mit Abstand meisten sozialwissenschaftlichen Untersuchungen zugrunde. Es folgen (nichtexperimentelle) Untersuchungsdesigns mit mehr als einem Messzeitpunkt sowie experimentelle Untersuchungsdesigns. Den Abschluss von Kapitel 5 bilden einige Anmerkungen zu Signifikanztests sowie generell zur Interpretation der Forschungsergebnisse im Rahmen der Prüfung von Kausalhypothesen. Auch in diesem Zusammenhang wird vor Überinterpretationen gewarnt.

Weiter wird die Frage thematisiert, inwieweit menschliches Verhalten überhaupt kausal erklärbar ist. Aufgrund eines völlig mechanistischen Welt- und Menschenbildes müsste man von „totaler Determination" ausgehen. Das würde bedeuten, dass bei Kenntnis aller verhaltensrelevanter Faktoren (und einer völlig reliablen und validen Messung ihrer Ausprägungen) menschliches Verhalten hundertprozentig exakt vorhersagbar wäre. Bei entsprechenden Regressionsrechnungen müsste – zumindest theoretisch – ein $R^2$ von „1" erreichbar sein. Anders liegen die Dinge, wenn man Raum für einen „freien Willen" lässt oder „objektiven Zufall" (vgl. Kapitel 5.9). Dann ist ein $R^2$ von „1" prinzipiell *nicht* erreichbar und es stellt sich die Frage, *welchen* Wert es unter besten Bedingungen erreichen kann. Möglicherweise wäre unter diesem Gesichtspunkt auch ein relativ kleiner, weit von „1" entfernter Wert von $R^2$ als „hohe Erklärungskraft" zu interpretieren.

Kapitel 7 greift einige der vorstehend besprochenen Punkte nochmals an einem *Praxisbeispiel* im Form von vier wichtigen Ansätzen der empirischen Wahlforschung auf, die jeweils unterschiedliche der nach dem Modell von Smith (vgl. Kapitel 1.1) zu beachtenden Einflussfaktoren auf menschliches Verhalten betonen. War bei den vorgestellten Ansätzen zur Autoritarismusforschung (Kapitel 6) noch festzustellen, dass sie sich jeweils sehr stark auf *eines* der in Kapitel 1 dargestellten Paradigmen der Persönlichkeitspsychologie stützten, so herrscht jetzt die Tendenz vor, mehrere dieser Paradigmen zu „vermischen".

Dies kann auf der einen Seite zu Inkonsistenzen führen. Beispielsweise werden oft in solchen ökonomischen Erklärungsansätzen, die auf einem realistischen Wissenschaftsverständnis (vgl. Kapitel 7.5) beruhen, ideologische Positionierungen als „Information-Shortcuts" betrachtet. Derartige Ansätze sind zunächst im Informationsverarbeitungsparadigma (Kapitel 1.6) zu verorten. Unterstellt man dabei, dass individuelle ideologische Positionen via Sozialisation erworben (also: erlernt) werden, dann argumentiert man zusätzlich auf der Grundlage des behavioristischen Paradigmas (Kapitel 1.3). Aus dieser Sicht erscheint es dann allerdings plausibel, dass der Mensch als „lernendes Wesen" via Sozialisation beispielsweise eine Parteiidentifikation (mit entsprechendem Einfluss auf das Wahlverhalten) erwerben kann – was allerdings in ökonomischen Ansätzen der genannten Ausrichtung *nicht* vorgesehen ist.

Auf der anderen Seite erhebt sich die Frage, ob es nicht sinnvoll wäre, für die Erklärung individuellen menschlichen Verhaltens *mehrere* Paradigmen der Persönlichkeitspsychologe – im Extremfall alle der in Kapitel 1 behandelten – zugrunde zu legen. Schließlich können Menschen, je nach Situation und momentaner Verfassung, ganz offenbar „triebgesteuert" agieren, sie können „ihrem Gewissen folgen", sie können lediglich „erlerntes Verhalten" ausführen, sie können wohlüberlegt Handeln oder sie können im Rahmen ihrer „Selbstverwirklichung" (im weitesten Sinne) entsprechendes, expressives Verhalten zeigen.

Die diskutierten Punkte sind von erheblicher Relevanz für Modelle und Ansätze zur Erklärung individuellen menschlichen Verhaltens – nicht nur des Wählerverhaltens. Grundsätzlich stehen zwei Möglichkeiten zur Auswahl: Man kann sich lediglich auf ein einziges Paradigma der Persönlichkeitspsychologie (Kapitel 1) berufen, oder man kann zwei oder mehrere Paradigmen gleichzeitig verwenden.

Legt man der Verhaltenserklärung lediglich ein einziges Paradigma zugrunde, so hat dies den Vorteil, dass auf der theoretischen Ebene relativ sparsam und konsistent argumentiert werden kann. Dies ist beispielsweise bei ökonomischen Erklärungsansätzen meist der Fall – bis hin zu der Tatsache, dass dort, im Gegensatz zu anderen Ansätzen, klare Prognosen erstellt werden können.[2] Erkauft wird dieser Vorteil jedoch durch eine im Normalfall unrealistisch erscheinende Beschränkung der Einflüsse auf menschliches Verhalten. Manchmal sprechen gute Gründe für eine solche Entscheidung. Beispielsweise erscheint plausibel, dass sich der Mensch in Hochkostensituationen wohlüberlegt nutzenmaximierend verhält. Allerdings gibt es in der Regel auch Beispiele, die gegen ein solches Argument sprechen. Leidenschaftliche Sammler können sich durchaus in rational (im Sinne

---

2    Diese können zum Beispiel auch verwendet werden, um die *Abweichungen* von der Prognose zu analysieren.

ökonomischer Erklärungsansätze) nicht nachvollziehbarer Art und Weise verschulden oder gar ruinieren, manchmal retten Menschen andere unter Lebensgefahr und vieles mehr.

„Mischt" man unterschiedliche Menschenbilder im Rahmen der Verhaltenserklärung, so sind eine Reihe von Fragen zu beantworten. Zunächst ist zu bestimmen, welche Einflüsse auf das zu erklärende Verhalten *prinzipiell* auftreten können. Sodann stellt sich die Frage, welche dieser Einflüsse – separat oder in Kombination – im Falle des untersuchten, individuellen Verhaltens „aktiv" waren. In dieser Hinsicht können sich Menschen tendenziell unterscheiden. „Kopfgesteuerte" Menschen etwa mögen *generell* eher zu „wohlüberlegten Handlungs-entscheidungen" neigen und „Bauchmenschen" zu gefühlsmäßigem Verhalten. Vielleicht können derartige, generelle Tendenzen durch geeignete Maße erfasst werden.

Allerdings können auch bei ein und demselben Menschen situations-bedingt unterschiedliche Einflüsse wirksam werden. Krosnick (1991: 215) betont, dass solche situationsspezifischen Veränderungen sogar innerhalb eines Interviews nicht auszuschließen sind. Man benötigt also streng genommen eine Moderatorvariable, deren Ausprägung anzeigt, welche Einflüsse im Falle des zu erklärenden Verhaltens „aktiv" sind bzw. waren. Steht eine derartige Moderatorvariable (nebst entsprechenden Messungen) nicht zur Verfügung, muss man sich mit mehr oder weniger plausiblen, vereinfachenden Annahmen behelfen.

Sind mehrere Einflüsse gleichzeitig „aktiv" – was der Konstellati-on „Multikausalität" entspräche (vgl. Kapitel 5.1 und 5.2) – können sie entweder „in die gleiche Richtung wirken", womit das Verhalten überdeterminiert ist, oder sie können die Intentionen zu unterschied-lichen Verhaltensweisen fördern. Im letzteren Fall würde eine Situation entstehen, die den im mikrosoziologischen Ansatz der empirischen Wahlforschung angenommenen „cross-pressures" entspräche (vgl. Kapitel 7.2) – ohne dass allerdings die konfligierenden Einflüsse „auf einer Ebene" angesiedelt sein müssen.

Das geschilderte Problem kann entschärft – genauer gesagt: ver-lagert – werden, wenn man sich zur Verhaltenserklärung des bereits erwähnten Ansatzes von Ajzen und Fishbein (vgl. Kapitel 2.6) bedient. Die genannten Probleme betreffen dann meist „externe Faktoren", die *außerhalb* des Erklärungsansatzes anzusiedeln sind, d.h. sie haben in erster Linie damit zu tun, wie die Einstellung zum Verhalten sowie die subjektive Norm zustande kommen, eventuell auch damit, als wie ausgeprägt die Verhaltenskontrolle wahrgenommen wird (vgl. Fishbein u.a. 2010: 25).

Der Ansatz von Ajzen und Fishbein hat zudem den Vorteil, explizit eine „situationale Komponente" einzubeziehen, so, wie dies nach dem im Kapitel 1.1 vorgestellten Modell zur Erklärung individuellen (politischen) Verhaltens zu fordern ist. Er entgeht damit dem Vorwurf des „psychologischen Reduktionismus", wie er beispielsweise gegenüber dem Ansatz der Berkeley-Gruppe (Kapitel 6.2) oder dem frühen Ann Arbor-Modell (Kapitel 7.4) vorgebracht wurde und wie er zu erwarten wäre, würde man versuchen, menschliches Verhalten *ausschließlich* durch Einstellungen, Werthaltungen und Persönlichkeitseigenschaften zu erklären.

Ein weiterer Vorzug des Ansatzes besteht – neben seiner Kompatibilität mit dem eindimensionalen Einstellungsmodell von Fishbein (vgl. Kapitel 2.2) – in seinem weiten Geltungsbereich. Er ist nicht „punktuell" auf eine ganz bestimmte Verhaltensweise – und letztlich auch auf bestimmte Rahmenbedingungen – zugeschnitten (wie etwa die Ansätze der empirischen Wahlforschung) und lockert damit die in den Sozialwissenschaften eher widerwillig konstatierte Beschränkung auf „Theorien mittlerer Reichweite" (vgl. z.B. Arzheimer 2008: 131).

Zudem hat er sich empirisch bei der Erklärung von *nicht* selbst berichtetem Verhalten bewährt. Dieser Punkt ist insofern relevant, als etwa Fishbein und Ajzen (2010: 48-49) aus einer Metastudie Hinweise darauf berichten, dass Selbsteinschätzungen hinsichtlich des Verhaltens fehlerbehafteter sein dürften als objektive Messungen – wobei die Autoren Verzerrungen im Sinne „sozialer Erwünschtheit", die Neigung zur Herstellung „kognitiver Konsistenz" (mit vorangegangenen Auskünften) sowie fehlerhafte Rückerinnerungen in Betracht ziehen. Bei Selbsteinschätzungen des Verhaltens liegt die mittlere multiple Korrelation mit der Verhaltensintention bei „.55", bei objektiven Verhaltensmaßen dagegen nur bei „.44" (vgl. hierzu auch Armitage u.a. 2001: 471).

„Problem verlagert" ist allerdings nicht: „Problem gelöst". Im

Folgenden ist deshalb ein Lösungsvorschlag dargestellt, der die Verwendung des Ansatzes von Ajzen und Fishbein ergänzt und keines der in Kapitel 1 vorgesellten Paradigmen per se ablehnt. Stattdessen wird davon ausgegangen, dass Menschen sich (auch parallel) gemäß *mehrerer* der entsprechenden Menschenbilder verhalten können. Zunächst ist dabei im Einzelfall zu untersuchen, welche „Entscheidungsprozesse" bei einem Menschen in einer bestimmten Situation *prinzipiell* ablaufen können.

- Zunächst kann der Mensch im Sinne des Informationsverarbeitungsparadigmas (Kapitel 1.6) Informationsverarbeitung betreiben. In diesen Bereich fällt der Ansatz von Ajzen und Fishbein. Kennt man die einem Individuum hierfür zur Verfügung stehenden Informationen (und weisen diese hinsichtlich ihrer Verhaltensrelevanz Konsistenz auf), sollte sich hieraus eine (mehr oder weniger sichere) Verhaltensprognose ableiten lassen. Die Informationen lassen sich gemäß dem Ansatz in „interne" und „externe" Informationen unterteilen (vgl. Kapitel 2.6), wobei letztere die „Einstellung zum Verhalten" sowie die „Subjektive Norm" (bzw. ihre Entstehung) beeinflussen können. Externe Informationen wären aus dieser Sicht etwa Informationen über die Kandidaten oder die Issue-Orientierung einer Partei im sozialpsychologischen Ansatz der empirischen Wahlforschung.

- Geht man vom Attraktionsparadigma (Byrne 1971, 1997) aus, dann können auch Persönlichkeitseigenschaften (Kapitel 1.4 und 1.5), Werthaltungen (Kapitel 3) und Einstellungen (Kapitel 2) eine Rolle spielen. Der „Informationsverarbeitungsprozess" besteht dabei in einem Abgleich der Eigenschaften eines Objekts – innerhalb oder außerhalb des Ansatzes – mit den (selbst wahrgenommenen) eigenen, was zu einer Bewertung des Objekts führt. Je geringer die wahrgenommene Differenz, desto positiver die Bewertung.

- Rational-Choice-Ansätze im engeren Sinne ordnen – auch wenn die Vorstellungen bezüglich der Informationsverarbeitung variieren – jeder Handlungsalternative einen individuellen (Netto-) Nutzen zu. Dieser entspricht einem Punkt der Rubrik: „The persons's beliefs that the behavior leads to certain outcomes" in Abbildung 2.6-1 (Kapitel 2.6). Damit lassen sich solche Ansätze in den Ansatz von Ajzen und Fishbein integrieren. Allerdings sind Kosten-

Nutzen-Erwägungen nun nicht mehr die einzigen (möglicherweise) relevanten Einflussgrößen.

- Verhaltensdispositionen können im Sinne des behavioristischen Paradigmas auch „direkt" (über die Herstellung von Reiz-Reaktions-Koppelungen) erlernt werden. Sozialisationsprozesse dürften großenteils in diese Kategorie fallen. Sie können – über die in Kapitel 1.3 angesprochenen Lernmechanismen – zum Beispiel die „verinnerlichte Neigung" oder „Gewohnheit", eine bestimmte Partei zu wählen, hervorbringen. Kennt man die (möglicherweise) erlernten Reaktionen, ist auch in diesem Fall eine Verhaltensprognose möglich. Bei Sozialisationsprozessen dürfte für derartige Lernprozesse in der Regel das Vorbild der Eltern (vielleicht auch deren Belohnungen/Bestrafungen) von zentraler Bedeutung sein. Die genannte habituelle Komponente ist außerhalb des Ansatzes von Ajzen und Fishbein anzusiedeln. Ihre Einbeziehung wurde jedoch bereits früher angemahnt (vgl. z.B. Echabe u.a. 1988 oder Eagly u.a. 1993: 178-181), so dass diese Erweiterung relativ unproblematisch erscheint.

- Insbesondere im Sinne des humanistischen Paradigmas (Kapitel 1.8) ist ferner „expressives Verhalten" zu erwarten. Als ein „Ergebnis" (outcome) des Verhaltens kann auch eine gelungene Selbstdarstellung bzw. Wahrnehmung durch Andere sowie die Konsistenz des Handelns mit dem Selbstkonzept gesehen werden. Im Falle expressiven Verhaltens dürfte diesen Punkten im Ansatz von Ajzen und Fishbein besonders großer Wert (evaluation oft he outcome) zugeschrieben werden. Ist beispielsweise eine Person nach ihrem Selbstkonzept eine überzeugte Anhängerin einer bestimmten Partei, dann dürfte es ihr wichtig sein, diese „Parteiidentifikation" auch „auszuleben" und gemäß ihrer Überzeugung zu handeln. Ein Teil des Selbstkonzepts sind ferner Werthaltungen, deren Einfluss bereits angesprochen wurde.

- Selbst aus Sicht des psychoanalytischen Paradigmas sind – sofern man dieses aufgrund der in Kapitel 1.2 angesprochenen Probleme im Prozess der empirischen Forschung verwenden möchte – in manchen Fällen „externe Einflüsse" ableitbar. Ajzen und Fishbein (1980: 59) nennen selbst als Beispiel einen hohen Grad an „Autoritarismus", der mit einem hohen Gewicht der „subjektiven Norm" verbunden sein könnte (vgl. auch Fishbein u.a. 1981: 300-301). Für das Hauptargument des psychoanalytischen Paradigmas (Kapitel 1.2), menschliches Verhalten sei im Wesentlichen unbewusst gesteuert und ein Produkt der Triebdynamik, ist allerdings im Rahmen des genannten Ansatzes kaum Platz. Man könnte allenfalls annehmen, dass als „outcome" des zur Debatte stehenden Verhaltens die „Triebbefriedigung" (oder eine wie auch immer geartete „Entlastung") gesehen wird und dieser überragendes Gewicht zugeschrieben wird – wobei dieser Prozess weitgehend unbewusst verlaufen müsste.

In der obigen Aufzählung wurde versucht, möglichst umfassend Prozesse zu erfassen, die für die Erklärung des Verhaltens einer bestimmten Person relevant sein *können.* Ihre wichtigsten Parameter dürften in der Regel – abgesehen von den in Kapitel 4 angesprochenen Problemen bei der Messung – relativ gut empirisch zu erfassen sein. Anhand ihrer Ausprägungen kann abgelesen werden, ob sie, was das Verhalten betrifft, alle tendenziell „in eine Richtung" weisen oder nicht. Ist dies der Fall, ist es für eine Verhaltensprognose unerheblich, welche der Prozesse im Einzelnen abgelaufen sind – auch wenn die Erklärung insofern etwas unbefriedigend bleibt, als nicht nachvollziehbar ist, *welche* Prozesse im Detail (vermutlich) abgelaufen sind.

Weisen die Parameter dagegen in unterschiedliche Richtungen, ist eine Situation ähnlich der im Rahmen der empirischen Wahlforschung thematisierten „cross-pressures" gegeben. Eine Verhaltensprognose wird dann schwieriger. Man könnte versuchen, bestimmte Prozesse auszuschließen – falls zum Beispiel Anhaltspunkte dafür gefunden werden können, dass sich eine Person ganz bewusst und begründet *nicht* so verhält, wie es ihre Lernerfahrung während der Sozialisationsphase nahelegt. Eine schwächere Strategie könnte darin bestehen, solche Prozesse zu ermitteln, die mit hoher Wahrscheinlichkeit ablaufen bzw. denen überragendes Gewicht zukommt und die übrigen auszublenden. Beispielsweise könnten Anhaltspunkte dafür gefunden werden, dass eine Person sich in einer Hochkostensituation ganz bewusst nach Kosten-Nutzen-Erwägungen für ein bestimmtes Verhalten entscheidet. Beide Wege könnten auch kombiniert werden – beispielsweise, wenn die letztgenannte Person zusätzlich der Überzeugung ist, sie könne es nicht verantworten, ihren „eigentlichen" Wertvorstellungen entsprechend zu entscheiden. Auf diesem Wege könnte eine Situation erreicht werden, in der die verbliebenen Parameter wieder tendenziell in eine Richtung weisen. Eine Verhaltensprognose ist dann wieder möglich. Zusätzlich liegen detailliertere Informationen über die Prozesse, die zur Verhaltenserklärung in Frage kommen, vor. Ergibt sich keine derartige Situation, dürfte sowohl die Erklärung als auch die Prognose von menschlichem Verhalten außerordentlich schwierig werden.

Abschließend bleibt noch die Frage, wie gut menschliches Verhalten überhaupt erklärt bzw. prognostiziert werden kann. Zur Erinnerung: Selbst die mittlere multiple Korrelation mit der Verhaltensintention liegt nach Metastudien im Falle der Selbsteinschätzung des Verhaltens bei „.55" und bei Verwendung objektiver Verhaltensmaße bei „.44". Die trotz der Nähe dieses Prädiktors zum „Verhalten" relativ geringe Erklärungsleistung kann dabei unterschiedliche Gründe haben. Zum einen kann das zugrunde liegende „Modell" unzureichend spezifiziert sein – was im vorliegenden Fall eher unwahrscheinlich erscheint. Ein Prädiktor, der das Verhalten besser prognostiziert als die Verhaltensintention, dürfte schwer zu finden sein. Allenfalls könnte der zeitliche Abstand zwischen der Erhebung der Verhaltensintention und der Verhaltensmessung in bestimmten Fällen zu groß gewesen sein. Eine zweite Möglichkeit besteht in Reliabilitäts- oder Validitätsmängeln bei der Messung. Zum dritten könnte es aber auch – wie bereits erwähnt – sein, dass menschliches Verhalten nicht vollständig determiniert und damit *prinzipiell* nicht vollständig vorhersagbar ist.

# LITERATUR

Abold, Roland/Bergmann, Michael/Rattinger, Hans 2009: Verändern Interviews die Befragten? Eine Analyse zu Paneleffekten, in: Schoen, Harald/Rattinger, Hans/Gabriel, Oscar W. (Hrsg.): Vom Interview zur Analyse. Methodische Aspekte der Einstellungs- und Wahlforschung. Baden-Baden: Nomos, S. 131-153.

Adorno, Theodor W. 1970: Die Freudsche Theorie und die Struktur der faschistischen Propaganda, in: Psyche, XXIV. Jg., Heft 7, S. 486-509.

Adorno, Theodor W. 1980: Studien zum Autoritären Charakter. Frankfurt/M.: Suhrkamp (3. Auflage; aus dem Amerikanischen von Milli Weinbrenner).

Adorno, Theodor W./Frenkel-Brunswik, Else/Levinson, Daniel J./Sanford, R. Nevitt 1969: The Authoritarian Personality. New York: Norton & Company (First published 1950).

Ajzen, Icek 1991: The Theory of Planned Behavior, in: Organizational Behavior and Human Decision Processes, Heft 50, S. 179-211.

Ajzen, Icek 1996: Attitudes, Personality and Behavior. London: Open University Press (Erstveröffentlichung 1988).

Ajzen, Icek/Fishbein, Martin 1977: Attitude-Behavior Relations: A Theoretical Analysis and Review of Empirical Research, in: Psychological Bulletin, Heft 84, S. 888-918.

Ajzen, Icek/Fishbein, Martin 1980: Understanding Attitudes and Predicting Social Behavior: Part 1. Englewood Cliffs, NJ: Prentice-Hall.

Ajzen, Icek/Fishbein, Martin (Hrsg.) 1980a: Understanding Attitudes and Predicting Social Behavior: Part 2. Englewood Cliffs, NJ: Prentice-Hall.

Ajzen, Icek/Madden, Thomas J. 1986: Prediction of goal-directed behavior: Attitudes, intentions, and perceived behavioral control, in: Journal of Experimental Social Psychology, Heft 22, S. 453-474.

Ajzen, Icek/Sexton, James 1999: Depth of Processing, Belief Congruence, and Attitude-Behavior Correspondence, in: Chaiken, Shelly/Trope, Yaacov (Hrsg.): Dual-process theories in social psychology. New York, NY: The Guilford Press, S. 117-138.

Altemeyer, Bob 1981: Right-Wing Authoritarianism. Printed in Canada: The University of Manitoba Press.

Altemeyer, Bob 1988: Enemies of Freedom Understanding Right-Wing Authoritarianism. San Francisco: Jossey-Bass Publishers.

Altemeyer, Bob 1996: The Authoritarian Specter. Cambridge (Massachusetts): Harvard University Press.

Amelang, Manfred/Bartussek, Dieter 1997: Differentielle Psychologie und Persönlichkeitsforschung. Stuttgart: Kohlhammer (4. Auflage).

Armitage, Christopher J./Conner, Mark 2001: Efficacy of the Theory of Planned Bahaviour: A mety-analytical review, in: British Journal of Social Psychology, 40, S. 471-499. Arzheimer, Kai 2008: Die Wähler der extremen Rechten 1980-2002. Wiesbaden: VS Verlag für Sozialwissenschaften.

Arzheimer, Kai im Erscheinen: Europa als Wertegemeinschaft? Ost und West im Spiegel des „Schwartz Value Inventory", in: van Deth, Jan/Keil, Silke (Hrsg.): Deutschlands Metamorphosen: ein zweiter Blick auf Deutschland in Europa. Baden-Baden: Nomos.

Arzheimer, Kai/Schmitt, Annette 2005: Der ökonomische Ansatz, in: Falter, Jürgen W./Schoen, Harald (Hrsg.): Handbuch Wahlforschung. Wiesbaden: VS Verlag für Sozialwissenschaften, S. 243-303.

Asendorpf, Jens B. 2007: Psychologie der Persönlichkeit. Berlin: Springer (4., überarbeitete und aktualisierte Auflage).

Backhaus, Klaus/Erichson, Bernd/Plinke, Wulff/Weiber, Rolf 2006: Multivariate Analy-semethoden. Eine anwendungsorientierte Einführung. Berlin: Springer (11. Auflage).

Bartussek, Dieter 1996: Faktorenanalytische Gesamtsysteme der Persönlichkeit, in: Amelang, Manfred (Hrsg.): Enzyklopädie der Psychologie. Bd. 3: Temperaments-und Persönlichkeitsunterschiede. Göttingen: Hogrefe, S. 51-105.

Bauer-Kaase, Petra/Kaase, Max 1998: Werte und Wertewandel – ein altes Thema und eine neue Facette, in: Galler, Heinz P./Wagner, Gert (Hrsg.): Empirische Forschung und wirtschaftliche Beratung: Festschrift für Hans-Jürgen Krupp zum 65. Geburtstag. Frankfurt: Campus, S. 256-274.

Baumgartner, Michael/Graßhoff, Gerd 2004: Kausalität und kausales Schließen. Eine Einführung mit interaktiven Übungen. Norderstedt: Books on Demand GmbH (© Bern Studies in the History and Philosophy of Science, Universität Bern).

Becker, Gilbert/Dileo, Diana T. 1967: Scores on Rokeach's Dogmatism Scale and the Response Set to Present a Positive Social and Personal Image, in: The Journal of Social Psychology, Heft 71, S. 287-293.

Behnke, Joachim/Behnke, Nathalie 2006: Grundlagen der statistischen Analyse. Eine Einführung für Politikwissenschaftler. Wiesbaden: VS Verlag für Sozialwissenschaften.

Bentler, P.M./Speckart, George 1979: Models of Attitude-Behevior Relations, in: Psy-chological Review, Heft 86, S. 452-464.

Berelson, Bernard R./Lazarsfeld, Paul F./McPhee, William N. 1968: Voting. A Study of Opinion Formation in a Presidential Campaign. Chicago: The University of Chicago Press (first printed 1954).

Bilsky, Wolfgang/Schwartz, Shalom H. 1994: Values and Personality, in: European Journal of Personality, Vol. 8, S. 163-181.

Blumenstiel, Jan Eric/Rattinger, Hans 2011: Ein Modell der Wählerentscheidung, in: Rattinger, Hans/Roßteutscher, Sigrid/Schmitt-Beck, Rüdiger/Weßels, Bernhard (Hrsg.): Zwischen Langeweile und Examen: Die Bundestagswahl 2009. Baden-Baden: Nomos, S. 147-153.

Böltken, Ferdinand/Jagodzinski, Wolfgang 1983: Sekundäranalyse von Umfragedaten aus dem Zentralarchiv. Postmaterialismus in der Krise, in: ZA Information 12, S. 11-20.

Borg, Ingwer/Staufenbiel, Thomas 2007: Theorien und Methoden der Skalierung. Bern: Verlag Hans Huber (4. Auflage).

Borkenau, Peter/Ostendorf, Fritz 1993: NEO-Fünf-Faktoren Inventar (NEO-FFI) nach Costa und McCrae Handanweisung. Göttingen: Hogrefe.

Borkenau, Peter/Ostendorf, Fritz 1998: The Big Five as States: How Useful Is the Five-Factor Model to Describe Intraindividual Variations over Time?, in: Journal of Research in Personality, Heft 32, S. 202-221.

Braithwaite, V./Law, H. 1985: Structure of human values. Testing the adequacy of the Rokeach Value Survey, in: Journal of Personality and Social Psychology, 49, S. 250-263.

Braun, Dietmar 1999: Theorien rationalen Handelns in der Politikwissenschaft. Opladen.

Braun, Michael 2006: Funktionale Äquivalenz in interkulturell vergleichenden Umfragen. Mythos und Realität. Mannheim: ZUMA.

Brengelmann, Johannes C./Brengelmann, Leo 1960: Deutsche Validierung von Frage-bogen dogmatischer und intoleranter Haltungen, in: Zeitschrift für experimentelle und angewandte Psychologie, Heft 7(b), S. 451-471.

Bronfenbrenner, Urie 1979: The ecology of human development: Experiments by nature and design. Cambridge, MA: Harvard University Press.

Bruni, P./Eysenck, H.J. 1976: Structure of Attitudes - An Italian Sample, in: Psychological Reports, Heft 38, S. 956-958.

Bürklin, Wilhelm/Klein, Markus 1998: Wahlen und Wählerverhalten. Eine Einführung. Opladen: Leske + Budrich (2. Auflage).

Bürklin, Wilhelm/Klein, Markus/Ruß, Achim 1994: Dimensionen des Wertewandels. Eine empirische Längsschnittanalyse zur Dimensionalität und der Wandlungsdynamik gesellschaftlicher Wertorientierungen, in: Politische Vierteljahresschrift, 35. Jg., Heft 4, S. 579-606.

Butz, Eva/Rattinger, Hans/Bergmann, Michael 2009: Kleine Unterschiede, große Wirkung? Eine Analyse zu Wirkungen von Frageformulierung, -positionierung und Reihenfolge, in: Schoen, Harald/Rattinger, Hans/Gabriel, Oscar W. (Hrsg.): Vom Interview zur Analyse. Methodische Aspekte der Einstellungs- und Wahlforschung. Baden-Baden: Nomos, S. 157-179.

Byrne, Donn 1971: The Attraction Paradigm. New York: Academic Press.

Byrne, Donn 1997: An overview (and underview) of research and theory within the attraction paradigm, in: Journal of Social and Personal Relationships, Heft 14 (3), S. 417-431.

Caballero, Claudio 2005: Nichtwahl, in: Falter, Jürgen W./Schoen, Harald (Hrsg.): Handbuch Wahlforschung. Wiesbaden: VS Verlag für Sozialwissenschaften, S. 329-365.

Campbell, Agnus/Gurin, Gerald/Miller, Warren E. 1954: The Voter Decides. Evanston/Illinois: Row, Peterson and Company.

Campbell, Agnus/Converse, Philip E./Miller, Warren E./Stokes, Donald E. 1960: The American Voter. New York: John Wiley & Sons.

Caprara, Gian Vittorio/Barbaranelli, Claudio/Zimbardo, Philip G. 1999: Personality Profiles and Political Parties, in: Political Psychology, Vol. 20, No. 1, 175-197.

Caprara, Gian Vittorio/Schwartz, Shalom/Capanna, Cristina/Vecchione, Michele/Barbaranelli, Claudio 2006: Personality and Politics: Values, Traits, and Political Choice, in: Political Psychology, Vol. 27, No. 1, S. 1-28.

Chaiken, Shelly/Trope, Yaacov (Hrsg.) 1999: Dual-process theories in social psychology. New York, NY: The Guilford Press.

Chen, Serena/Chaiken, Shelly 1999: The Heuristic-Systematic Model in Its Broader Context, in: Chaiken, Shelly/Trope, Yaacov (Hrsg.): Dual-process theories in social psychology New York, NY: The Guilford Press, S. 73-96.

Christie, Richard 1956: Eysenck's Treatment of the Personality of Communists, in: Psychological Bulletin, 53. Jg., Heft 6, S. 411-430.

Christie, Richard 1991: Authoritarianism and Related Constructs, in: Robinson, John P./Shaver, Phillip R./Wrightsman, Lawrence S. (Hrsg.): Measures of Personality and Social Psychological Attitudes. San Diego: Academic Press, S. 501-571.

Christie, Richard/Jahoda, Marie (Hrsg.) 1954: Studies in the Scope and Method of "The Authoritarian Personality". Glencoe, Illinois: The Free Press.

Clark, Herbert H./Schober, Michael F. 1992: Asking Questions and influencing Answers, in: Tanur, Judith M. (Hrsg.): Questions about questions. Inquiries into the Cognitive Bases of Surveys. New York: Russell Sage Foundation, S. 15-48.

Clarke, Harold D./Dutt, Nitish 1991: Measuring Value Change in Western Societies: The Impact of Unemployment, in: American Political Science Review, Vol. 85, No. 3, S. 905-920.

Conley, James J. 1984: Longitudinal consistency of adult personality: Self-reported psychological characteristics across 45 years, in: Journal of Personality and Social Psychology, Heft 47, S. 1325-1333.

Conley, James J. 1984a: The hierarchy of consistency: A review and model of longitudinal findings on adult individual differences in intelligence, personality and self-opinion, in: Personality and Individual Differences, Heft 5, S. 11-25.

Costa, Paul T./McCrae, Robert R. 1989: The NEO PI/FFI Manual Supplement. Odessa: Psychological Assessment Resources.

Costa, Paul T. Jr./McCrae, Robert R. 1992: Four ways five factors are basic, in: Personality and Individual Differences, Heft 13, S. 653-665.

Costa, Paul T. Jr./McCrae, Robert R. 1992a: Reply to Eysenck, in: Personality and Individual Differences, Heft 13, S. 861-865.

Costa, Paul T./McCrae, Robert R. 1992b: Revised NEO Personality Inventory (NEO PI-R) and NEO Five Factor Inventory. Professional Manual. Odessa, Florida: Psychological Assessment Resources.

Costa, Paul T. Jr./McCrae, Robert R. 1995: Primary Traits in Eysenck's P-E-N system: Three- and five-factor solutions, in: Journal of Personality and Social Psychology, Heft 69, S. 308-317.

Costa, Paul T. Jr./McCrae, Robert R. 1998: Trait theories of personality, in: Barone, D. F. u.a. (Hrsg.): Advanced Personality. New York, NY: Plenum Press, S. 103-121.

Davidov, Eldad 2010: Testing for the comparability of human values across countries and time with the third round of the European Social Survey, in: International Journal of Comparative Sociology 51, S. 171-191.

De Fruyt, F./Furnham, A. 2000: Advances in the assessment of the five factor model, in: Psychologica Belgica, Jg. 40, S. 51-75.

De Raad, B. 2000: The Big Five personality Factors. The psycholexical approach to personality. Seattle: Hogrefe & Huber.

Decker, Oliver/Brähler, Elmar/Geißler, Norman 2006: Vom Rand zur Mitte. Rechtsextreme Einstellung und ihre Einflussfaktoren in Deutschland. Berlin: Friedrich-Ebert-Stiftung.

Decker, Oliver/Brähler, Elmar 2008: Rechtsextreme Einstellungen in Deutschland 2008 – mit einem Vergleich von 2002 bis 2008 und der Bundesländer. Berlin: Friedrich Ebert Stiftung, Forum Berlin.

Dehling, Jochen/Schubert, Klaus 2011: Ökonomische Theorien der Politik. Wiesbaden: VS Verlag für Sozialwissenschaften.

van Deth, Jan W. 1983: The Persistence of Materialist and Post-Materialist Value Orientations, in: European Journal of Political Research 11, S. 63-79.

van Deth, Jan W. 1983a: Ranking the Ratings: The Case of Materialist and Post-Materialist Value Orientations, in: Political Methodology 9,4, S. 497-431.

Diekmann, Andreas 2009: Empirische Sozialforschung. Grundlagen Methoden Anwendungen. Reinbeck bei Hamburg: Rowohlt (20. Auflage).

Digman, John M. 1996: The Curious History of the Five-Factor Model, in: Wiggins, Jerry S. (Hrsg.): The Five-Factor Model of Personality. Theoretical Perspectives. New York: The Guilford Press, S. 1-20.

Dinauer, Leslie D./Fink, Edward L. 2005: Interattitude Structure and Attitude Dynamics. A Comparison of the Hierarchial and Galileo Spatial-Linkage Models, in: Human Communication Research, Volume 31, Number 1, S. 1-32.

Donsbach, Wolfgang 1991: Medienwirkung trotz Selektion. Einflußfaktoren auf die Zuwendung zu Zeitungsinhalten. Köln: Böhlau Verlag.

Dorroch, Heiner 1994: Meinungsmacher-Report. Wie Umfrageergebnisse entstehen. Göttingen: Steidl Verlag.

Downs, Anthony 1957: An Economic Theory of Democracy. New York: Harper & Row.

Downs, Anthony 1968: Ökonomische Theorie der Demokratie. Tübingen: Mohr.

Dürr, Hans-Peter 2010: Geist, Kosmos und Physik. Gedanken über die Einheit des Lebens. Amerang: Crotona-Verlag.

Eagly, Alice H./Chaiken, Shelly 1993: The Psychology of Attitudes Fort Worth. Phila-
delphia: Harcourt Brace Jovanovich College Publishers.

Eagly, Alice H./Chaiken, Shelly 1998: Attitude Structure and Function, in: Gilbert, D. T.
u.a. (Hrsg.): The Handbook of Social Psychology, Vol. 1. Boston, MA: McGraw-Hill
(4. Auflage), S. 269-322.

Eaves, L.J./Eysenck, Hans Jürgen 1974: Genetics and the Development of Social
Attitudes, in: Nature, Heft 249, S. 288-289.

Echabe, Echebarria A./Rovira, Paez D./Garate, Valencia J.F. 1988: Testing Ajzen and
Fishbein's Attitudes Model: The Prediction of Voting, in: European Journal of Social
Psychology, Heft 18, S. 181-189.

Eckes, Thomas/Six, Bernd 1994: Fakten und Fiktionen in der Einstellungs- und
Verhaltens-Forschung: Eine Meta-Analyse, in: Zeitschrift für Sozialpsychologie,
Heft 25, S. 253-272.

Ehrlich, Howard J. 1968: Is Intensity a Spurious Variable in Attitude Measurement?, in:
Psychological Reports, Heft 22, S. 373-374.

Ehrlich, Howard J. 1978: Dogmatism, in: London, Harvey/Exner Jr., John E. (Hrsg.):
Dimensions of Personality. New York: John Wiley, S. 129-164.

Ehrlich, Howard J./Lee, Dorothy 1969: Dogmatism, Learning, and Resistance to
Change: A Review and a New Paradigm, in: Psychological Bulletin, Vol. 71, No.
4, S. 249-260.

Eibl-Eibesfeldt, Irenäus 1997: Der Mensch - das riskierte Wesen. Zur Naturgeschichte
menschlicher Unvernunft. München: Piper (3. Auflage).

Eichenbaum, Howard 1993: Thinking about Brain Cell Assemblies, in: Science, Heft
261, S. 993-994.

Eilfort, Michael 1994: Die Nichtwähler. Wahlenthaltung als Form des Wahlverhaltens.
Paderborn: Schöningh.

Ertel, Suitbert 1972: Erkenntnis und Dogmatismus, in: Psychologische Rundschau,
Heft 13, S. 241-269.

Eysenck, Hans Jürgen 1944: General Social Attitudes, in: The Journal of Social Psychology, Heft 19, S. 207-227.

Eysenck, Hans Jürgen 1947: Primary Social Attitudes: 1. The Organization and
Measurement of Social Attitudes, in: International Journal of Opinion and Attitude
Research, Heft 1, S. 49-84.

Eysenck, Hans Jürgen 1951: Primary Social Attitudes as Related to Social Class and
Political Party, in: British Journal of Sociology, Heft 2, S. 198-209.

Eysenck, Hans Jürgen 1956: The Psychology of Politics: A Reply, in: Psychological
Bulletin, 53. Jg., Heft 2, S. 177-182.

Eysenck, Hans Jürgen 1956a: The Psychology of Politics and the Personality Simila-
rities between Fascists and Communists, in: Psychological Bulletin, 53. Jg., Heft
6, S. 431-438.

Eysenck, Hans Jürgen 1961: Personality and Social Attitudes, in: The Journal of Social
Psychology, Heft 53, S. 243-248.

Eysenck, Hans Jürgen 1968: The Psychology of Politics. London: Routledge & Kegan
Paul (5. Auflage; first published 1954).

Eysenck, Hans Jürgen 1973: The effects of psychotherapy: An evaluation (Reprint
eines Artikels von 1952), in: Eysenck, Hans-Jürgen/Wilson, Glenn D. (Hrsg.): The
Experimental Study of Freudian Theories. London: Methuen & Co Ltd, S. 365-384.

Eysenck, Hans Jürgen 1975: The Structure of Social Attitudes, in: British Journal of
Social and Clinical Psychology, Heft 14, S. 323-331.

Eysenck, Hans Jürgen 1976: Structure of Social Attitudes, in: Psychological Reports, Heft 39, S. 463-466.

Eysenck, Hans Jürgen 1980: Neurose ist heilbar. Frankfurt/M.: Fischer (Aus dem Englischen von Wilhelm Höck).

Eysenck, Hans Jürgen 1981: Ideologie und Persönlichkeit, in: Moser, Helmut (Hrsg.): Fortschritte der Politischen Psychologie. Weinheim: Beltz, S. 193-211.

Eysenck, Hans Jürgen 1991: Dimensions of Personality: 16, 5 or 3? - Criteria for a Taxonomic Paradigm, in: Personality and Individual Differences, Heft 12, S. 773-790.

Eysenck, Hans Jürgen 1992a: Four ways fife factors are not basic, in: Personality and Individual Differences, Heft 13, S. 667-673.

Eysenck, Hans Jürgen 1992b: A Reply to Costa and McCrae. P or A and C - the role of theory, in: Personality and Individual Differences, Heft 13, S. 867-868.

Eysenck, Hans-Jürgen/Wilson, Glenn D. (Hrsg.) 1973: The Experimental Study of Freudian Theories. London: Methuen & Co Ltd.

Eysenck, Hans Jürgen/Wilson, Glenn D. (Hrsg.) 1978: The Psychological Basis of Ideology. Lancester, England: MTP Press.

Eysenck, Hans Jürgen/Eysenck, Sybil B. G. 1976: Psychoticism as a Dimension of Personality. London: Hodder and Stoughton).

Fabrigar, Leandre R./Visser, Penny S./Browne, Michael W. 1997: Conceptual and Methodological Issues in Testing the Circumplex Structure of Data in Personality and Social Psychology, in: Personality and Social Psychology Review, Vol. 1, No. 3, S. 184-203.

Falter, Jürgen W. 1973: Faktoren der Wahlentscheidung: Eine Wahlsoziologische Analyse am Beispiel der Saarländischen Landtagswahl 1970. Köln: Carl Heymanns Verlag.

Falter, Jürgen W. 2000: Politischer Extremismus, in: Falter, Jürgen W./Gabriel, Oscar W./Rattinger, Hans (Hrsg.): Wirklich ein Volk? Die politischen Orientierungen von Ost- und Westdeutschen im Vergleich. Opladen: Leske + Budrich, S. 403-433.

Falter, Jürgen W./Schoen, Harald/Caballero, Claudio 2000: Dreißig Jahre danach: Zur Validierung des Konzepts „Parteiidentifikation" in der Bundesrepublik, in: Klein, Markus/Jagodzinski, Wolfgang/Mochmann, Ekkehard/Ohr, Dieter (Hrsg.): 50 Jahre empirische Wahlforschung in Deutschland. Entwicklung, Befunde, Perspektiven, Daten. Wiesbaden: Westdeutscher Verlag, S. 235-271.

Fazio, Russell H. 1990: Multiple processes by which attitudes guide behavior: The MODE model as an integrative framework, in: Zanna, Mark P. (Hrsg.): Advances in experimental social psychology (Vol. 23). San Diego, CA: Academic Press, S. 75-109.

Fazio, Russell H./Petty, Richard E. (Hrsg.) 2008: Attitudes. Their Structure, Function, and Consequenses. New York: Psychology Press.

Fazio, Russell H./Towles-Schwen, Tamara 1999: The MODE Model of Attitude-Behavior Processes, in: Chaiken, Shelly/Trope, Yaacov (Hrsg.): Dual-process theories in social psychology. New York, NY: The Guilford Press, S. 97-116.

Ferguson, Leonard Wilton 1939: Primary Social Attitudes, in: The Journal of Psychology, Heft 8, S. 217-223.

Ferguson, Leonard Wilton 1952: Personality Measurement. New York: McGraw-Hill.

Ferguson, Leonard Wilton 1973: Primary Social Attitudes of the 1960s and those of the 1930s, in: Psychological Reports, Heft 33, S. 655-664.

Festinger, Leon 1970: A Theory of Cognitive Dissonance. Stanford: Stanford University Press (First published 1957).

Fishbein, Martin 1963: An Investigation of the Relationships between Beliefs about an Object and the Attitude toward that Object, in: Human Relations, Heft 16, S. 233-240.

Fishbein, Martin 1965: A consideration of beliefs, attitudes, and their relationships, in: Steiner, Ivan D./Fishbein, Martin. (Hrsg.): Current Studies in Social Psychology. New York: Holt, S. 107-120.

Fishbein, Martin 1967a: A behavior theory approach to the relations between beliefs about an object and the attitude toward an object, in: Fishbein, Martin (Hrsg.): Readings in Attitude Theory and Measurement New York, London, Sydney (John Wiley & Sons), S. 389-400.

Fishbein, Martin 1967b: Attitude and the Prediction of Behavior, in: Fishbein, Martin (Hrsg.): Readings in Attitude Theory and Measurement. New York, S. 477-492.

Fishbein, Martin/Bertram, H. Raven 1967: The AB Scales: An Operational Definition of Belief and Attitude, in: Fishbein, Martin (Hrsg.): Readings in Attitude Theory and Measurement. New York: John Wiley & Sons (Erstveröffentlichung 1962), S. 183-189.

Fishbein, Martin/Ajzen, Icek 1972: Attitudes and opinions, in: Annual Review of Psychology, Heft 23, S. 487-544.

Fishbein, Martin/Ajzen, Icek 1975: Belief, attitude, intention and behavior: An introduction to theory and research. Reading, Mass.: Addison-Wesley.

Fishbein, Martin/Ajzen, Icek 1981: Attitudes and Voting Behavior: An Application of the Theory of Reasoned Action, in: Stephenson, G. M./Davis, J. H. (Hrsg.): Progress in Applied Social Psychology, Band 1. Chichester: Wiley, S. 253-313.

Fishbein, Martin/Ajzen, Icek 2010: Predicting and Changing Behavior. The Reasoned Action Approach. New York: Psychology Press.

Fishbein, Martin/Ajzen, Icek/Hinkle, Ron 1980: Predicting and Understanding Voting in American Elections: Effects of external variables, in: Ajzen, Icek/Fishbein, Martin (Hrsg.): Understanding Attitudes and Predicting Social Behavior: Part 2. Englewood Cliffs, NJ: Prentice-Hall, S. 173-195.

Fishbein, Martin/Coombs, Fred S. 1974: Basis for decision: An attitudinal analysis of voting behavior, in: Journal of Applied Social Psychology, Heft 4, S. 95-124.

Fishbein, Martin/Middlestadt, Susan E./Chung, Jean-Kyung 1985: Predicting Participation and Choice among First Time Voters in U.S. Partisan Elections, in: Kraus, S./Perloff, R. (Hrsg.): Mass Media and Political Thought. New York: Sage, S. 65-83.

Fisher, Seymour/Greenberg, Roger P. 1977: The scientific credibility of Freud's theories and therapy. New York: Basic Books.

Fiske, Susan T./Taylor, Shelly E. 1991: Social Cognition. New York: McGraw-Hill.

Fisseni, Hermann-Josef 2003: Persönlichkeitspsychologie. Ein Theorienüberblick. Göttingen: Hogrefe (5. Auflage).

Flanagan, Scott C. 1979: Value Change and Partisan Change in Japan. The Silent Revolution Revisited, in: Comparative Politics 11, S. 253-278.

Flanagan, Scott C. 1979a: Value Change and Partisan Change in Japan, in: Comparative Politics 11, S. 253-278.

Flanagan, Scott C.1982: Changing Values in Advanced Industrial Societies. Inglehart's Silent Revolution from the Perspective of Japanese Findings, in: Comparative Political Studies, 14. Jg., Heft 4, S. 403-444.

Franz, Gerhard/Herbert, Willi 1986: Werte, Bedürfnisse, Handeln: Ansatzpunkte politischer Verhaltenssteuerung. Frankfurt/M.: Campus-Verlag.

Franz, Gerhard/Herbert, Willi 1987: Werte zwischen Stabilität und Veränderung: Die Bedeutung von Schichtzugehörigkeit und Lebenszyklus, in: Klages, Helmut/Franz, Gerhard/Herbert, Willi: Sozialpsychologie der Wohlfahrtsgesellschaft. Zur Dynamik von Wertorientierungen, Einstellungen und Ansprüchen. Frankfurt/M.: Campus Verlag, S. 55-104.

Frenkel-Brunswik, Else 1949: Intolerance of Ambiguity as an Emotional and Perceptual Personality Variable, in: Journal of Personality, 18. Jg., S. 108-143.

Freud, Sigmund (Hrsg.) 1967: Massenpsychologie und Ich-Analyse - Die Zukunft einer Illusion. Frankfurt/M.: Fischer Taschenbuch Verlag.

Freud, Sigmund 1967a: Massenpsychologie und Ich-Analyse, in: Ders. (Hrsg.): Massenpsychologie und Ich-Analyse - Die Zukunft einer Illusion Frankfurt/M.: Fischer Taschenbuch Verlag, S. 9-82.

Frey, Dieter 1986: Recent research on selective exposure to information, in: Berkowitz, Leonard (Hrsg.): Advances in Experimental Social Psychology - Vol. 19. New York: Academic Press, S. 41-80.

Frey, Dieter/Stahlberg, Dagmar/Gollwitzer, Peter M. 1993: Einstellung und Verhalten: Die Theorie des überlegten Handelns und die Theorie des geplanten Verhaltens, in: Frey, Dieter/Irle, Martin (Hrsg.): Theorien der Sozialpsychologie. Band I: Kognitive Theorien. Bern: Verlag Hans Huber, S. 361-398.

Freyhold, Michaela von 1971: Autoritarismus und politische Apathie Analyse einer Skala zur Ermittlung autoritätsgebundener Verhaltensweisen. Frankfurt/M.: Europäische Verlagsanstalt.

Fruchter, Benjamin/Rokeach, Milton/Novak, Edwin G. 1958: A Factorial Study of Dogmatism, Opinionation, and Related Scales, in: Psychological Reports, Heft 4, S. 19-22.

Gabriel, Oscar W. 1984: Sind wir auf dem Weg in die postindustrielle Gesellschaft? Spekulationen und Fakten, in: Politische Bildung, Jg. 17, Heft 3, S. 69-86.

Gabriel, Oscar W. 1986: Politische Kultur, Postmaterialismus und Materialismus in der Bundesrepublik Deutschland. Opladen: Westdeutscher Verlag.

Gabriel, Oscar W./Thaidigsmann, S. Isabell 2009: Item Nonresponse: Ausprägung und Ursachen, in: Schoen, Harald/Rattinger, Hans/Gabriel, Oscar W. (Hrsg.): Vom Interview zur Analyse. Methodische Aspekte der Einstellungs- und Wahlforschung. Baden-Baden: Nomos, S. 283-320.

Gaensslen, Hermann/May, Friedrich/Wölpert, Friedrich 1973: Relation Between Dogmatism and Anxiety, in: Psychological Reports, Heft 33, S. 955-958.

Gensicke, Thomas 2001: Zur Frage der Erosion eines stabilen Wertefundaments in Religion und Familie, in: Oesterdiekhoff, Georg W./Jegelka, Norbert (Hrsg.): Werte und Wertewandel in westlichen Gesellschaften. Resultate und Perspektiven der Sozialwissenschaften. Opladen: Leske + Budrich, S. 107-135.

Gerich, Joachim 2010: Thurstone- und Likertskalierung, in: Wolf, Christof/Best, Henning (Hrsg.): Handbuch der sozialwissenschaftlichen Datenanalyse. Wiesbaden: VS Verlag für Sozialwissenschaften, S. 259-281. Geyer, Christian (Hrsg.) 2004: Hirnforschung und Willensfreiheit. Zur Deutung der neusten Experimente. Frankfurt/M.: Suhrkamp.

Glasersfeld, Ernst von 1997: Radikaler Konstruktivismus. Ideen, Ergebnisse, Probleme. Frankfurt/M.: Suhrkamp Verlag.

Goldberg, Lewis R. 1993: The structure of phenotypic personality traits, in: American Psychologist, Heft 48, S. 26-34.

Green, Donald P./Shapiro, Ian 1994: Pathologies of Rational Choice Theory. A Critique of Applications in Political Science. New Haven: Yale University Press.

Green, Donald P./Shapiro, Ian 1999: Rational Choice. Eine Kritik am Beispiel von Anwendungen in der politischen Wissenschaft. München: Oldenbourg Wissenschaftsverlag (Scientia Nova; Deutsche Übersetzung: Annette Schmitt).

Greene, Brian 2006: Der Stoff, aus dem der Kosmos ist. Raum, Zeit und die Beschaffenheit der Wirklichkeit. München: Pantheon Verlag/Siedler Verlag (2. Auflage).

Grünbaum, Adolf 1988: Die Grundlagen der Psychoanalyse. Eine philosophische Kritik. Stuttgart: Reclam (Aus dem Englischen übersetzt von Christa Kolbert).

Haddock, Geoffrey/Maio, Gregory R. 2007: Einstellungen: Inhalt, Struktur und Funktionen, in: Jonas, Klaus/Stroebe, Wolfgang/Hewstone, Miles (Hrsg.): Sozialpsychologie. Eine Einführung. Heidelberg: Springer Medizin Verlag (5. Auflage), S. 187-223.

Haiman, Franklyn S. 1964: A Revised Scale for the Measurement of Open-Mindedness, in: Speech Monographs, Heft 31, S. 97-102.

Haiman, Franklyn S./Duns, Donald F. 1964: Validations in Communicative Behaviour of Attitude-Scale Measures of Dogmatism, in: Journal of Social Psychology, Heft 64, S. 287-297.

Halisch, Frank 1998: Beobachtungslernen und die Wirkung von Vorbildern, in: Spada, Hans (Hrsg.): Allgemeine Psychologie. Bern: Verlag Hans Huber (Nachdruck der 2. Aufl. von 1992), S. 373-404.

Haller, Max 2002: Theory and Method in the Comparative Study of Values. Critique and Alternative to Inglehart, in: European Sociological Review, Vol. 18, No. 2, S. 139-158.

Hanley, Charles/Rokeach, Milton 1956: Care and Carelessness in Psychology, in: Psychological Bulletin, Vol. 53, No. 2, S. 183-186.

Hartmann, Hans Albrech 1983: Dogmatismus, in: Lippert, Ekkehard/Wakenhut, Roland (Hrsg.): Handwörterbuch der Politischen Psychologie. Opladen: Westdeutscher Verlag, S. 72-83.

Hartmann, Hans Albrecht/Wakenhut, Roland 1995: Gesellschaftlich-politische Einstellungen. Eine theoretische, methodische und praktische Einführung in die Einstellungsforschung. Hamburg: Dr. Kovac.

Hathaway, S.R./McKinley, J.C./Engel, R.R. 2000: Manual zum Deutschen MMPI-2. Bern: Verlag Hans Huber 2000.

Heaven, Patrick C. L./Connors, John 1988: Politics and toughmindedness, in: Journal of Social Psychology, Heft 128, S. 217-222.

Heider, Fritz 1944: Social perception and phenomenal causality, in: Psychological Review, Heft 51, S. 358-378.

Heider, Fritz 1946: Attitudes and cognitive organization, in: The Journal of Psychology, Heft 21, S. 107-112.

Hennen, Manfred/Springer, Elisabeth 1996: Handlungstheorien-Überblick, in: Druwe, Ulrich/ Kunz, Volker (Hrsg.): Handlungs- und Entscheidungstheorie in der Politikwissenschaft. Eine Einführung in Konzepte und Forschungsstand. Opladen: Leske+Budrich, S. 12-41.

Herkner, Werner 1996: Sozialpsychologie. Eine Einführung in die Sozialpsychologie. Bern: Verlag Hans Huber (5. Auflage).

Herz, Thomas 1979: Der Wandel von Wertvorstellungen in westlichen Industrienationen, in: Kölner Zeitschrift für Soziologie und Sozialpsychologie, Jg. 31, Heft 2, S. 282-302.

Herz, Thomas A. 1987: Werte, sozio-politische Konflikte und Generationen. Eine Überprüfung der Theorie des Postmaterialismus, in: Zeitschrift für Soziologie, Jg. 16, Heft 1, S. 56-69.

Hewitt, J. K./Eysenck, H.J./Eaves, L.J. 1977: Structure of Social Attitudes After Twenty-Five Years: A Replication, in: Psychological Reports, Heft 40, S. 183-188.

Hilmer, Richard 2009: Exit-Polls – genauer geht´s nicht, in: Schoen, Harald; Kaspar, Hanna; Schumann, Siegfried; Winkler, Jürgen R.: Politik - Wissenschaft – Medien. Wiesbaden: VS Verlag für Sozialwissenschaften, S.257-267.

Hinz, Andreas/Brähler, Elmar/Schmidt, Peter/Albani, Cornelia 2005: Investigating the Circumplex Structure of the Portrait Values Questionaire (PVQ), in: Journal of Individual Differences, Vol. 26(4), S. 185-193.

Hippler, Hans-Jürgen/Schwarz, Norbert/Noelle-Neumann, Elisabeth/Knäuper, Bärbel/ Clark, Leslie 1991: Der Einfluss numerischer Werte auf die Bedeutung verbaler Skalenendpunkte, in: ZUMA Nachrichten 28, S. 54-64.

Hymes, Robert W. 1986: Political attitudes as social categories: a new look at selective memory, in: Journal of Personality and Social Psychology, Heft 51, S. 233-241.

Inglehart, Ronald 1971: The Silent Revolution in Europe: Intergenerational Change in Post-Industrial Societies, in: The American Political Science Review, Vol. 65, S. 991-1017.

Inglehart, Ronald 1977: The Silent Revolution. Changing Values and Political Styles Among Western Publics. Princeton, New Jersey: Princeton University Press.

Inglehart, Ronald 1977a: Values, Objective Needs, And Subjective Satisfaction Among Western Publics, in: Comparative Political Studies, Vol. 9, No. 4, S. 429-458.

Inglehart, Ronald 1979a: Wertewandel und politisches Verhalten, in: Matthes, J. (Hrsg.): Sozialer Wandel in Westeuropa. Frankfurt: Campus Verlag, S. 505-533.

Inglehart, Ronald 1979b: Value Priorities and Socioeconomic Change, in: Barnes, Samuel H./Kaase, Max u.a. (Hrsg.): Political Action. Mass Participation in Five Western Democracies. Beverly Hills: Sage Publications, S. 305-342.

Inglehart, Ronald 1980: Sozioökonomische Werthaltungen, in: Hoyos, Carl Graf: Grundbegriffe der Wirtschaftspsychologie: Gesamtwirtschaft, Markt, Organisation, Arbeit. München: Kösel Verlag, S. 409-419.

Inglehart, Ronald 1981: Post-Materialism in an Environment of Insecurity, in: The American Political Science Review, Vol. 75, S. 880-900.

Inglehart, Ronald 1983: The Persistence of Materialist and Post-Materialist Value Orientations: Comments on Van Deth's Analysis, in: European Journal of Political Research 11, S. 81-91.

Inglehart, Ronald 1984: Wertewandel in den westlichen Gesellschaften: Politische Konsequenzen von materialistischen und postmaterialistischen Prioritäten, in: Klages, Helmut/Kmieciak, Peter (Hrsg.): Wertewandel und gesellschaftlicher Wandel. Frankfurt/M.: Campus Verlag (3. Auflage; 1. Aufl. 1979), S. 279-316.

Inglehart, Ronald 1989: Kultureller Umbruch. Wertewandel in der westlichen Welt. Frankfurt/M.: Campus Verlag (Übersetzung von Inglehart [1990] durch Ute Mäurer).

Inglehart, Ronald 1990: Culture Shift in Advanced Industrial Society. Princeton, New Jersey: Princeton University Press.

Inglehart, Ronald 1997: Modernization and Postmodernization. Cultural, Economic, and Political Change in 43 Societies. Princeton, New Jersey: Princeton University Press.

Inglehart, Ronald 1998: Modernisierung und Postmodernisierung. Kultureller, wirtschaftlicher und politischer Wandel in 43 Gesellschafen. Frankfurt/M.: Campus Verlag (Übersetzung von Inglehart [1997] durch Ivonne Fischer).

Inglehart, Ronald/Welzel, Christian 2010: Modernization, Cultural Change, and De-mocracy: The Human Development Sequence. Cambridge: Cambridge University Press (first published 2005).

Iser, Julia/Schmidt, Peter 2005: Werte und Big Five: Trennbarkeit der Konzepte und Erklärungskraft für politische Orientierungen, in: Schumann, Siegfried/Schoen, Harald (Hrsg.): Persönlichkeit. Eine vergessene Größe der empirischen Sozialforschung. Wiesbaden: VS Verlag für Sozialwissenschaften, S. 301-320.

Jaensch, E. R. 1938: Der Gegentypus: Psychologisch-anthropologische Grundlagen deutscher Kulturphilosophie, ausgehend von dem was wir überwinden wollen. Leipzig: Verlag von Johann Ambrosius Barth.

Jaerisch, Ursula 1975: Sind Arbeiter Autoritär? Zur Methodenkritik politischer Psycho-logie. Frankfurt/M.: Europäische Verlagsanstalt.

Jagodzinski, Wolfgang 1984: Wie transformiert man Labile In Stabile RELationen? Zur Persistenz postmaterialistischer Wertorientierungen, in: Zeitschrift für Soziologie, Jg. 13, Heft 3, S. 225-242.

Jagodzinski, Wolfgang 1985: Gibt es einen intergenerationellen Wandel zum Postmaterialismus?, in: Zeitschrift für Sozialisationsforschung und Erziehungssoziologie (ZSE), Jahrgang 5, Heft 1 S. 71-88.

Jagodzinski, Wolfgang 1985a: Die zu stille Revolution. Zum Aggregatwandel materialistischer und postmaterialistischer Wertorientierungen in sechs westeuropäischen Ländern zwischen 1970 und 1998, in: Oberndörfer, Dieter/Rattinger, Hans/Schmidt, K. (Hrsg.): Wirtschaftlicher Wandel, religiöser Wandel und Wertewandel. Folgen für das politische Verhalten in der Bundesrepublik Deutschland. Berlin, S. 333-356.

Jagodzinski, Wolfgang 1999: Der religiöse Cleavage in Deutschland und Österreich, in: Plasser, Fritz/Gabriel, Oscar W./Falter, Jürgen W./Ulram, Peter A. (Hrsg.): Wahlen und politische Einstellungen in Deutschland und Österreich. Frankfurt/M.: Verlag Peter Lang, S. 65-93.

Jagodzinski, Wolfgang/Kühnel, Steffen M. 1997: Werte, Ideologien und Wahlverhalten, in: Gabriel, Oscar W. (Hrsg.): Politische Orientierungen und Verhaltensweisen im vereinigten Deutschland. Opladen: Leske + Budrich, S. 449-471.

John, Oliver P. 1990: The "Big Five" Factor Taxonomy: Dimensions of Personality in the Natural Language and in Questionaires, in: Pervin, Lawrence A. (Hrsg.): Handbook of Personality: Theory and Research. New York: Guilford Press, S. 66-100.

John, Oliver P./Angleitner, Alois/Ostendorf, Fritz 1988.: The lexical approach to personality: A historical review of trait taxonomic research, in: European Journal of Personality, Heft 2, S. 171-203.

Jonas, Klaus/Doll, Jörg 1996: Eine kritische Bewertung der Theorie überlegten Handelns und der Theorie peplanten Verhaltens, in: Zeitschrift für Sozialpsychologie, Heft 27, S. 18-31.

Judd, Charles M./Kulik, James A. 1980: Schematic effects of social attitudes on information processing and recall, in: Journal of Personality and Social Psychology, Heft 38, S. 569-578.

Kaspar, Hanna 2009: Panelpflege, Panelmortalität und Konvertierung im Panel, in: Schoen, Harald/Rattinger, Hans/Gabriel, Oscar W. (Hrsg.): Vom Interview zur Analyse. Methodische Aspekte der Einstellungs- und Wahlforschung. Baden-Baden: Nomos, S. 85-109.

Katz, Daniel 1960: The functional approach to the study of attitudes, in: Public Opinion Quarterly, Heft 24, S. 163-204 (Reprint in: Fishbein (Hrsg.) 1967).

Keiler, Peter/Stadler, Michael (Hrsg.) 1978: Erkenntnis oder Dogmatismus? Kritik des "Dogmatismus"-Konzepts. Köln.

Kerlinger, Fred N. 1984: Liberalism and Conservatism. The Nature and Structure of Social Values Hillsdale. NJ: Lawrence-Erlbaum.

Klages, Helmut 1985: Wertorientierungen im Wandel. Rückblick, Gegenwartsanalyse, Prognosen. Frankfurt/M.: Campus Verlag (2. Auflage; Erstauflage: 1984).

Klages, Helmut 1992: Die gegenwärtige Situation der Werte- und Wertewandelforschung – Probleme und Perspektiven, in: Klages, Helmut/Hippler, Jürgen/Herbert, Willi (Hrsg.): Werte und Wertewandel. Ergebnisse und Methoden einer Forschungstradition. Frankfurt/M.: Campus, S. 5-39.

Klages, Helmut 2001: Werte und Wertewandel, in: Schäfers, Bernhard/Zapf, Wolfgang (Hrsg.): Handwörterbuch zur Gesellschaft Deutschlands. Opladen: Leske + Budrich (2. Auflage), S. 726-738.

Klages, Helmut/Gensicke, Thomas 2005: Wertewandel und die Big Five-Dimensionen, in: Schumann, Siegfried/Schoen, Harald (Hrsg.): Persönlichkeit. Eine vergessene Größe der empirischen Sozialforschung. Wiesbaden: VS Verlag für Sozialwissenschaften, S. 279-299.

Klein, Markus 1995: Wieviel Platz bleibt im Prokrustesbett? Wertewandel in der Bundesrepublik Deutschland zwischen 1973 und 1992 gemessen anhand des Inglehart-Index, in: Kölner Zeitschrift für Soziologie und Sozialpsychologie, 47. Jg., Heft 2, S. 207-230.

Klein, Markus/Pötschke, Manuela 2004: Die intra-individuelle Stabilität gesellschaftlicher Wertorientierungen. Eine Mehrebenenanalyse auf der Grundlage des sozio-ökonomischen Panels (SOEP), in: Kölner Zeitschrift für Soziologie und Sozialpsychologie, Jg. 56, Heft 3, S. 432-456

Klein, Markus 2005: Gesellschaftliche Wertorientierungen, Wertewandel und Wählerverhalten, in: Falter, Jürgen W./Schoen, Harald (Hrsg.): Handbuch Wahlforschung. Wiesbaden: VS Verlag für Sozialwissenschaften, S. 421-445.

Klein, Markus 2005a: Der Stellenwert von Persönlichkeitseigenschaften im Rahmen einer Theorie des Postmaterialismus, in: Schumann, Siegfried/Schoen, Harald (Hrsg.): Persönlichkeit. Eine vergessene Größe der empirischen Sozialforschung. Wiesbaden: VS Verlag für Sozialwissenschaften, S. 265-277.

Klein, Markus/Arzheimer, Kai 1999: Ranking- und Rating-Verfahren zur Messung von Wertorientierungen, untersucht am Beispiel des Inglehart-Index. Empirische Befunde eines Methodenexperimants, in: Kölner Zeitschrift für Soziologie und Sozialpsychologie, 51. Jg., Heft 3, S. 550-564.

Klein, Markus/Arzheimer, Kai 2000: Einmal mehr: Ranking oder Rating? Über die adäquate Messung von gesellschaftlichen Wertorientierungen. Eine Erwiderung auf Stefan Sacchi, in: Kölner Zeitschrift für Soziologie und Sozialpsychologie, Heft 3, Jg. 52, S. 553-563.

Klein, Markus/Pötschke, Manuela 2000: Gibt es einen Wertewandel hin zum „reinen" Postmaterialismus? Eine Zeitreihenanalyse der Wertorientierungen der westdeutschen Bevölkerung zwischen 1970 und 1997, in: Zeitschrift für Soziologie, Jg. 29, Heft 3, S. 202-216.

Klein, Markus/Pötschke, Manuela 2001: Wertewandel und kein Ende: Antwort auf die Replik von Helmut Thome, in: Zeitschrift für Soziologie, Jg. 30, Heft 6, S. 489-493.

Kline, Paul 1981: Fact and fantasy in Freudian theory. London: Methuen (2. Auflage).

Kluckhohn, Clyde u.a. 1967: Values and Value-Orientations in the Theory of Action. An Exploration in Definition and Classification, in: Parsons, Talcott/Shils, Edward. A. (Hrsg.): Toward a General Theory of Action. Cambridge, Massachusetts: Harvard University Press, S. 388-433.

Kmieciak, Peter 1976: Wertstrukturen und Wertwandel in der Bundesrepublik Deutschland. Göttingen: Verlag Otto Schwartz & Co.

Krahé, Barbara 1990: Situation Cognition and Coherence in Personality. Cambridge: Cambridge University Press.

Krahé, Barbara 1999: Personality and Social Psychology: Towards a Synthesis. London: SAGE Publications (Erstveröffentlichung 1992).

Krämer, Walter 1994: So lügt man mit Statistik. Frankfurt/M.: Campus Verlag (5. Auflage).

Krämer, Walter 2011: So lügt man mit Statistik. München: Piper Verlag (Überarbeitete Neuauflage).

Kraus, Stephen J. 1995: Attitudes and the prediction of behavior. A meta-analysis of the empirical literature, in: Personality and Social Psychology Bulletin 21, S. 58-75.

Krosnick, Jon A. 1991: Response Strategies for Coping with the Cognitive Demands of Attitude Measures in Surveys, in: Applied Cognitive Psychology, Vol. 5, S. 213-236.

Kühnel, Steffen-M./Krebs, Dagmar 2010: Statistik für die Sozialwissenschaften. Grundlagen Methoden Anwendungen. Reinbeck bei Hamburg: Rowohlt Taschenbuch Verlag (5. Auflage).

Kunz, Volker 1994: Die empirische Prüfung von Nutzentheorien, in: Druwe, Ulrich/Kunz, Volker (Hrsg.): Rational Choice in der Politikwissenschaft. Grundlagen und Anwendungen. Opladen: Leske + Budrich, S. 112-131.

Kunz, Volker 1997: Theorie rationalen Handelns: Konzepte und Anwendungsprobleme. Opladen: Leske + Budrich.

Lang, Frieder R./Lüdtke, Oliver 2005: Der Big Five-Ansatz der Persönlichkeitsforschung: Instrumente und Vorgehen, in: Schumann, Siegfried/Schoen, Harald (Hrsg.): Persönlichkeit. Eine vergessene Größe der empirischen Sozialforschung. Wiesbaden: VS Verlag für Sozialwissenschaften, S. 29-39.

LaPierre, Richard T. 1934: Attitudes versus Actions (Reprint in Fishbein (Hrsg.) 1967: 26-31), in: Social Forces, Heft 13, S. 230-237.

LaPiere, Richard T. 2008: Attitudes vs. Actions. Reading 24. in: Fazio, Russell H./Petty, Richard E. (Hrsg.): Attitudes. Their Structure, Function, and Consequences. New York: Psychology Press, S. 403-409.

Lauth, Hans-Joachim/Pickel, Gert/Pickel, Susanne 2009: Methoden der vergleichenden Politikwissenschaft. Eine Einführung. Wiesbaden: VS Verlag für Sozialwissenschaften.

Lavine, Howard/Thomsen, Cynthia J./Zanna, Mark P./Borgida, Eugene 1998: On the Primacy of Affect in the Determination of Attitudes and Behavior. The Moderating Role of Affective-Cognitive Ambivalence, in: Journal of Experimental and Social Psychology 34, S. 398-421.

Lazarsfeld, Paul F./Berelson, Bernard/Gaudet, Hazel 1968: The People's Choice. How the Voter Makes up his Mind in a Presidential Campaign. New York: Columbia University Press (first edition: 1944).

Lehner, Franz 1981: Die „stille Revolution": Zur theorie und Realität des Wertewandels in hochindustrialisierten Gesellschaften, in: Klages, Helmut/Kmieciak, Peter (Hrsg.): Wertewandel und gesellschaftlicher Wandel. Frankfurt/M.: Campus Verlag (2. Auflage; 1. Aufl. 1979), S. 317-327.

Lehner, Franz 1984: Die „stille Revolution": Zur Theorie und Realität des Wertewandels in hochindustrialisierten Gesellschaften, in: Klages, Helmut/Kmieciak, Peter (Hrsg.): Wertewandel und gesellschaftlicher Wandel. Frankfurt/M.: Campus Verlag (3. Auflage; 1. Aufl. 1979), S. 317-327.

Leithäuser, Thomas 1979: Politische Einstellung oder politisches Bewußtsein, in: Moser, Helmut (Hrsg.): Politische Psychologie Politik im Spiegel der Sozialwissenschaften. Weinheim: Beltz Verlag, S. 136-173.

Lewis-Beck, Michael S./Jacoby, William G./Norpoth, Helmut/Weisberg, Herbert F. 2008: The American Voter Revisited. Ann Arbor: The University of Michigan Press.

Likert, Rensis 1932: A Technique for the Measurement of Attitudes, in: Archives of Psychology, 140, S. 1-55

Lingle, John H./Ostrom, Thomas M. 1981: Principles of memory and cognition in attitude formation, in: Petty, R. E./Ostrom, T. M.; Brook, T. C. (Hrsg.): Cognitive Responses in Persuasion. Hillsdale, NJ: Erlbaum, S. 399-420.

Lipset, Seymour M./Rokkan, Stein 1967: Cleavage Structures, Party Systems and Voter Alignments: An Introduction, in: Lipset, Seymour M./Rokkan, Stein (Hrsg.): Party Systems and Voter Alignments: Cross-National Perspectives. New York: The Free Press, S. 1-64.

Liska, A. E. 1984: A Critical Examination of the Causal Structure of the Fishbein/ Ajzen Attitude-Behavior Model, in: Social Psychology Quarterly, Heft 47, S. 61-74.

Loehlin, John C. 1992: Genes and Environment in Personality Development. Newbury Park, CA: Sage.

MacLean, P. D. 1973: A Triune Concept of Brain and Behavior. Toronto: University of Toronto Press.

Maier, Jürgen 2009: Interviewereffekte in der Wahl- und Einstellungsforschung: Ergebnisse einer Umfrage zur Bundestagswahl 2002, in: Schoen, Harald/Rattinger, Hans/Gabriel, Oscar W. (Hrsg.): Vom Interview zur Analyse. Methodische Aspekte der Einstellungs- und Wahlforschung. Baden-Baden: Nomos, S. 207-230.

Maier, Jürgen/Schneider, Frank M. 2009: Ausschöpfung, Nonresponse und die Repräsentativität von Wahlstudien: Eine Analyse von face-to-face-Befragungen zu den Bundestagswahlen 1994, 1998 und 2002, in: Schoen, Harald/Rattinger, Hans/ Gabriel, Oscar W. (Hrsg.): Vom Interview zur Analyse. Methodische Aspekte der Einstellungs- und Wahlforschung. Baden-Baden: Nomos, S. 321-341.

Maio, Gregory R./Haddock, Geoffrey 2010: The Psychology of Attitudes and Attitude Change. London: SAGE (first published 2009).

Mair, Peter 2007: Left-Right Orientations, in: Dalton, Russell J./Klingemann, Hans-Dieter (Hrsg.): The Oxford Handbook of Political Behavior. Oxford, Oxford University Press, S. 206-222.

Maslow, Abraham A. 1954: Motivation and Personality. New York: Harper & Row.

Maslow, Abraham H. 1996: Motivation und Persönlichkeit. Reinbeck bei Hamburg: Rowohlt Taschenbuch Verlag (Übersetzung von Maslow [1954] durch Paul Kruntorad).

Matten-Gohdes, Dagmar 2006: Goethe ist gut. Ein Lesebuch. Weinheim: Beltz & Gelberg.

Maurer, Markus/Reinemann, Carsten/Maier, Jürgen/Maier, Michaela 2007: Schröder gegen Merkel. Wahrnehmung und Wirkung des TV-Duells 2005 im Ost-West-Vergleich. Wiesbaden: VS Verlag für Sozialwissenschaften.

McCartney, Kathleen/Harris, Monica J./Bernieri, Frank 1990: Growing up and growing apart: A developmental meta-analysis of twin studies, in: Psychological Bulletin, Heft 107, S. 226-237.

McCarty, John A./Shrum, L. J. 2000: The Measurement of Personal Values in Survey Research. A Test of Alternative Rating Procedures, in: Public Opinion Quarterly, Vol. 64, S. 271-298.

McClelland, David C. 1985: How Motives, Skills, and Values Determine what People do, in: American Psychologist 40, S. 812-825 (Reprint in Bilsky/Schwartz 1994).

McCrae, Robert R./Costa, Paul T. Jr. 1995: Trait explanations in personality psychology, in: European Journal of Personality, Heft 9, S. 231-252.

McCrae, Robert R./Costa, Paul T. Jr. 1996: Toward a New Generation of Personality Theories: Theoretical Contexts for the Five-Factor Model, in: Wiggins, Jerry S. (Hrsg.): The Five-Factor Model of Personality. Theoretical Perspectives. New York: The Guilford Press, S. 51-87.

McCrae, Robert R./Costa, Paul T. Jr. 1999: A Five-Factor Theory of Personality, in: Pervin, Lawrence A./John, Oliver P. (Hrsg.): Handbook of personality: Theory and research. New York, NY: The Guilford Press (2. Auflage), S. 139-153.

McGuire, William J. 1968: Personality and attitude change: an information-processing theory, in: Greenwald, A.G./Brock, T.C./Ostrom, T.M. (Hrsg.): Psychological Foundations of attitudes. New York: Academic Press, S. 171-196.

McGuire, William J. 1969: The nature of attitudes and attitude change, in: Lindzey, Gardner/Aronson, Elliot (Hrsg.): Handbook of Social Psychology, Vol. 3. Reading, MA: Addison-Wesley (2. Auflage), S. 136-314.

McGuire, William J. 1985: Attitudes and attitude change, in: Lindzey, Gardner/Aronson, Elliot (Hrsg.): Handbook of Social Psychology, Vol. 2. New York: Random House (3. Auflage), S. 233-346.

McGuire, William J. 1986: The vicissitudes of attitudes and similar representational constructs in twentieth century psychology, in: European Journal of Social Psychology, Heft 16, S. 89-130.

McGuire, William J. 1989: The Structure of Individual Attitudes and Attitude Systems, in: Pratkanis, A.R./Breckler, St.J./Greenwald, A.G. (Hrsg.): Attitude Structure and Function. Hillsdale, NJ: Lawrence Erlbaum, S. 37-69.

McGuire, William J. 1999: Constructing Social Psychology. Cambridge, UK: Cambridge University Press.

Meinefeld, Werner 1977: Einstellung und soziales Handeln. Hamburg-Reinbek: Rowohlt.

Milgram, Stanley 2009: Das Milgram-Experiment. Zur Gehorsamsbereitschaft gegenüber Autorität. Reinbeck bei Hamburg: Rowohlt (16. Auflage; Erstveröffentlichung 1974).

Mischel, Walter 1968: Personality And Assessment. New York: John Wiley and Sons.

Mohler, Peter Ph./Wohn, Kathrin 2005: Persönliche Wertorientierung im European Social Survey, in: ZUMA-Arbeitsbericht Nr. 2005/01.

Moore, Michael 1975: Rating versus ranking in the Rokeach Value Survey: An Israeli comparison, in: Journal of Social Psychology, Vol. 5, No. 3, S. 405-408.

Müller-Rommel, Ferdinand/Wilke, H. 1981: Sozialstruktur und „postmaterialistische" Wertorientierungen von Ökologisten. Eine empirische Analyse am Beispiel Frankreichs, in: Politische Vierteljahresschrift 22, (4), S. 383-397.

Müller-Rommel, Ferdinand 1983: Die Postmaerialismusdiskussion in der empirischen Sozialforschung. Politisch und wissenschaftlich überlebt oder noch immer zukunftsweisend?, in: Politische Vierteljahresschrift, 24, 2, S. 218-228.

Mummendey, Hans Dieter 1999: Die Fragebogenmethode. Göttingen: Hogrefe.

Noelle-Neumann, Elisabeth/Petersen, Thomas 1996: Alle, nicht jeder. Einführung in die Methoden der Demoskopie. München: Deutscher Taschenbuch Verlag.

Oesterdiekhoff, Georg W./Jegelka, Norbert 2001: Einführung, in: Oesterdiekhoff, Georg W./Jegelka, Norbert (Hrsg.): Werte und Wertewandel in westlichen Gesellschaften. Resultate und Perspektiven der Sozialwissenschaften. Opladen: Leske + Budrich, S. 7-39.

Oesterreich, Detlef 1996: Flucht in die Sicherheit: Zur Theorie des Autoritarismus und der autoritären Reaktion. Opladen: Leske + Budrich.

Oesterreich, Detlef 2005: Autoritäre Persönlichkeitsmerkmale, politische Einstellungen und Sympathie für politische Parteien, in: Schumann, Siegfried/Schoen, Harald (Hrsg.): Persönlichkeit. Eine vergessene Größe der empirischen Sozialforschung. Wiesbaden: VS Verlag für Sozialwissenschaften, S. 243-261.

Opp, Karl-Dieter 2010: Kausalität und multivariate Statistik, in: Wolf, Christof/Best, Henning (Hrsg.): Handbuch der sozialwissenschaftlichen Datenanalyse. Wiesbaden: VS Verlag für Sozialwissenschaften, S. 8-38.

Ostendorf, Fritz 1990: Sprache und Persönlichkeitsstruktur. Zur Validität des Fünf-Faktoren-Modells der Persönlichkeit. Regensburg: S. Roderer.

Ostendorf, Fritz/Angleitner, Alois 1994: The five-factor taxonomy: Robust dimensions of personality, in: Psychologica Belgica; Special Issue: The five-factor personality model: European contributions, Heft 34 (4), S. 175-194.

Pappi, Franz Urban 1996: Zur Anwendung von Theorien rationalen Handelns in der Politikwissenschaft, in: Beyme, Klaus von/Offe, Claus (Hrsg.): Politische Theorien in der Ära der Transformation. Opladen: Westdeutscher Verlag, S. 236-252.

Pasek, Josh/Krosnick, Jon A. 2010: Optimizing Survey Questionnaire Design in Political Science. Insights from Psychology, in: Leighley, Jan E. (Hrsg.): The Oxford Handbook of American Elections and Political Behavior. New York: Oxford University Press, S. 27-50.

Peabody, Dean 1961: Attitude Consent and Agreement Set in Scales of Authoritarianism, Dogmatism, Anti-Semitism and Economic Conservatism, in: Journal of Abnormal and Social Psychology, Heft 63, S. 1-11.

Peabody, Dean 1966: Authoritarianism Scales and Response Bias, in: Psychological Bulletin, Vol. 65, No. 1, S. 11-23.

Pearl, Judea 2009: Causality. Models, Reasoning, and Infearence. Cambridge: Cambridge University Press (second edition; first published 2000).

Pedhazur, Elazar J. 1971: Factor Structure of the Dogmatism Scale, in: Psychological Reports, Heft 28, S. 735-740.

Pervin, Lawrence A. 1993: Persönlichkeitstheorien. München: UTB für Wissenschaft (3. Aufl., übersetzt von Gabriele Schäfer-Killius und Harald Killius; Große Reihe).

Pervin, Lawrence A./Cervone, Daniel/John, Oliver P. 2005: Persönlichkeitstheorien. München: Verlag Ernst Reinhardt (UTB).

Petty, Richard E./Cacioppo, John T. 1986: Communication and Persuasion: Central and peripheral routes to attitude change. New York: Springer.

Petty, Richard E./Cacioppo, John T. 1996: Attitudes and Persuasion: Classic and Contemporary Approaches. Boulder, Colorado: Westview Press (Erstveröffentlichung 1981).

Petty, Richard E./Wegener, Duane T. 1999: The elaboration likelihood model: Current status and controversies, in: Chaiken, Shelly/Trope, Yaacov (Hrsg.): Dual-process theories in social psychology. New York, NY: The Guilford Press, S. 41-72.

Proner, Hanna 2011: Ist keine Antwort auch eine Antwort? Die Teilnahme an politischen Umfragen. Wiesbaden: VS Verlag für Sozialwissenschaften.

Puschner, W. 1985: Materialismus und Postmaterialismus in der Bundesrepublik Deutschland 1970-1982. Eine Kohortenanalyse zu Ingleharts Theorie des Wertewandels, in: Oberndörfer, Dieter/Rattinger, Hans/Schmidt, K. (Hrsg.): Wirtschaftlicher Wandel, religiöser Wandel und Wertewandel. Folgen für das politische Verhalten in der Bundesrepublik Deutschland. Berlin: Verlag Duncker & Humblot, S. 357-389.

Rattinger, Hans 2002: Parteiidentifikation, in: Greiffenhagen, Martin/Greiffenhagen, Sylvia (Hrsg.): Handwörterbuch zur politischen Kultur der Bundesrepublik Deutschland. Wiesbaden: Westdeutscher Verlag (2. Auflage), S. 316-323.

Ray, John J. 1970: The Development and Validation of a Balanced Dogmatism Scale, in: Australian Journal of Psychology, Vol. 22, No. 3, S. 253-260.

Ray, John J. 1976: Do Authoritarians Hold Authoritarian Attitudes?, in: Human Relations, Vol. 29, Number 4, S. 307-325.

Ray, John J. 1984: Alternatives to the F Scale in the Measurement of Authoritarianism: A Catalog, in: The Journal of Social Psychology, Heft 122, S. 105-119.

Reinecke, Jost 1999: Interaktionseffekte in Strukturgleichungsmodellen mit der Theorie des geplanten Verhaltens: Multiple Gruppenvergleiche und Produktterme mit latenten Variablen, in: ZUMA-Nachrichten, Heft 45, S. 88-114.

Renner, Walter 2003: Human Values: a lexical approach, in: Personality and Individual Differences 34, S. 127-141.

Renner, Walter 2005: Ein lexikalisches Modell der Wertorientierung unter besonderer Berücksichtigung kultureller Unterschiede. Theoretischer Rahmen und zusammengefasste Darstellung empirischer Untersuchungen zu der publikationsbasierten Habilitation an der Universität Klagenfurt. Innsbruck: Studia Universitätsverlag.

Rippl, Susanne/Kindervater, Angela/Seipel, Christian 2000: Die autoritäre Persönlichkeit. Konzept, Kritik und neuere Forschungsansätze, in: Rippl, Susanne/Seipel, Christian/Kindervater, Angela (Hrsg.): Autoritarismus. Kontroversen und Ansätze der aktuellen Autoritarismusforschung. Opladen: Leske + Budrich, S. 13-30

Rizzolatti, Giacomo/Sinigaglia, Corrado 2008: Emphatie und Siegelneurone. Die biologische Basis des Mitgefühls. Frankfurt/M.: Suhrkamp Verlag.

Roccas, Sonja/Sagiv, Lilach/Schwartz, Shalom H./Knafo, Ariel 2002: The Big Five Personality Factors and Personal Values, in: Personality and Social Psychology Bulletin 28, S. 789-801.

Rogers, Carl R. 1978: Die klientenzentrierte Gesprächspsychotherapie. München: Kindler Verlag (2. Auflage).

Roghmann, Klaus 1966: Dogmatismus und Autoritarismus Kritik der theoretischen Ansätze und Ergebnisse dreier westdeutscher Untersuchungen. Meisenheim am Glan: Anton Hain.

Rogosa, David 1980: A Critique of Crossed-Lagged Correlation, in: Psychological Bulletin, Vol. 88, No. 2, S. 245-258.

Rokeach, Milton 1954: The Nature and Meaning of Dogmatism, in: Psychological Review, Vol. 61, No. 3, S. 194-204.

Rokeach, Milton 1956: Political and Religious Dogmatism: An Alternative to the Authoritarian Personality, in: Psychological Monographs: General and Applied, Vol. 70, No. 18, S. 1-43.

Rokeach, Milton 1960: The Open and Closed Mind Investigations into the Nature of Belief Systems and Personality Systems. New York: Basic Books.

Rokeach, Milton 1963: The Organization and Modification of Beliefs, in: Centennial Review, Heft 7, S. 375-395.

Rokeach, Milton 1966/67: Attitude Change and Behavioral Change, in: Public Opinion Quarterly, Heft 30, S. 529-550.

Rokeach, Milton 1967: Authoritarianism Scales and Response Bias: Comment on Peabody's Paper, in: Psychological Bulletin, Vol. 67, No. 5, S. 349-355.

Rokeach, Milton 1968: Beliefs, Attitudes and Values. A Theory of Organization and Change. San Francisco: Jossey-Bass Inc., Publishers.

Rokeach, Milton 1973: The Nature of Human Values. London: The Free Press.

Rokeach, Milton 1979: Understanding Human Values. Individual and Societal. New York: The Free Press.

Rokeach, Milton/McGovney, Warren C./Ray, Denny M. 1954: A Distinction between Dogmatic and Rigid Thinking, in: Psychological Review 61, S. 87-93.

Rokeach, Milton/Hanley, Charles 1956: Eysenck's Tender-Mindedness Dimension: A Critique, in: Psychological Bulletin, Heft 2, S. 169-176.

Rokeach, Milton/Rothman, Gilbert 1965: The Principle of Belief Congruence and the Congruity Principle as Models of Cognitive Interaction, in: Psychological Review, Vol. 72, No. 2, S. 128-142.

Rosenberg, M.J./Hovland, C.I./McGuire, R.P./Abelson, R.P./Brehm, J.W. (Hrsg.) 1960: Attitude Organization and Change. New Haven: Yale University Press.

Rosenberg, M.J./Hovland, C.I. 1960: Cognitive, Affective, and Behavioral Components of Attitudes, in: Rosenberg, M.J./Hovland, C.I./McGuire, R.P./Abelson,

R.P./Brehm, J.W. (Hrsg.): Attitude Organization and Change. New Haven: Yale University Press, S. 1-14.

Ross, Sheldon M. 2006: Statistik für Ingenieure und Naturwissenschaftler. München: Elsevier GmbH (Spektrum Akademischer Verlag), München (3. Auflage).

Rössel, Jörg 2011: Ronald Inglehart: Daten auf der Suche nach einer Theorie – Analysen des weltweiten Wertewandels, in: Moebius, Stephan/Quadflieg, Dirk (Hrsg.): Kultur. Theorien der Gegenwart. Wiesbaden: VS Verlag für Sozialwissenschaften (2., erweiterte und aktualisierte Auflage), S. 722-733.

Roßteutscher, Sigrid 2004: Von Realisten und Konformisten – Wider die Theorie der Wertsynthese, in: Kölner Zeitschrift für Soziologie und Sozialpsychologie, Jg. 57, Heft 3, S. 407-432.

Roßteutscher, Sigrid 2004: Explaining politics: An empirical test of competing value measures, in: European Journal of Political Research, Vol. 43, S. 769-795.

Roth, Gerhard 1998: Das Gehirn und seine Wirklichkeit. Kognitive Neurobiologie und ihre philosophischen Konsequenzen. Frankfurt/M.: Suhrkamp-Verlag.

Sacchi, Stefan 2000: Messung von Wertorientierungen: Ranking oder Rating? Kritische Anmerkungen zum Beitrag von Klein und Arzheimer, in: Kölner Zeitschrift für Soziologie und Sozialpsychologie, Heft 3, Jg. 52, S. 541-563.

Sader, Manfred/Weber, Hannelore 1996: Psychologie der Persönlichkeit Weinheim: Juventa.

Saucier, Gerard/Goldberg, Lewis R. 1996: The Language of Personality: Lexical Perspectives on the Five-Factor Model, in: Wiggins, Jerry S. (Hrsg.): The Five-Factor Model of Personality. Theoretical Perspectives. New York: The Guilford Press, S. 21-50.

Saucier, Gerard/Ostendorf, Fritz 1999: Hierarchical Subcomponents of the Big Five Personality Factors: A Cross-Language Replication, in: Journal of Personality and Social Psychology, Heft 76 (4), S. 613-627.

Schiefele, Ulrich 1990: Einstellung, Selbstkonsistenz und Verhalten. Göttingen: Hogrefe.

Schmidt, Peter/Bamberg, Sebastian/Davidov, Eldad/Herrmann, Johannes/Schwartz, Shalom H. 2007: Die Messung von Werten mit dem "Portraits Value Questionnaire", in: Zeitschrift für Sozialpsychologie, 38. Jg., Heft 4, S. 261-275.

Schmidt, Siegfried J. 1987: Der Radikale Konstruktivismus: Ein neues Paradigma im interdisziplinären Diskurs, in: Schmidt, Siegfried J. (Hrsg.): Der Diskurs des Radikalen Konstruktivismus. Frankfurt/M.: Suhrkamp Verlag, S. 11-88.

Schmitt-Beck, Rüdiger 2011: Parteibindungen, in: Rattinger, Hans/Roßteutscher, Sigrid/Schmitt-Beck, Rüdiger/Weßels, Bernhard: Zwischen Langeweile und Examen: Die Bundestagswahl 2009. Baden-Baden: Nomos, S. 155-164.

Schneewind, Klaus A. 1996: Persönlichkeitstheorien, Band 1 Alltagspsychologie und mechanistische Ansätze. Darmstadt: Primus (2. Aufl.).

Schnell, Rainer/Hill, Paul B./Esser, Elke 2005: Methoden der empirischen Sozialforschung. München: Oldenbourg Verlag (7. Auflage).

Schoen, Harald 2005: Soziologische Ansätze in der empirischen Wahlforschung, in: Falter, Jürgen W./Schoen, Harald (Hrsg.): Handbuch Wahlforschung. Wiesbaden: VS Verlag für Sozialwissenschaften, S. 187-242.

Schoen, Harald 2007: Personality Traits and Foreign Policy Attitudes in German Public Opinion, in: Journal of Conflict Resolution, Vol. 51, No. 3, S. 408-430.

Schoen, Harald 2009: Wenn ich mich recht erinnere... Zur Validität von Rückerinnerungsfragen, in: Schoen, Harald/Rattinger, Hans/Gabriel, Oscar W. (Hrsg.): Vom

Interview zur Analyse. Methodische Aspekte der Einstellungs- und Wahlforschung. Baden-Baden: Nomos, S. 259-279.

Schoen, Harald/Kaspar, Hanna 2009: You must remember this... Eine Analyse zur Wahlrückerinnerungsfrage. in: Schoen, Harald/Kaspar, Hanna/Schumann, Siegfried/Winkler, Jürgen R. (Hrsg.): Politik – Wissenschaft – Medien. Wiesbaden, S. 159-177.

Schoen, Harald/Schumann, Siegfried 2007: Personality Traits, Partisan Attitudes, and Voting Behavior. Evidence from Germany, in: Political Psychology, Vol. 28, No. 4, S. 471-498.

Schoen, Harald/Weins, Cornelia 2005: Der sozialpsychologische Ansatz zur Erklärung von Wahlverhalten, in: Falter, Jürgen W./Schoen, Harald (Hrsg.): Handbuch Wahlforschung. Wiesbaden: VS Verlag für Sozialwissenschaften, S. 135-145.

Schommers, Wolfram 1995: Das Sichtbare und das Unsichtbare. Materie und Geist in der Physik. Kusterdingen: Die Graue Edition.

Schulze, R. H. K. 1962: A Shortened Version of the Rokeach Dogmatism Scale, in: Journal of Psychological Studies, Heft 13, S. 93-97.

Schuman, Howard/Presser, Stanley 1981: Questions and Answers. Experiments on Question, Form, Wording and Context. San Diego: Academic Press.

Schumann, Siegfried 1984: Rechtsautoritäre (politische) Einstellungen und verschiedene Persönlichkeitsmerkmale ihrer Vertreter. München.

Schumann, Siegfried 1989: Postmaterialismus: Ein entbehrlicher Ansatz?, in: Falter, Jürgen W./Rattinger, Hans/Troitsch, Kalus G. (Hrsg.): Wahlen und politische Einstellungen in der Bundesrepublik Deutschland. Neuere Entwicklungen in der Forschung. Frankfurt/M.: Verlag Peter Lang, S. 58-121.

Schumann, Siegfried 1990: Die Entbehrlichkeit des Postmaterialismus. Empirische Prüfungen, in: Schmitt, Karl (Hrsg.): Wahlen, Parteieliten, politische Einstellungen. Frankfurt/M.: Verlag Peter Lang, S. 317-346.

Schumann, Siegfried 1992: Wertewandel und Wahlverhalten, in: Politische Studien 321. Zweimonatsschrift für Politik und Zeitgeschehen, 43. Jahrgang, S. 67-95.

Schumann, Siegfried 1994: Total Design einmal anders. Überlegungen zum Ablauf mündlicher Befragungen, in: Rattinger, Hans/Gabriel, Oscar W./Jagodzinski, Wolfgang (Hrsg.): Wahlen und politische Einstellungen im vereinigten Deutschland. Frankfurt/M.: Verlag Peter Lang, S. 525-561.

Schumann, Siegfried 2000: Zur Verwendbarkeit von Magnitude-Skalen in schriftlichen Umfragen zur politischen Einstellungsforschung, in: van Deth, Jan/Rattinger, Hans/Roller, Edeltraud (Hrsg.): Die Republik auf dem Weg zur normalität? Wahlverhalten und politische Einstellungen nach acht Jahren Einheit. Opladen: Leske + Budrich, S. 411-432.

Schumann, Siegfried 2001: Persönlichkeitsbedingte Einstellungen zu Parteien. Der Einfluss von Persönlichkeitseigenschaften auf Einstellungen zu politischen Parteien. München: Oldenbourg Verlag.

Schumann, Siegfried 2001a: Die Wahl der Republikaner: ideologisches Bekenntnis oder Ausdruck von Protest? Fortführung einer Debatte unter theoretischen und methodischen Gesichtspunkten, in: Kaase, Max/Klingemann, Hans-Dieter (Hrsg.): Wahlen und Wähler. Analysen aus Anlass der Bundestagswahl 1998. Wiesbaden: Westdeutscher Verlag, S. 717-738

Schumann, Siegfried 2005: Forschungsfragen, Forschungsdesign und Datengrundlage der Analysen, in: Schumann, Siegfried/Schoen, Harald (Hrsg.): Persönlichkeit. Eine vergessene Größe der empirischen Sozialforschung. Wiesbaden: VS Verlag für Sozialwissenschaften, S. 13-27.

Schumann, Siegfried 2005a: Die ASKO-Skala, in: Schumann, Siegfried/Schoen, Harald (Hrsg.): Persönlichkeit. Eine vergessene Größe der empirischen Sozialforschung. Wiesbaden: VS Verlag für Sozialwissenschaften, S. 41-57.

Schumann, Siegfried 2009: Strukturierte Einstellungen – Einstellungsstrukturen: Überlegungen am Beispiel der Parteisympathie, in: Kaspar, Hanna/Schoen, Harald/ Schumann, Siegfried/Winkler, Jürgen (Hrsg.): Politik – Wissenschaft – Medien. Wiesbaden: VS Verlag für Sozialwissenschaften, S. 203-219.

Schumann, Siegfried 2009a: Vernachlässigbare Details? Konsequenzen der Variation von Antwortvorgaben, in: Schoen, Harald/Rattinger, Hans/Gabriel, Oscar W. (Hrsg.): Vom Interview zur Analyse. Methodische Aspekte der Einstellungs- und Wahlforschung. Baden-Baden: Nomos, S. 181-206.

Schumann, Siegfried 2011: Repräsentative Umfrage. Praxisorientierte Einführung in empirische Methoden und statistische Analyseverfahren. München: Oldenbourg Verlag (5. Auflage).

Schumann, Siegfried/Schoen, Harald (Hrsg.) 2005: Persönlichkeit. Eine vergessene Größe der empirischen Sozialforschung. Wiesbaden: VS Verlag für Sozialwissenschaften.

Schumann, Siegfried/Schoen, Harald 2009: Muster an Beständigkeit? Zur Stabilität politischer und persönlicher Prädispositionen, in: Schoen, Harald/Rattinger, Hans/ Gabriel, Oscar W. (Hrsg.): Vom Interview zur Analyse. Methodische Aspekte der Einstellungs- und Wahlforschung. Baden-Baden: Nomos, S. 13-33.

Schwartz, Shalom H. 1992: Universals in the Content and Structure of Values: Theoretical Advances and Empirical Tests in 20 Countries, in: Zanna, Mark P. (ed.): Advances in Experimental Social Psychology. San Diego: Academic Press, S. 1-65.

Schwartz, Shalom H. 1994: Are There Universal Aspects in the Structure and Contents of Human Values?, in: Journal of Social Issues, Vol. 50, No. 4, S. 19-45.

Schwartz, Shalom 1996: Value Priorities and Behavior: Applying a Theory of Integrated Value Systems, in: Seligman, Clive/Olson, James M./Zanna, Mark M.: The Psychology of Values: The Ontario Symposium, Volume 8. Mahwah, New Jersey: Lawrence Erlenbaum Associates, Publishers, S. 1-24.

Schwartz, Shalom H. 2007: Value orientations: measurement, antecedents and consequences across nations, in: Jowell, Roger/Roberts, Caroline/Fitzgerald, Rory/Eva, Gillian (Hrsg.): Measuring Attitudes Cross-Nationally. Lessons from the European Social Survey. Los Angeles: SAGE, S. 169-203

Schwartz, Shalom H./Bilsky, Wolfgang 1987: Toward a psychological structure of human Values, in: Journal of Personality and Social Psychology, 53, S. 550-562.

Schwartz, Shalom H./Bilsky, Wolfgang 1990: Toward a theory of the universal content and structure of values: Extensions and cross-cultural replications, in: Journal of Personality and Social Psychology, 58, S. 878-891.

Schwartz, Shalom H./Boehnke, Klaus 2004: Evaluating the structure of human values with confirmatory factor analysis, in: Journal of Research in Personality 38, S. 230-255.

Schwartz, Shalom H./Melech, Gila/Lehmann, Arielle/Burgess, Steven/Harris, Mari/ Owens, Vicki 2001: Extending the Cross-Cultural Validity of the Theory of Basic Human Values with a Different Method of Measurement, in: Journal of Cross-Cultural Psychology, Vol. 32, No. 5, S. 519-542.

Schwartz, Shalom H./Sagiv, Lilach 1995: Identifying Culture-Specifics in the Content and Structure of Values, in: Journal of Cross-Cultural Psychology, Vol. 26, No. 1, S. 92-116.

Schwarz, Norbert 1995: What Respondents Learn from Questionnaires: The Survey Interview and the Logic of Conversation, in: International Statistical Review, Vol. 63, No. 2, S. 153-177.

Schwarz, Norbert 2008: The Psychology of Survey Response, in: Donsbach, Wolfgang/ Traugott, Michael W. (Hrsg): The Sage Handbook of Public Opinion Research. Newbury Park, CA: Sage, S. 374-387.

Schwarz, Norbert/Grayson, Carla E./Knäuper, Bärbel 1998: Formal Features of Rating Scales and the Interpretation of the Question Meaning (Research Note), in: International Journal of Public Opinion Research Vol. 10, No. 2, S. 177-183.

Schwarz, Norbert/Hippler, Hans-Jürgen/Strack, Fritz 1988: Kognition und Umfrageforschung: Themen, Ergebnisse und Persprktiven, in: ZUMA Nachrichten 22, S. 15-28.

Schwarz, Norbert/Oyserman, Daphna 2001: Asking Questions about Behavior: Cognition, Communication, and Questionaire Construction, in: American Journal of Evaluation, Vol. 22, No. 2, S. 127-160.

Schwarz, Norbert/Scheuring, Bettina 1992: Selbstberichtete Verhaltens- und Symptomhäufigkeiten. Was Befragte aus Antwortvorgaben des Fragebogens lernen. ZUMA-Arbeitsbericht Nr. 91/08 des Zentrums für Umfragen, Methoden und Analysen in Mannheim.

Seipel, Christian 1999: Strategien und Probleme des empirischen Theorienvergleichs in den Sozialwissenschaften: Rational Choice oder Persönlichkeitstheorie? Opladen: Leske + Budrich.

Sherif, Muzafer/Hovland, Carl I. 1961: Social judgement: Assimilation and contrast effects in communication and attitude change. New Haven. Yale University Press.

Simons, Herbert W. 1968: Dogmatism Scales and Leftist Bias, in: Speech Monographs, Heft 35, S. 149-153.

Six, Bernd 1992: Neuere Entwicklungen und Trends in der Einstellungs-Verhaltens-Forschung, in: Witte, Erich H. (Hrsg.): Einstellungen und Verhalten. Beiträge des 7. Hamburger Symposiums zur Methodologie der Sozialpsychologie Braunschweig (Braunschweiger Studien zur Erziehungs- und Sozialarbeitswissenschaft, Band 32), S. 13-33.

Six, Bernd 1996: Generalisierte Einstellungen, in: Amelang, Manfred (Hrsg.): Enzyklopädie der Psychologie Bd. 3 Temperaments- und Persönlichkeitsunterschiede Göttingen: Hogrefe, S. 1-50.

Six, Bernd/Schäfer, Bernd 1985: Einstellungsänderung. Stuttgart: Kohlhammer.

Six, Bernd/Eckes, Thomas 1996: Metaanalysen in der Einstellungs-Verhaltens-Forschung, in: Zeitschrift für Sozialpsychologie, Heft 27 (1), S. 7-17.

Smith, M. Brewster 1968: A Map for the Analysis of Personality and Politics, in: Journal of Social Issues, Heft XXIV, Number 3, S. 15-28.

Smith, Joanne R./Terry, Deborah J. 2003: Attitude-behavior consistency: the role of group norms, attitude accessibility, and mode of behavioural decision-making, in: European Journal of Social Psychology, Vol. 33, S. 591-608.

Sniderman, Paul M. 2000: Taking Sides: A Fixed Choice Theory of Political Reasoning, in: Lupia, Arthur/McCubbins, Mathew D./Popkin, Samuel L. (Hrsg.): Elements of Reason. Cognition, Choice, and the Bounds of Rationality. Cambridge: Cambridge University Press, S. 67-84.

Sniderman, Paul M./Brody, Richard A./Tetlock, Philip E. 1999: Reasoning and Choice. Explorations in Political Psychology. Cambridge: Cambridge University Press (First published 1991).

Spada, Hans (Hrsg.) 1998: Allgemeine Psychologie. Bern: Hans Huber (Nachdruck der 2. Aufl. von 1992).

Spitzer, Manfred 1996: Geist im Netz. Heidelberg: Spektrum Akademischer Verlag.

Stahlberg, Dagmar/Frey, Dieter 1993: Das Elaboration-Likelihood-Modell von Petty und Cacioppo, in: Frey, Dieter/Irle, Martin (Hrsg.): Theorien der Sozialpsychologie. Band I: Kognitive Theorien. Bern: Hans Huber (zweite, vollständig überarbeitete und erweiterte Auflage), S. 327-359.

Stahlberg, Dagmar/Frey, Dieter 1996: Einstellungen: Struktur, Messung und Funktion, in: Stroebe, Wolfgang/Hewstone, Miles/Stephenson, Geoffrey M. (Hrsg.): Sozialpsychologie. Eine Einführung. Berlin: Springer (3. Auflage), S. 219-252.

Stanley, Gordon/Martin, John 1964: How Sincere is the Dogmatist?, in: Psychological Review, Heft 71, S. 331-333.

Stemmler, Gerhard/Hagemann, Dirk/Amelang, Manfred/Bartussek, Dieter 2011: Differentielle Psychologie und Persönlichkeitsforschung. Stuttgart: Kohlhammer (7. Auflage).

Sternberg, Robert J. 1988: Mental self-government: A theory of intellectual styles and their development, in: Human Development, Heft 31, S. 197-224.

Sternberg, Robert J. 1997: Thinking Styles. Cambridge: Cambridge University Press.

Stevens, Stanley Smith 1986: Psychophysics. Introduction to its Perceptual, Neural, and Social Prospects. New Brunswick: Transaction Books.

Steyer, Rolf/Eid, Michael 2001: Messen und Testen. Berlin: Springer (2. Auflage).

Stroebe, Wolfgang/Hewstone, Miles/Stephenson, Geoffrey M. (Hrsg.) 1996: Sozialpsychologie. Eine Einführung. Berlin: Springer (3. Auflage).

Stroebe, Wolfgang/Jonas, Klaus 1996: Grundsätze des Einstellungserwerbs und Strategien der Einstellungsänderung, in: Stroebe, Wolfgang/Hewstone, Miles/Stephenson, Geoffrey M. (Hrsg.): Sozialpsychologie. Eine Einführung. Berlin: Springer (3., erweiterte und überarbeitete Auflage), S. 253-289.

Stroebe, Wolfgang/Jonas, Klaus 2007: Grundsätze des Einstellungserwerbs und Strategien der Einstellungsänderung, in: Stroebe, Wolfgang/Hewstone, Miles/Stephenson, Geoffrey M. (Hrsg.): Sozialpsychologie. Eine Einführung. Berlin: Springer (5. Auflage), S. 253-289.

Sudman, Seymour/Bradburn, Norman M. 1982: Asking Questions. San Francisco: Jossey-Bass Publishers.

Sudman, Seymour/Bradburn, Norman M./Schwarz, Norbert 1996: Thinking about Answers. The Application of Cognitive Processes to Survey Methodology. San Francisco: Jossey-Bass Publishers.

Thome, Helmut 1985: Wandel zu postmaterialistischen Werten? Theoretische und empirische Einwände gegen Ingleharts Theorie-Versuch, in: Soziale Welt, 36. Jg., Heft 1, 1985, S. 27-59.

Thome, Helmut 2001: Mehr Postmaterialismus, mehr Wertesynthese – oder nur mehr Zufall? Kommentar zu Klein/Pötschke: „Gibt es einen Wertewandel hin zum „reinen" Postmaterialismus? Eine Zeitreihenanalyse der Wertorientierungen der westdeutschen Bevölkerung zwischen 1970 und 1997", in: Zeitschrift für Soziologie, Jg. 30, Heft 6, S. 485-498.

Thome, Helmut 2005: „Wertsynthese": Ein unsinniges Konzept? Kommentar zu dem Artikel von Sigrid Roßteutscher „Von Realisten und Konformisten – Wider die Theorie der Wertsynthese", in: Kölner Zeitschrift für Soziologie und Sozialpsychologie, Jg. 57, Heft 2, S. 333-341.

Tourangeau, Roger/Rips, Lance J./Rasinski, Kenneth 2007: The Psychology of Survey Response. Cambridge: Cambridge University Press (7. Auflage).

Troldahl, Verling C./Powell, Frederic A. 1965: A Short-Form Dogmatism Scale for Use in Field studies, in: Social Forces, Heft 44, S. 211-215.

Vacchiano, Ralph B. 1977: Dogmatism, in: Blass, T. (Hrsg.): Personality Variables in Social Behavior. Hillsdale, N.J., S. 281-314.

Vacchiano, Ralph B./Schiffman, David C./Strauss, Paul S. 1967: Factor Structure of the Dogmatism Scale, in: Psychological Reports, Heft 20, S. 847-852.

Vacchiano, Ralph B./Strauss, Paul S./Hochman, Leonard 1969: The Open and Closed Mind: A Review of Dogmatism, in: Psychological Bulletin, Heft 71, S. 261-273.

Vossel, Gerhard/Zimmer, Heinz 1998: Psychophysiologie. Stuttgart: Verlag W. Kohlhammer.

Wänke, Michaela 1993: Die Vergleichsrichtung bestimmt das Ergebnis von Vergleichs-urteilen, in: ZUMA-Nachrichten 32, Jg. 17, S. 116-129.

Wänke, Michaela/Schwarz, Norbert/Noelle-Neumann, Elisabeth 1995: Asking Comaprative Questions: The Impact of the Direction of Comparison, in: Public Opinion Quarterly 59, 3, S. 347-372.

Wicker, Allan W. 1969: Attitudes versus actions: The relationship of verbal and overt behavioral responses to attitude objects, in: Social Issues, Heft 25, S. 41-78.

Wilson, Glenn D. 1970: Is there a General Factor in Social Attitudes? Evidence from a Factor Analysis of the Conservatism Scale, in: British Journal of Social and Clinical Psychology, Heft 9, S. 101-107.

Wilson, Glenn D. (Hrsg.) 1973: The Psychology of Conservatism. London: Academic Press.

Winter, David G. 2003: Personality and Political Behavior, in: Sears, David O./Huddy, Leonie/Jervis, Robert (Hrsg.): Oxford Handbook of Political Psychology. Oxford, Oxford University Press, S. 110-145.

Wüst, Andreas M. 2003: Stimmung, Projektion, Prognose?, in: Wüst, Andreas M. (Hrsg.): Politbarometer. Opladen: Leske + Budrich, S. 83-107.

Zaller, John R. 1998: The Nature and Origins of Mass Opinion. Cambridge: Cambridge University Press (First published 1992).

Zanna, Mark P./Rempel, J.K. 1988: Attitudes: A new look at an old concept, in: Bar-Tal, D./Kruglanski, A.W. (Hrsg.): The social psychology of knowledge. New York: Cambridge University Press, S. 315-334 (Reprint in: Fazio, Russell H./Petty, Richard E. (Hrsg.) 2008: Attitudes. Their Structure, Function, and Consequenses. New York: Psychology Press, S. 7-15).

Zeilinger, Anton 2005: Einsteins Schleier. Die neue Welt der Quantenphysik. München: Wilhelm Goldmann Verlag.

Zeisel, Hans 1975: Zur Geschichte der Soziographie, in: Jahoda, Marie/Lazarsfeld, Paul F./Zeisel, Hans: Die Arbeitslosen von Marienthal. Ein soziographischer Versuch über die Wirkung langandauernder Arbeitslosigkeit. Frankfurt/M.: Suhrkamp, S. 113-142.

Zimbardo, Philip G. 1995: Psychologie. Berlin: Springer (6. Auflage; Deutsche Bear-beitung von Siegfried Hoppe-Graff, Barbara Keller und Irma Engel).

Zintl, Reinhard 1994: Die Kriterien der Wahlentscheidung in Rational-Choice-Modellen, in: Rattinger, Hans/Gabriel, Oscar W./Jagodzinski, Wolfgang (Hrsg.): Wahlen und politische Einstellungen im vereinigten Deutschland. Frankfurt/M.: Verlag Peter Lang, S. 501-523.

Zuccato, Ettore u.a. 2005: Cocaine in Surface Waters: A New Evidence-Based Tool to Monitor Community Drug Abuse, in: Environmental Health: A Global Access Science Source 4, 14.